北京文物与考古系列丛书

北京市考古研究院　编著

通州郑庄考古发掘报告

上海古籍出版社

图书在版编目（CIP）数据

通州郑庄考古发掘报告/北京市考古研究院编著
. —上海：上海古籍出版社,2023.9
（北京文物与考古系列丛书）
ISBN 978－7－5732－0836－1

Ⅰ.①通…　Ⅱ.①北…　Ⅲ.①考古发掘-发掘报告-
汇编-通州区　Ⅳ.①K872.135

中国国家版本馆CIP数据核字（2023）第157603号

北京文物与考古系列丛书

通州郑庄考古发掘报告

北京市考古研究院　编著

上海古籍出版社出版发行

（上海市闵行区号景路159弄1-5号A座5F　邮政编码201101）

（1）网址：www.guji.com.cn
（2）E-mail：guji1 @ guji.com.cn
（3）易文网网址：www.ewen.co

上海雅昌艺术印刷有限公司印刷

开本889×1194　1/16　印张21　插页81

2023年9月第1版　2023年9月第1次印刷

ISBN 978-7-5732-0836-1

K·3449　定价：298.00元

如有质量问题，请与承印公司联系

北京文物与考古系列丛书

内 容 简 介

　　本书为配合北京市第8代薄膜晶体管液晶显示器件项目建设的考古发掘报告。在配合该项目施工建设的考古工作中，发掘了清代墓葬188座、明堂2座，出土了陶、瓷、铜等不同质地的文物303件（套）。这些发现完善了通州区的考古学研究资料，增添了北京南部的物质文化史信息，丰富了北京清代考古的研究视角，对了解凉水河流域的历史文化有着重要的学术意义。

　　本书可供从事考古、文物、历史等研究的学者及相关院校师生阅读和参考。

目　　录

插 图 目 录

彩 版 目 录

第一章　前　言

第一节　自然地理环境与建置沿革

通州区位于北京市东南部,地处京杭大运河北端,自古是水陆要会,史称"左辅雄藩"。区域东西宽36.5公里、南北长48公里,面积906平方公里。

通州区西临北京市大兴区、朝阳区,北与顺义区接壤,东隔潮白河与河北省三河市、大厂回族自治县、香河县相连,南和天津市武清区、河北省廊坊市交界。全区设置4个街道、10个镇和1个乡。

该区主要由永定河、潮白河冲积而成。地势较平坦,西北至东南方向从高到低略有倾斜,平均海拔20米。属华北平原东北部,东南距渤海约100公里,西北距燕山山脉约70公里。

通州区属于大陆性季风气候:春季干旱多风,夏季炎热多雨,秋季天高气爽,冬季寒冷干燥。年平均温度11.3℃,平均降水620毫米。地震和气象灾害是主要的自然灾害。由于地处南苑-通县断裂带,历史上多次发生地震,比较大的有康熙十八年(1679年)平谷-三河大地震、1976年唐山大地震等。此外,水旱、大风、沙尘等也时有发生。

区境内河渠纵横。潮白河、北运河、温榆河、坝河、通惠河、港沟河、小中河、中坝河、凤港减河、凤河、萧太后河、凉水河、玉带河等河流分别属于潮白河、北运河两大河系,多为西北-东南走向,总长240公里。

通州区位重要。秦统一全国后,通州是蓟城(今北京)直达辽东襄平(今辽宁省辽阳市)驰道上的中枢。大运河开凿后,通州更成为北京通往东北、沿海地区和南方的水陆枢纽。

通州人口较多且民族众多。至2016年年底,全区常住人口为142.8万。除汉族外,回族人数最多,自元代以来,大量的回民到此定居,其他还有满族、蒙古族、朝鲜族、苗族、壮族等。

通州地区历史悠久。早在商周时期,这里已有人类活动。迄今所知最早的文化遗物为宋庄镇菜园村出土的属大坨头文化的陶鬲和石器。西周中期,属燕国范围。战国燕昭王时(前

311-前279年）开拓北疆，置上谷、渔阳、右北平、辽西、辽东五郡，今天的通州地属渔阳郡。秦代沿之。

约汉高祖十二年（前195年），在今潞城镇古城村一带设置路县，此乃今通州区单独行政区划建置开端。汉初始元年（8年），王莽改制后称帝建新，路县改名通路亭，渔阳郡亦变曰通路郡。更始元年（23年），恢复郡县原名。东汉建武元年（25年），以潞水而改路县为潞县，并将渔阳郡治（一说在今怀柔区梨园村处）迁至潞县城内。次年，渔阳太守彭宠起兵叛汉，3年后被平，但衙署焚为废墟，民舍化为灰烬，郡治迁还，县署东移至今河北省三河市一带。

汉献帝延康元年（220年），曹丕以魏代汉，废除渔阳郡，于幽州蓟城设置诸侯王国——燕国，潞县改隶之。西晋仍之。东晋十六国、北朝时期，潞县先后改属渔阳郡与前燕、前秦、后燕燕郡。北魏天兴二年（399年），复设渔阳郡，而郡治改在雍奴（约今天津市武清区），潞县属之。太平真君七年、十年（446年、449年），平谷县、安乐县先后废入潞县，此乃历史上潞县辖域最广时期。继而东魏另立，北齐续建，郡县治仍旧。约在天保八年（557年），渔阳郡治自雍奴北迁至今通州旧城北部区域，同时潞县衙署随迁于此，此便今通州城建设之始。

隋文帝开皇三年（583年），渔阳郡撤销，潞县直属幽州。隋炀帝大业三年（607年），幽州改称涿郡，潞县属之。次年，为东征高丽，炀帝"诏发河北诸郡男女百余万"，开凿永济渠，以运兵输粮，该渠斜穿今通州区南部。

唐高祖武德二年（619年），为东攻开道，南讨窦建德，在水陆交冲之地潞县城中，以幽玄通达而名设置玄州，并析出其东部区域建置临沟县，以作缓冲地段。太宗贞观元年（627年），中原一统，废除玄州，临沟还潞，上隶幽州。唐玄宗开元四年（716年），复析出潞县东部而置三河县。

五代十国时期，潞县先后上隶后梁、后唐、后晋幽州，而于后晋高祖天福三年（938年）随燕云十六州划入契丹国土，成为南京道幽都府辖县。辽圣宗统和晚期（约1002-1012年），萧太后主持开修辽陪都南京（今北京宣武区一带）东郊运河，称萧太后运粮河，解决潞县至燕京间驳运问题。开泰元年（1012年），南京道幽都府易名南京路析津府，又于太平间（1021-1030年），以"捺钵文化"之需与保证萧太后河漕运，析出武清县北部与潞县南部合为一域建置漷阴县，县治设于今漷县镇漷县村，与潞县并隶于析津府。天祚帝保大二年（1122年）宋金联兵灭辽，夺回燕云十六州，宋朝分得长城内六州，并在燕京设燕山府，潞、漷二县改属之。

宋徽宗宣和七年（1125年），金派兵攻陷燕山府，夺走六州，且在燕京置永安路析津府，潞、漷二县改隶之。金海陵王天德三年（1151年），调集百余万工匠民夫建设首都燕京，同时修治潞水以通漕运，便取"漕运通济之义"，在潞县城中设置通州，领潞、三河二县，越年首都建成，称中都，此乃古传"先有通州，后有北京"之由来。并将永安路析津府易称中都路大兴府，潞、漷俱隶之。大定、明昌间，曾开金口河、闸河沿高梁河于州城北侧入潞，驳运通州国仓储粮入中都。

自此,通州成为"九重肘腋之上流,六国咽喉之雄镇"。

金宣宗贞祐三年(1215年),忽必烈于燕京东北兴建大都,依次设置燕京路、中都路、大都路大兴府,通州领潞、三河二县与潞阴一并改属之。至元十三年(1276年),因唯一行宫设于柳林(今张家湾镇西永和屯村西),并确保白河(今北运河)漕运,将潞阴县升至潞州,领武清、香河二县,出现"一区二郡"罕况。"元都于燕,去江南极远,而百司庶府之繁,卫士编民之众,无不仰给于江南",遂修坝河、凿通惠河、开金口新河,克服大都与通州间驳运困境,以保京杭大运河运到通州之粮及其他各种物资源源不断转运大都,以万户侯"张瑄督海运至此"而出现驰名中外之张家湾。

元顺帝至正二十八年(1368年),明军攻占大都,于此设置北平府,同时潞县归入通州,通州领一县、潞州领二县并改属之,燕山侯孙兴祖受命重筑通州城。明太祖洪武十年(1377年),宝坻县脱离北平府管辖,改隶通州;十二年(1379年),武清县易属通州,香河县易属北平府;十四年(1381年)潞州降称潞县,上隶通州,通州领四县上属北平府,继而于永乐元年(1403年)属顺天府。四年(1406年),诏建首都北京,江淮流域所产木、砖、石材及其他不可胜计之粮物,连樯而至通州,大运河上下万舟骈集。京通间日夜"车毂织络,相望于道"。为加强战备,保卫北京,正统十四年(1449年),抢筑通州新城,用保天庾。嘉靖四十三年(1564年),急修张家湾城,以卫漕运,漕运所涉衙署俱设通州。

清世祖顺治元年(1644年)、七年(1650年)及十四年(1657年),先后于通州城中设置通州、通密、通蓟道,通州领四县先后改属之。十六年(1659年),潞县废入通州。圣祖康熙八年(1669年),通蓟道扩改为通永道;二十七年(1688年),顺天府于通州城中设置东路厅署。世宗雍正六年(1728年),三河、宝坻、武清脱离通州辖领,通州成为顺天府直辖州,被朝廷视为京门,战略地位高出以往[1]。

民国时期,通州改名通县,隶属河北省。1958年3月7日,通县、通州市划归北京市。1997年4月,撤通县设通州区。2012年,北京市首次正式提出将通州打造成城市副中心。

通州地区,名人辈出。自金朝至清光绪二十六年(1900年)约800年间,产生过通州籍状元2名,文进士172名,武进士37名,以及文、武举人数百名。如唐宪宗元和年间之同中书门下平章事(宰相)、今大庞村人高崇文;金卫绍王大安年间吏部尚书贾益;元世祖至元年间中都路总管兼大兴府尹、今于家务人郭汝梅;明英宗天顺间内阁大学士、岳飞第10代孙、北辛店人岳正;清高宗乾隆年间被誉为"北方第一学者"的刘锡信;清宣宗道光年间都察院左都御史白镕……济济先贤、沙场豪杰、文化精英、杏林名士。近现代以来,如世界著名妇女解放运动活动家、新中国第一任卫生部部长李德全;山西省原副省长刘贯一;北京著名老字号荣宝斋创始人、耿楼

---

[1] 北京市通州区文化委员会等:《通州文物志》,文化艺术出版社,2006年,第3页。

村人庄虎臣；面塑作品一代宗师通州新城南街人汤子博；单琴大鼓创始者、柴家务人翟青山；著名作家、中国作协副主席刘白羽；中国艺术研究院原常务副院长、红学专家李希凡；中国眼科专家毕华德等，不胜枚举①。

作为北京历史文化名城的重要组成部分，通州具有以世界文化遗产大运河为代表的大量不可移动文物。至2022年年底，通州区共有不可移动文物登记项目238处，已公布为各级文物保护单位的49处，包括全国重点文物保护单位2处：大运河（燃灯塔、张家湾城墙）与通州近代学校建筑群；北京市文物保护单位6处：李卓吾墓、路县故城遗址、通州文庙、平津战役指挥部宋庄旧址、通州清真寺、通州兵营旧址；市级地下文物埋藏区7处：东垈、里二泗、菜园、小街、南屯、垞堤、通州城遗址群；区级文物保护单位41处；以及不同时期的古遗址、古墓葬、古建筑、古石刻、优秀近现代建筑、其他文物类遗存等普查登记项目189处。

第二节　遗址概况与发掘经过

北京市第8代薄膜晶体管液晶显示器件项目（现为京东方显示技术公司）位于通州区台湖镇郑庄村北部（图一）。中心区域GPS数据为：东经116°32′24″，北纬39°47′18″。

发掘区位于京沪高速公路的东侧、通黄路的西部，南邻科创十街、西邻经海一路（图二）。

2009年9-10月，为配合该项目的实施，原北京市文物研究所（现北京市考古研究院）对该地块进行了考古勘探和发掘（彩版一、彩版二）。

发掘领队为郭京宁。参加发掘的人员有郭京宁、孙勐、刘风亮，技工马兰英、李青娥等，其他参与人员还有杨秀海、孙宝升等。在考古发掘过程中得到了北京市通州区文物管理所和建设单位的大力支持与协助，使发掘工作顺利完成，在此深表谢意！

共发掘清代墓葬188座、明堂2座，发掘总面积约2 100平方米（图三），出土各类文物302件（套），包括金饰、银饰、铜饰、瓷器、釉陶器、陶器、骨器等（不计铜钱）。

该项目共分为四个小地块，分别为C1、C2、C5、C6地块。C1地块发掘了M40-M43，C2地块发掘了M44-M190，C5地块发掘了M1-M15，C6地块发掘了M16-M39。

---

① 北京市通州区文化委员会等：《通州文物志》，文化艺术出版社，2006年，第283页。

图一 发掘地点位置示意图

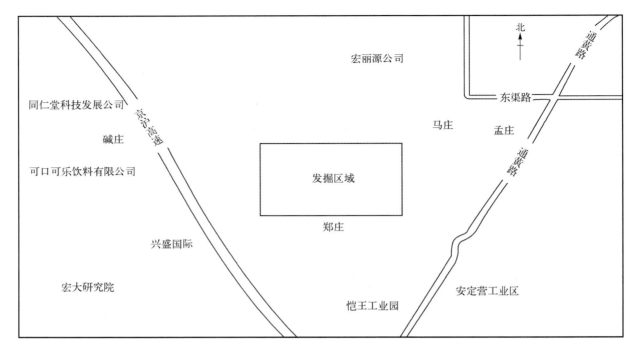

图二　发掘区位置示意图

第三节　资料整理与报告编写

发掘结束后,郭京宁忙于参与《北京市地下文物保护管理办法》的制订,以及朝阳土地储备、通州文化旅游区、东城玉河等工地的发掘,报告整理一拖再拖,中间几番整整停停,待重新起步已是2015年9月。

2015年9月至2018年6月,完成了资料的整理。遗迹平面图描制由王蓓蓓、林玥完成,器物绘图由王梦洁完成,器物摄影由王殿平完成。整理人员为郭京宁、雷君燕,由郭京宁完成报告的初稿。其他参加的同志还有续润倩、贾林可、古艳兵等。

2021年7月至2022年12月,郭京宁最后完成了报告的终稿,杜美辰花费了大量精力,协助核对了彩版和文字。至此,从发掘算起,已过了十三个年头。

第二章　地层堆积

发掘区的地层堆积较为简单,自上而下分为两层:

第①层:深0-0.4米,为杂填土,内含现代砖块、渣土等。

第②层:深0.4-1.3米,厚0.5-0.9米,为褐色黏土层,内含礓石,较致密。

以下为灰褐色生土层,内含礓石。

第三章　墓葬和遗物

均为竖穴土坑墓,开口于第②层下,由棺数和建墓材质分为五种(表一)。

表一　墓葬分类表

分类	单 棺			双 棺			三 棺			四棺	明堂
	A型	B型	C型	A型	B型	C型	A型	B型	C型		
数量	28	23	1	39	43	20	6	11	12	5	2

第一节　单棺墓

由平面形状分为三种类型。

A型:长方形。共28座。

M1　位于C5地块的东北部,南邻M2。南北向,方向为358°。墓口距地表深0.4米,墓底距地表深0.76米。墓圹南北长2.34米、东西宽1.2-1.26米、深0.36米(图四;彩版三)。

棺木已朽。棺南北长1.76米、东西宽0.4-0.64米、残高0.18米。骨架保存较好。墓主人为成年男性,仰身直肢葬。头向北,面向上。内填花黏土,较疏松。填土内发现有烧骨碎片,推测该墓应为迁骨后的合葬墓。头骨下枕陶瓦1件。

陶瓦1件。M1:1,梯形、弯曲,正面刻凹弦纹一道,上有朱砂写的字,字迹漫漶。长22厘米、宽18.6厘米、厚1.5厘米(图五,1;彩版八六,1)。

M13　位于C5地块的东北部,被M14打破。南北向,方向为348°。墓口距地表深0.7米,墓底距地表深1.5米。墓圹南北长2.5米、东西宽0.84米、深0.8米(图六;彩版四,1)。

棺木已朽。棺南北长2.05米、东西宽0.59-0.61米。墓主人为成年男性,骨架保存较好,仰身直肢葬。头向北,面向上。内填花黏土,较疏松。出土随葬品有瓷罐、铜钱。

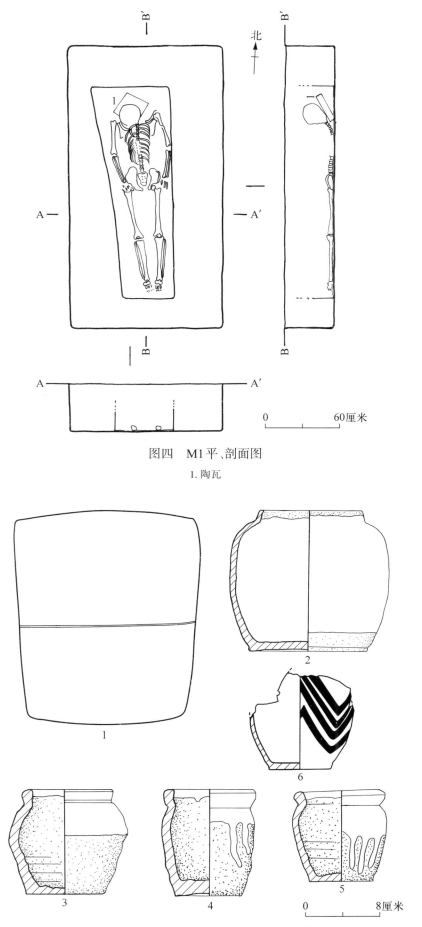

图四　M1平、剖面图

1. 陶瓦

图五　M1、M13、M15、M46、M49随葬器物

1.陶瓦（M1：1）　2.瓷罐（M13：2）　3-5.半釉罐（M15：2、M46：2、M49：1）　6.陶罐（M49：3）

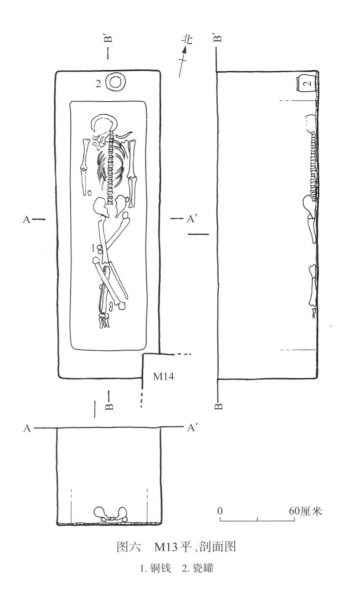

图六　M13平、剖面图

1. 铜钱　2. 瓷罐

　　瓷罐1件。M13:2,圆唇、直口,卷沿,溜肩,弧腹,平底略内凹,失盖。下腹以上外壁和沿面以下内壁施黑釉,口沿下方一周刮釉,胫部一周露胎未施釉,釉面不甚匀净,光洁,其余露灰白胎。口径11厘米、肩径16.2厘米、底径12.4厘米、通高15.4厘米(图五,2;彩版八六,2)。

　　万历通宝2枚。均圆形、方穿。正面有郭,铸"万历通宝"四字,楷书,对读;背面有郭。M13:1-1,直径2.6厘米、穿径0.46厘米、郭厚0.13厘米(图七,1)。M13:1-2,直径2.6厘米、穿径0.47厘米、郭厚0.14厘米(图七,2)。

　　其余13枚。皆锈蚀较甚,字迹模糊不清。

　　M15　位于C5地块的东北部,北邻M14。南北向,方向为358°。墓口距地表深0.7米,墓底距地表深2.26米。墓圹南北长2.7米、东西宽1.16米、深1.56米(图八;彩版四,2)。

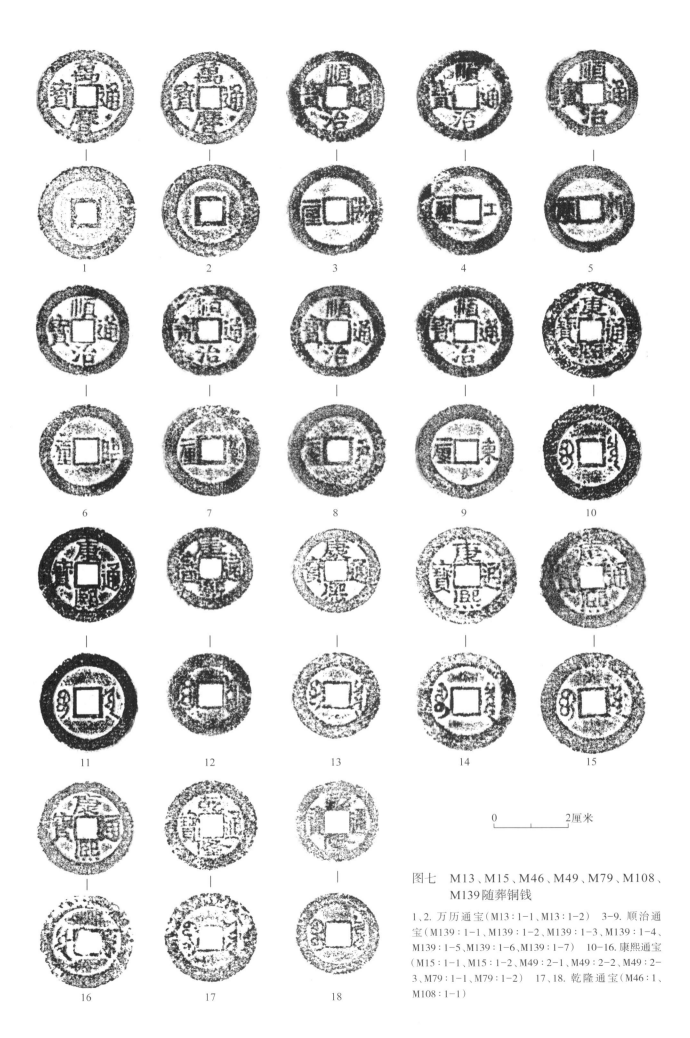

图七 M13、M15、M46、M49、M79、M108、
　　　 M139随葬铜钱

1、2. 万历通宝（M13：1-1、M13：1-2） 3-9. 顺治通宝（M139：1-1、M139：1-2、M139：1-3、M139：1-4、M139：1-5、M139：1-6、M139：1-7） 10-16. 康熙通宝（M15：1-1、M15：1-2、M49：2-1、M49：2-2、M49：2-3、M79：1-1、M79：1-2） 17、18. 乾隆通宝（M46：1、M108：1-1）

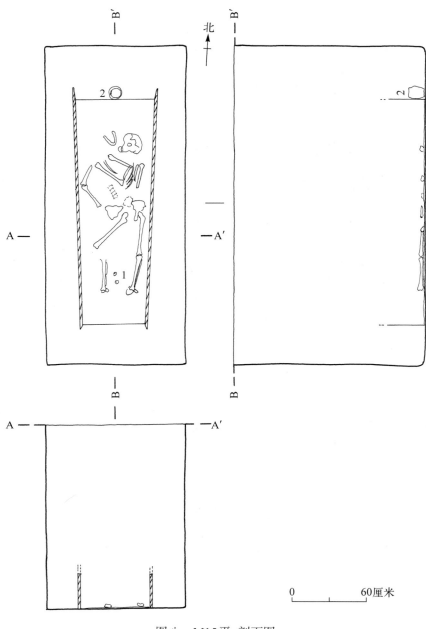

图八　M15平、剖面图

1. 铜钱　2. 半釉罐

　　棺木保存一般。棺南北长1.9米、东西宽0.5—0.64米、残高0.3米、厚0.02米。骨架保存较差。墓主人为老年男性，仰身直肢葬。头向北，面向上。墓室东壁北边距墓底0.52米高处有一壁龛。壁龛南北长0.2米、高0.2米、进深0.15米。内填花黏土，较疏松。出土随葬品有半釉罐、铜钱。

　　半釉罐1件。M15∶2，厚方唇、直口，卷沿，圆折肩，斜腹，平底略内凹。肩部以上外壁及口沿内壁施绿釉，有流釉现象，其余露红褐胎。外壁有轮制抹痕，底部有同心圆纹。口径9.6厘米、肩径12厘米、底径8.4厘米、通高11.4厘米（图五，3；彩版八六，3）。

　　康熙通宝2枚。均圆形、方穿。正面有郭，铸"康熙通宝"四字，楷书，对读。M15∶1-1，背面有郭，穿左右铸满文"宝泉"，纪局名。直径2.6厘米、穿径0.6厘米、郭厚0.1厘米（图七，10）。M15∶1-2，背面有郭，穿左右铸满文"宝源"，纪局名。直径2.6厘米、穿径0.6厘米、郭厚0.12厘米（图七，11）。

　　M16　位于C6地块的中部，东北邻M17。南北向，方向为355°。墓口距地表深0.7米，墓底距地表深1.5米。墓圹南北长2.6米、东西宽1米、深0.8米（图九；彩版四，3）。

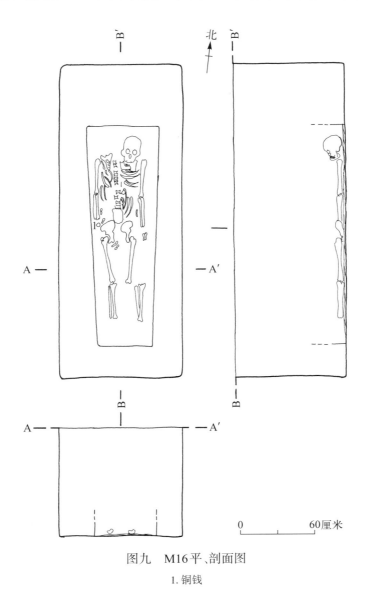

图九　M16平、剖面图
1.铜钱

棺木已朽。棺南北长 1.83 米、东西宽 0.45-0.6 米、残高 0.12 米。棺内骨架保存较好。墓主人为成年男性,仰身直肢葬。头向北,面向上。内填花黏土,较疏松。出土随葬品有铜钱。

铜钱 3 枚。皆锈蚀较甚,字迹模糊不清。

M22　位于 C6 地块的东北部,东邻 M21,西邻 M23。南北向,方向为 40°。墓口距地表深 0.5 米,墓底距地表深 1.5 米。墓圹南北长 2.46 米、东西宽 1.1 米、深 1 米(图一〇;彩版四,4)。

棺木保存一般。棺南北长 1.96 米、东西宽 0.5-0.6 米、残高 0.3 米、厚 0.03-0.05 米。棺内骨架保存较差。墓主人为老年男性,葬式不详。头向北,面向上。内填花黏土,较疏松。未发现随葬品。

M27　位于 C6 地块的东北部,西邻 M26。东西向,方向为 92°。墓口距地表深 0.7 米,墓底距地表深 1.8 米。墓圹东西长 2.7 米、南北宽 1.2 米、深 1.1 米(图一一;彩版五,1)。

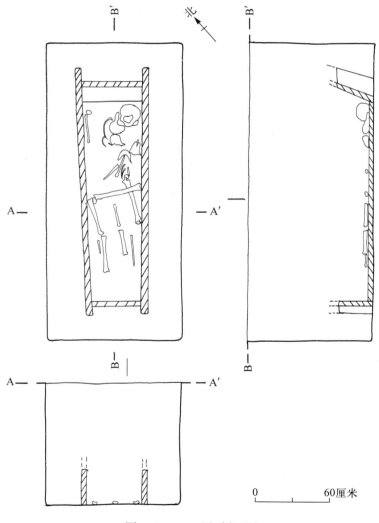

图一〇　M22 平、剖面图

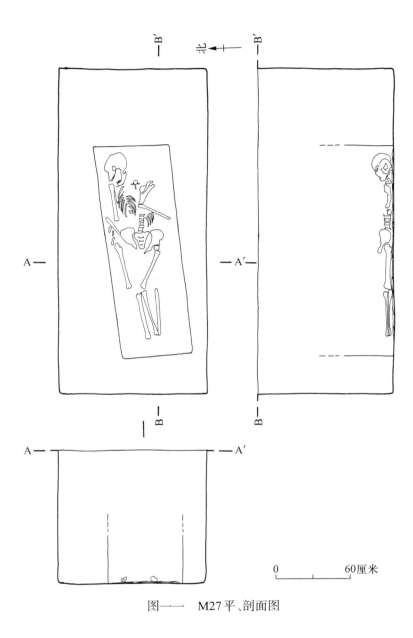

图一一　M27平、剖面图

　　棺木已朽。棺东西长1.76米、南北宽0.58—0.6米、残高0.4米。棺内骨架保存较差。墓主人为成年男性，仰身直肢葬。头向东，面向上。内填花黏土，较疏松。未发现随葬品。

　　M34　位于C6地块的东北部，南邻M32。东西向，方向为90°。墓口距地表深0.7米，墓底距地表深1.5米。墓圹南北长2.4米、东西宽0.96米、深0.8米（图一二；彩版五，2）。

　　棺木已朽。棺南北长1.78米、东西宽0.34—0.53米、残高0.1米。骨架保存较差。墓主人为成年男性，仰身屈肢葬。头向东，面向上。内填花黏土，较疏松。未发现随葬品。

　　M35　位于C6地块的东北部。东西向，方向为88°。墓口距地表深0.7米，墓底距地表深

1.5 米。墓圹东西长 2.46 米、南北宽 1.05-1.14 米、深 0.8 米（图一三；彩版五，3）。

棺木已朽。棺东西长 1.8 米、南北宽 0.5-0.64 米、残高 0.2 米。棺内骨架保存较好。墓主人为成年男性，侧身直肢葬。头向东，面向上。内填花黏土，较疏松。未发现随葬品。

M46　位于 C2 地块的中南部，西南邻 M45。南北向，方向为 340°。墓口距地表深 0.6 米，墓底距地表深 1.24 米。墓圹南北长 2.6 米、东西宽 1.08-1.14 米、深 0.64 米（图一四；彩版五，4）。

棺木已朽。棺南北长 1.86 米、东西宽 0.49-0.58 米、残高 0.2 米。棺内骨架保存较差。墓主人为成年男性，仰身直肢葬。头向北，面向上。内填花黏土，较致密。出土随葬品有半釉罐、铜钱。

半釉罐 1 件。M46：2，方唇、侈口，颈部微束，卷沿，溜肩，斜腹，平底。口沿内壁及肩部以上外壁施绿釉，有流釉现象，其余露灰胎。外壁有轮制旋痕，底部有偏心圆纹。口径 9.8 厘米、肩径 9.6 厘米、底径 7 厘米、通高 11.6 厘米（图五，4；彩版八六，4）。

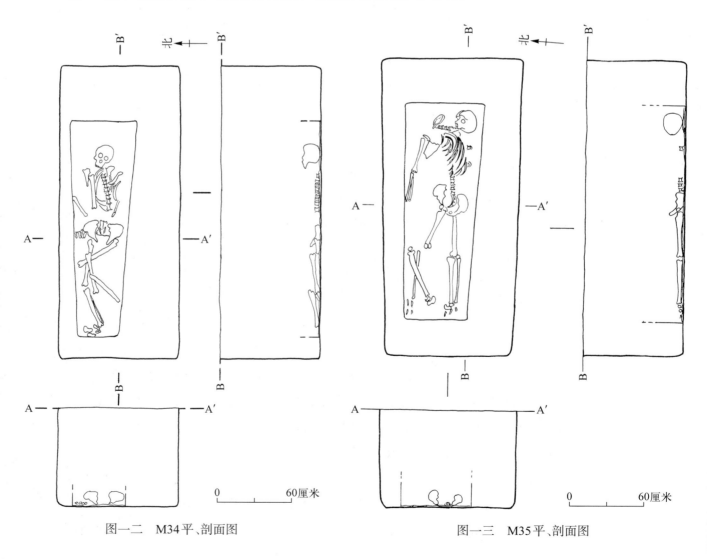

图一二　M34 平、剖面图　　　　　　　　　图一三　M35 平、剖面图

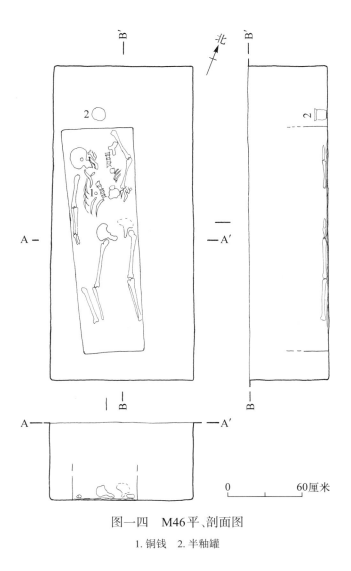

图一四　M46平、剖面图
1. 铜钱　2. 半釉罐

乾隆通宝1枚。M46：1，圆形、方穿。正面有郭，铸"乾隆通宝"四字，楷书，对读；背面有郭，穿左右铸满文"宝源"，纪局名。直径2.51厘米、穿径0.51厘米、郭厚0.11厘米（图七，17）。

M49　位于C2地块的中南部，东北邻M48。南北向，方向为349°。墓口距地表深0.7米，墓底距地表深1.5米。墓圹南北长3.1米、东西宽1.2米、深0.8米（图一五；彩版六，1）。

棺木已朽。棺南北长1.8米、东西宽0.68-0.8米、残高0.15米。骨架保存较好。墓主人为成年男性，仰身直肢葬。头向北，面向不详。内填花黏土，较疏松。出土随葬品有半釉罐、陶罐、铜钱。

半釉罐1件。M49：1，厚方唇、侈口，卷沿，溜肩，弧腹，平底略内凹。口沿内壁及肩部以上外壁施酱釉，有流釉现象，其余露红褐胎。器形不规整。外壁有轮制旋痕，底部有偏心圆纹。口径9.6厘米、肩径10厘米、底径6.8厘米、通高9.8厘米（图五，5；彩版八六，5）。

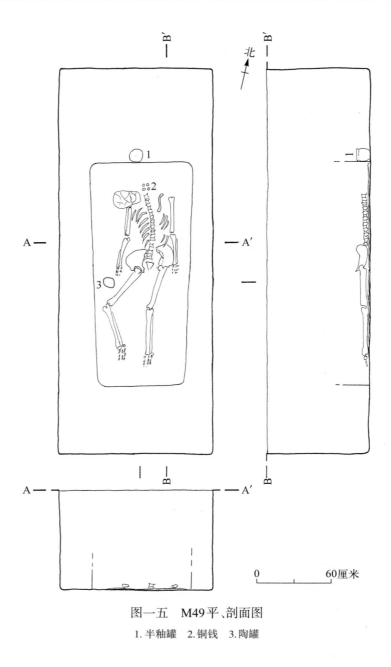

图一五　M49平、剖面图

1. 半釉罐　2. 铜钱　3. 陶罐

　　陶罐1件。M49：3，圆唇、敞口，卷沿，束颈，溜肩，弧腹，平底。颈下以朱砂绘弦纹，腹部以朱砂绘菱形纹。内壁可见泥条盘痕，底部可见偏心圆纹。底径7.8厘米、高6-10.6厘米（图五，6；彩版八六，6）。

　　康熙通宝3枚。均圆形、方穿。正面有郭，铸"康熙通宝"四字，楷书，对读；背面有郭，穿左右铸满文"宝泉"，纪局名。M49：2-1，直径2.31厘米、穿径0.57厘米、郭厚0.09厘米（图七，12）。M49：2-2，直径2.35厘米、穿径0.54厘米、郭厚0.11厘米（图七，13）。M49：2-3，直径2.74厘米、穿径0.57厘米、郭厚0.1厘米（图七，14）。

其余11枚。皆锈蚀较甚,字迹模糊不清。

　　M60　位于C2地块的中南部。南北向,方向为346°。墓口距地表深0.6米,墓底距地表深1米。墓圹南北长2.3米、东西宽0.66-0.72米、深0.4米(图一六;彩版六,2)。

　　棺木已朽。棺南北长1.95米、东西宽0.4-0.6米、残高0.4米。骨架保存较好。墓主人为成年男性,仰身直肢葬。头向北,面向上。内填花黏土,较疏松。未发现随葬品。

　　M68　位于C2地块的中南部,东北邻M67。南北向,方向为340°。墓口距地表深1米,墓底距地表深1.6米。墓圹南北长2.36米、东西宽0.92米、深0.6米(图一七;彩版六,3)。

　　棺木已朽。棺南北长1.94米、东西宽0.54-0.66米、残高0.1米。骨架保存较差。墓主人为成年男性,仰身直肢葬。头向北,面向不详。内填花黏土,较致密。未发现随葬品。

　　M71　位于C2地块的中南部,南邻M112。南北向,方向为340°。墓口距地表深1米,墓底距地表深1.5米。墓圹南北长2.6米、东西宽1-1.08米、深0.5米(图一八;彩版六,4)。

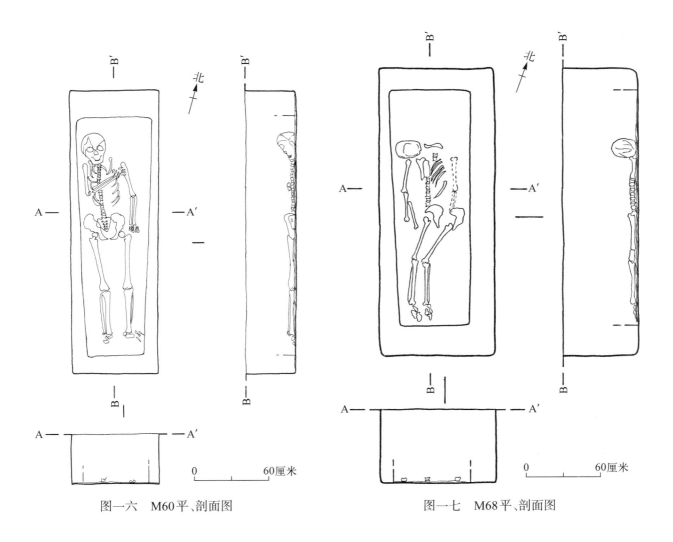

图一六　M60平、剖面图　　　　　　　　　　图一七　M68平、剖面图

棺木保存一般。棺南北长 1.8 米、东西宽 0.64-0.76 米、残高 0.22 米。骨架保存较好。墓主人为成年男性,仰身直肢葬。头向北,面向上。内填花黏土,较致密。未发现随葬品。

M73　位于 C2 地块的中南部,西北邻 M72。南北向,方向为 342°。墓口距地表深 0.7 米,墓底距地表深 1.3 米。墓圹南北长 2.66 米、东西宽 1 米、深 0.6 米(图一九;彩版七,1)。

棺木已朽。棺南北长 1.7 米、东西宽 0.56-0.74 米、残高 0.12 米。骨架保存较好。墓主人为成年男性,仰身直肢葬。头向北,面向上,胸上盖 1 件陶瓦。内填花黏土,较疏松。

陶瓦 1 件。M73:1,梯形、弯曲,正面刻凸弦纹三道,上有朱砂写的字,字迹漫漶。长 18.5 厘米、宽 19 厘米、厚 1.5 厘米(图二〇,1;彩版八七,1)。

M76　位于 C2 地块的中南部,东南邻 M79。南北向,方向为 340°。墓口距地表深 0.7 米,墓底距地表深 1.5 米。墓圹南北长 2.4 米、东西宽 1-1.05 米、深 0.8 米(图二一;彩版七,2)。

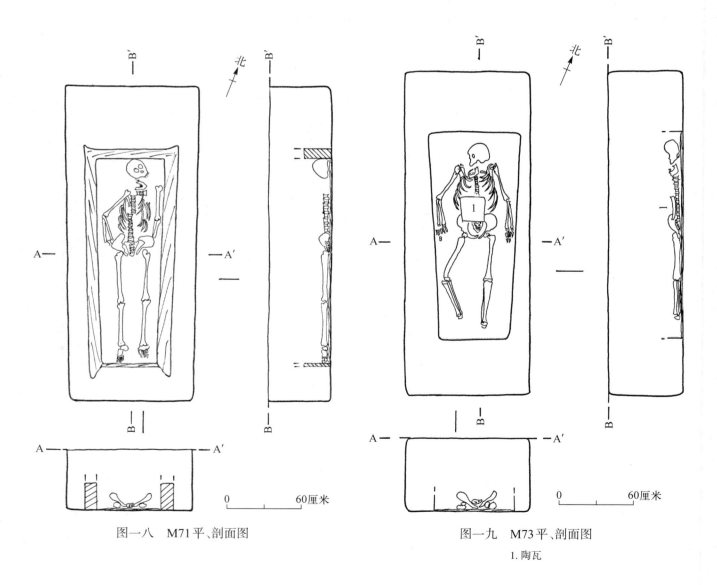

图一八　M71平、剖面图　　　　　　　　图一九　M73平、剖面图

1. 陶瓦

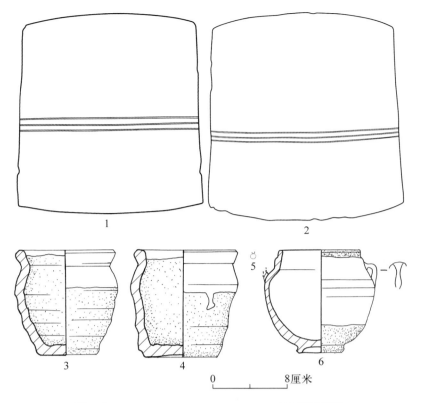

0 　　　　　　　　　8厘米

图二○　M73、M108、M165、M187、M188随葬器物

1、2.陶瓦（M73∶1、M108∶2）　3、4、6.半釉罐（M165∶2、M187∶1、M188∶3）　5.铜扣（M188∶2）

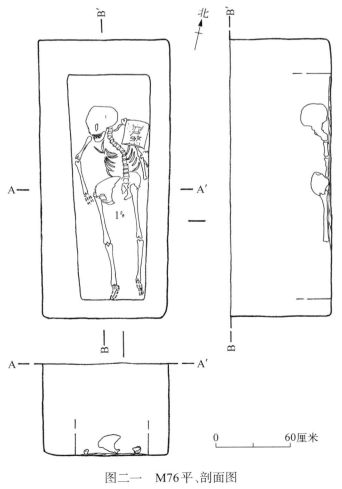

0 　　　　　　　　　60厘米

图二一　M76平、剖面图

1.铜钱

　　棺木已朽。棺南北长1.95米、东西宽0.52-0.88米、残高0.2米。棺内骨架保存较好。墓主人为成年男性,仰身直肢葬。头向北,面向上。内填花黏土,较疏松。出土随葬品有铜钱。

　　铜钱2枚。皆锈蚀较甚,字迹模糊不清。

　　M79　位于C2地块的中南部,西邻M77、西北邻M76。南北向,方向为355°。墓口距地表深0.7米,墓底距地表深1.38米。墓圹南北长2.7米、东西宽1.16-1.23米、深0.68米(图二二;彩版七,3)。

　　棺木已朽。棺南北长1.94米、东西宽0.48-0.56米、残高0.24米。骨架保存较差。墓主人葬式、性别、年纪均不详。头向北,面向上。内填花黏土,较疏松。出土随葬品有铜钱。

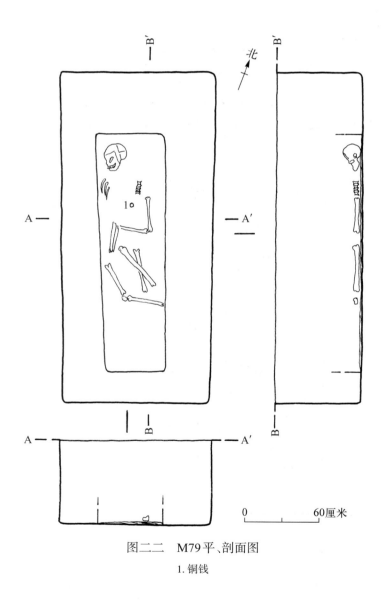

图二二　M79平、剖面图

1. 铜钱

康熙通宝2枚。均圆形、方穿。正面有郭，铸"康熙通宝"四字，楷书，对读。M79：1-1，背面有郭，穿左右铸满文"宝源"，纪局名。直径2.72厘米、穿径0.56厘米、郭厚0.1厘米（图七，15）。M79：1-2，背面有郭，穿左右铸满文"宣原"，纪局名。直径2.57厘米、穿径0.52厘米、郭厚0.08厘米（图七，16）。

M89　位于C2地块的中南部，东北邻M65。南北向，方向为335°。墓口距地表深0.8米，墓底距地表深1.3米。墓圹南北长2.25米、东西宽1.05-1.12米、深0.5米（图二三；彩版八，1）。

棺木已朽。棺南北长1.82米、东西宽0.58-0.65米、残高0.05米。骨架保存较差。墓主人为成年男性，仰身直肢葬。头向北，面向上。内填花黏土，较疏松。未发现随葬品。

M108　位于C2地块的中南部，西邻M109。南北向，方向为350°。墓口距地表深0.8米，墓底距地表深1.5米。墓圹南北长2.3米、东西宽1.1米、深0.7米（图二四；彩版八，2）。

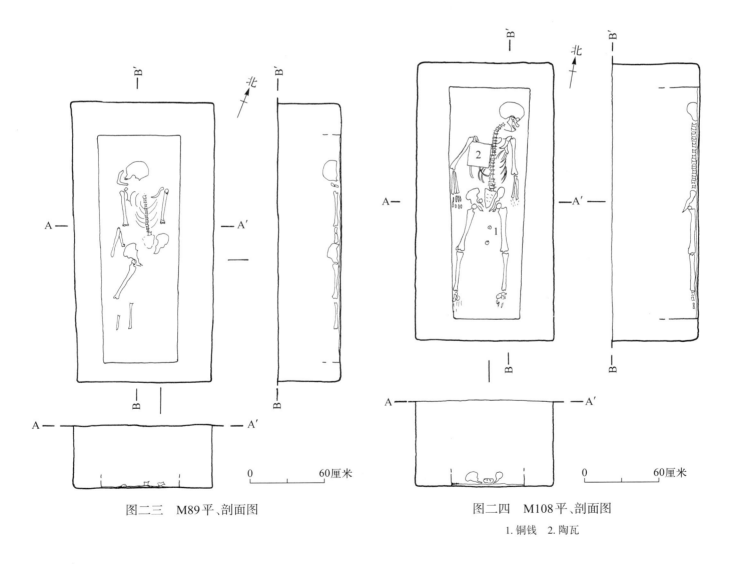

图二三　M89平、剖面图　　　　　　　　　　图二四　M108平、剖面图

1. 铜钱　2. 陶瓦

棺木已朽。棺南北长1.92米、东西宽0.44-0.66米、残高0.1米。骨架保存较好。墓主人为成年男性，仰身直肢葬，胸口覆有1件陶瓦。头向北，面向上。内填花黏土，较疏松。出土随葬品有陶瓦、铜钱。

陶瓦1件。M108：2，梯形、弯曲，正面刻凹弦纹三道，上有朱砂写的字，字迹漫漶。长18.2厘米、宽19厘米、厚1.5厘米（图二〇，2；彩版八七，2）。

乾隆通宝2枚。均圆形、方穿。正面有郭，铸"乾隆通宝"四字，楷书，对读，背面有郭；穿左右铸满文"宝泉"，纪局名。标本：M108：1-1，直径2.5厘米、穿径0.58厘米、郭厚0.13厘米（图七，18）。

M130   位于C2地块的中南部，西北邻M131。南北向，方向为345°。墓口距地表深1米，墓底距地表深1.3米。墓圹南北长2.1米、东西宽1.16米、深0.3米（图二五；彩版八，3）。

棺木已朽。棺南北长1.7米、东西宽0.52-0.58米、残高0.08米。骨架保存较差。墓主人为成年男性，仰身直肢葬。头向北，面向上。内填花黏土，较致密。未发现随葬品。

M139   位于C2地块的中南部，东邻M136。南北向，方向为343°。墓口距地表深0.7米，墓底距地表深1.8米。墓圹南北长2.2米、东西宽1.15-1.2米、深1.1米（图二六；彩版八，4）。

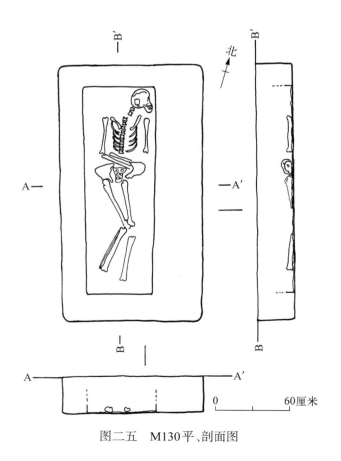

图二五   M130平、剖面图

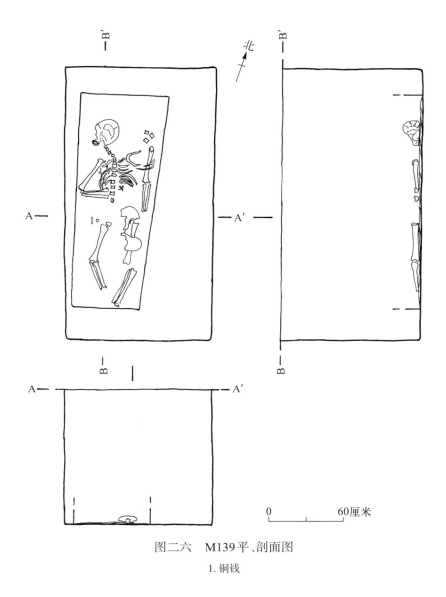

图二六 M139平、剖面图
1. 铜钱

棺木已朽。棺南北长1.74米、东西宽0.53-0.68米、残高0.3米。骨架保存较差。墓主人为成年男性，仰身直肢葬。头向北，面向上。内填花黏土，较疏松。出土随葬品有铜钱。

顺治通宝7枚。均圆形、方穿。正面有郭，铸"顺治通宝"四字，楷书，对读。M139：1-1，背面有郭，穿左铸汉字"一厘"，穿右铸钱局汉字"阳"。直径2.57厘米、穿径0.5厘米、郭厚0.14厘米（图七，3）。M139：1-2，背面有郭，穿左铸汉字"一厘"，穿右铸汉字"工"。直径2.51厘米、穿径0.53厘米、郭厚0.12厘米（图七，4）。M139：1-3，背面有郭，穿左铸汉字"一厘"，穿右铸钱局汉字"浙"。直径2.44厘米、穿径0.48厘米、郭厚0.13厘米（图七，5）。M139：1-4，背面有郭，穿左铸汉字"一厘"，穿右铸钱局汉字"临"。直径2.59厘米、穿径0.49厘米、郭厚0.12厘米（图七，6）。M139：1-5，背面有郭，穿左铸汉字"一厘"，穿右铸钱局汉字"蓟"。直径2.59厘米、穿径0.49厘米、郭厚0.12厘米（图七，7）。M139：1-6，背面有郭，穿左铸汉字"一厘"，穿右铸汉字"户"。直径2.6厘米、穿径0.49厘米、郭厚0.11厘米（图七，8）。M139：1-7，背面有郭，穿左铸汉字"一厘"，穿右铸钱局汉字"东"。直径2.6厘米、穿径0.47厘米、郭厚0.11厘米（图七，9）。

其余3枚。皆锈蚀较甚，字迹模糊不清。

M165　位于C2地块的中南部，南邻M164。南北向，方向为340°。墓口距地表深0.9米，墓底距地表深1.6米。墓圹南北长2.4米、东西宽0.9-0.96米、深0.7米（图二七；彩版九，1）。

棺木已朽。棺南北长1.9米、东西宽0.53-0.65米、残高0.2米。骨架保存较差。墓主人为成年男性，葬式不详。头向北，面向上。内填花黏土，较致密。出土随葬品有半釉罐、铜钱。

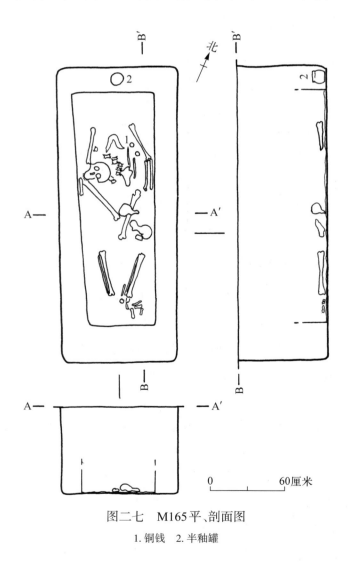

图二七　M165平、剖面图

1. 铜钱　2. 半釉罐

半釉罐1件。M165：2，方唇、侈口，斜领，圆折肩，斜腹，平底。肩部以上外壁及口沿内壁施酱黄釉，其余露红褐胎。外壁有轮制抹痕，底部有偏心圆纹。口径10.6厘米、肩径10.8厘米、底径6.2厘米、通高11.4厘米（图二〇，3；彩版八七，3）。

顺治通宝1枚。M165：1-1，圆形、方穿。正面有郭，铸"顺治通宝"四字，楷书，对读；背面有郭，光背。直径2.63厘米、穿径0.54厘米、郭厚0.13厘米（图二八，6）。

其余2枚。皆锈蚀较甚，字迹模糊不清。

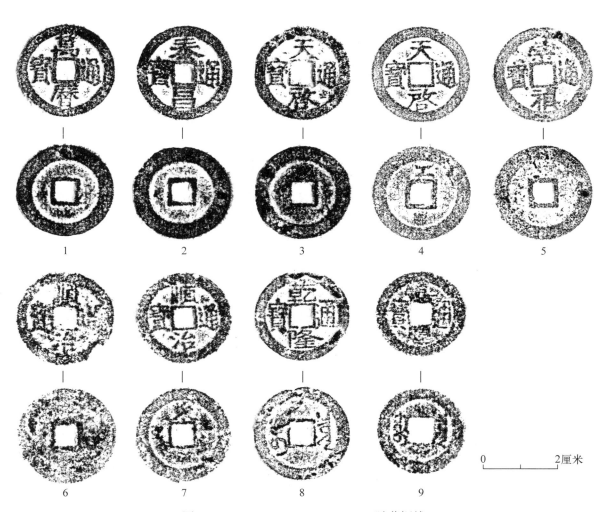

图二八　M165、M169、M188、M190随葬铜钱

1. 万历通宝（M190：1-1）　2. 泰昌通宝（M190：1-2）　3、4. 天启通宝（M190：1-3、M188：1-1）　5. 崇祯通宝（M188：1-2）
6、7. 顺治通宝（M165：1-1、M169：1-1）　8. 乾隆通宝（M169：1-2）　9. 嘉庆通宝（M188：1-3）

M169　位于C2地块的中南部，北邻M170。南北向，方向为350°。墓口距地表深0.7米，墓底距地表深1.44米。墓圹南北长2.55米、东西宽1.1-1.18米、深0.74米（图二九；彩版九，2）。

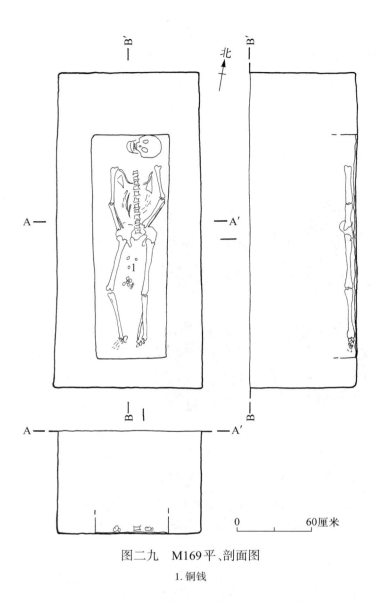

图二九　M169平、剖面图

1.铜钱

棺木已朽。棺南北长1.8米、东西宽0.54~0.6米、残高0.14米。骨架保存较差。墓主人为成年男性,仰身直肢葬。头向北,面向上。内填花黏土,较疏松。出土随葬品有铜钱。

顺治通宝1枚。M169:1-1,圆形、方穿。正面有郭,铸"顺治通宝"四字,楷书,对读;背面锈蚀较深,字迹模糊不清。直径2.55厘米、穿径0.54厘米、郭厚0.1厘米(图二八,7)。

乾隆通宝1枚。M169:1-2,圆形、方穿。正面有郭,铸"乾隆通宝"四字,楷书,对读;背面有郭,穿左右铸满文"宝泉",纪局名。直径2.55厘米、穿径0.53厘米、郭厚0.15厘米(图二八,8)。

其余6枚。皆锈蚀较甚,字迹模糊不清。

M170　位于C2地块的中南部,南邻M169、东邻M140、东北邻M174。南北向,方向为

350°。墓口距地表深0.8米，墓底距地表深2.57米。墓圹南北长2.5米、东西宽1米、深1.77米（图三〇；彩版九,3）。

棺木已朽。棺南北长1.66米、东西宽0.52−0.61米、残高0.1米。骨架保存较差。墓主人为成年男性，仰身直肢葬。头向北,面向上。内填花黏土,较疏松。出土随葬品有瓷罐。

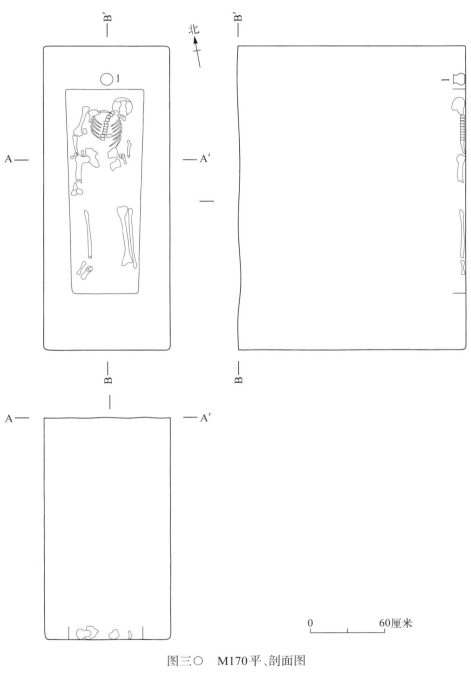

图三〇　M170平、剖面图

1. 瓷罐

　　瓷罐1件。M170：1，方唇、直口，弧腹，平底略内凹。外壁施酱釉，内壁、底部露白胎。外壁可见轮制抹痕，底部可见同心圆纹。火候较高，质地坚硬，器体厚重。口径12.6厘米、底径7厘米、通高8.8厘米（图五七，3；彩版八七，4）。

　　M172　位于C2地块的中南部，西邻M149、西南邻M148。南北向，方向为340°。墓口距地表深0.8米，墓底距地表深1.8米。墓圹南北长2.33米、东西宽1.01米、深1米（图三一；彩版九，4）。

　　棺木已朽。棺南北长1.84米、东西宽0.48-0.68米、残高0.1米。骨架保存较差。墓主人为成年男性，仰身直肢葬。头向北，面向下。内填花黏土，较疏松。出土随葬品有半釉罐。

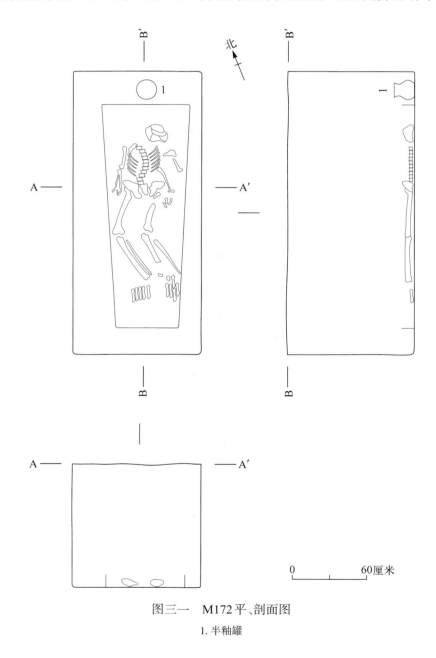

图三一　M172平、剖面图

1. 半釉罐

半釉罐1件。M172:1,方唇、侈口,直腹,平底略内凹。肩部以上外壁及口沿内壁施酱釉,有流釉现象,其余露灰胎。外壁有轮制抹痕,底部有偏心圆纹。口径8.2厘米、肩径7.8厘米、底径6厘米、通高9厘米(图五七,4;彩版八七,5)。

M177 位于C2地块的中南部,东北邻M158。南北向,方向为330°。墓口距地表深0.8米,墓底距地表深1.3米。墓圹南北长2.4米、东西宽1.1米、深0.5米(图三二;彩版一○,1)。

棺木已朽。棺南北长1.96米、东西宽0.46-0.6米、残高0.1米。骨架保存较好。墓主人为成年男性,侧身屈肢葬。头向北,面向西。内填花黏土,较疏松。未发现随葬品。

M187 位于C2地块的中南部,南邻M185。南北向,方向为350°。墓口距地表深0.7米,墓底距地表深1.4米。墓圹南北长2.6米、东西宽1.12-1.2米、深0.7米(图三三;彩版一○,2)。

棺木已朽。棺南北长1.77米、东西宽0.56-0.68米、残高0.1米。骨架保存较差。墓主人为成

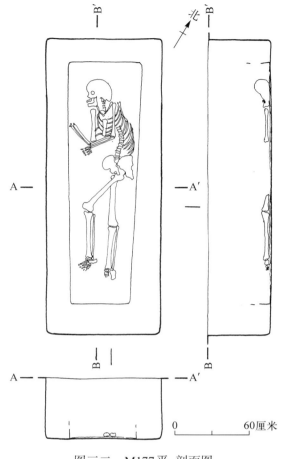

图三二 M177平、剖面图

年男性,仰身直肢葬。头向北,面向上。内填花黏土,较疏松。出土随葬品有半釉罐。

半釉罐1件。M187:1,厚方唇、直口,卷沿,圆折肩,斜腹,平底略内凹。肩部以上外壁及口沿内壁施酱釉,有流釉现象,其余露红褐胎。外壁有轮制抹痕,底部有偏心圆纹。口径11厘米、肩径11.4厘米、底径7.6厘米、通高11.6厘米(图二○,4;彩版八七,6)。

M188 位于C2地块的中南部,南邻M187。南北向,方向为338°。墓口距地表深0.7米,墓底距地表深1.6米。墓圹南北长2.35米、东西宽0.8米、深0.9米(图三四;彩版一○,3)。

棺木已朽。棺南北长1.8米、东西宽0.43-0.6米、残高0.15米。骨架保存较差,散乱。墓主人为成年男性,葬式、头向、面向不详。内填花黏土,较疏松。出土随葬品有半釉罐、铜扣、铜钱。

半釉罐1件。M188:3,圆唇、直口,直领,卷沿,阔肩,弧腹,饼足内凹。肩部以上外壁施黑釉,其余露灰胎。肩部贴附不对称桥形双系。外壁有轮制抹痕,底部有同心圆纹。口径8.8厘米、肩径11.8厘米、底径5厘米、通高11.2厘米(图二○,6;彩版八八,2)。

铜扣1枚。M188:2,圆球形,上部系环,素面。直径0.9厘米、高1.1厘米(图二○,5;彩

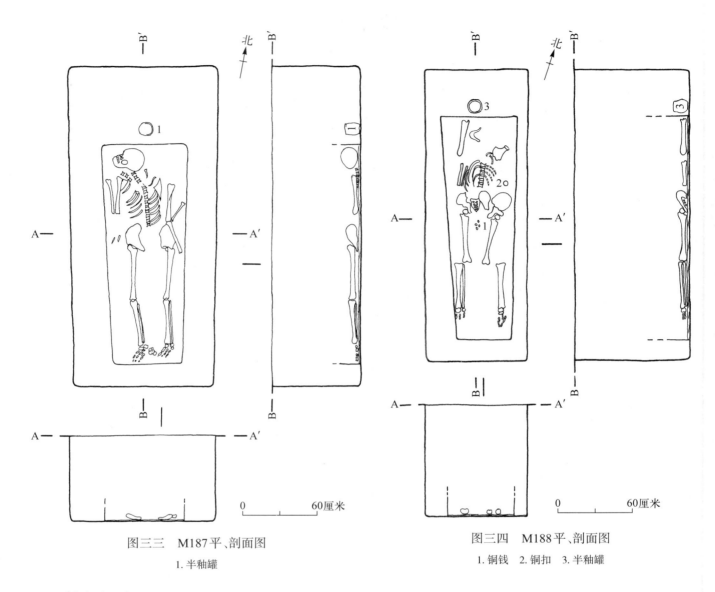

图三三　M187平、剖面图

1.半釉罐

图三四　M188平、剖面图

1.铜钱　2.铜扣　3.半釉罐

版八八,1)。

天启通宝1枚。M188:1-1,圆形、方穿。正面有郭,铸"天启通宝"四字,楷书,对读;背面有郭,穿上侧铸汉字"工"。直径2.64厘米、穿径0.52厘米、郭厚0.12厘米(图二八,4)。

崇祯通宝1枚。M188:1-2,小平钱,外圆郭、方穿。正面铸"崇祯通宝"四字,楷书,对读;光背。直径2.64厘米、穿径0.5厘米、郭厚0.15厘米(图二八,5)。

嘉庆通宝1枚。M188:1-3,圆形、方穿。正面有郭,铸"嘉庆通宝"四字,楷书,对读;背面有郭,穿左右铸满文"宝泉",纪局名。直径2.41厘米、穿径0.54厘米、郭厚0.12厘米(图二八,9)。

M190　位于C2地块的中南部,北邻M189。南北向,方向为343°。墓口距地表深0.7米,墓底距地表深1.96米。墓圹南北长2.6米、东西宽1.25-1.3米、深1.26米(图三五;彩版一〇,4)。

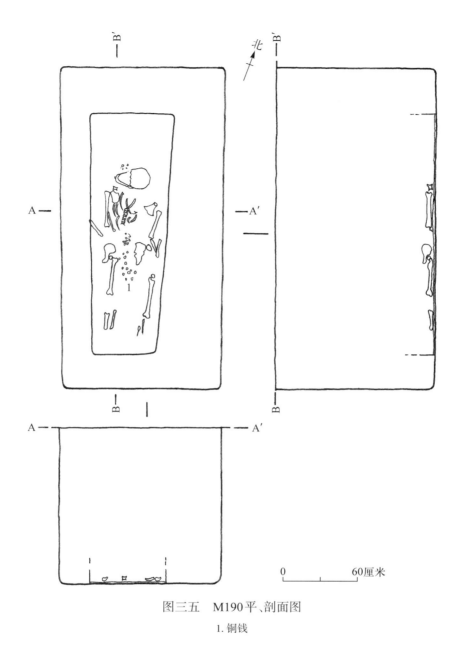

图三五　M190平、剖面图

1. 铜钱

棺木已朽。棺南北长1.96米、东西宽0.5-0.65米、残高0.36米。骨架保存较差。墓主人为成年男性,仰身直肢葬。头向北,面向上。内填花黏土,较疏松。出土随葬品有铜钱。

万历通宝1枚。M190:1-1,圆形、方穿。正面有郭,铸"万历通宝"四字,楷书,对读;背面有郭。直径2.57厘米、穿径0.52厘米、郭厚0.13厘米(图二八,1)。

泰昌通宝1枚。M190:1-2,圆形、方穿。正面有郭,铸"泰昌通宝"四字,楷书,对读;背面有郭。直径2.62厘米、穿径0.48厘米、郭厚0.13厘米(图二八,2)。

天启通宝1枚。M190:1-3,圆形、方穿。正面有郭,铸"天启通宝"四字,楷书,对读;背面有郭。直径2.58厘米、穿径0.56厘米、郭厚0.14厘米（图二八，3）。

其余22枚。皆锈蚀较甚，字迹模糊不清。

B型： 梯形。23座。

M29   位于C6地块的东北部，南邻M30。东西向，方向为97°。墓口距地表深0.7米，墓底距地表深1.3米。墓圹东西长2.6米、南北宽0.68-0.84米、深0.6米（图三六；彩版一一，1）。

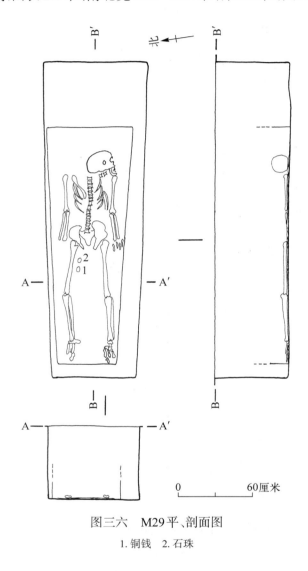

图三六   M29平、剖面图

1. 铜钱   2. 石珠

棺木已朽。棺东西长1.95米、南北宽0.47-0.68米、残高0.16米。骨架保存较差。墓主人为成年男性，仰身直肢葬。头向东，面向上。内填花黏土，较疏松。出土随葬品有石珠、铜钱。

石珠1枚。M29：2，蓝紫色，圆形，中间有穿孔。直径1.45厘米、厚1.27厘米、孔径0.3厘米（图三七，1；彩版八八，3）。

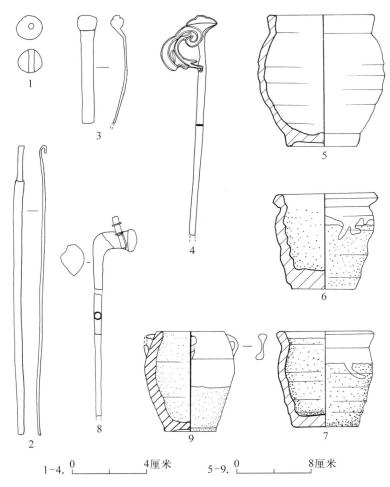

图三七　M29、M30、M47、M48、M72、M87、M133随葬器物

1. 石珠（M29：2）　2-4.铜簪（M30：2、M30：3、M30：4）　5.陶罐（M47：1）　6、7、9.半釉罐（M48：1、M72：1、M133：1）
8.铜烟锅（M87：2）

铜钱1枚。M29：1，正、背两面皆锈蚀较甚，字迹模糊不清。

M30　位于C6地块的东北部，东邻M31。东西向，方向为95°。墓口距地表深0.7米，墓底距地表深1.55米。墓圹东西长2.7米、南北宽1.44-1.8米、深0.85米（图三八；彩版一一，2）。

棺木已朽。棺东西长1.92米、南北宽0.53-0.6米、残高0.1米。骨架保存较好。墓主人为成年女性，仰身直肢葬。头向东，面向上。内填花黏土，较疏松。出土随葬品有铜簪、铜钱。

铜簪3件。M30：2，首为钩形，体扁平，上宽下窄，尾尖锐。首高0.4厘米、宽0.3厘米、通长15.7厘米（图三七，2；彩版八八，4）。M30：3，首呈长方形，侧面作5朵花瓣状，体扁平，上宽下窄。首宽1厘米、残长5.8厘米（图三七，3；彩版八八，5）。M30：4，首铸云纹头，镂空，体扁平。残长11.9厘米（图三七，4；彩版八八，6）。

铜钱1枚。M30：1，正、背两面皆锈蚀较甚，字迹模糊不清。

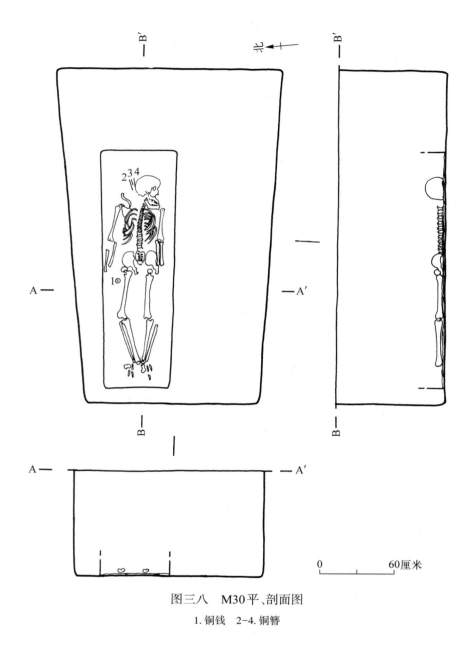

图三八　M30平、剖面图
1. 铜钱　2-4. 铜簪

　　M47　位于C2地块的中南部。南北向,方向为330°。墓口距地表深0.7米,墓底距地表深
1.1米。墓圹南北长2.2米、东西宽0.8-0.9米、深0.4米(图三九;彩版一一,3)。

　　棺木已朽。棺南北长1.76米、东西宽0.54-0.69米、残高0.16米。骨架保存较好。墓主人
为成年男性,仰身直肢葬。头向北,面向下。内填花黏土,较疏松。出土随葬品有陶罐、
铜钱。

　　陶罐1件。M47:1,泥质红陶。方唇、直口,卷沿,溜肩,弧腹,饼足略内凹。素面。外壁

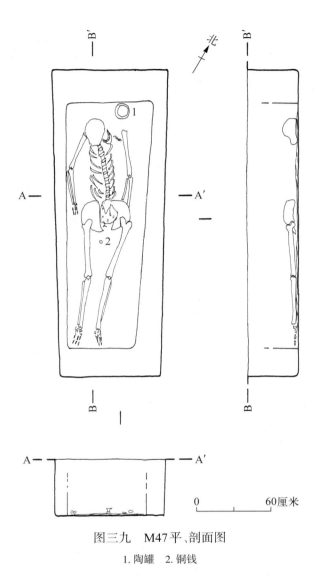

图三九　M47平、剖面图

1. 陶罐　2. 铜钱

有轮制抹痕，底部有同心圆纹。口径11.4厘米、肩径12.8厘米、底径7.4厘米、通高14.4厘米（图三七，5；彩版八九，1）。

乾隆通宝1枚。M47：2，圆形、方穿。正面有郭，铸"乾隆通宝"四字，楷书，对读；背面有郭，穿左右铸满文"宝泉"，纪局名。直径2.33厘米、穿径0.51厘米、郭厚0.12厘米（图四〇，12）。

其余3枚。皆锈蚀较甚，字迹模糊不清。

M48　位于C2地块的中南部，西邻M49。南北向，方向为334°。墓口距地表深0.7米，墓底距地表深1.18米。墓圹南北长2.48米、东西宽0.88—0.98米、深0.48米（图四一；彩版一一，4）。

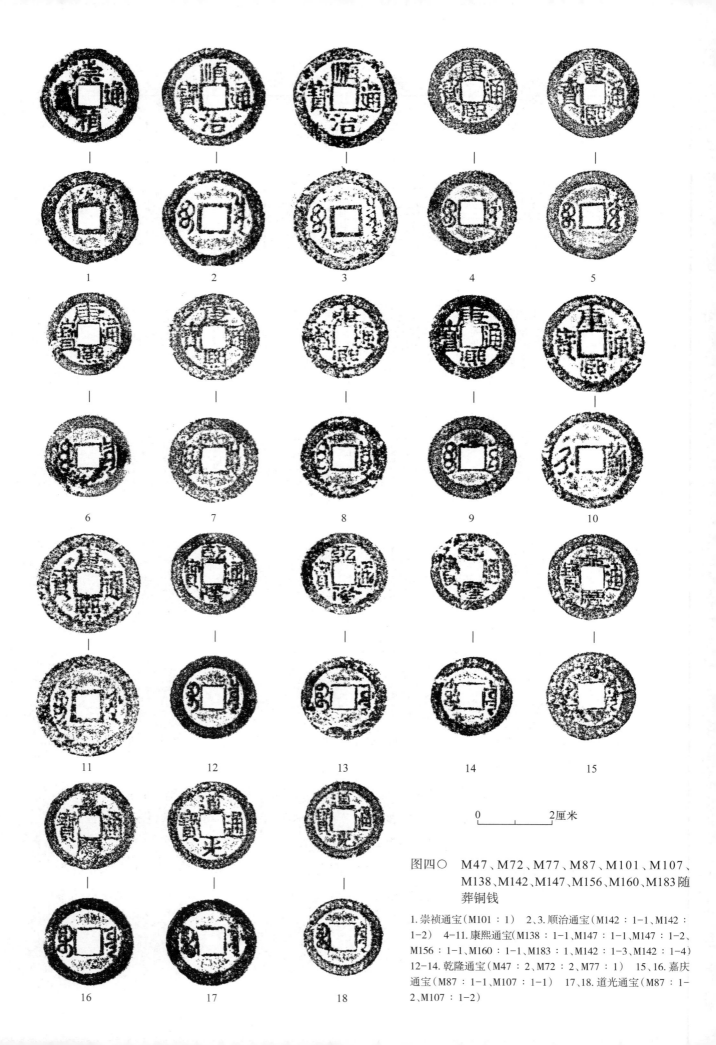

图四〇　M47、M72、M77、M87、M101、M107、M138、M142、M147、M156、M160、M183随葬铜钱

1.崇祯通宝(M101：1)　2、3.顺治通宝(M142：1-1、M142：1-2)　4-11.康熙通宝(M138：1-1、M147：1-1、M147：1-2、M156：1-1、M160：1-1、M183：1、M142：1-3、M142：1-4)　12-14.乾隆通宝(M47：2、M72：2、M77：1)　15、16.嘉庆通宝(M87：1-1、M107：1-1)　17、18.道光通宝(M87：1-2、M107：1-2)

棺木已朽。棺南北长1.94米、东西宽0.55-0.64米、残高0.2米。骨架保存较好。墓主人为成年男性，仰身直肢葬。头向北，面向上。内填花黏土，较疏松。出土随葬品有半釉罐。

半釉罐1件。M48:1，厚方唇、侈口，卷沿，溜肩，斜腹，平底略内凹。口沿内壁及肩部以上外壁施绿釉，有流釉现象，其余露灰胎。器形不规整。外壁有轮制旋痕，底部有偏心圆纹。口径11厘米、肩径11.4厘米、底径6.8厘米、通高10.3厘米（图三七，6；彩版八九，2）。

M63 位于C2地块的中南部，东邻M64。南北向，方向为340°。墓口距地表深1.04米，墓底距地表深1.74米。墓圹南北长2.26米、东西宽0.93-1.03米、深0.7米（图四二；彩版一二，1）。

棺木已朽。棺南北长1.76米、东西宽0.51-0.6米、残高0.12米。骨架保存较好。墓主人为成年男性，仰身直肢葬。头向北，面向上。内填花黏土，较致密。出土随葬品有铜钱。

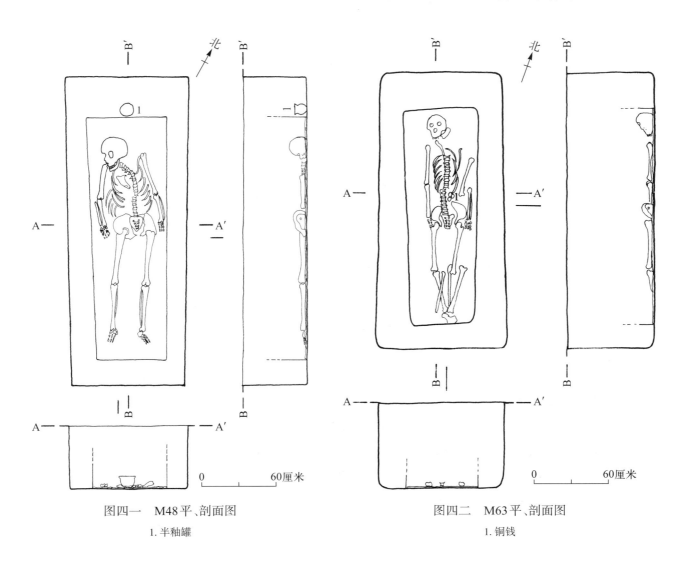

图四一 M48平、剖面图
1.半釉罐

图四二 M63平、剖面图
1.铜钱

铜钱5枚。皆锈蚀较甚，字迹模糊不不清。

M65　位于C2地块的中南部，北邻M64。南北向，方向为15°。墓口距地表深1.04米，墓底距地表深1.54米。墓圹南北长2.44米、东西宽0.9-1.13米、深0.5米（图四三；彩版一二，2）。

棺木已朽。棺南北长1.84米、东西宽0.43-0.51米、残高0.1米。骨架保存较好。墓主人为成年男性，仰身直肢葬。头向北，面向上。内填花黏土，较致密。未发现随葬品。

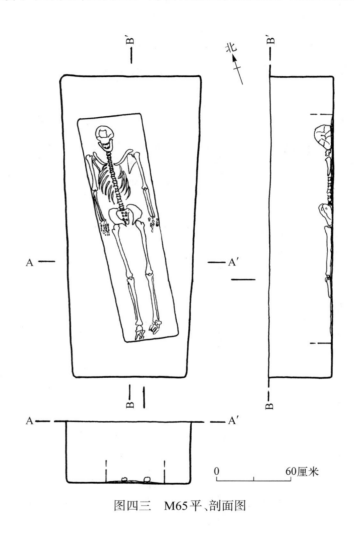

图四三　M65平、剖面图

M66　位于C2地块的中南部，东北邻M65。南北向，方向为357°。墓口距地表深1米，墓底距地表深1.5米。墓圹南北长2.2米、东西宽0.88-1.12米、深0.5米（图四四；彩版一二，3）。

棺木已朽。棺南北长1.84米、东西宽0.34-0.44米、残高0.1米。骨架保存较好。墓主人为成年男性，仰身直肢葬。头向北，面向上。内填花黏土，较致密。未发现随葬品。

M70　位于C2地块的中南部，东南邻M72。南北向，方向为358°。墓口距地表深1.2米，墓底距地表深1.78米。墓圹南北长2.12米、东西宽0.76-0.88米、深0.58米（图四五；彩版一二，4）。

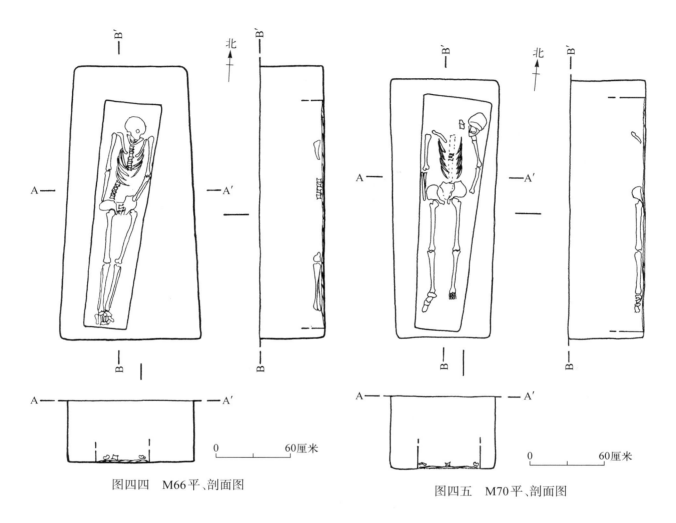

图四四 M66平、剖面图　　　　　　　图四五　M70平、剖面图

　　棺木已朽。棺南北长1.92米、东西宽0.47-0.56米、残高0.19米。骨架保存较差。墓主人为成年男性,仰身直肢葬。头向北,面向上。内填花黏土,较致密。未发现随葬品。

　　M72　位于C2地块的中南部,东南邻M73。南北向,方向为345°。墓口距地表深0.7米,墓底距地表深1.36米。墓圹南北长2.3米、东西宽0.84-0.97米、深0.66米(图四六;彩版一三,1)。

　　棺木已朽。棺南北长1.84米、东西宽0.46-0.62米、残高0.15米。骨架保存较好。墓主人为成年男性,仰身直肢葬。头向北,面向下。内填花黏土,较疏松。出土随葬品有半釉罐、铜钱。

　　半釉罐1件。M72:1,方圆唇、侈口,卷沿,溜肩,斜腹,平底。肩部以上外壁及口沿内壁施绿釉,其余露灰胎。外壁有轮制旋痕,底部有偏心旋纹。口径10.4厘米、肩径9.6厘米、底径7厘米、通高10.6厘米(图三七,7;彩版八九,3)。

　　乾隆通宝1枚。M72:2,圆形、方穿。正面有郭,铸"乾隆通宝"四字,楷书,对读;背面有郭,

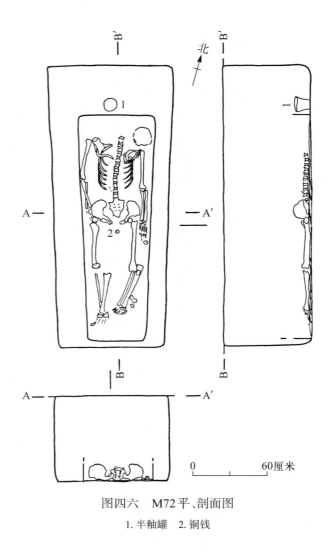

图四六　M72平、剖面图
1. 半釉罐　2. 铜钱

穿左右铸满文"宝源",纪局名。直径2.34厘米、穿径0.55厘米、郭厚0.15厘米(图四○,13)。

　　其余2枚。皆锈蚀较甚,字迹模糊不清。

　　M77　位于C2地块的中南部,北邻M76、南邻M78。南北向,方向为342°。墓口距地表深0.7米,墓底距地表深1.38米。墓圹南北长2.7米、东西宽1-1.1米、深0.68米(图四七;彩版一三,2)。

　　棺木已朽。棺南北长1.88米、东西宽0.56-0.69米、残高0.14米。骨架保存较差。墓主人为成年男性,仰身屈肢葬。头向东,面向上。内填花黏土,较疏松。出土随葬品有铜钱。

　　乾隆通宝1枚。M77:1,圆形、方穿。正面有郭,铸"乾隆通宝"四字,楷书,对读;背面有郭,穿左右铸满文"宝泉",纪局名。直径2.27厘米、穿径0.54厘米、郭厚0.15厘米(图四○,14)。

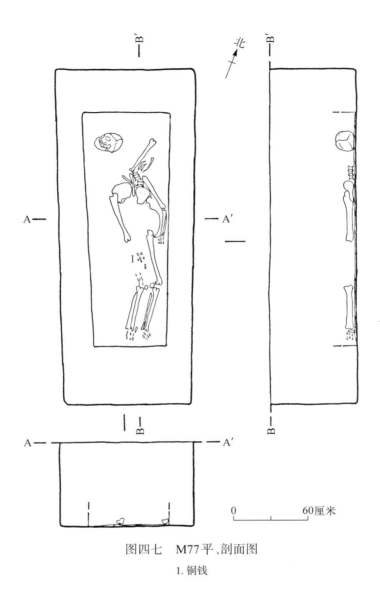

图四七　M77平、剖面图

1. 铜钱

其余4枚。皆锈蚀较甚，字迹模糊不清。

M87　位于C2地块的中南部，东邻M77。南北向，方向为350°。墓口距地表深0.8米，墓底距地表深1.4米。墓圹南北长2.2米、东西宽0.76—0.9米、深0.6米（图四八；彩版一三，3）。

棺木已朽。棺南北长1.96米、东西宽0.62—0.76米、残高0.3米。骨架保存较差。墓主人为成年男性，仰身直肢葬。头向北，面向上。内填花黏土，较致密。出土随葬品有铜烟锅、铜钱。

铜烟锅1件。M87：2，由锅、杆、嘴三部分组成，锅为圆柱体，中空，正面有圆形镂孔，顶部有盖，盖顶刻草叶纹等，纹饰不清。杆为圆柱体，中空。尾端有两凸棱，嘴残断。锅高4.6厘米、残长21厘米（图三七，8；彩版八九，4）。

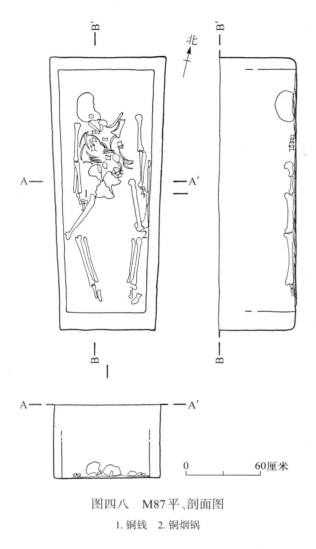

图四八　M87平、剖面图
1. 铜钱　2. 铜烟锅

嘉庆通宝1枚。M87∶1-1,圆形、方穿。正面有郭,铸"嘉庆通宝"四字,楷书,对读;背面有郭,字迹不清,纪局名。直径2.47厘米、穿径0.52厘米、郭厚0.14厘米(图四〇,15)。

道光通宝1枚。M87∶1-2,圆形、方穿。正面有郭,铸"道光通宝"四字,楷书,对读;背面有郭,穿左右铸满文"宝源",纪局名。直径2.46厘米、穿径0.54厘米、郭厚0.14厘米(图四〇,17)。

M101　位于C2地块的中南部,东南邻M102。南北向,方向为20°。墓口距地表深1.1米,墓底距地表深1.3米。墓圹南北长2.2米、东西宽0.76-0.88米、深0.2米(图四九;彩版一三,4)。

棺木已朽。棺南北长1.9米、东西宽0.48-0.6米、残高0.1米。骨架保存较差,扰乱严重,仅余部分肢骨、肋骨。墓主人葬式、性别、年纪、头向、面向均不详。内填花黏土,较致密。出土随葬品有铜钱。

崇祯通宝2枚。均圆形、方穿。正面有郭,铸"崇祯通宝"四字,楷书,对读;背面有郭。标本:M101∶1,直径2.63厘米、穿径0.54厘米、郭厚0.14厘米(图四〇,1)。

M102　位于C2地块的中南部,西北邻M101。南北向,方向为345°。墓口距地表深0.7米,墓底距地表深1.32米。墓圹南北长2.6米、东西宽1.5-1.8米、深0.62米(图五〇;彩版一四,1)。

棺木已朽。棺南北长1.82米、东西宽0.46-0.7米、残高0.12米。骨架保存较差。墓主人为成年男性,仰身直肢葬。头向北,面向上。内填花黏土,较致密。未发现随葬品。

M107　位于C2地块的南部,南邻M85、西邻M84。南北向,方向为340°。墓口距地表深0.8米,墓底距地表深1.8米。墓圹南北长2.7米、东西宽1.4-1.54米、深1米(图五一)。

棺木已朽。棺南北长1.96米、东西宽0.58-0.78米、残高0.2米。骨架保存较好。墓主人为成年男性,仰身直肢葬。头向北,面向上。内填花黏土,较致密。出土随葬品有铜钱。

嘉庆通宝1枚。M107∶1-1,圆形、方穿。正面有郭,铸"嘉庆通宝"四字,楷书,对读;背面有郭,穿左右铸满文"宝源",纪局名。直径2.45厘米、穿径0.54厘米、郭厚0.13厘米(图四〇,16)。

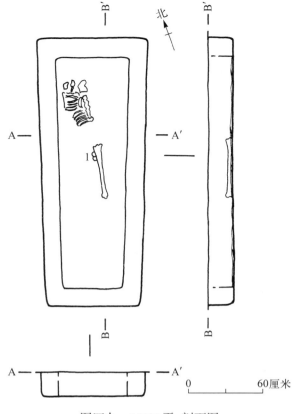

图四九　M101平、剖面图

1. 铜钱

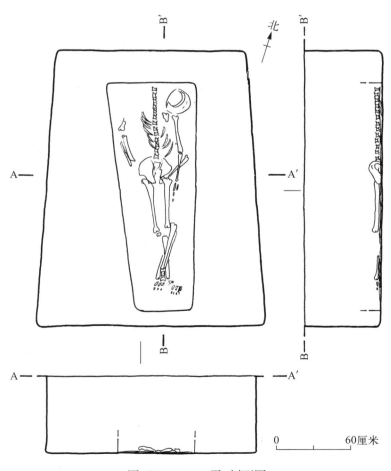

图五〇　M102平、剖面图

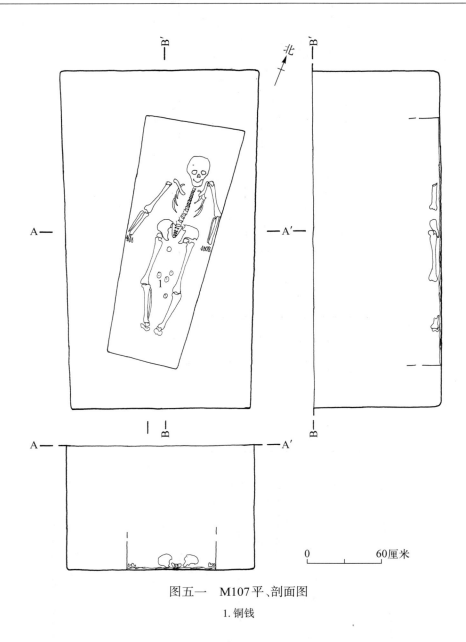

图五一　M107平、剖面图
1. 铜钱

道光通宝1枚。M107：1-2，圆形、方穿。正面有郭，铸"道光通宝"四字，楷书，对读；背面有郭，穿左右铸满文"宝泉"，纪局名。直径2.44厘米、穿径0.56厘米、郭厚0.12厘米（图四〇，18）。

其余13枚。皆锈蚀较甚，字迹模糊不清。

M133　位于C2地块的中南部，南邻M131。南北向，方向为345°。墓口距地表深0.8米，墓底距地表深1.5米。墓圹南北长2.2米、东西宽0.74-0.92米、深0.7米（图五二；彩版一四，2）。

棺木已朽。棺南北长1.64米、东西宽0.46-0.64米、残高0.16米。骨架保存较好。墓主人为成年男性，仰身直肢葬。头向北，面向上。内填花黏土，较致密。出土随葬品有半釉罐。

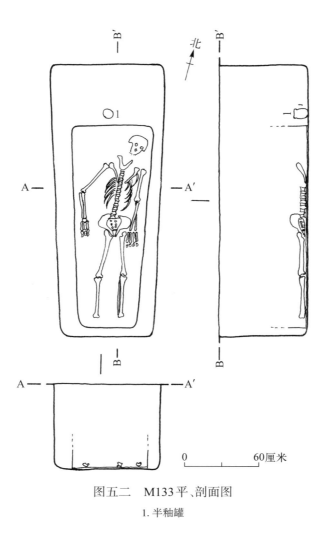

图五二　M133平、剖面图

1. 半釉罐

半釉罐1件。M133:1,圆唇、直口,溜肩,弧腹,平底。肩部以上外壁施黑釉,以下露灰胎。颈部附象鼻形对称四系。质地坚硬,火候较高,器体厚重。口径7.2厘米、肩径9.4厘米、底径5.4厘米、通高11厘米(图三七,9;彩版九〇,1)。

M138　位于C2地块的中南部,西邻M135、东南邻M137。南北向,方向为340°。墓口距地表深0.7米,墓底距地表深2米。墓圹南北长2.7米、东西宽1.2-1.4米、深1.3米(图五三;彩版一四,3)。

棺木已朽。棺南北长2米、东西宽0.52-0.6米、残高0.3米。骨架保存较差。墓主人为成年男性,仰身直肢葬。头向北,面向上。内填花黏土,较疏松。出土随葬品有铜钱。

康熙通宝2枚。均圆形、方穿。正面有郭,铸"康熙通宝"四字,楷书,对读;背面有郭,穿左右铸满文"宝源",纪局名。标本:M138:1-1,直径2.4厘米、穿径0.54厘米、郭厚0.1厘米(图四〇,4)。

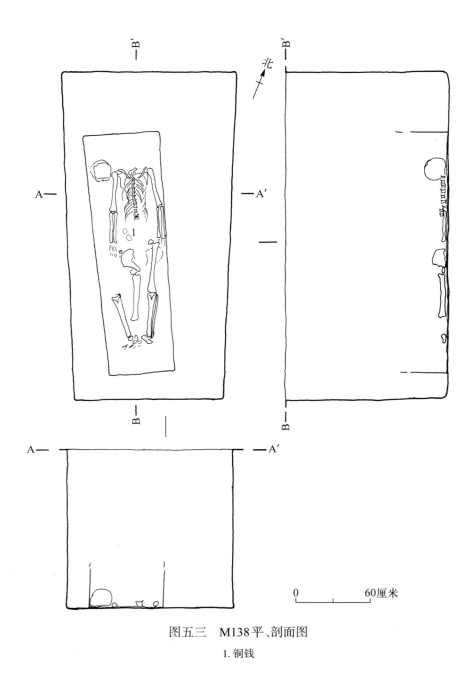

图五三　M138平、剖面图

1. 铜钱

　　M147　位于C2地块的中南部, 东北邻M144。南北向, 方向为350°。墓口距地表深0.7米, 墓底距地表深1.44米。墓圹南北长2.5米、东西宽0.79-0.9米、深0.74米(图五四; 彩版一四,4)。

　　棺木已朽。棺南北长1.86米、东西宽0.54-0.57米、残高0.22米。骨架保存较差。墓主人为成年男性, 仰身直肢葬。头向北, 面向上。内填花黏土, 较疏松。出土随葬品有铜钱。

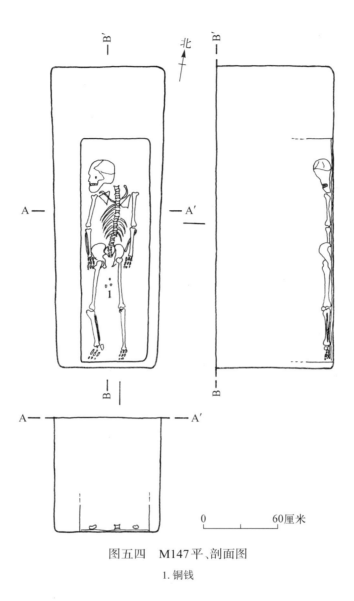

图五四 M147平、剖面图

1.铜钱

康熙通宝2枚。均圆形、方穿。正面有郭,铸"康熙通宝"四字,楷书,对读;背面有郭,穿左右铸满文"宝泉",纪局名。M147:1-1,直径2.49厘米、穿径0.5厘米、郭厚0.09厘米(图四〇,5)。M147:1-2,直径2.22厘米、穿径0.54厘米、郭厚0.09厘米(图四〇,6)。

M154 位于C2地块的中南部,西邻M152。南北向,方向为355°。墓口距地表深0.7米,墓底距地表深1.2米。墓圹南北长2.5米、东西宽1-1.1米、深0.5米(图五五;彩版一五,1)。

棺木已朽。棺南北长1.85米、东西宽0.53-0.63米、残高0.1米。骨架保存较好。墓主人为成年男性,仰身直肢葬。头向北,面向上。内填花黏土,较疏松。未发现随葬品。

M156 位于C2地块的中南部,南邻M107、东邻M171。南北向,方向为345°。墓口距地

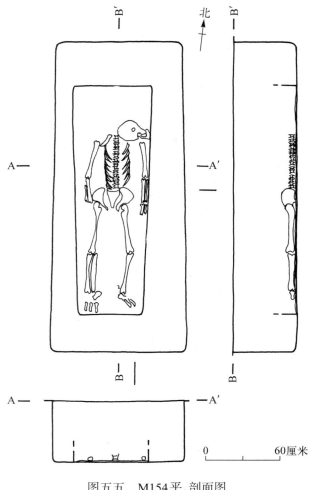

图五五　M154平、剖面图

表深0.9米,墓底距地表深1.9米。墓圹南北长2.5米、东西宽1-1.1米、深1米(图五六;彩版一五,2)。

棺木已朽。棺南北长2.1米、东西宽0.62-0.7米、残高0.2米。骨架保存较差。墓主人为成年男性,仰身直肢葬。头向北,面向上。内填花黏土,较疏松。出土随葬品有半釉罐、铜钱。

半釉罐1件。M156:2,厚方唇、侈口,卷沿,斜领,肩部略折,直腹,平底。肩部以上外壁及口沿内壁施酱釉,其余露灰胎。外壁有轮制抹痕,底部有偏心圆纹。口径10.8厘米、肩径11.6厘米、底径7.8厘米、通高11.8厘米(图五七,1;彩版九〇,2)。

康熙通宝1枚。M156:1-1,圆形、方穿。正面有郭,铸“康熙通宝”四字,楷书,对读;背面有郭,穿左右铸满文“宝泉”,纪局名。直径2.42厘米、穿径0.61厘米、郭厚0.1厘米(图四〇,7)。

其余3枚。皆锈蚀较甚,字迹模糊不清。

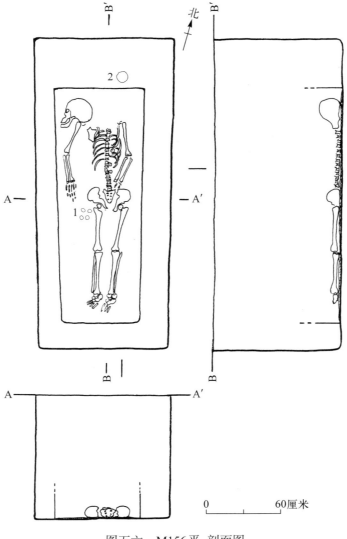

图五六　M156平、剖面图

1. 铜钱　2. 半釉罐

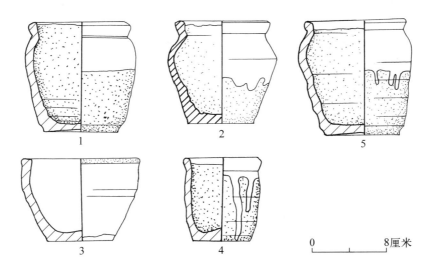

图五七　M142、M156、M168、M170、M172随葬器物

1、2、4、5.半釉罐（M156：2、M168：1、M172：1、M142：2）　3.瓷罐（M170：1）

　　M160　位于C2地块的中南部,东邻M157、北邻M179,西南角打破M158。南北向,方向为345°。墓口距地表深0.8米,墓底距地表深1.9米。墓圹南北长2.7米、东西宽0.9-1米、深1.1米(图五八;彩版一五,3)。

　　棺木已朽。棺南北长1.78米、东西宽0.54-0.66米、残高0.18米。骨架保存较差。墓主人为成年男性,仰身直肢葬。头向北,面向上。内填花黏土,较疏松。出土随葬品有铜钱。

　　康熙通宝1枚。M160:1-1,圆形、方穿。正面有郭,铸"康熙通宝"四字,楷书,对读;背面有郭,穿左右铸满文"宝泉",纪局名。直径2.32厘米、穿径0.52厘米、郭厚0.12厘米(图四〇,8)。

　　其余4枚。皆锈蚀较甚,字迹模糊不清。

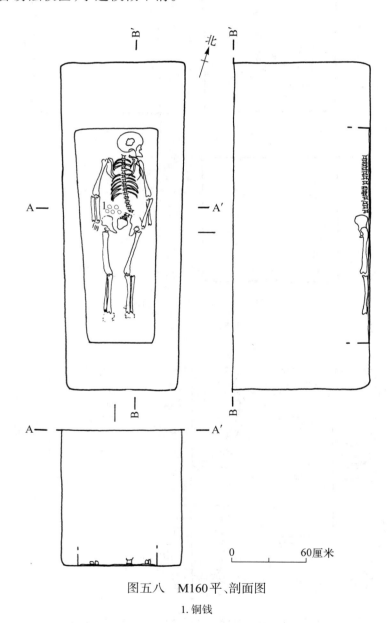

图五八　M160平、剖面图

1. 铜钱

M168 位于C2地块的中南部,东邻M169。南北向,方向为345°。墓口距地表深0.7米、墓底距地表深1.8米。墓圹南北长2.46米、东西宽1-1.38米、深1.1米(图五九;彩版一五,4)。

棺木已朽。棺南北长1.74米、东西宽0.46-0.58米、残高0.31米。骨架保存较差。墓主人为成年男性,仰身直肢葬。头向北,面向不详。内填花黏土,较疏松。出土随葬品有半釉罐、铜钱。

半釉罐1件。M168:1,方唇、侈口,斜领,折肩,斜腹,平底。腹部以上外壁及口沿内壁施酱绿釉,有流釉现象,其余露灰胎。外壁有轮制抹痕,底部有偏心圆纹。口径10厘米、肩径11.4厘米、底径7厘米、通高11厘米(图五七,2;彩版九○,3)。

铜钱2枚。皆锈蚀较甚,字迹模糊不清。

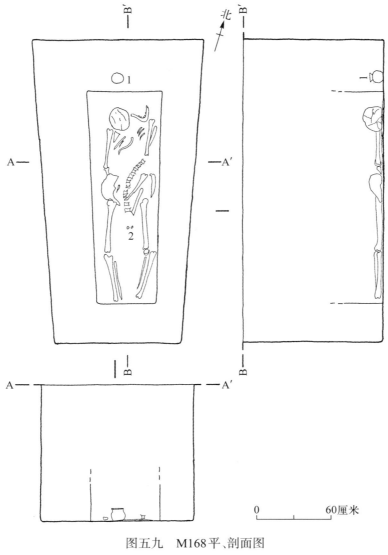

图五九 M168平、剖面图

1.半釉罐 2.铜钱

　　M178　位于C2地块的中南部，西邻M179、南邻M157。南北向，方向为345°。墓口距地表深0.7米，墓底距地表深1.22米。墓圹南北长2.5米、东西宽0.8-1米、深0.52米（图六〇；彩版一六，1）。

　　棺木已朽。棺南北长1.78米、东西宽0.52-0.56米、残高0.16米。骨架保存较差。墓主人为成年男性，仰身屈肢葬。头向北，面向上。内填花黏土，较疏松。未发现随葬品。

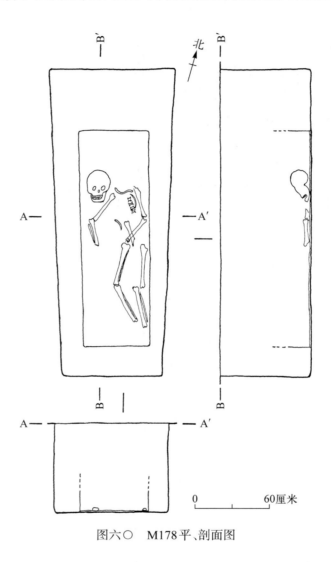

图六〇　M178平、剖面图

　　M183　位于C2地块的中南部，东邻M185。南北向，方向为340°。墓口距地表深0.9米，墓底距地表深1.4米。墓圹南北长2.5米、东西宽1.08-1.2米、深0.5米（图六一；彩版一六，2、3）。

　　棺木已朽。棺南北长1.7米、东西宽0.54-0.68米、残高0.1米。骨架保存较差。墓主人为成年男性，仰身直肢葬。头向北，面向上。内填花黏土，较疏松。出土随葬品有铜钱。

　　康熙通宝3枚。均圆形、方穿。正面有郭，铸"康熙通宝"四字，楷书，对读；背面有郭，穿左右铸满文"宝源"，纪局名。标本：M183：1，直径2.35厘米、穿径0.51厘米、郭厚0.11厘米（图四〇，9）。

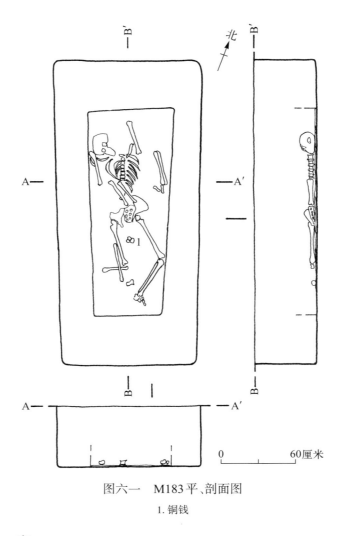

图六一 M183平、剖面图

1.铜钱

C型: 不规则形,1座。

M142 位于C2地块的中南部,西北邻M141、东南邻M143。南北向,方向为357°。墓口距地表深0.7米,墓底距地表深1.7米。墓圹南北长2.24~2.5米、东西宽1.5~1.6米、深1米(图六二;彩版一六,4)。

棺木已朽。棺南北长1.96米、东西宽0.5~0.58米、残高0.2米。骨架保存较差。墓主人为成年男性,仰身直肢葬。头向北,面向上。内填花黏土,较疏松。出土随葬品有半釉罐、铜钱。

半釉罐1件。M142:2,方唇、侈口,卷沿,肩部圆折,斜腹,平底略内凹。肩部以上外壁及口沿内壁施酱黄釉,有流釉现象,其余露灰胎。外壁有轮制抹痕,底部有偏心圆纹。口径10.8厘米、肩径12厘米、底径8厘米、通高12.4厘米(图五七,5;彩版九○,4)。

顺治通宝2枚。均圆形、方穿。正面有郭,铸"顺治通宝"四字,楷书,对读;背面有郭,穿左右铸满文"宝泉",纪局名。M142:1-1,直径2.74厘米、穿径0.56厘米、郭厚0.12厘米(图四○,2)。M142:1-2,直径2.78厘米、穿径0.56厘米、郭厚0.13厘米(图四○,3)。

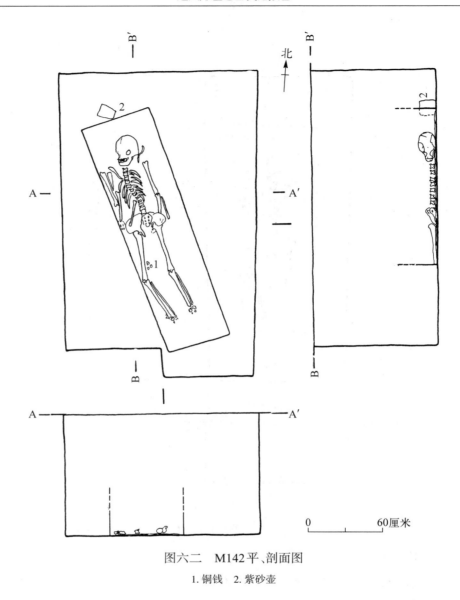

图六二　M142平、剖面图

1. 铜钱　2. 紫砂壶

康熙通宝2枚。均圆形、方穿。正面有郭,铸"康熙通宝"四字,楷书,对读。M142:1-3,背面有郭,穿左右铸满汉文"蓟",纪局名。直径2.74厘米、穿径0.54厘米、郭厚0.13厘米(图四〇,10)。M142:1-4,背面有郭,穿左右铸满文"宝源",纪局名。直径2.78厘米、穿径0.57厘米、郭厚0.13厘米(图四〇,11)。

其余2枚。皆锈蚀较甚,字迹模糊不清。

第二节　双棺墓

由平面形制分为三种类型。

A型：长方形。共39座。

M4 位于C5地块的西北部，东北邻M3。南北向，方向为355°。墓口距地表深0.4米，墓底距地表深1.38-1.56米。墓圹南北长2.54米、东西宽1.7米、深0.98-1.16米（图六三；彩版一七，1）。

棺木保存一般。骨架保存均较好。葬式皆为仰身直肢葬。头向北，面向上。东棺南北长1.74米、东西宽0.43-0.47米、残高0.4米、厚0.06米。棺内为成年男性。西棺南北长1.68米、东西宽0.36-0.52米、残高0.22米、厚0.02-0.04米。棺内为成年女性。内填花黏土，较疏松。西棺打破东棺。随葬品有半釉罐、铜钱。

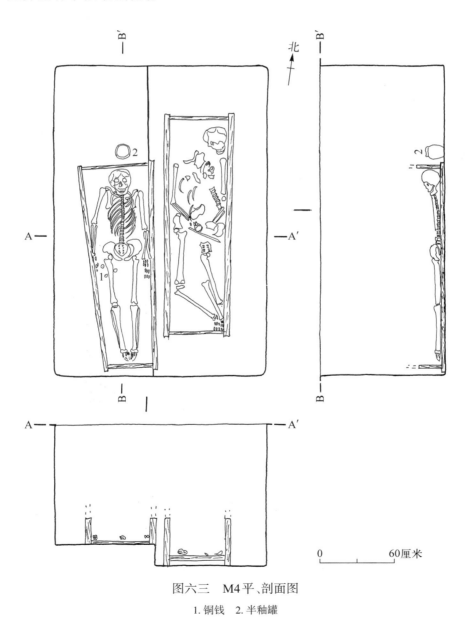

图六三　M4平、剖面图

1.铜钱　2.半釉罐

　　半釉罐1件。M4：2，圆唇、直口，卷沿，直领，圆肩，弧腹，饼足略内凹。肩部以上外壁及内壁施酱釉，其余露灰胎。外壁有轮制痕迹，底部有同心圆纹。口径8.2厘米、肩径7.6厘米、底径8厘米、通高12.8厘米（图六四，1；彩版九一，1）。

　　政和通宝1枚。M4：1，圆形、方穿。正面有郭，铸"政和通宝"四字，楷书，对读；背面有郭。直径2.38厘米、穿径0.7厘米、郭厚0.09厘米（图六五，1）。

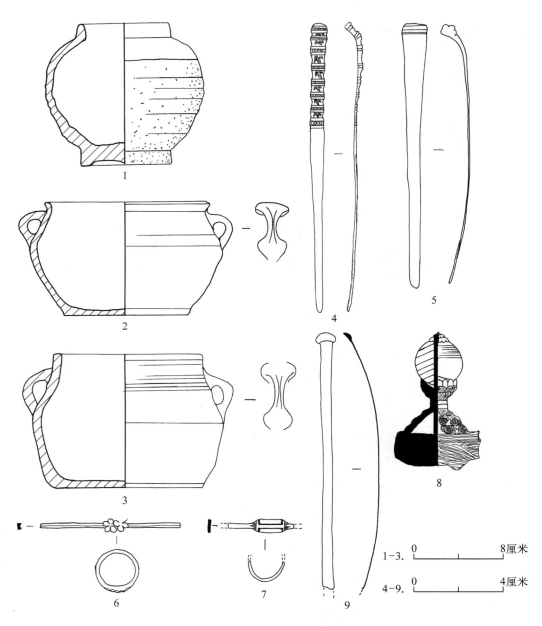

1-3.　0　　　　　　　　8厘米

4-9.　0　　　　　　　　4厘米

图六四　M4、M5、M10、M14、M23随葬器物

1.半釉罐（M4：2）　2、3.陶罐（M5：1、M5：2）　4.银簪（M10：2）　5、9.铜簪（M14：1、M23：3）
6、7.银戒指（M14：4-1、M14：4-2）　8.铜顶戴（M23：2）

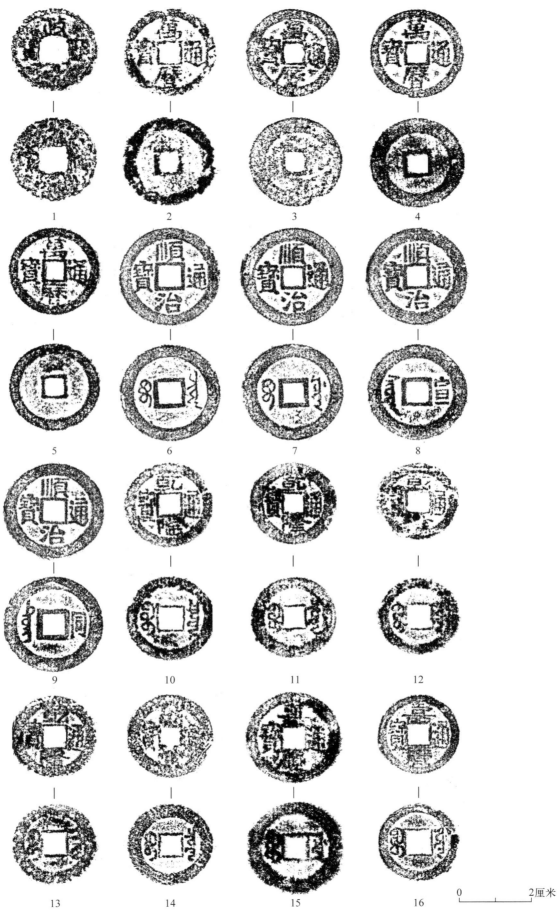

图六五　M4、M5、M10、M11、M14、M25随葬铜钱

1.政和通宝（M4：1）　2-5.万历通宝（M5：3、M11：1-1、M14：2-1、M14：3-1）　6-9.顺治通宝（M25：7-1、M25：7-2、M25：7-3、M25：7-4）　10-14.乾隆通宝（M10：1-1、M10：1-2、M10：1-3、M14：2-2、M14：3-2）　15、16.嘉庆通宝（M10：1-4、M25：7-5）

其余3枚。皆锈蚀较甚,字迹模糊不清。

M5　位于C5地块的东北部,北邻M6。南北向,方向为350°。墓口距地表深0.75米,墓底距地表深1.75米。墓圹南北长2.5米、东西宽1.9-1.98米、深1米(图六六;彩版一七,2)。

棺木已朽。皆仰身直肢葬。东棺南北长1.84米、东西宽0.42-0.59米、残高0.1米。棺内骨架保存较差,为成年男性,头向、面向不详。西棺南北长1.78米、东西宽0.5-0.67米、残高0.12米。棺内骨架保存较好,为成年女性,头向北,面向上。内填花黏土,较疏松。东棺打破西棺。出土随葬品有陶罐、铜钱。

陶罐2件。M5:1,圆唇、敞口,卷沿,束颈,圆肩,弧腹,平底。泥质灰陶,素面。肩部贴附对称象鼻状双系。外壁可见轮制抹痕。口径14.2厘米、肩径18.6厘米、底径10.8厘米、通高10.4

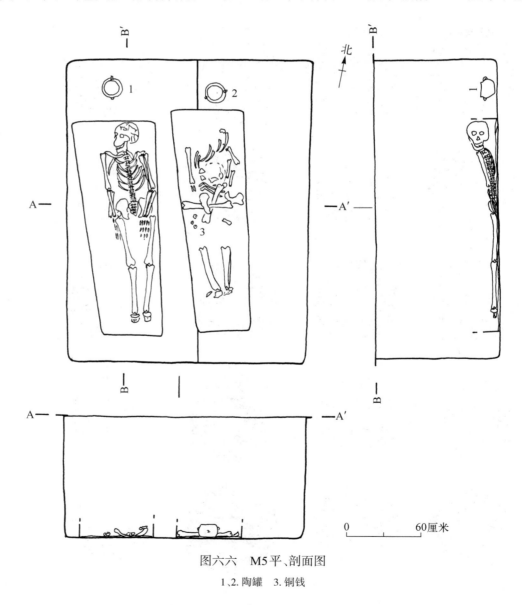

图六六　M5平、剖面图

1、2.陶罐　3.铜钱

厘米（图六四，2；彩版九一，2）。M5:2，方唇、直口，卷沿，束颈，溜肩，折腹，平底。泥质灰陶，素面。肩部贴附对称象鼻状双系。外壁可见轮制抹痕。口径13.2厘米、肩径18.2厘米、底径13厘米、通高12厘米（图六四，3；彩版九一，3）。

万历通宝3枚。均圆形、方穿。正面有郭，铸"万历通宝"四字，楷书，对读；背面有郭。标本：M5:3，直径2.54厘米、穿径0.51厘米、郭厚0.13厘米（图六五，2）。

其余9枚。皆锈蚀较甚，字迹模糊不清。

M10　位于C5地块的东北部。南北向，方向为352°。墓口距地表深0.7米，墓底距地表深1.6米。墓圹南北长2.9米、东西宽2-2.04米、深0.9米（图六七；彩版一八）。

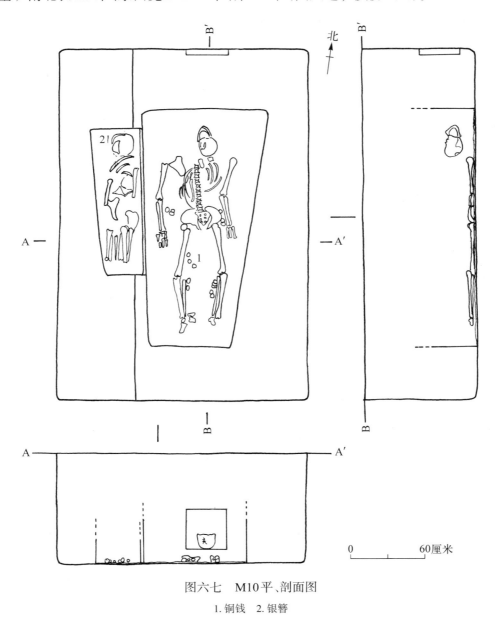

图六七　M10平、剖面图
1. 铜钱　2. 银簪

棺木已朽。皆仰身直肢葬，头向北，面向上。东棺南北长 1.97 米、东西宽 0.68-1 米、残高 0.4 米。棺内骨架保存较好，为成年女性。西棺南北长 1.23 米、东西宽 0.34-0.4 米、残高 0.2 米。棺内骨架保存较差，为一幼儿。西棺打破东棺。东棺北侧壁下，出有买地券一块，正方形，边长 0.33 米，厚 0.05 米，上有朱砂写的字，但字迹不清。内填花黏土，较疏松。出土随葬品有银簪、铜钱。

银簪 1 件。M10∶2，锈蚀严重。首呈竹节状，节与节之间刻竹叶纹，体扁平，表面鼓凸，尾圆弧。首长 0.8 厘米、宽 0.7 厘米、通长 13 厘米（图六四，4；彩版九一，4）。

乾隆通宝 3 枚。均圆形、方穿。正面有郭，铸"乾隆通宝"四字，楷书，对读；背面有郭，穿左右铸满文"宝泉"，纪局名。M10∶1-1，直径 2.47 厘米、穿径 0.54 厘米、郭厚 0.12 厘米（图六五，10）。M10∶1-2，直径 2.4 厘米、穿径 0.46 厘米、郭厚 0.14 厘米（图六五，11）。M10∶1-3，直径 2.27 厘米、穿径 0.54 厘米、郭厚 0.14 厘米（图六五，12）。

嘉庆通宝 1 枚。M10∶1-4，圆形、方穿。正面有郭，铸"嘉庆通宝"四字，楷书，对读；背面有郭，穿左右铸满文"宝源"，纪局名。直径 2.6 厘米、穿径 0.56 厘米、郭厚 0.12 厘米（图六五，15）。

其余 29 枚。皆锈蚀较甚，字迹模糊不清。

M11 位于 C5 地块的东北部，东南部邻 M10。南北向，方向为 348°。墓口距地表深 0.7 米，墓底距地表深 1.64-1.8 米。墓圹南北长 2.7 米、东西宽 1.6 米、深 0.94-1.1 米（图六八；彩版一九，1）。

棺木保存一般。骨架保存均较差，皆仰身直肢葬，头向北，面向上。东棺南北长 2.05 米、东西宽 0.52-0.54 米、残高 0.34 米、厚 0.02-0.05 米。棺内为成年男性。西棺南北长 2.3 米、东西宽 0.6-0.66 米、残高 0.5 米、厚 0.05 米。棺内为成年女性。东棺打破西棺。东棺北侧壁下，出有买地券一块。正方形，长 72 厘米、宽 73 厘米、厚 15 厘米，上有朱砂写的红色字迹，但模糊不清。内填花黏土，较疏松。出土随葬品有铜钱。

万历通宝 1 枚。M11∶1-1，圆形、方穿。正面有郭，铸"万历通宝"四字，楷书，对读；背面有郭。直径 2.53 厘米、穿径 0.5 厘米、郭厚 0.11 厘米（图六五，3）。

M14 位于 C5 地块的东北部，东邻 M12、西偏北邻 M13，打破 M13 东南角。南北向，方向为 355°。墓口距地表深 0.7 米，墓底距地表深 1.5 米。墓圹南北长 2.3 米、东西宽 1.17-1.8 米、深 0.8 米（图六九；彩版一九，2）。

棺木已朽。骨架保存均较好，皆仰身直肢葬，头向北，面向上。东棺南北长 1.9 米、东西宽 0.46-0.56 米、残高 0.1 米。棺内为成年男性。西棺南北长 1.72 米、东西宽 0.44-0.6 米、残高 0.2 米。棺内为成年女性。东棺打破西棺。内填花黏土，较疏松。出土随葬品有铜簪、银戒指、铜钱。

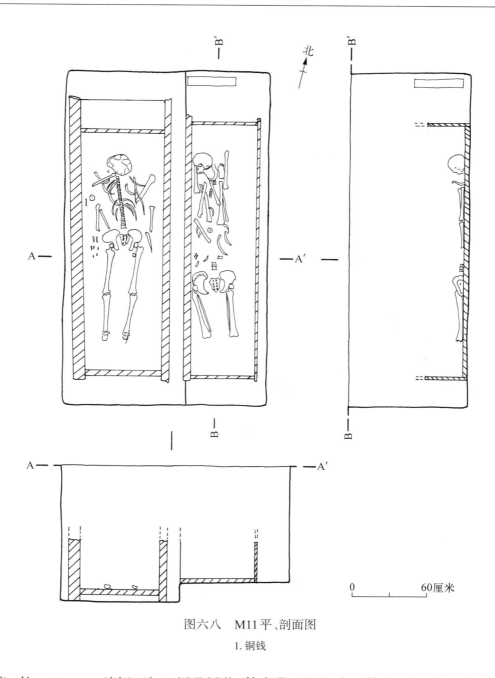

图六八　M11平、剖面图

1. 铜钱

　　铜簪1件。M14:1，首侧面如五瓣花瓣状，体弯曲、扁平，表面鼓凸，尾圆弧。首宽1.1厘米、高1.2厘米、通长11.9厘米（图六四，5；彩版九一，5）。

　　银戒指2枚。大小、形制相同。圆形，环状。M14:4-1，中间铸五瓣梅花形，体近车轨状。直径1.9厘米、厚0.2厘米（图六四，6；彩版九二，1）。M14:4-2，正面中间刻两道浅凹槽纹，旁边有纹饰，但不清。体扁平，残缺。直径1.6厘米、厚0.2厘米（图六四，7；彩版九二，2）。

　　万历通宝2枚。均圆形、方穿。正面有郭，铸"万历通宝"四字，楷书，对读；背面有郭。M14:2-1，直径2.57厘米、穿径0.52厘米、郭厚0.13厘米（图六五，4）。M14:3-1，直径2.49厘

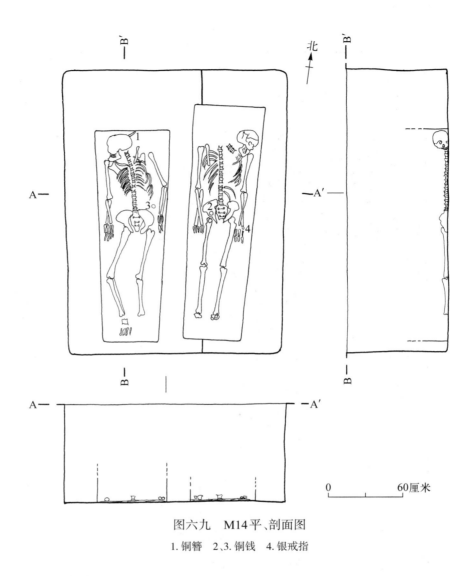

图六九　M14平、剖面图

1. 铜簪　2、3. 铜钱　4. 银戒指

米、穿径0.49厘米、郭厚0.12厘米（图六五,5）。

　　乾隆通宝2枚。均圆形、方穿。正面有郭,铸"乾隆通宝"四字,楷书,对读;背面有郭,穿左右铸满文"宝泉",纪局名。M14:2-2,直径2.33厘米、穿径0.52厘米、郭厚0.15厘米（图六五,13）。M14:3-2,直径2.38厘米、穿径0.47厘米、郭厚0.1厘米（图六五,14）。

　　M23　位于C6地块的中部,东邻M22。东西向,方向为57°。墓口距地表深0.55米,墓底距地表深1.55米。墓圹东西长2.6米、南北宽1.6米、深1米（图七○;彩版二○,1）。

　　棺木保存一般。骨架保存均较差,皆仰身直肢葬,头向东。北棺东西长1.77米、南北宽0.42-0.52米、残高0.2米、厚0.05米。棺内为成年女性,面向上。南棺东西长1.78米、南北宽0.44-0.54米、残高0.18米、厚0.05米。棺内为成年男性,面向不详。南棺打破北棺。内填花黏土,较疏松。出土随葬品有铜顶戴、铜簪、铜钱。

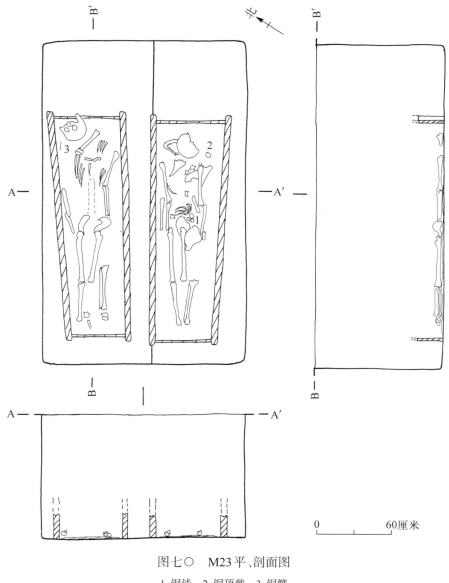

图七〇　M23平、剖面图

1.铜钱　2.铜顶戴　3.铜簪

　　铜顶戴1件。M23：2，白色砗磲，顶部贴葵圆形薄片，上铸圆珠纹，下为三层莲花座托，底为三层倒莲花座托。中间用螺栓贯通上下。残高6.2厘米（图六四，8；彩版九二，3）。

　　铜簪1件。M23：3，首为蘑菇状，体扁平，表面圆弧。首宽0.8厘米、残长11.4厘米（图六四，9；彩版九二，4）。

　　铜钱3枚。皆锈蚀较甚，字迹模糊不清。

　　M24　位于C6地块的东北部，东邻M22。东西向，方向为95°。墓口距地表深0.7米，墓底距地表深1.4米。墓圹东西长2.35米、南北宽1.7米、深0.7米（图七一；彩版二〇，2）。

　　棺木已朽。骨架保存均较差，皆仰身直肢葬。北棺东西长1.88米、南北宽0.5-0.72米、残高

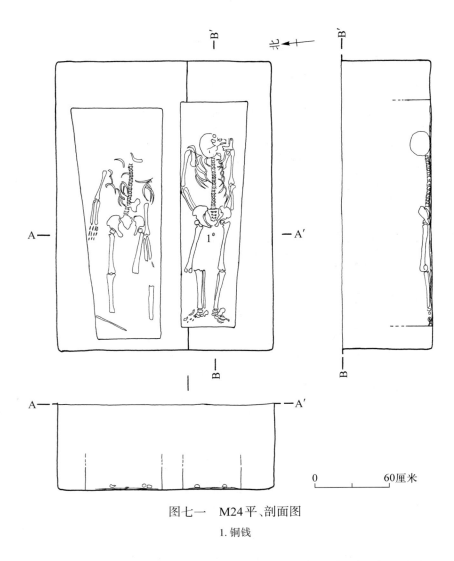

图七一　M24平、剖面图

1. 铜钱

0.2米。棺内为成年女性,头向、面向不详。南棺东西长1.84米、南北宽0.42-0.52米、残高0.2米。棺内为成年男性,头向东,面向上。南棺打破北棺。内填花黏土,较疏松。出土随葬品有铜钱。

　　铜钱5枚。皆锈蚀较甚,字迹模糊不清。

　　M25　位于C6地块的东北部,东邻M26。东西向,方向为99°。墓口距地表深0.7米,墓底距地表深1.3米。墓圹东西长2.5米、南北宽1.72米、深0.6米(图七二;彩版二一,1)。

　　棺木已朽。皆仰身直肢葬,头向东。北棺东西长1.9米、南北宽0.4-0.58米、残高0.1米。棺内骨架保存较差,为成年女性,面向上。南棺东西长1.84米、南北宽0.46-0.58米、残高0.18米。棺内骨架保存较好,为成年男性,面向下。南棺打破北棺。内填花黏土,较疏松。出土随葬品有银扁方、铜簪、铜戒指、玻璃扣、铜钱。

　　银扁方1件。M25:1,首卷曲,体扁平,上端铸圆寿纹,尾圆弧。首宽1.4厘米、通长16厘米(图七三,1;彩版九二,5)。

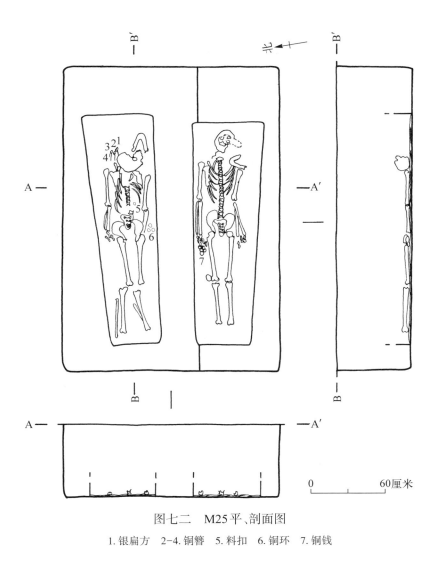

图七二 M25平、剖面图

1.银扁方 2—4.铜簪 5.料扣 6.铜环 7.铜钱

铜簪4件。首为8朵花瓣组成的椭圆形,较厚,背面磨平,上铸双目、鼻、口组成的兽面形,下为对称的如意云纹,中间镂空。体扁平,背面有椭圆形、井字形镂空,背面有戳印"□启"。M25:2,首宽3厘米、通长15.3厘米(图七三,2;彩版九三,1)。M25:4,首宽3厘米、通长13.6厘米(图七三,5;彩版九三,4)。M25:3-1,首残,颈部为如意云纹状,体圆锥状。残长16厘米(图七三,3;彩版九三,2)。M25:3-2,颈部饰凸弦纹,体圆锥状。残长12.5厘米(图七三,4;彩版九三,3)。

铜戒指3枚。形制、大小基本相同,首为龙头形,张口,目、口、牙、鳞、鬏、鼻清晰可见,体为圆柱体,接口较准。M25:6-1,直径为1.7厘米(图七三,7;彩版九四,2)。M25:6-2,直径为1.7厘米(图七三,8;彩版九四,3)。M25:6-3,直径为1.7厘米(图七三,9;彩版九四,4)。

玻璃扣1枚。M25:5,圆球形,白色,上涂紫色,中间有一横穿,未穿透。直径为0.9厘米(图七三,6;彩版九四,1)。

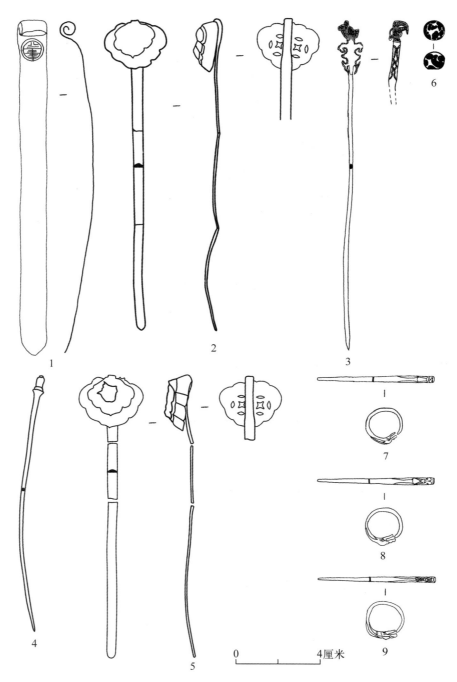

0   4厘米

图七三　M25随葬器物

1.银扁方（M25：1）　2-5.铜簪（M25：2、M25：3-1、M25：3-2、M25：4）　6.玻璃扣（M25：5）
7-9.铜戒指（M25：6-1、M25：6-2、M25：6-3）

顺治通宝4枚。均圆形、方穿。正面有郭，铸"顺治通宝"四字，楷书，对读。M25：7-1，背面有郭，穿左右铸满文"宝泉"，纪局名。直径2.75厘米、穿径0.54厘米、郭厚0.13厘米（图六五，6）。M25：7-2，背面有郭，穿左右铸满文"宝源"，纪局名。直径2.77厘米、穿径0.51厘米、郭厚0.13厘米（图六五，7）。M25：7-3，背面有郭，穿左右铸满汉文"宣"，纪局名。直径2.76厘米、穿径0.54厘米、郭厚0.13厘米（图六五，8）。M25：7-4，背面有郭，穿左右铸满汉文"同"，纪局名。直径2.74厘米、穿径0.56厘米、郭厚0.13厘米（图六五，9）。

嘉庆通宝1枚。M25：7-5，圆形、方穿。正面有郭，铸"嘉庆通宝"四字，楷书，对读；背面有郭，穿左右铸满文"宝源"，纪局名。直径2.28厘米、穿径0.57厘米、郭厚0.15厘米（图六五，16）。

其余20枚。皆锈蚀较甚，字迹模糊不清。

M31 位于C6地块的东北部，东邻M33。东西向，方向为91°。墓口距地表深0.7米，墓底距地表深1.7米。墓圹东西长2.7米、南北宽1.84-1.9米、深1米（图七四；彩版二一，2）。

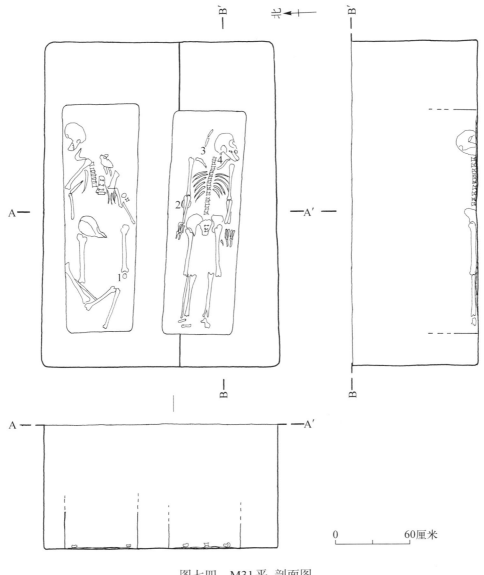

图七四 M31平、剖面图

1. 铜钱 2. 铜镯 3. 铜扁方 4. 银耳环

棺木已朽。骨架保存均较差,皆仰身直肢葬,头向东,面向上。北棺东西长1.88米、南北宽0.54-0.62米、残高0.3米。棺内为成年男性。南棺东西长1.85米、南北宽0.56-0.58米、残高0.2米。棺内为成年女性。南棺打破北棺。内填花黏土,较疏松。出土随葬品有铜镯、铜扁方、银耳环、铜钱。

铜镯1件。M31:2,圆环形,圆柱体,接口不齐。直径7.3厘米、厚0.5厘米(图七五,1;彩版九四,5)。

铜扁方1件。M31:3,首侧面呈五瓣梅花状,体扁平,表面鼓凸,尾圆弧。首高0.5厘米、宽1.3厘米、通长17.8厘米(图七五,2;彩版九四,6)。

银耳环1件。M31:4,圆环形,圆柱体,接口不齐。直径1.6厘米、厚0.2厘米(图七五,3;彩版九五,1)。

铜钱1枚。正、反两面皆锈蚀较甚,字迹模糊不清。

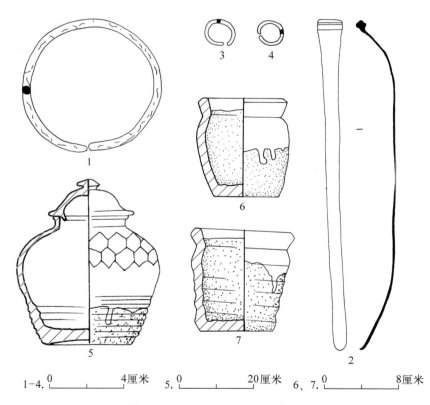

图七五　M31、M38、M44随葬器物

1.铜手镯(M31:2)　2.铜扁方(M31:3)　3、4.银耳环(M31:4、M38:2)
5.瓷瓮(M38:3)　6、7.半釉罐(M44:1、M44:2)

M32　位于C6地块的中部,南邻M31。东西向,方向为93°。墓口距地表深0.7米,墓底距地表深1.5米。墓圹东西长2.5米、南北宽1.76米、深0.8米(图七六;彩版二二,1)。

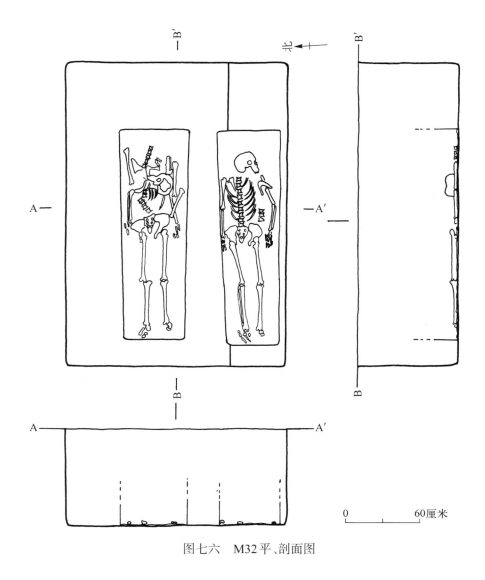

图七六 M32平、剖面图

棺木已朽。皆仰身直肢葬,头向东。北棺东西长1.74米、南北宽0.48-0.56米、残高0.2米。棺内人骨保存较好,为成年男性,面向不详。南棺东西长1.77米、南北宽0.43-0.5米、残高0.2米。棺内人骨散乱,为成年女性,面向上。南棺打破北棺。内填花黏土,较疏松。未发现随葬品。

M38 位于C6地块的东北部,西邻M36。东西向,方向为95°。墓口距地表深0.7米,墓底距地表深1.7米。墓圹东西长2.76米、南北宽1.87-1.96米、深1米(图七七;彩版二二,2)。

棺木保存一般。骨架保存均较差,头向东。北棺东西长1.85米、南北宽0.5-0.6米、残高0.4米、厚0.03-0.06米。棺内为成年男性,仰身直肢葬,面向上。南棺东西长1.78米、南北宽0.53-0.64米、残高0.5米、厚0.02-0.05米。棺内为成年女性,侧身屈肢葬,面向下。南棺打破北棺。内填花黏土,较疏松。出土随葬品有银耳环、瓷瓮、铜钱。

图七七　M38平、剖面图
1.铜钱　2.银耳环　3.瓷瓮

　　银耳环1件。M38:2,圆环形,素面,手工打造,截面为圆形。直径1.4厘米、厚0.2厘米(图七五,4;彩版九五,2)。

　　瓷瓮1件。M38:3,厚方唇、直口、直领、端肩、弧腹、平底。肩部饰凹弦纹一道,腹部饰凹弦纹数道,内壁有垫痕。颈部施褐釉,颈部以下施黑釉,釉面光亮。口径20厘米、肩径38厘米、底径24厘米、通高35厘米。盖为帽盔状,平顶,捉手蘑菇状。表面施褐釉,内壁露黄褐胎。顶径5厘米、底径23厘米、高10厘米(图七五,5;彩版九五,3)。

　　铜钱2枚。皆锈蚀较甚,字迹模糊不清。

M44　位于C2地块的中南部，东北邻M45。南北向，方向为343°。墓口距地表深0.75米，墓底距地表深1.15米。墓圹南北长2.4米、东西宽1.5-1.56米、深0.4米（图七八；彩版二三，1）。

棺木已朽。皆仰身直肢葬，头向北，面向上。西棺南北长1.57米、东西宽0.47-0.58米、残高0.14米。棺内人骨保存较好，为成年女性。东棺南北长1.73米、东西宽0.48-0.56米、残高0.14米。棺内人骨保存稍差，为成年男性。东棺打破西棺。内填花黏土，较致密。出土随葬品有半釉罐。

半釉罐2件。M44:1，泥质灰陶。方唇、侈口，卷沿，溜肩，斜腹，平底。口沿内壁及肩部以上外壁施酱釉，有流釉现象，其余露灰胎。外壁有轮制旋痕，底部有同心圆纹。口径9.4厘米、肩径9.6厘米、底径6.8厘米、通高10.8厘米（图七五，6；彩版九五，4）。M44:2，泥质红陶。方唇、侈口，卷沿，颈部微束，溜肩，斜腹，平底。口沿内壁及肩部以上外壁施绿釉，有流釉现象，其余露红胎。外壁有轮制旋痕，底部有同心圆纹。口径11厘米、肩径10.4厘米、底径8厘米、通高11厘米（图七五，7；彩版九五，5）。

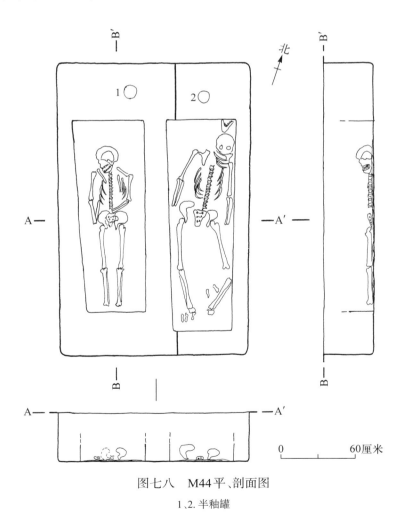

图七八　M44平、剖面图

1、2. 半釉罐

　　M57　位于C2地块的中南部，北邻M56。南北向，方向为350°。墓口距地表深0.7米，墓底距地表深1.2米。墓圹南北长2.7米、东西宽2.12-2.2米、深0.5米（图七九；彩版二三，2）。

　　棺木已朽。骨架保存均较差，皆仰身直肢葬，头向北，面向上。东棺南北长1.88米、东西宽0.38-0.56米、残高0.28米。棺内为成年女性。西棺南北长1.95米、东西宽0.35-0.5米、残高0.3米。棺内为成年男性。西棺打破东棺。内填花黏土，较疏松。出土随葬品有陶罐、铜钱。

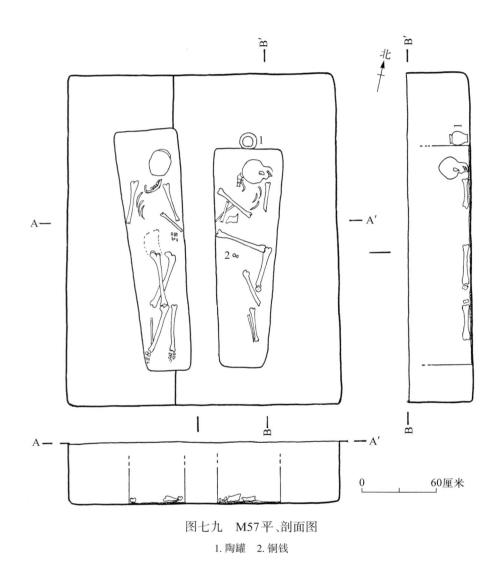

图七九　M57平、剖面图
1. 陶罐　2. 铜钱

　　陶罐1件。M57：1，尖唇、侈口，卷沿，束颈，溜肩，弧腹，饼足内凹。素面。外壁可见轮制旋痕，底部可见同心圆纹。口径9.2厘米、肩径11.6厘米、底径6.2厘米、通高12厘米（图八〇，1；彩版九六，1）。

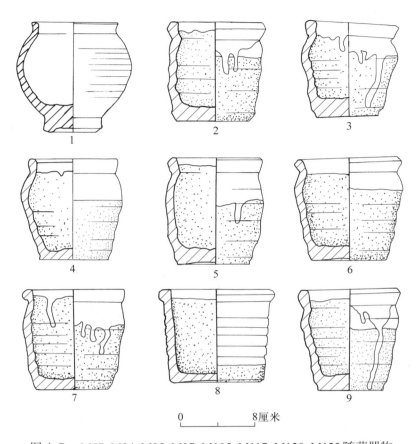

0　　　　　　8厘米

图八〇　M57、M94、M95、M97、M105、M117、M120、M123随葬器物

1.陶罐（M57：1）　2-9.半釉罐（M94：2、M95：2、M97：2、M105：1、M105：2、M117：1、M120：1、M123：1）

乾隆通宝1枚。M57：2-1，圆形、方穿。正面有郭，铸"乾隆通宝"四字，楷书，对读；背面有郭，锈蚀较甚，字迹模糊不清。直径2.34厘米、穿径0.6厘米、郭厚0.08厘米（图八一，13）。

嘉靖通宝1枚。M57：2-2，圆形、方穿。正面有郭，铸"嘉靖通宝"四字，楷书，对读；背面有郭。直径2.56厘米、穿径0.54厘米、郭厚0.15厘米（图八一，1）。

M59　位于C2地块的中南部，西南邻M98。南北向，方向为338°。墓口距地表深0.7米，墓底距地表深1.9-2米。墓圹南北长2.66米、东西宽2.14米、深1.2-1.3米（图八二；彩版二四，1）。

棺木已朽。骨架保存均较差，皆仰身直肢葬，头向北，面向上。西棺南北长1.8米、东西宽0.42-0.5米、残高0.1米。棺内为成年女性。东棺南北长1.77米、东西宽0.42-0.62米、残高0.25米。棺内为成年男性。西棺打破东棺。内填花黏土，较疏松。未发现随葬品。

M67　位于C2地块的中南部，西南邻M68。南北向，方向为340°。墓口距地表深1.2米，墓底距地表深1.8米。墓圹南北长2.7米、东西宽1.6米、深0.6米（图八三；彩版二四，2）。

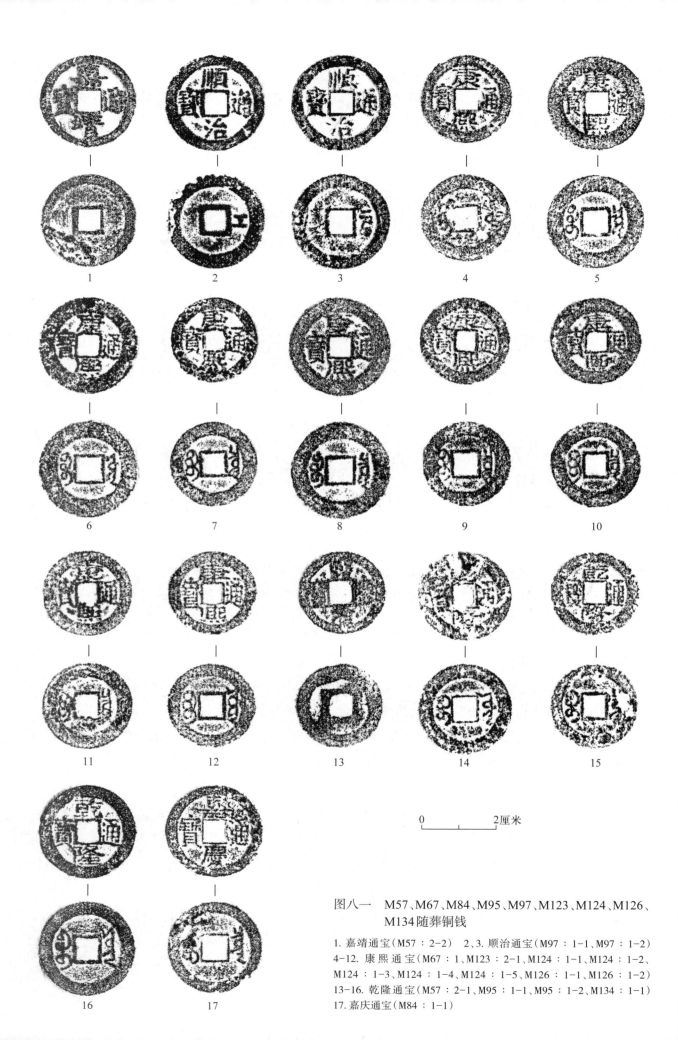

图八一　M57、M67、M84、M95、M97、M123、M124、M126、
　　　　M134随葬铜钱

1. 嘉靖通宝（M57：2-2）　2、3. 顺治通宝（M97：1-1、M97：1-2）
4—12. 康熙通宝（M67：1、M123：2-1、M124：1-1、M124：1-2、
M124：1-3、M124：1-4、M124：1-5、M126：1-1、M126：1-2）
13—16. 乾隆通宝（M57：2-1、M95：1-1、M95：1-2、M134：1-1）
17. 嘉庆通宝（M84：1-1）

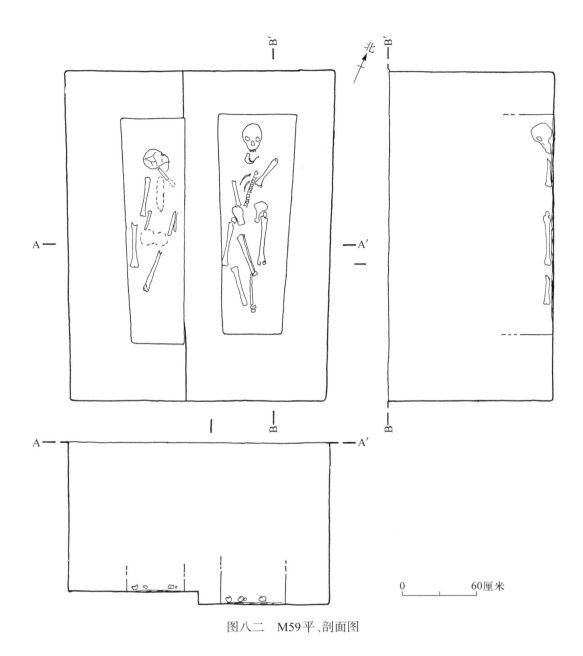

0　　　　60厘米

图八二　M59平、剖面图

　　棺木已朽。皆仰身直肢葬，头向北，面向上。西棺南北长1.94米、东西宽0.44-0.6米、残高0.1米。棺内人骨保存较差，为成年男性。东棺南北长1.86米、东西宽0.53-0.73米、残高0.16米。棺内人骨保存较好，为成年女性。东棺打破西棺。内填花黏土，较致密。出土随葬品有铜钱。

　　康熙通宝1枚。M67：1，圆形、方穿。正面有郭，铸"康熙通宝"四字，楷书，对读；背面有郭，穿左右铸满文"宝泉"，纪局名。直径2.43厘米、穿径0.47厘米、郭厚0.1厘米（图八一，4）。

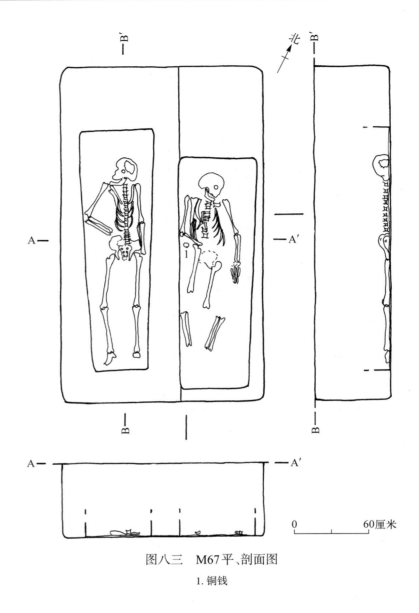

图八三　M67平、剖面图

1. 铜钱

　　M84　位于C2地块的中南部。南北向,方向为15°。墓口距地表深0.9米,墓底距地表深1.5米。墓圹南北长2.4米、东西宽1.8米、深0.6米(图八四;彩版二五,1)。

　　棺木已朽。骨架保存均较差,皆头向北,面向上。西棺南北长1.86米、东西宽0.48-0.62米、残高0.16米。棺内为成年女性,仰身直肢葬。东棺南北长1.84米、东西宽0.56-0.66米、残高0.16米。棺内为成年男性,葬式不清。东棺打破西棺。内填花黏土,较致密。出土随葬品有铜钱。

　　嘉庆通宝1枚。M84:1-1,圆形、方穿。正面有郭,铸"嘉庆通宝"四字,楷书,对读;背面有郭,穿左右铸满文"宝泉",纪局名。直径2.57厘米、穿径0.57厘米、郭厚0.14厘米(图八一,17)。

　　其余2枚。皆锈蚀较甚,字迹模糊不清。

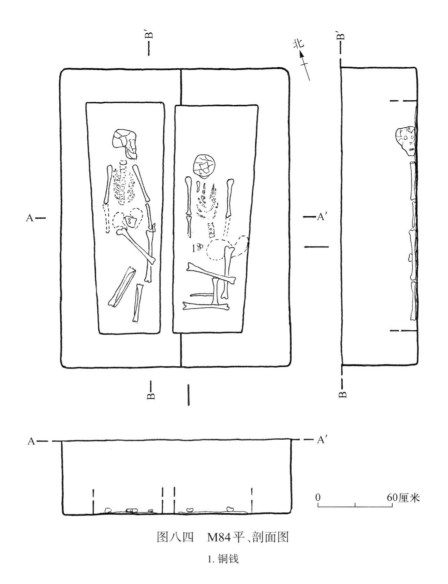

图八四　M84平、剖面图

1. 铜钱

M94　位于C2地块的中南部,南邻M95。南北向,方向为350°。墓口距地表深0.8米,墓底距地表深2米。墓圹南北长2.24米、东西宽1.6米、深1.2米(图八五;彩版二五,2)。

棺木已朽。骨架保存均较好,皆头向北,面向上。西棺南北长1.64米、东西宽0.4—0.52米、残高0.15米。棺内为成年女性,侧身屈肢葬。东棺南北长1.72米、东西宽0.52—0.68米、残高0.2米。棺内为成年男性,仰身直肢葬北。东棺打破西棺。内填花黏土,较疏松。出土随葬品有半釉罐、铜钱。

半釉罐1件。M94:2,泥质灰陶。厚方唇、侈口,卷沿,直腹,平底。器形不规整。口沿内壁及肩部以上外壁施绿釉,有流釉现象,其余露灰胎。外壁可见轮制抹痕。口径10.4厘米、底径8厘米、通高10.8厘米(图八〇,2;彩版九六,2)。

铜钱1枚。正、背面皆锈蚀较甚,字迹模糊不清。

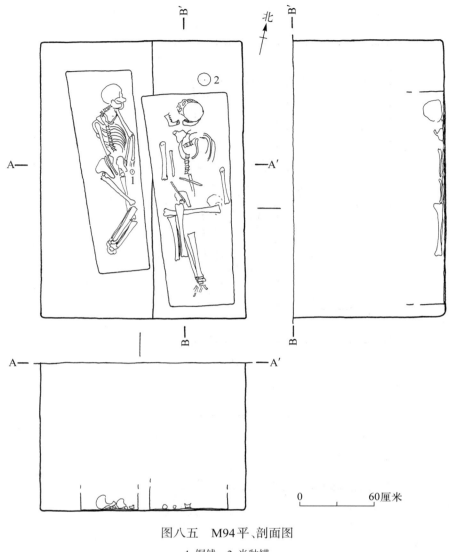

图八五　M94平、剖面图
1. 铜钱　2. 半釉罐

　　M95　位于C2地块的中南部,北邻M94、西邻M96。南北向,方向为355°。墓口距地表深0.8米,墓底距地表深1.5米。墓圹南北长2.4米、东西宽1.66-1.74米、深0.7米(图八六;彩版二六,1)。

　　骨架保存均较好,皆仰身直肢葬,头向北,面向上。棺木已朽。西棺南北长1.94米、东西宽0.45米、残高0.15米。棺内为成年女性。东棺南北长2.04米、东西宽0.56-0.6米、残高0.2米。棺内为成年男性。东棺打破西棺。内填花黏土,较疏松。出土随葬品有半釉罐、铜钱。

　　半釉罐1件。M95:2,泥质灰陶。厚方唇、侈口,卷沿,直腹,平底。器形不规整。口沿内壁及肩部以上外壁施酱釉,有流釉现象,其余露灰胎。外壁可见轮制抹痕。口径9.8厘米、底径6.6厘米、通高10.3厘米(图八○,3;彩版九六,3)。

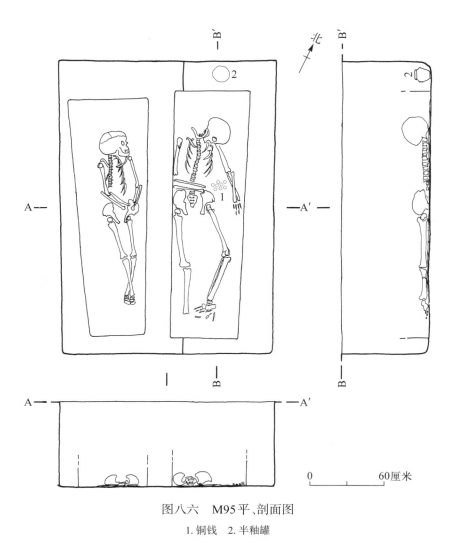

图八六　M95平、剖面图

1. 铜钱　2. 半釉罐

乾隆通宝 2 枚。均圆形、方穿。正面有郭,铸"乾隆通宝"四字,楷书,对读。M95：1-1,背面有郭,穿左右铸满文"宝源",纪局名。直径 2.52 厘米、穿径 0.54 厘米、郭厚 0.11 厘米(图八一,14)。M95：1-2,背面有郭,穿左右铸满文"宝泉",纪局名。直径 2.36 厘米、穿径 0.5 厘米、郭厚 0.12 厘米(图八一,15)。

其余 6 枚。皆锈蚀较甚,字迹模糊不清。

M97　位于 C2 地块的中南部,东北邻 M98。南北向,方向为 348°。墓口距地表深 1 米,墓底距地表深 2 米。墓圹南北长 2.8 米、东西宽 1.94 米、深 1 米(图八七;彩版二六,2)。

棺木保存一般。骨架均保存较差,皆头向北,面向不详。西棺南北长 1.86 米、东西宽 0.66-0.78 米、残高 0.4 米、厚 0.06 米。棺内人骨仅余部分肢骨,为成年男性,葬式不详。东棺南北长 1.74 米、东西宽 0.54-0.6 米、残高 0.4 米、厚 0.06 米。棺内人骨为成年女性,仰身直肢葬。东棺打破西棺。内填花黏土,较致密。出土随葬品有半釉罐、铜钱。

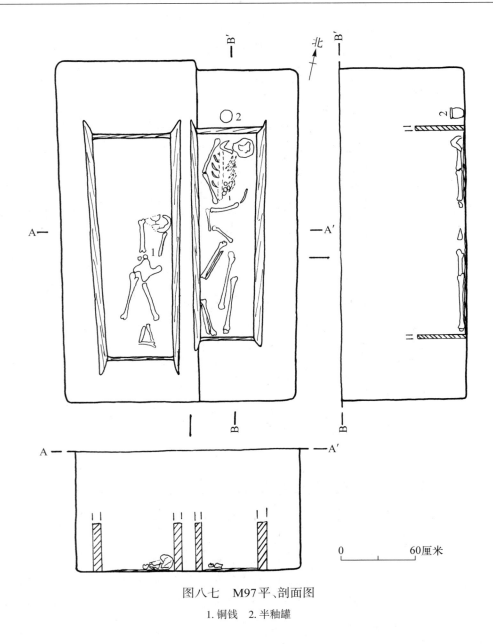

图八七　M97平、剖面图

1.铜钱　2.半釉罐

　　半釉罐1件。M97：2，泥质灰陶。厚方唇、侈口，卷沿，折肩，直腹，平底。口沿内壁及肩部以上外壁施黄釉，有流釉现象，其余露灰胎。外壁可见轮制抹痕。口径9.4厘米、肩径10.6厘米、底径7.2厘米、通高11厘米（图八〇，4；彩版九六，4）。

　　顺治通宝2枚。均圆形、方穿。正面有郭，铸"顺治通宝"四字，楷书，对读。M97：1-1，背面有郭，穿右侧铸汉字"工"。直径2.64厘米、穿径0.54厘米、郭厚0.1厘米（图八一，2）。M97：1-2，背面有郭，穿右侧铸汉字"户"。直径2.65厘米、穿径0.51厘米、郭厚0.13厘米（图八一，3）。

　　其余8枚。皆锈蚀较甚，字迹模糊不清。

M104 位于C2地块的中南部,南邻M105。南北向,方向为350°。墓口距地表深0.7米,墓底距地表深1.46-1.84米。墓圹南北长2.6米、东西宽1.5-1.59米、深0.76-1.14米(图八八;彩版二七,1)。

棺木已朽。骨架保存均较差,皆仰身直肢葬,头向北,面向上。西棺南北长1.86米、东西宽0.5-0.6米、残高0.12米。棺内为成年女性。东棺南北长1.6米、东西宽0.54-0.7米、残高0.5米。棺内为成年男性。西棺打破东棺。内填花黏土,较疏松。未发现随葬品。

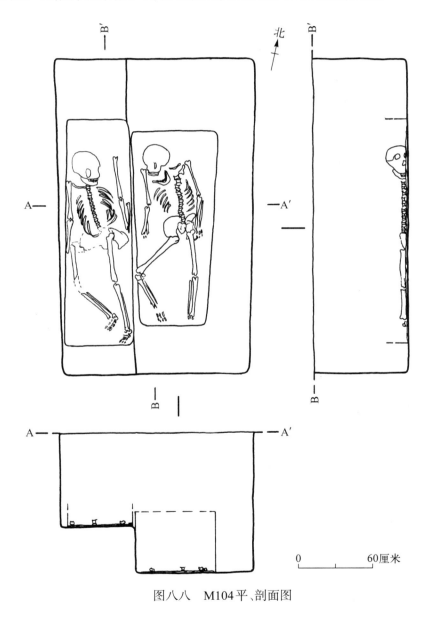

图八八 M104平、剖面图

M105 位于C2地块的中南部,北邻M104。南北向,方向为350°。墓口距地表深0.7米,墓底距地表深1.72米。墓圹南北长2.8米、东西宽1.72-1.8米、深1.02米(图八九;彩版二七,2)。

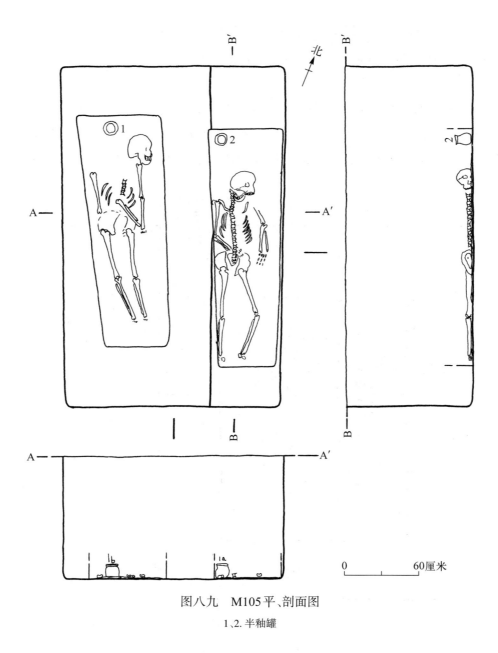

图八九　M105平、剖面图

1、2. 半釉罐

　　棺木已朽。骨架保存均较差，皆仰身直肢葬，头向北，面向上。西棺南北长1.9米、东西宽0.53-0.7米、残高0.18米。棺内为成年男性。东棺南北长1.96米、东西宽0.46-0.6米、残高0.18米。棺内为成年女性。东棺打破西棺。内填花黏土，较疏松。出土随葬品有半釉罐。

　　半釉罐2件。M105：1，圆唇、侈口，斜领，溜肩，斜腹，平底略内凹。肩部以上外壁及口沿内壁施酱釉，有流釉现象，其余露红褐胎。外壁有轮制抹痕，底部有同心圆纹。口径10厘米、肩径10.2厘米、底径7.8厘米、通高11.6厘米（图八〇，5；彩版九六，5）。M105：2，厚圆唇、侈口，圆折肩，斜腹，平底略内凹。肩部以上外壁及口沿内壁施酱绿釉，有流釉现象，釉层较薄，其余露灰胎。外壁有轮制抹痕,底部有偏心圆纹。口径11.4厘米、肩径11.2厘米、底径8厘米、通高11.2厘米(图八〇,6;彩版九六,6)。

M117　位于C2地块的中南部,北邻M116。南北向,方向为340°。墓口距地表深1.1米,墓底距地表深1.9米。墓圹南北长2.6-2.7米、东西宽2.1米、深0.8米(图九〇;彩版二八,1)。

棺木已朽。骨架保存均较差,皆仰身直肢葬,头向北。东棺南北长1.7米、东西宽0.5-0.6米、残高0.12米。棺内为成年女性,面向上。西棺南北长1.98米、东西宽0.52-0.6米、残高0.2米。棺内为成年男性,面向不详。西棺打破东棺。内填花黏土,较致密。出土随葬品有半釉罐。

半釉罐1件。M117:1,厚方唇、侈口,溜肩,直腹,平底略内凹。肩部以上外壁及口沿内壁施深酱釉,有流釉现象,其余露红褐胎。外壁有轮制抹痕,底部有同心圆纹。口径10.8厘米、底

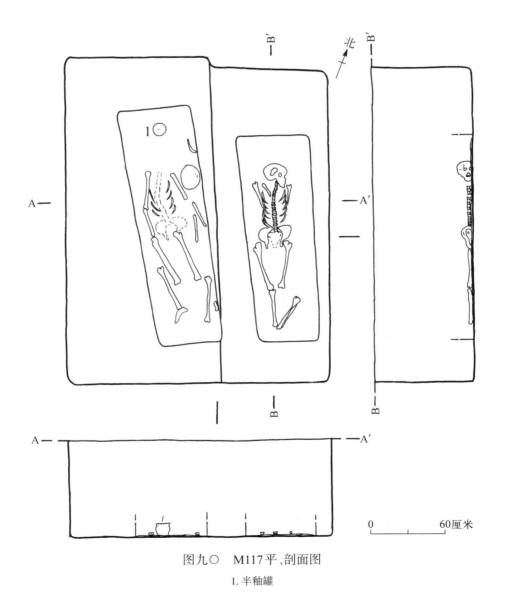

图九〇　M117平、剖面图

1. 半釉罐

径8厘米、通高11厘米（图八〇,7;彩版九七,1)。

M120　位于C2地块的中南部,东北邻M123。南北向,方向为337°。墓口距地表深0.7米,墓底距地表深1.18米。墓圹南北长2.5米、东西宽1.5-1.59米、深0.48米(图九一;彩版二八,2)。

骨架保存均较好,皆仰身直肢葬,头向北,面向上。棺木已朽。东棺南北长1.88米、东西宽0.44-0.5米、残高0.23米。棺内为成年女性。西棺南北长1.8米、东西宽0.45-0.54米、残高0.24米。棺内为成年男性。东棺打破西棺。内填花黏土,较疏松。出土随葬品有半釉罐、铜钱。

半釉罐1件。M120:1,厚圆唇、敞口,直腹,平底。腹部以上外壁及口沿内壁施酱釉,其余露红褐胎。腹部刻五道凹弦纹。外壁可见轮制抹痕,底部可见同心圆纹。器体厚重。口径12.2厘米、肩径11厘米、底径10厘米、通高10.2厘米(图八〇,8;彩版九七,2)。

铜钱1枚。M120:2,正、反两面皆锈蚀较甚,字迹模糊不清。

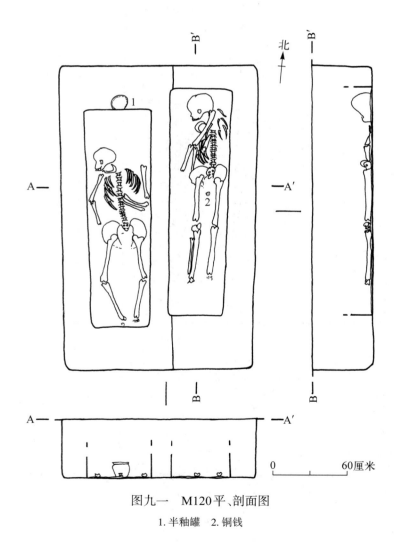

图九一　M120平、剖面图

1.半釉罐　2.铜钱

　　M123　位于C2地块的中南部,东北邻M126、南邻M122。南北向,方向为340°。墓口距地表深0.7米,墓底距地表深1.54米。墓圹南北长2.6米、东西宽1.36-1.45米、深0.84米(图九二;彩版二九,1)。

　　棺木已朽。骨架保存均较好,皆仰身直肢葬,头向北。东棺南北长1.86米、东西宽0.52-0.62米、残高0.3米。棺内为成年女性,面向上。西棺南北长1.82米、东西宽0.58-0.65米、残高0.32米。棺内为成年男性,面向不详。东棺打破西棺。内填花黏土,较疏松。出土随葬品有半釉罐、铜钱。

　　半釉罐1件。M123∶1,厚方唇、侈口,斜领,溜肩,直腹,平底略内凹。肩部以上外壁及口沿内壁施酱釉,有流釉现象,其余露红褐胎。外壁有轮制抹痕,底部有偏心圆纹。口径10.6厘米、肩径10.2厘米、底径7厘米、通高11厘米(图八〇,9;彩版九七,3)。

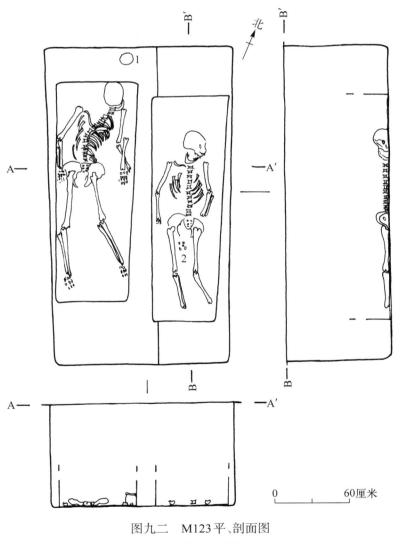

图九二　M123平、剖面图

1. 半釉罐　2. 铜钱

康熙通宝1枚。M123：2-1，圆形、方穿。正面有郭，铸"康熙通宝"四字，楷书，对读；背面有郭，穿左右铸满文"宝泉"，纪局名。直径2.58厘米、穿径0.59厘米、郭厚0.12厘米（图八一，5）。

其余3枚。皆锈蚀较甚，字迹模糊不清。

M124 位于C2地块的中南部，西邻M123。南北向，方向为345°。墓口距地表深0.7米，墓底距地表深1.24米。墓圹南北长2.4米、东西宽1.4-1.49米、深0.54米（图九三；彩版二九，2）。

棺木已朽。骨架保存均较好，皆仰身直肢葬，头向北，面向上。东棺南北长1.9米、东西宽0.5-0.56米、残高0.2米。棺内为成年男性。西棺南北长1.94米、东西宽0.48-0.64米、残高0.18米。棺内为成年女性。东棺打破西棺。内填花黏土，较疏松。出土随葬品有铜钱。

康熙通宝5枚。均圆形、方穿。正面有郭，铸"康熙通宝"四字，楷书，对读；背面有郭，穿左右铸满文"宝泉"，纪局名。M124：1-1，直径2.67厘米、穿径0.58厘米、郭厚0.09厘米（图八一，

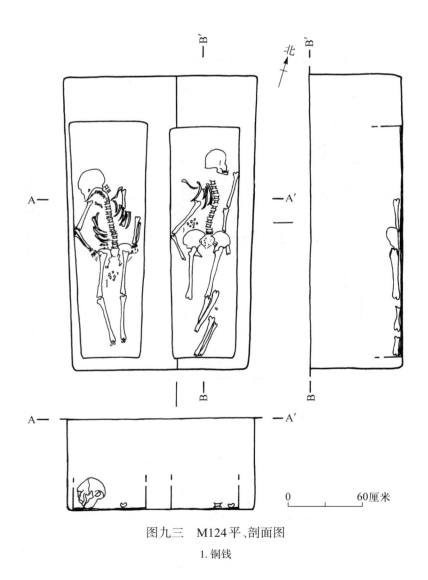

图九三 M124平、剖面图

1. 铜钱

6）。M124：1-2，直径2.33厘米、穿径0.51厘米、郭厚0.1厘米（图八一，7）。M124：1-3，直径2.68厘米、穿径0.54厘米、郭厚0.12厘米（图八一，8）。M124：1-4，直径2.36厘米、穿径0.55厘米、郭厚0.12厘米（图八一，9）。M124：1-5，直径2.38厘米、穿径0.5厘米、郭厚0.09厘米（图八一，10）。

其余10枚。皆锈蚀较甚，字迹模糊不清。

M126　位于C2地块的中南部，北邻M118、西南邻M123。南北向，方向为345°。墓口距地表深0.8米，墓底距地表深1.8米。墓圹南北长2.8米、东西宽2.1-2.19米、深1米（图九四；彩版三〇，1）。

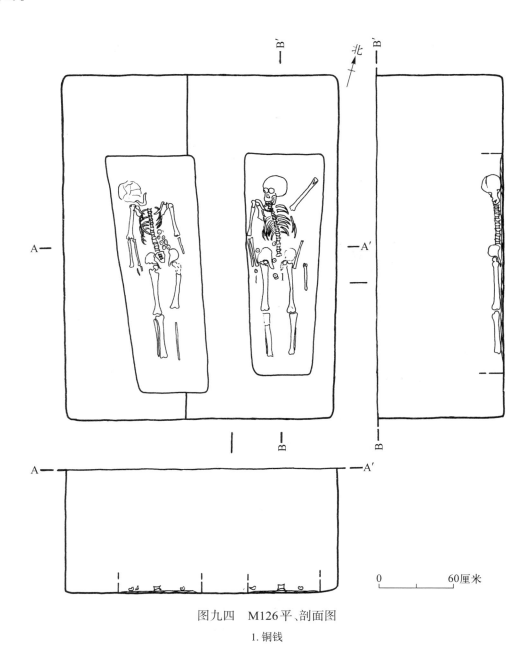

图九四　M126平、剖面图

1.铜钱

　　棺木已朽。骨架保存较好,皆仰身直肢葬,头向北,面向上。东棺南北长1.8米、东西宽0.48-0.65米、残高0.15米。棺内为成年男性。西棺南北长1.94米、东西宽0.57-0.72米、残高0.15米。棺内为成年女性。西棺打破东棺。内填花黏土,较疏松。出土随葬品有铜钱。

　　康熙通宝2枚。均圆形、方穿。正面有郭,铸"康熙通宝"四字,楷书,对读;背面有郭,穿左右铸满文"宝泉",纪局名。M126:1-1,直径2.4厘米、穿径0.52厘米、郭厚0.1厘米(图八一,11)。M126:1-2,直径2.34厘米、穿径0.48厘米、郭厚0.1厘米(图八一,12)。

　　其余13枚。皆锈蚀较甚,字迹模糊不清。

　　M134　位于C2地块的中南部,西邻M133。南北向,方向为340°。墓口距地表深0.8米,墓底距地表深1.4米。墓圹南北长2.6米、东西宽1.62-1.71米、深0.6米(图九五;彩版三○,2)。

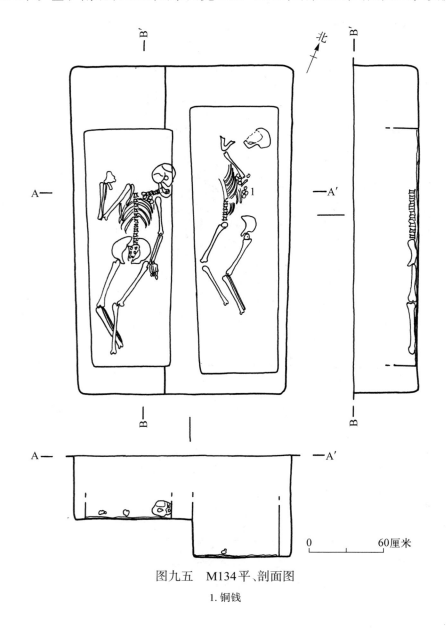

图九五　M134平、剖面图

1. 铜钱

　　棺木已朽,骨架均头向北,面向上。东棺南北长2.12米、东西宽0.6-0.68米、残高0.1米。棺内人骨保存较差,为成年女性,仰身屈肢葬。西棺南北长1.88米、东西宽0.6-0.68米、残高0.1米。棺内人骨保存较好,为成年男性,仰身直肢葬。西棺打破东棺。内填花黏土,较致密。出土随葬品有铜钱。

　　乾隆通宝1枚。M134:1-1,圆形、方穿。正面有郭,铸"乾隆通宝"四字,楷书,对读;背面有郭,穿左右铸满文"宝泉",纪局名。直径2.58厘米、穿径0.56厘米、郭厚0.15厘米(图八一,16)。

　　其余12枚。皆锈蚀较甚,字迹模糊不清。

　　M135　位于C2地块的中南部。南北向,方向为340°。墓口距地表深0.8米,墓底距地表深1.3米。墓圹南北长2.6米、东西宽1.7-1.76米、深0.5米(图九六;彩版三一,1)。

　　棺木已朽。骨架保存均较好,皆仰身直肢葬,头向北,面向上。东棺南北长1.8米、东西宽0.46-0.65米、残高0.1米。棺内为成年女性。西棺南北长2.02米、东西宽0.63-0.7米、残高0.1

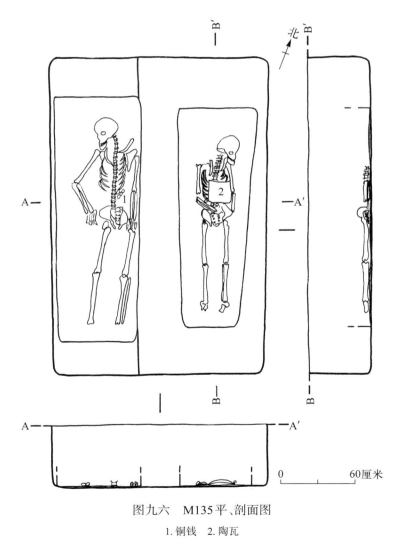

图九六　M135平、剖面图

1. 铜钱　2. 陶瓦

图九七　M135、M140、M148—M151、M161随葬铜钱

1.元丰通宝（M148：1-1）　2-5.康熙通宝（M135：1-1、M150：1-1、M161：1-1、M161：1-2）　6、7.雍正通宝
（M135：1-2、M150：1-2）　8-14.乾隆通宝（M148：1-2、M149：1、M150：1-3、M150：1-4、M151：1-1、
M151：1-2、M161：1-3）　15.嘉庆通宝（M140：1-1）

米。棺内为成年男性。西棺打破东棺。内填花黏土,较致密。出土随葬品有铜钱、陶瓦。

陶瓦1件。M135:2,梯形、弯曲,正面刻凹弦纹三道。长17厘米、宽20.5厘米、厚1.5厘米(图九八,1;彩版九七,4)。

康熙通宝1枚。M135:1-1,圆形、方穿。正面有郭,铸"康熙通宝"四字,楷书,对读;背面有郭,穿左右铸满文"宝泉",纪局名。直径2.68厘米、穿径0.55厘米、郭厚0.12厘米(图九七,2)。

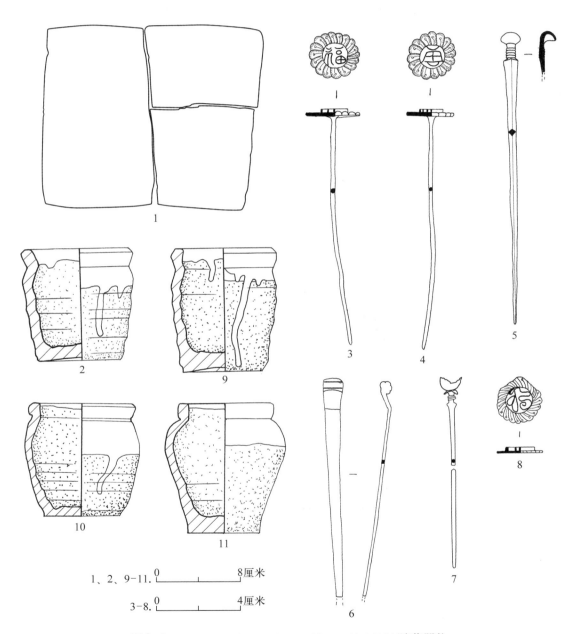

图九八　M135、M136、M148—M150、M161、M189随葬器物

1.陶瓦(M135:2)　2、9-11.半釉罐(M136:2、M150:2、M161:2、M189:2)　3-5、7、8.铜簪(M148:2-6、M148:3、M148:4、M148:6、M149:2)　6.铜扁方(M148:5)

　　雍正通宝1枚。M135∶1-2,圆形、方穿。正面有郭,铸"雍正通宝"四字,楷书,对读;背面有郭,穿左右铸满文"宝泉",纪局名。直径2.55厘米、穿径0.54厘米、郭厚0.1厘米(图九七,6)。

　　其余10枚。皆锈蚀较甚,字迹模糊不清。

　　M136　　位于C2地块的中南部,南邻M135。南北向,方向为340°。墓口距地表深0.8米,墓底距地表深1.4米。墓圹南北长2.4米、东西宽1.8米、深0.6米(图九九;彩版三一,2)。

　　棺木已朽。骨架皆头向北,面向上。东棺南北长1.72米、东西宽0.5-0.62米、残高0.1米。棺内人骨保存较好,为成年女性,侧身屈肢葬。西棺南北长1.76米、东西宽0.47-0.54米、残高0.1米。棺内人骨保存较差,为成年男性,仰身直肢葬。东棺打破西棺。内填花黏土,较致密。出土随葬品有半釉罐、铜钱。

　　半釉罐1件。M136∶2,厚圆唇、侈口,斜领,溜肩,直腹,平底。肩部以上外壁及口沿内壁施酱釉,有流釉现象,其余露灰胎。外壁有轮制抹痕,底部有同心圆纹。口径10.3厘米、肩径10.4

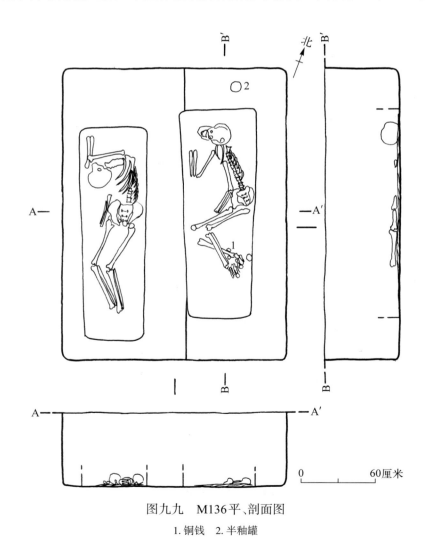

图九九　M136平、剖面图

1. 铜钱　2. 半釉罐

厘米、底径 8 厘米、通高 10.8 厘米（图九八，2；彩版九七，5）。

铜钱 15 枚。皆锈蚀较甚，字迹模糊不清。

　　M140　位于 C2 地块的中南部，东邻 M148。南北向，方向为 355°。墓口距地表深 1 米，墓底距地表深 1.6 米。墓圹南北长 2.7 米、东西宽 1.5－1.56 米、深 0.6 米（图一〇〇；彩版三二，1）。

　　棺木已朽。骨架保存均较差，头向北，面向上，葬式不详。西棺南北长 1.96 米、东西宽 0.44－0.5 米、残高 0.1 米。棺内为成年女性。东棺南北长 1.94 米、东西宽 0.4－0.57 米、残高 0.1 米。棺内为成年男性，为迁葬而来。东棺打破西棺。内填花黏土，较致密。出土随葬品有铜钱。

　　嘉庆通宝 1 枚。M140：1-1，圆形、方穿。正面有郭，铸"嘉庆通宝"四字，楷书，对读；背面有郭，穿左右铸满文"宝源"，纪局名。直径 2.4 厘米、穿径 0.54 厘米、郭厚 0.14 厘米（图九七，15）。

　　其余 15 枚。皆锈蚀较甚，字迹模糊不清。

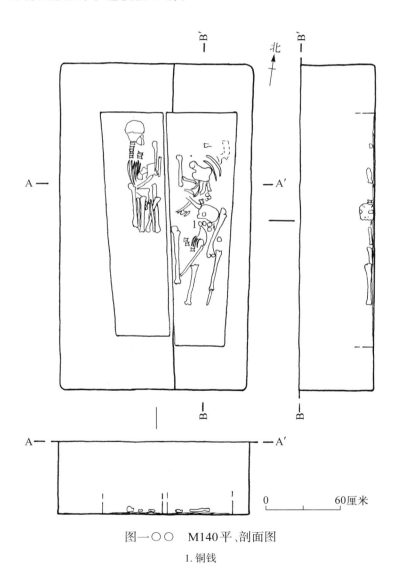

图一〇〇　M140 平、剖面图

1. 铜钱

　　M148　位于C2地块的中南部,西邻M140。南北向,方向为335°。墓口距地表深1米,墓底距地表深1.6米。墓圹南北长2.6米、东西宽1.79-1.88米、深0.6米(图一〇一;彩版三二,2)。

　　棺木已朽。骨架保存均较差,皆仰身直肢葬,头向北。西棺南北长1.8米、东西宽0.55-0.68米、残高0.15米。棺内为成年男性,面向不详。东棺南北长1.88米、东西宽0.46-0.68米、残高0.15米。棺内为成年女性,面向上。西棺打破东棺。内填花黏土,较致密。出土随葬品有铜簪、铜扁方、铜钱。

　　铜簪4件。其中2件大小、形制基本相同。首为逆时针花瓣组成的葵圆形,花瓣上刻线纹,中间圆形凸起,体为圆锥体。M148:2,中铸"福"字。首高0.4厘米、宽2.5厘米、通长11.4厘米(图九八,3;彩版九七,6)。M148:3,中铸"寿"字。首高0.3厘米、宽2.2厘米、通长11.6厘米(图九八,4;彩版九八,1)。M148:4,首为耳挖形,半球状,中空,颈部饰凸弦纹,体为四棱形,上宽下窄。首高0.7厘米、宽0.9厘米、残长14厘米(图九八,5;彩版九八,2)。M148:6,首为双层

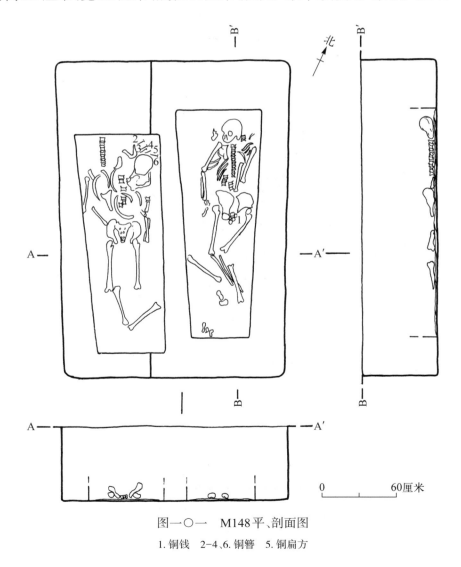

图一〇一　M148平、剖面图

1. 铜钱　2-4、6. 铜簪　5. 铜扁方

莲花座托,底为倒莲花座,颈部饰凸弦纹,鼓凸。残长9厘米(图九八,7;彩版九八,4)。

铜扁方1件。M148:5,首卷曲,侧如梅花状,起棱,体扁平。表面略弧,上宽下窄。首高0.5厘米、宽1厘米、残长10.4厘米(图九八,6;彩版九八,3)。

元丰通宝1枚。M148:1-1,小平钱,外圆郭、方穿。正面铸"元丰通宝"四字,篆书,旋读;光背。直径2.36厘米、穿径0.62厘米、郭厚0.09厘米(图九七,1)。

乾隆通宝1枚。M148:1-2,圆形、方穿。正面有郭,铸"乾隆通宝"四字,楷书,对读;背面有郭,穿左右铸满文"宝泉",纪局名。直径2.44厘米、穿径0.53厘米、郭厚0.12厘米(图九七,8)。

其余11枚。皆锈蚀较甚,字迹模糊不清。

M149 位于C2地块的中南部,北邻M177、西邻M150。南北向,方向为345°。墓口距地表深0.8米,墓底距地表深1.5米。墓圹南北长2.7米、东西宽2米、深0.7米(图一○二;彩版三三,1)。

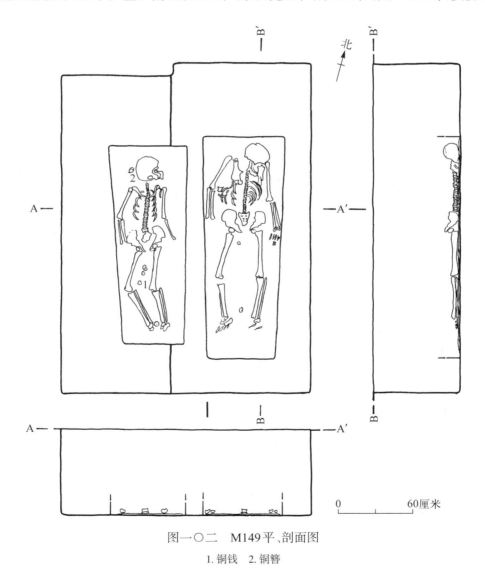

图一○二 M149平、剖面图

1. 铜钱 2. 铜簪

　　棺木已朽。骨架保存均较好,皆仰身直肢葬,头向北,面向上。东棺南北长1.82米、东西宽0.55-0.66、残高0.1米。棺内为成年男性。西棺南北长1.62米、东西宽0.52-0.62米、残高0.1米。棺内为成年女性。西棺打破东棺。内填花黏土,较疏松。出土随葬品有铜簪、铜钱。

　　铜簪1件。M149:2,首为逆时针转花瓣组成的葵圆形,花瓣上刻线纹,中间圆形凸起,上铸"福"字。首宽2.1厘米,残高0.3厘米(图九八,8;彩版九九,1)。

　　乾隆通宝1枚。M149:1,圆形、方穿。正面有郭,铸"乾隆通宝"四字,楷书,对读;背面有郭,穿左右铸满文"宝泉",纪局名。直径2.28厘米、穿径0.52厘米、郭厚0.13厘米(图九七,9)。

　　其余9枚。皆锈蚀较甚,字迹模糊不清。

　　M150　位于C2地块的中南部,东邻M149。南北向,方向为345°。墓口距地表深0.8米,墓底距地表深1.7米。墓圹南北长2.3米、东西宽2.2米、深0.9米(图一〇三;彩版三三,2)。

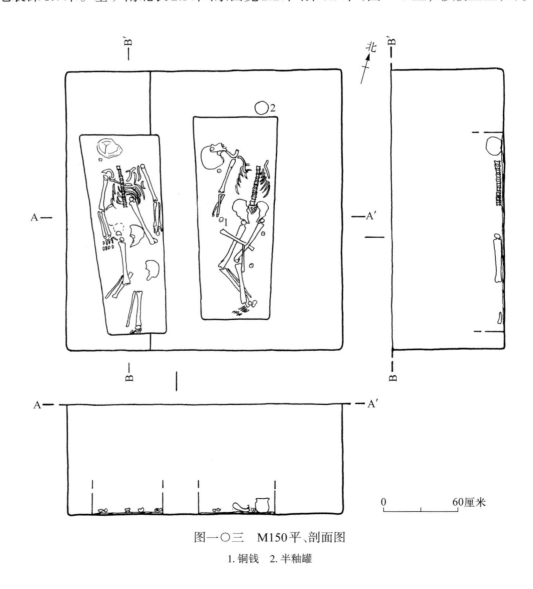

图一〇三　M150平、剖面图

1. 铜钱　2. 半釉罐

骨架保存均较差，皆仰身直肢葬，头向北，面向上。棺木已朽。东棺南北长1.66米、东西宽0.54—0.68米、残高0.23米。棺内为成年男性。西棺南北长1.62米、东西宽0.47—0.64米、残高0.2米。棺内为成年女性。西棺打破东棺。内填花黏土，较疏松。出土随葬品有半釉罐、铜钱。

半釉罐1件。M150:2，圆唇、侈口，斜领，溜肩，直腹，平底略内凹。肩部以上外壁及口沿内壁施酱釉，有流釉现象，其余露红胎。外壁有轮制抹痕，底部有同心圆纹。口径9.7厘米、肩径9.8厘米、底径7.4厘米、通高12厘米（图九八,9；彩版九九,2）。

康熙通宝1枚。M150:1-1，圆形、方穿。正面有郭，铸"康熙通宝"四字，楷书，对读；背面有郭，穿左右铸满文"宝泉"，纪局名。直径2.53厘米、穿径0.53厘米、郭厚0.12厘米（图九七,3）。

雍正通宝1枚。M150:1-2，圆形、方穿。正面有郭，铸"雍正通宝"四字，楷书，对读；背面有郭，穿左右铸满文"宝源"，纪局名。直径2.73厘米、穿径0.6厘米、郭厚0.13厘米（图九七,7）。

乾隆通宝2枚。均圆形、方穿。正面有郭，铸"乾隆通宝"四字，楷书，对读。M150:1-3，背面有郭，穿左右铸满文"宝泉"，纪局名。直径2.52厘米、穿径0.53厘米、郭厚0.11厘米（图九七,10）。M150:1-4，背面有郭，穿左右铸满文"宝源"，纪局名。直径2.5厘米、穿径0.58厘米、郭厚0.11厘米（图九七,11）。

其余8枚。皆锈蚀较甚，字迹模糊不清。

M151 位于C2地块的中南部，南邻M152。南北向，方向为345°。墓口距地表深1米，墓底距地表深1.6米。墓圹南北长2.5米、东西宽1.7—1.79米、深0.6米（图一〇四；彩版三四,1）。

棺木已朽。骨架保存较差，皆头向北，面向上。西棺南北长1.9米、东西宽0.44—0.66米、残高0.24米。棺内为成年男性，仰身直肢葬。东棺南北长1.79米、东西宽0.48—0.55米、残高0.28米。棺内为成年女性，葬式不详。西棺打破东棺。内填花黏土，较致密。出土随葬品有铜钱。

乾隆通宝2枚。均圆形、方穿。正面有郭，铸"乾隆通宝"四字，楷书，对读。M151:1-1，背面有郭，穿左右铸满文"宝源"，纪局名。直径2.55厘米、穿径0.5厘米、郭厚0.1厘米（图九七,12）。M151:1-2，背面有郭，穿左右铸满文"宝泉"，纪局名。直径2.24厘米、穿径0.57厘米、郭厚0.16厘米（图九七,13）。

其余3枚。皆锈蚀较甚，字迹模糊不清。

M161 位于C2地块的中南部，东邻M162、北邻M163。南北向，方向为350°。墓口距地表深0.7米，墓底距地表深1.38米。墓圹南北长2.66米、东西宽1.9—1.98米、深0.68米（图一〇五；彩版三四,2）。

棺木已朽。骨架保存均较差，皆仰身直肢葬，头向北，面向上。东棺南北长1.6米、东西宽0.42—0.54米、残高0.22米。棺内为成年男性。西棺南北长1.8米、东西宽0.5—0.6米、残高0.22米。棺内为成年女性。东棺打破西棺。内填花黏土，较疏松。出土随葬品有半釉罐、铜钱。

半釉罐1件。M161:2，方唇、直口，颈部微束，肩部圆折，斜腹，平底略内凹。肩部以上外壁

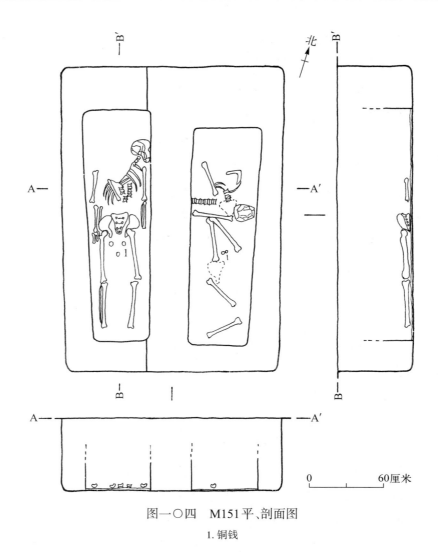

图一〇四　M151平、剖面图
1. 铜钱

及口沿内壁施酱釉,有流釉现象,其余露红褐胎。外壁有轮制抹痕,底部有偏心圆纹。口径10厘米、肩径10.2厘米、底径7.2厘米、通高10.8厘米(图九八,10;彩版九九,3)。

康熙通宝2枚。均圆形、方穿。正面有郭,铸"康熙通宝"四字,楷书,对读。M161:1-1,背面有郭,穿左右铸满文"宝泉",纪局名。直径2.37厘米、穿径0.52厘米、郭厚0.12厘米(图九七,4)。M161:1-2,背面有郭,穿左右铸满文"宝源",纪局名。直径2.37厘米、穿径0.55厘米、郭厚0.12厘米(图九七,5)。

乾隆通宝1枚。M161:1-3,圆形、方穿。正面有郭,铸"乾隆通宝"四字,楷书,对读;背面有郭,穿左右铸满文"宝泉",纪局名。直径2.44厘米、穿径0.53厘米、郭厚0.13厘米(图九七,14)。

其余17枚。皆锈蚀较甚,字迹模糊不清。

M166　位于C2地块的中南部,南邻M165。南北向,方向为340°。墓口距地表深0.7米,墓底距地表深1.42-1.86米。墓圹南北长3米、东西宽2.04-2.1米、深0.72-1.16米(图一〇六;彩版三五,1)。

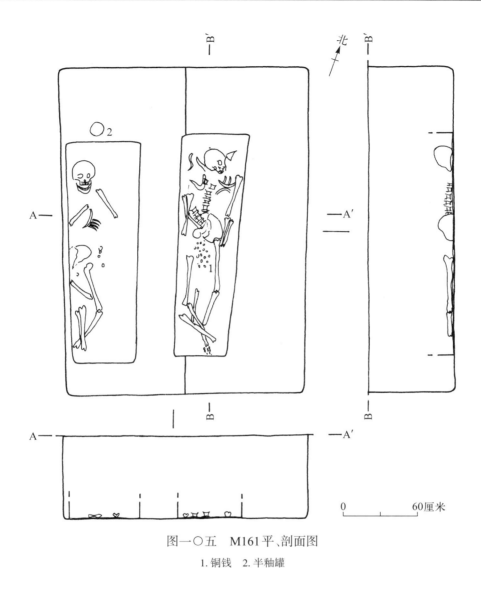

图一〇五　M161平、剖面图

1.铜钱　2.半釉罐

　　棺木已朽。骨架保存均较差,皆头向北。东棺南北长1.96米、东西宽0.5-0.6米、残高 0.31米。棺内为成年男性,仰身直肢葬,面向下。西棺南北长1.64米、东西宽0.5-0.58米、残高 0.12-0.36米。棺内为成年女性,葬式、面向不详。西棺打破东棺。内填花黏土,较疏松。出土 随葬品有铜钱。

　　万历通宝1枚。M166:1-1,圆形、方穿。正面有郭,铸"万历通宝"四字,楷书,对读;背面 有郭。直径2.57厘米、穿径0.47厘米、郭厚0.13厘米(图一〇七,1)。

　　天启通宝1枚。M166:1-2,圆形、方穿。正面有郭,铸"天启通宝"四字,楷书,对读;背面有 郭,穿上侧铸汉字"户"。直径2.6厘米、穿径0.58厘米、郭厚0.14厘米(图一〇七,2)。

　　崇祯通宝2枚。均小平钱,外圆郭、方穿。正面铸"崇祯通宝"四字,楷书,对读;光背。 M166:1-3,直径2.7厘米、穿径0.52厘米、郭厚0.14厘米(图一〇七,3)。M166:1-4,直径2.68

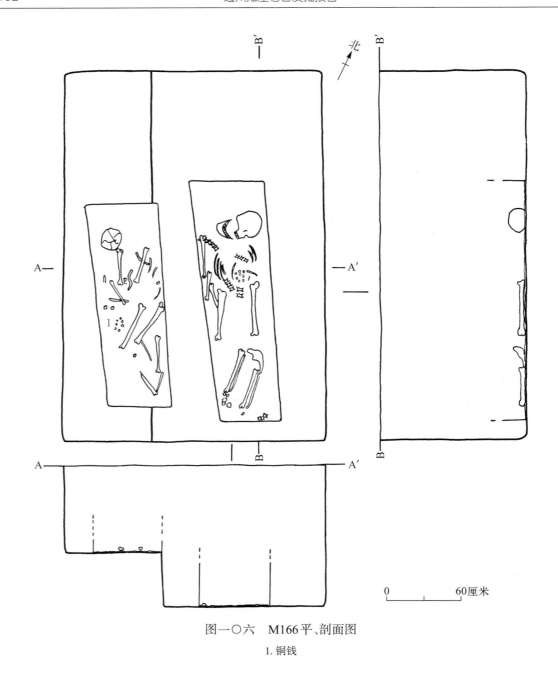

图一〇六　M166平、剖面图

1. 铜钱

厘米、穿径0.47厘米、郭厚0.15厘米(图一〇七,4)。

　　顺治通宝1枚。M166:1-5,圆形、方穿。正面有郭,铸"顺治通宝"四字,楷书,对读;背面有郭,穿左右铸满文"宝泉",纪局名。直径2.78厘米、穿径0.56厘米、郭厚0.11厘米(图一〇七,5)。

　　康熙通宝2枚。均圆形、方穿。正面有郭,铸"康熙通宝"四字,楷书,对读;背面有郭,穿左右为铸满文"宝泉",纪局名。M166:1-6,直径2.8厘米、穿径0.53厘米、郭厚0.11厘米(图一〇七,7)。M166:1-7,直径2.3厘米、穿径0.5厘米、郭厚0.12厘米(图一〇七,8)。

　　其余3枚。皆锈蚀较甚,字迹模糊不清。

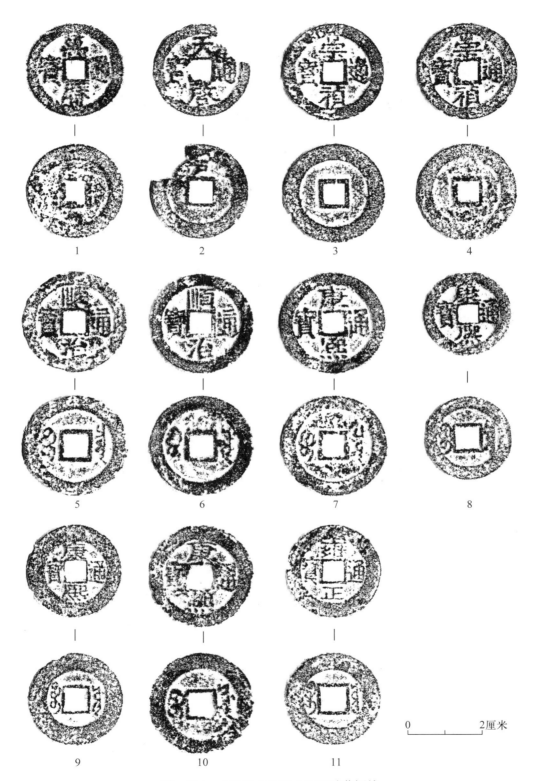

图一○七　M166、M167、M179随葬铜钱

1.万历通宝（M166：1-1）　2.天启通宝（M166：1-2）　3、4.崇祯通宝（M166：1-3、M166：1-4）　5、6.顺治通宝（M166：1-5、M179：1-1）　7-10.康熙通宝（M166：1-6、M166：1-7、M167：1-1、M179：1-2）　11.雍正通宝（M167：1-2）

　　M167　位于C2地块的中南部，东北邻M142、西南邻M159。南北向，方向为353°。墓口距地表深0.8米，墓底距地表深2米。墓圹南北长2.6米、东西宽1.8米、深1.2米（图一〇八；彩版三五，2）。

　　棺木已朽。骨架皆头向北，面向上。东棺南北长1.87米、东西宽0.52-0.6米、残高0.2米。棺内人骨保存较差，为成年女性，葬式不详。西棺南北长1.9米、东西宽0.55-0.7米、残高0.4米。棺内人骨保存较好，为成年男性，仰身直肢葬。东棺打破西棺。内填花黏土，较疏松。出土随葬品有铜钱。

　　康熙通宝1枚。M167：1-1，圆形、方穿。正面有郭，铸"康熙通宝"四字，楷书，对读；背面有郭，穿左右铸满文"宝泉"，纪局名。直径2.52厘米、穿径0.55厘米、郭厚0.13厘米（图一〇七，9）。

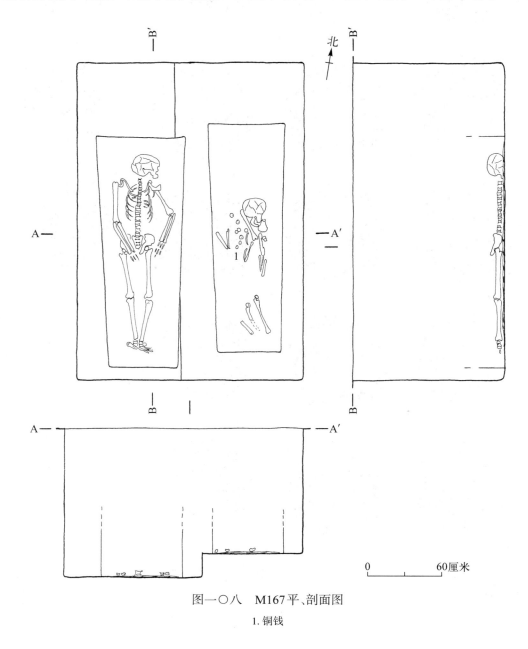

图一〇八　M167平、剖面图

1. 铜钱

雍正通宝1枚。M167:1-2,圆形、方穿。正面有郭,铸"雍正通宝"四字,楷书,对读;背面有郭,穿左右铸满文"宝泉",纪局名。直径2.55厘米、穿径0.57厘米、郭厚0.12厘米(图一〇七,11)。

其余8枚。皆锈蚀较甚,字迹模糊不清。

M179　位于C2地块的中南部,北邻M181。南北向,方向为345°。墓口距地表深0.7米,墓底距地表深1.86米。墓圹南北长2.55米、东西宽1.6-1.65米、深1.16米(图一〇九;彩版三六,1)。

棺木已朽。骨架保存均较差,皆仰身直肢葬,头向北,面向不详。东棺南北长1.74米、东西宽0.54-0.64米、残高0.25米。棺内为成年女性。西棺南北长1.9米、东西宽0.5-0.56米、残高0.22米。棺内为成年男性。东棺打破西棺。内填花黏土,较疏松。出土随葬品有铜钱。

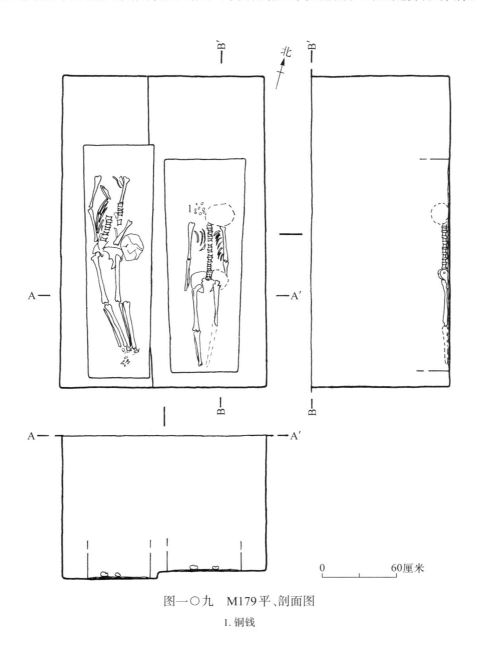

图一〇九　M179平、剖面图

1.铜钱

　　顺治通宝1枚。M179：1-1，圆形、方穿。正面有郭，铸"顺治通宝"四字，楷书，对读；背面有郭，穿左右铸满文"宝泉"，纪局名。直径2.77厘米、穿径0.55厘米、郭厚0.12厘米（图一〇七，6）。

　　康熙通宝1枚。M179：1-2，圆形、方穿。正面有郭，铸"康熙通宝"四字，楷书，对读；背面有郭，穿左右铸满文"宝源"，纪局名。直径2.8厘米、穿径0.63厘米、郭厚0.1厘米（图一〇七，10）。

　　其余4枚。皆锈蚀较甚，字迹模糊不清。

　　M189　位于C2地块的中南部，南邻M190、西邻M186。南北向，方向为350°。墓口距地表深0.8米，墓底距地表深1.9米。墓圹南北长2.8米、东西宽2.1-2.19米、深1.1米（图一一〇；彩版三六，2）。

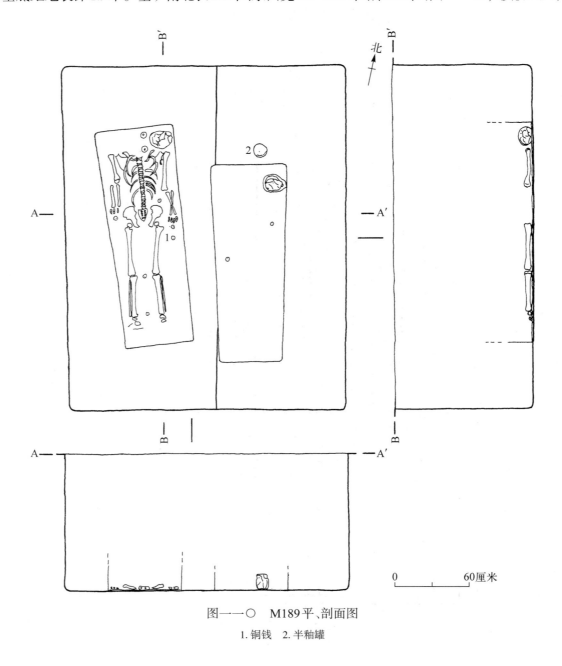

图一一〇　M189平、剖面图

1. 铜钱　2. 半釉罐

棺木已朽。骨架保存均较差，面向皆不详。东棺南北长1.62米、东西宽0.5-0.6米、残高0.1米。棺内人骨仅余部分肢骨，葬式、性别、年纪、头向均不详。西棺南北长1.78米、东西宽0.54-0.62米、残高0.2米。棺内为成年男性，仰身直肢葬，头向北。东棺打破西棺。内填花黏土，较疏松。出土随葬品有半釉罐、铜钱。

半釉罐1件。M189：2，厚方唇、直口、直领，圆折肩，斜腹，平底略内凹。肩部以上外壁及口沿内壁施薄绿釉，其余露红褐胎。外壁有轮制抹痕，底部有偏心圆纹。口径9厘米、肩径11.2厘米、底径6.8厘米、通高12.4厘米（图九八，11；彩版九九，4）。

天启通宝2枚。均圆形、方穿。正面有郭，铸"天启通宝"四字，楷书，对读；背面有郭，穿上右侧铸汉字"十一两"。M189：1-1，直径4.77厘米、穿径0.95厘米、郭厚0.33厘米（图一一一，1）。M189：1-2，直径4.77厘米、穿径0.9厘米、郭厚0.37厘米（图一一一，2）。

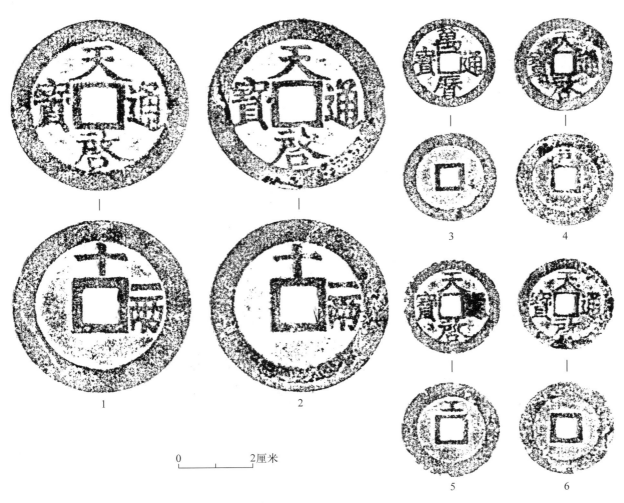

0 ___ 2厘米

图一一一　M189随葬铜钱

1、2、4-6.天启通宝（M189：1-1、M189：1-2、M189：1-4、M189：1-5、M189：1-6）　3.万历通宝（M189：1-3）

万历通宝1枚。M189：1-3，圆形、方穿。正面有郭，铸"万历通宝"四字，楷书，对读；背面有郭。直径2.48厘米，穿径0.5厘米、郭厚0.14厘米（图一一一，3）。

天启通宝3枚。均圆形、方穿。正面有郭，铸"天启通宝"四字，楷书，对读。M189：1-4，背面有郭，穿上侧铸汉字"户"。直径2.61厘米、穿径0.53厘米、郭厚0.11厘米（图一一一，4）。M189：1-5，背面有郭，穿上侧铸汉字"工"。直径2.62厘米、穿径0.54厘米、郭厚0.14厘米（图一一一，5）。M189：1-6，背面有郭。直径2.55厘米、穿径0.53厘米、郭厚0.11厘米（图一一一，6）。

其余14枚。皆锈蚀较甚，字迹模糊不清。

B型：梯形。43座。

M6　位于C5地块的东北部，北邻M15。南北向，方向为355°。墓口距地表深0.4米，墓底距地表深1.85米。墓圹南北长2.54米、东西宽1.76-2.04米、深1.45米（图一一二；彩版三七，1）。

骨架保存均较好，皆仰身直肢葬，头向北，面向不详。棺木已朽。东棺南北长1.8米、东西宽0.44-0.47米、残高0.1米。棺内为成年男性。西棺南北长1.78米、东西宽0.56-0.7米、残高0.1米。棺内为成年女性。西棺打破东棺。内填花黏土，较疏松。出土随葬品有半釉罐、铜钱。

半釉罐2件。M6：2，方唇、侈口，卷沿，束颈，圆折肩，斜腹，平底略内凹。肩部以上外壁及口沿内壁施酱釉，有流釉现象，其余露红褐胎。外壁有轮制抹痕，底部可见偏心圆纹。口径9厘米、肩径10厘米、底径6.8厘米、通高10.8厘米（图一一三，1；彩版一〇〇，1）。M6：3，方唇、直口，直领，鼓肩，斜腹，平底略内凹。肩部以上外壁及口沿内壁施酱釉，其余露灰胎。底部可见偏心圆纹。口径8.6厘米、肩径12.4厘米、底径7厘米、通高12.6厘米（图一一三，2；彩版一〇〇，2）。

顺治通宝6枚。均圆形、方穿。正面有郭，铸"顺治通宝"四字，楷书，对读。M6：1-1，背面有郭，穿左铸汉字"一厘"，穿右铸钱局汉字"东"。直径2.6厘米、穿径0.46厘米、郭厚0.14厘米（图一一四，5）。M6：1-2，背面有郭，穿右铸钱局汉字"阳"。直径2.48厘米、穿径0.55厘米、郭厚0.12厘米（图一一四，6）。M6：1-3，背面有郭，穿右铸汉字"户"。直径2.59厘米、穿径0.53厘米、郭厚0.1厘米（图一一四，7）。M6：1-4，背面有郭，穿右铸汉字"工"。直径2.65厘米、穿径0.48厘米、郭厚0.13厘米（图一一四，8）。M6：1-5，背面有郭，穿左铸汉字"一厘"二字，穿右铸汉字"户"。直径2.55厘米、穿径0.5厘米、郭厚0.12厘米（图一一四，9）。M6：1-6，背面有郭，穿左铸汉字"一厘"，穿右铸汉字"工"。直径2.54厘米、穿径0.5厘米、郭厚0.13厘米（图一一四，10）。

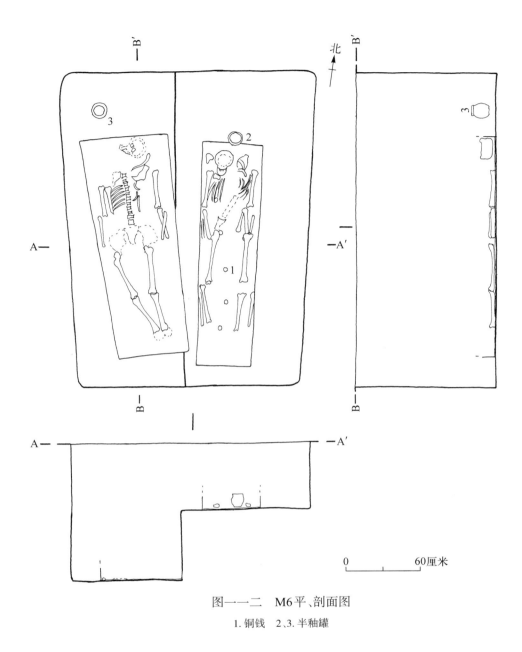

图一一二　M6平、剖面图

1. 铜钱　2、3.半釉罐

　　M7　位于C5地块的东北部,北邻M8。中部有南北长1.4米、宽0.9米、深1.6米的盗洞。南北向,方向为350°。墓口距地表深0.7米,墓底距地表深2.3米。墓圹南北长2.7米、东西宽1.8-2米、深1.6米(图一一五;彩版三七,2)。

　　棺木已朽。骨架保存均较差,凌乱,葬式皆不详。东棺南北长1.82米、东西宽0.5-0.56米、残高0.4米、厚0.02-0.06米。棺内为成年男性,头向北,面向上。西棺南北长1.87米、东西宽0.5-0.62米、残高0.1米、厚0.02-0.03米。棺内为成年女性,头向、面向不详。西棺破坏严重。西棺打破东棺。内填花黏土,较疏松。出土随葬品有半釉罐、铜钱。

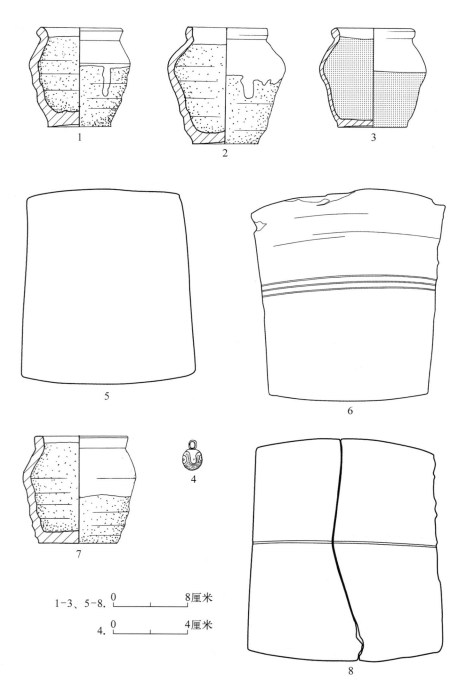

图一一三　M6—M9 随葬器物

1—3.半釉罐（M6：2、M6：3、M7：1）　4.铜扣（M8：1）　5、6、8.陶瓦（M8：2、M8：3、M9：4）　7.陶罐（M9：2）

图一一四　M6—M9、M33、M52、M58随葬铜钱

1、2.万历通宝（M9：1-1、M58：1）　3.天启通宝（M9：1-2）　4.崇祯通宝（M9：1-3）　5-10.顺治通宝（M6：1-1、M6：1-2、M6：1-3、M6：1-4、M6：1-5、M6：1-6）　11、12.乾隆通宝（M33：1-1、M52：1）　13-16.嘉庆通宝（M7：2、M8：4-1、M8：4-2、M8：4-3）　17-20.道光通宝（M8：4-4、M8：4-5、M8：4-6、M8：4-7）

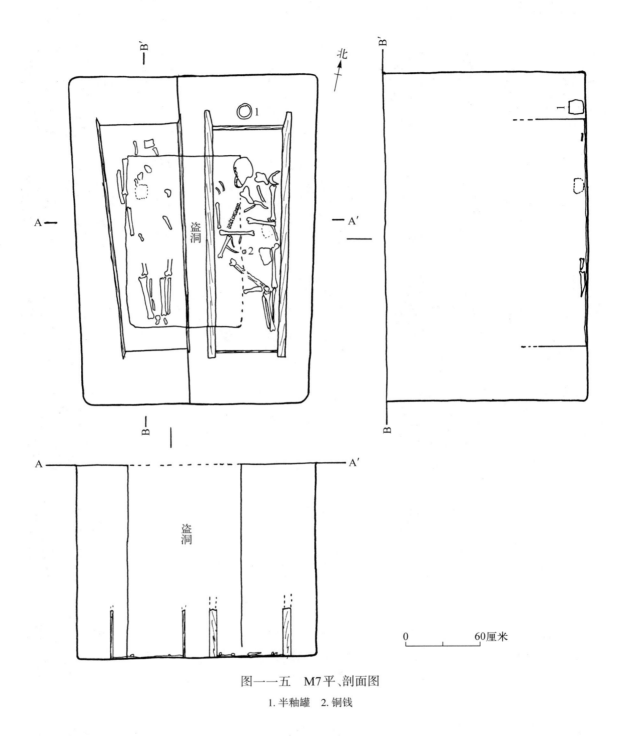

图一一五　M7平、剖面图

1. 半釉罐　2. 铜钱

　　半釉罐1件。M7：1，厚方唇、侈口，卷沿，颈部微束，圆折肩，斜腹，平底略内凹。肩部以上外壁及口沿内壁施酱釉，其余露红褐胎。外壁有轮制抹痕，底部可见偏心圆纹。口径8.6厘米、肩径10厘米、底径7.6厘米、通高12.6厘米（图一一三，3；彩版一〇〇，3）。

　　嘉庆通宝1枚。M7：2，圆形、方穿。正面有郭，铸"嘉庆通宝"四字，楷书，对读；背面有郭，穿左右铸满文"宝泉",纪局名。直径2.52厘米、穿径0.53厘米、郭厚0.14厘米(图一一四,13)。

　　M8　位于C5地块的东北部,打破M9。南北向,方向为346°。墓口距地表深0.7米,墓底距地表深1.6-1.7米。墓圹南北长3-3.2米、东西宽1.64-2.06米、深0.9-1米(图一一六;彩版三八,1)。

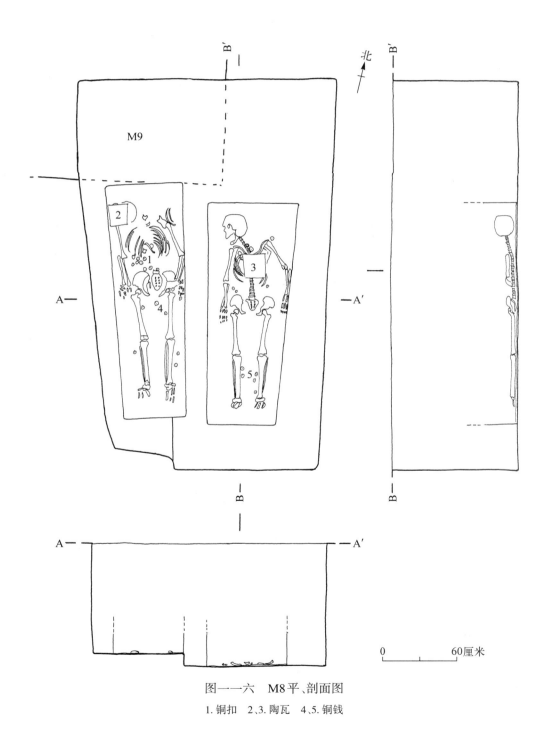

图一一六　M8平、剖面图
1.铜扣　2、3.陶瓦　4、5.铜钱

棺木已朽。皆仰身直肢葬，头向北。东棺南北长1.85米、东西宽0.54-0.73米、残高0.28米。棺内骨架保存较好，为成年女性，面向上，胸部盖一瓦，字迹不清。西棺南北长1.94米、东西宽0.5-0.62米、残高0.18米。棺内骨架保存较差，为成年男性，面向不详。头骨盖一瓦，上以朱砂写字，字迹不清。西棺打破东棺。内填花黏土，较疏松。出土随葬品有铜扣、陶瓦、铜钱。

铜扣1枚。M8：1，圆球形，顶部系环，扣面上铸圆点纹、云纹，有镂孔。直径1.1厘米、高1.6厘米（图一一三，4；彩版一〇〇，4）。

陶瓦2件。M8：2，梯形、弯曲，正面刻凸弦纹两道，上有朱砂写的字迹，但不清晰。长18.3厘米、宽17.5厘米、厚1.5厘米（图一一三，5；彩版一〇〇，5）。M8：3，梯形、弯曲，正面刻凸弦纹三道，上有朱砂写的字迹，但不清晰。长19厘米、宽18.5厘米、厚1.5厘米（图一一三，6；彩版一〇〇，6）。

嘉庆通宝3枚。均圆形、方穿。正面有郭，铸"嘉庆通宝"四字，楷书，对读；背面有郭，穿左右铸满文"宝泉"，纪局名。M8：4-1，直径2.27厘米、穿径0.57厘米、郭厚0.16厘米（图一一四，14）。M8：4-2，直径2.42厘米、穿径0.55厘米、郭厚0.14厘米（图一一四，15）。M8：4-3，直径2.3厘米、穿径0.58厘米、郭厚0.12厘米（图一一四，16）。

道光通宝4枚。均圆形、方穿。正面有郭，铸"道光通宝"四字，楷书，对读；背面有郭，穿左右铸满文"宝泉"，纪局名。M8：4-4，直径2.16厘米、穿径0.56厘米、郭厚0.15厘米（图一一四，17）。M8：4-5，直径2.33厘米、穿径0.57厘米、郭厚0.11厘米（图一一四，18）。M8：4-6，直径2.4厘米、穿径0.54厘米、郭厚0.14厘米（图一一四，19）。M8：4-7，直径2.17厘米、穿径0.57厘米、郭厚0.14厘米（图一一四，20）。

其余80枚。皆锈蚀较甚，字迹模糊不清。

M9　位于C5地块的东北部，被M8打破。南北向，方向为358°。墓口距地表深0.7米，墓底距地表深1.8米。墓圹南北长2.7-2.8米、东西宽1.96-2.3米、深1.1米（图一一七；彩版三八，2）。

东棺保存一般。南北长1.84米、东西宽0.6-0.7米，南北厚0.04米、东西厚0.08-0.1米，残高0.58米。棺内骨架保存较好，为成年男性，仰身直肢葬。头向北，面向上。西棺已搬迁，残留少量残骨。棺痕长2.22米、宽0.57-0.64米、残高0.5米。东棺打破西棺。内填花黏土，较疏松。出土随葬品有陶罐、陶瓦、铜钱。

陶罐1件。M9：2，方唇、直口，卷沿，直领，圆折肩，斜腹，平底略内凹。泥质红陶。素面。内壁可见泥条盘筑痕，底部可见偏心旋纹。口径9.8厘米、肩径11厘米、底径8.4厘米、通高11.6厘米（图一一三，7；彩版一〇一，1）。

陶瓦1件。M9：4，梯形、弯曲，正面刻凹弦纹一道，上有朱砂写的字迹，但不清晰。长26厘米、宽22.6厘米、厚1.5厘米（图一一三，8；彩版一〇一，2）。

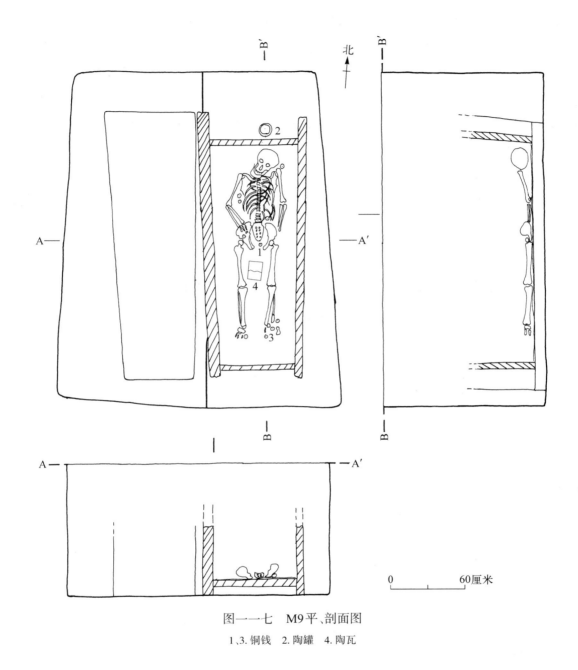

图一一七　M9平、剖面图

1、3. 铜钱　2. 陶罐　4. 陶瓦

万历通宝1枚。M9：1-1，圆形、方穿。正面有郭，铸"万历通宝"四字，楷书，对读；背面有郭。直径2.55厘米、穿径0.48厘米、郭厚0.11厘米（图一一四，1）。

天启通宝1枚。M9：1-2，圆形、方穿。正面有郭，铸"天启通宝"四字，楷书，对读；背面有郭。直径2.54厘米、穿径0.56厘米、郭厚0.09厘米（图一一四，3）。

崇祯通宝1枚。M9：1-3，小平钱，外圆郭、方穿。正面铸"崇祯通宝"四字，楷书，对读；光背。直径2.6厘米、穿径0.55厘米、郭厚0.1厘米（图一一四，4）。

　　M20　位于C6地块的中部，东北邻M21。东西向，方向为60°。墓口距地表深0.6米，墓底距地表深1.6米。墓圹东西长2.52米、南北宽1.76-2.05米、深1米（图一一八；彩版三九，1）。

　　骨架保存均较差，皆头向东，面向上。北棺已朽，东西长1.92米、南北宽0.58米-0.7米、残高0.25米。棺内为成年女性，葬式不详。南棺保存一般，东西长1.92米、南北宽0.68-0.7米、厚0.02-0.08米、残高0.6米。棺内为成年男性，仰身直肢葬。北棺打破南棺。内填花黏土，较疏松。出土随葬品有银簪、铁环、石烟嘴、铜钱。

　　银簪1件。M20：3，首呈如意云纹状，自上而下分为四层。一层以卷云纹形成双目，中间铸鼻，云纹作嘴；二至四层为云纹，三层边缘刻短线纹，背平，有三镂孔。体扁平，尾残。首高0.7厘米、宽2.2厘米、残长11.6厘米（图一一九，2；彩版一〇一，4）。

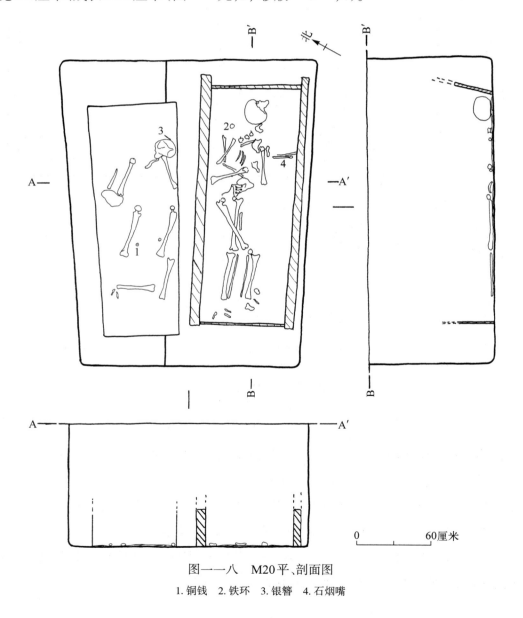

图一一八　M20平、剖面图

1. 铜钱　2. 铁环　3. 银簪　4. 石烟嘴

铁环1件。M20：2，圆形、柱体，接口不齐。直径4厘米、厚0.4厘米（图一一九，1；彩版一〇一，3）。

石烟嘴1件。M20：4，褐色，表面光滑。呈四棱状，嘴部扁平，中有穿孔。残长7.6厘米（图一一九，3；彩版一〇一，5）。

铜钱1枚。M20：1，正、反面皆锈蚀较甚，字迹模糊不清。

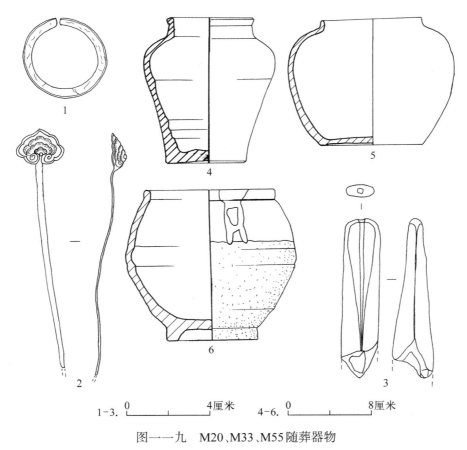

图一一九　M20、M33、M55随葬器物

1. 铁环（M20：2）　2. 银簪（M20：3）　3. 石烟嘴（M20：4）　4. 瓷罐（M33：2）　5. 瓷罐（M55：2）　6. 半釉罐（M55：3）

M21　位于C6地块的中部，西南邻M20、西邻M22。东西向，方向为60°。墓口距地表深0.5米，墓底距地表深1.5米。墓圹东西长2.8米、南北宽1.72-2.06米、深1米（图一二〇；彩版三九，2）。

北棺保存较好，东西长1.72米、南北宽0.4-0.48米、残高0.52-0.58米、厚0.04-0.08米。人骨保存较差，棺内为成年女性，葬式、头向、面向不详。南棺保存一般，东西长1.74米、南北宽0.5-0.54米、残高0.34米、厚0.02-0.08米。棺内人骨保存较好，为成年男性，仰身直肢葬。头向东北，面向上。南棺打破北棺。内填花黏土，较疏松。未发现随葬品。

M33　位于C6地块的东北部，西邻M31。东西向，方向为89°。墓口距地表深0.7米，墓底距地表深1.6米。墓圹东西长2.7米、南北宽2.1-2.3米、深0.9米（图一二一；彩版四〇，1）。

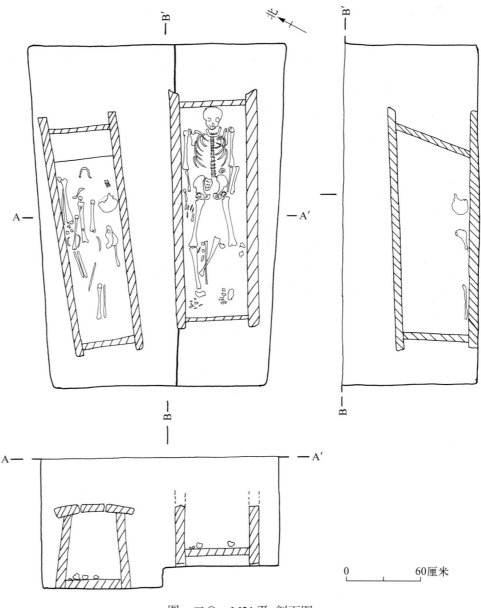

图一二〇　M21平、剖面图

　　棺木已朽。骨架皆头向东。北棺东西长1.84米、南北宽0.45-0.56米、残高0.1米。棺内骨架保存较好,为成年男性,仰身直肢葬,面向下。南棺东西长1.92米、南北宽0.46-0.57米、残高0.1米。棺内骨架保存较差,为成年女性,侧身屈肢葬,面向不详。南棺打破北棺。内填花黏土,较疏松。出土随葬品有瓷罐、铜钱。

　　瓷罐1件。M33:2,圆唇、直口,唇面略厚,折沿,直领,鼓肩,弧腹内收,平底。通体、内壁施青白釉,底部露灰胎。素面。外壁可见轮制抹痕,底部可见同心圆纹。口径8.2厘米、肩径12.2厘米、底径7.6厘米、通高14.2厘米(图一一九,4;彩版一〇一,6)。

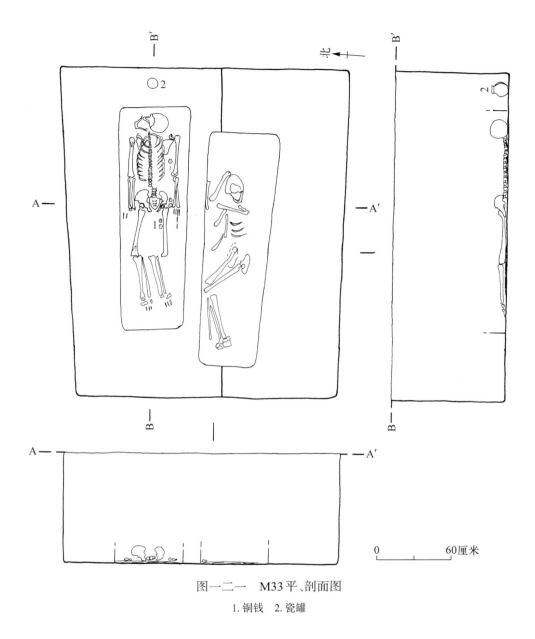

图一二一　M33 平、剖面图

1. 铜钱　2. 瓷罐

乾隆通宝 1 枚。M33：1-1，圆形、方穿。正面有郭，铸"乾隆通宝"四字，楷书，对读；背面有郭，穿左右铸满文"宝源"，纪局名。直径 2.87 厘米、穿径 0.54 厘米、郭厚 0.1 厘米（图一一四，11）。

其余 4 枚。皆锈蚀较甚，字迹模糊不清。

M52　位于 C2 地块的东北部。东西向，方向为 76°。墓口距地表深 0.7 米，墓底距地表深 1.4 米。墓圹东西长 2.88-2.92 米、南北宽 1.72-1.88 米、深 0.7 米（图一二二；彩版四〇，2）。

棺木已朽。骨架保存均较差，皆仰身直肢葬。北棺东西长 1.8 米、南北宽 0.46-0.5 米、残高 0.1 米。棺内为成年女性，头向、面向不详。南棺东西长 1.8 米、南北宽 0.42-0.6 米、残高 0.1

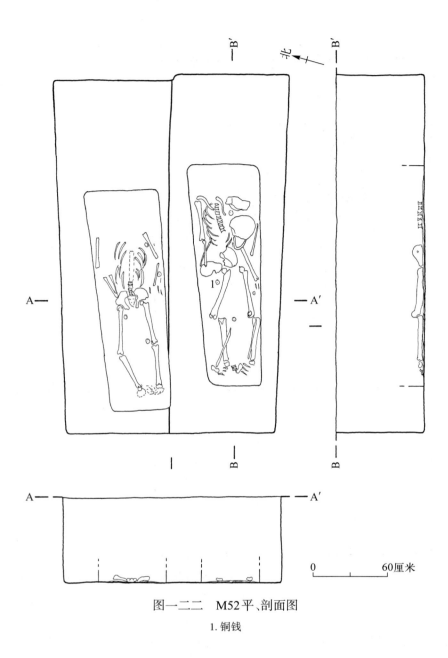

图一二二　M52平、剖面图

1. 铜钱

米。棺内为成年男性,头向东,面向下。北棺打破南棺。内填花黏土,较疏松。出土随葬品有铜钱。

乾隆通宝1枚。M52:1,圆形、方穿。正面有郭,铸"乾隆通宝"四字,楷书,对读;背面有郭,穿左右铸满文"宝源",纪局名。直径2.31厘米、穿径0.52厘米、郭厚0.11厘米(图一一四,12)。

其余9枚。皆锈蚀较甚,字迹模糊不清。

M55　位于C2地块的中南部,西邻M54。南北向,方向为355°。墓口距地表深0.7米,墓底距地表深1.2米。墓圹南北长3.1米、东西宽2.2-2.4米、深0.5米(图一二三;彩版四一,1)。

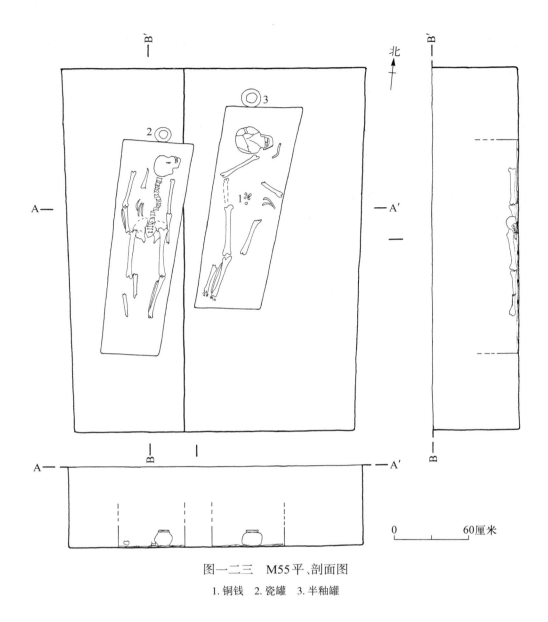

图一二三　M55平、剖面图

1. 铜钱　2. 瓷罐　3. 半釉罐

　　棺木已朽。骨架皆头向北，面向上。东棺南北长1.72米、东西宽0.5-0.6米、残高0.18米。棺内骨架保存较差，为成年男性，葬式不详。西棺南北长1.82米、东西宽0.45-0.55米、残高0.18米。棺内骨架保存较好，为成年女性，仰身直肢葬。西棺打破东棺。内填花黏土，较疏松。出土随葬品有瓷罐、半釉罐、铜钱。

　　瓷罐1件。M55：2，圆唇、直口，圆阔肩，弧腹，平底略内凹，足底宽平。内壁及足部以上外壁施米黄釉，泛木光，颈部、肩部、腹部泛褐，胫部局部脱釉，其余露褐胎。釉面光滑。外壁可见轮制旋痕，内壁似涂有一层化妆土。该罐为磁州窑产品。口径8.6厘米、肩径15.2厘米、底径9.6厘米、通高12厘米（图一一九，5；彩版一〇二，1）。

半釉罐1件。M55：3，圆唇、直口，圆折肩，弧腹，饼足内凹。内壁及肩部以上外壁施褐釉，有脱釉现象，其余露红褐胎。外壁可见轮制抹痕。口径12.4厘米、肩径16厘米、底径8.6厘米、通高14.7厘米（图一一九，6；彩版一〇二，2）。

铜钱2枚。皆锈蚀较甚，字迹模糊不清。

M56　位于C2地块的中南部，南邻M57。南北向，方向为350°。墓口距地表深0.7米，墓底距地表深1.1米。墓圹南北长2.7米、东西宽1.83-2.47米、深0.4米（图一二四；彩版四一，2）。

棺木已朽。骨架保存均较差。头皆向北，葬式不详。东棺南北长1.88米、东西宽0.34-0.55米、残高0.21米。棺内为成年男性，面向不详。西棺南北长1.74米、东西宽0.49-0.58米、残高0.21米。棺内为成年女性，面向上。西棺打破东棺。内填花黏土，较疏松。出土随葬品有陶罐。

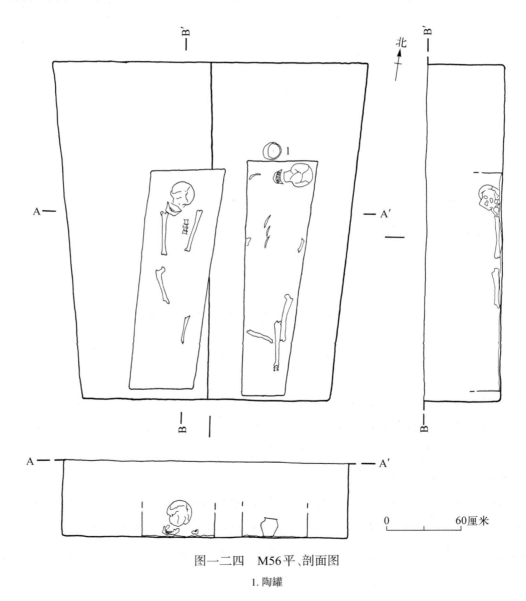

图一二四　M56平、剖面图

1. 陶罐

　　陶罐 1 件。M56：1，圆唇、敛口，圆肩，弧腹，平底。肩部贴塑对称桥形双耳，耳下有穿。泥质灰陶，素面。外壁有轮制旋痕，底部有偏心圆纹。口径 12 厘米、肩径 16.2 厘米、底径 12.2 厘米、通高 11.6 厘米（图一二五，1；彩版一〇二，3）。

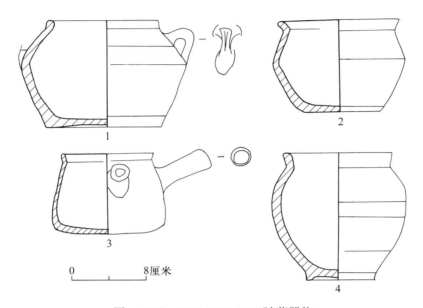

图一二五　　M56、M58、M62 随葬器物

1、2、4. 陶罐（M56：1、M58：2、M62：2）　3. 陶锅（M58：3）

　　M58　位于 C2 地块的中南部，西南邻 M100。南北向，方向为 15°。墓口距地表深 0.7 米，墓底距地表深 1.7-1.9 米。墓圹南北长 2.56-2.71 米、东西宽 1.64-1.86 米、深 1-1.2 米（图一二六；彩版四二，1）。

　　棺木已朽。骨架保存均较好，皆仰身直肢葬，头向北，面向上。东棺南北长 1.86 米、东西宽 0.4-0.5 米、残高 0.35 米。棺内为成年女性。西棺南北长 1.84 米、东西宽 0.42-0.52 米、残高 0.25 米。棺内为成年男性。西棺打破东棺。内填花黏土，较疏松。出土随葬品有陶罐、陶锅、铜钱。

　　陶罐 1 件。M58：2，方唇、侈口，卷沿，束颈，溜肩，鼓腹，平底。肩部饰双系残断，做工较差。泥质灰陶，素面。口径 12.8 厘米、肩径 13.4 厘米、底径 8.2 厘米、通高 10 厘米（图一二五，2；彩版一〇二，4）。

　　陶锅 1 件。M58：3，方唇、直口，深腹，大平底。颈部附一把手，一侧有流。泥质灰陶，素面。口径 9.8 厘米、底径 12 厘米、通高 8.8 厘米（图一二五，3；彩版一〇二，5）。

　　万历通宝 1 枚。M58：1，圆形、方穿。正面有郭，铸"万历通宝"四字，楷书，对读；背面有郭。直径 2.54 厘米、穿径 0.51 厘米、郭厚 0.13 厘米（图一一四，2）。

　　其余 3 枚。皆锈蚀较甚，字迹模糊不清。

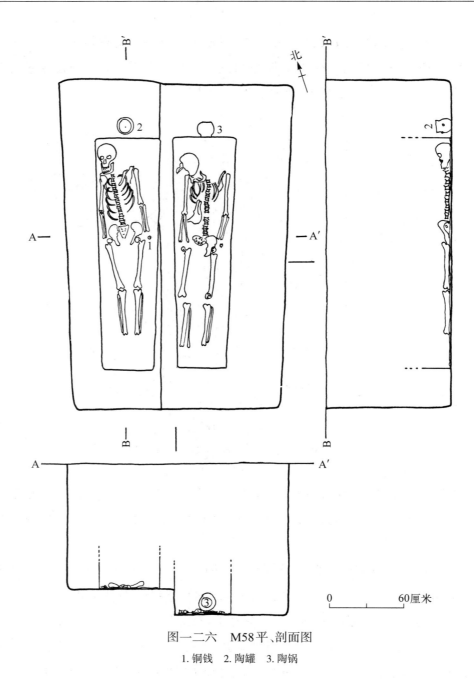

图一二六　M58平、剖面图
1.铜钱　2.陶罐　3.陶锅

　　M62　位于C2地块的中南部，西邻M55。南北向，方向为355°。墓口距地表深0.7米，墓底距地表深1.34米。墓圹南北长2.7米、东西宽1.55-1.84米、深0.64米（图一二七；彩版四二，2）。

　　棺木已朽。骨架保存均较差，葬式皆不详，头向北。东棺南北长1.76米、东西宽0.36-0.45米、残高0.34米。棺内为成年女性，面向上。西棺南北长1.85米、东西宽0.44-0.56米、残高0.34米。棺内为成年男性，面向不详。东棺打破西棺。内填花黏土，较疏松。出土随葬品有陶罐、

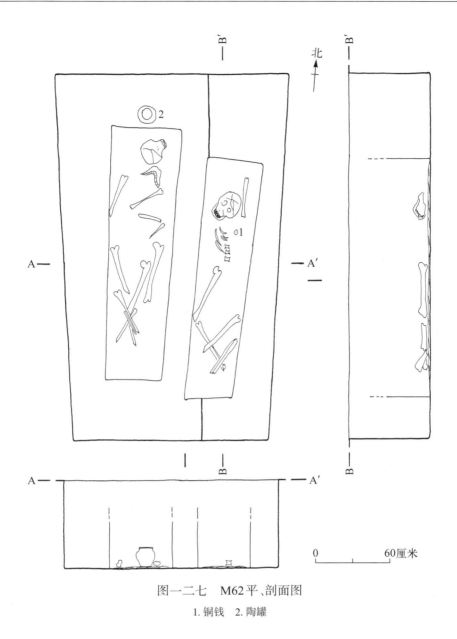

图一二七　M62平、剖面图

1. 铜钱　2. 陶罐

铜钱。

　　陶罐1件。M62：2，方唇、侈口，卷沿，微束颈，溜肩，弧腹，平底略内凹。细泥质红陶，质地坚硬，火候较高，素面。外壁可见轮制旋痕，底部有同心圆纹。口径11.4厘米、肩径14厘米、底径7.2厘米、通高14厘米（图一二五，4；彩版一〇二，6）。

　　铜钱1枚。M62：1，正、反面皆锈蚀较甚，字迹模糊不清。

　　M69　位于C2地块的南部偏西，东邻M94。南北向，方向为350°。墓口距地表深0.8米，墓底距地表深1.4米。墓圹南北长2.28米、东西宽1.54-1.74米、深0.6米（图一二八；彩版四三，1）。

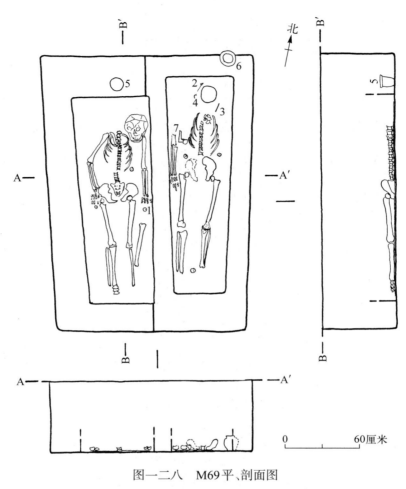

图一二八　M69平、剖面图

1.铜钱　2.铜簪　3.骨针　4.铜耳坠　5.陶罐　6.半釉罐　7.铜烟锅

　　棺木已朽。骨架保存均较差,皆仰身直肢葬,头向北,面向上。东棺南北长1.8米、东西宽0.44-0.56米、残高0.1米。棺内为成年女性。西棺南北长1.72米、东西宽0.54-0.62米、残高0.1米。棺内为成年男性。西棺打破东棺。内填花黏土,较疏松。出土随葬品有铜簪、铜耳坠、铜烟锅、骨针、陶罐、半釉罐、铜钱。

　　铜簪1件。M69:2,首为镂空圆球形,由11面六边形拼成,每面六边形镂五小孔,中铸一圆珠。下接五瓣花朵座,颈部有凸弦纹两道,略鼓。体为圆锥体。首高2.2厘米、宽1.4厘米、通长12.8厘米(图一二九,3;彩版一〇三,1)。

　　铜耳坠1件。M69:4,整体近"5"形,底部为一实心半圆球,体为圆柱体,尾折。通长4厘米、宽0.8厘米(图一二九,5;彩版一〇三,3)。

　　铜烟锅1件。M69:7,仅存锅部,锅呈半球形,中空,下弯折与杆相连。锅高1.3厘米、残长7.2厘米(图一二九,6;彩版一〇四,1)。

骨针1件。M69∶3，褐绿色，顶部有圆弧，有圆形穿孔，圆锥体，尾端残断。通体磨光。宽0.5厘米、残长9.1厘米（图一二九，4；彩版一〇三，2）。

陶罐1件。M69∶5，方唇、敛口，卷沿，圆肩，斜腹，平底。泥质红陶，火候较高，质地坚硬，素面。外壁可见轮制旋痕。口径8.6厘米、肩径14.2厘米、底径6.6厘米、通高13厘米（图一二九，1；彩版一〇三，4）。

半釉罐1件。M69∶6，方唇、侈口，卷沿，直腹，平底略内凹。肩部以上外壁、口沿内壁施黄釉。有流釉现象，其余露灰胎。外壁有轮制抹痕，底部有偏心旋纹。口径9.6厘米、底径7厘米、通高10厘米（图一二九，2；彩版一〇三，5）。

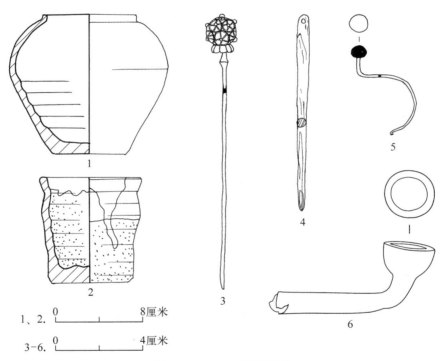

图一二九　M69随葬器物

1. 陶罐（M69∶5）　2. 半釉罐（M69∶6）　3. 铜簪（M69∶2）　4. 骨针（M69∶3）
5. 铜耳坠（M69∶4）　6. 铜烟锅（M69∶7）

乾隆通宝3枚。均圆形、方穿。正面有郭，铸"乾隆通宝"四字，楷书，对读。M69∶1-1，背面有郭，穿左右铸满文"宝源"，纪局名。直径2.33厘米、穿径0.55厘米、郭厚0.14厘米（图一三〇，6）。M69∶1-2，背面有郭，穿左右铸满文"宝南"，纪局名。直径2.44厘米、穿径0.58厘米、郭厚0.12厘米（图一三〇，7）。M69∶1-3，背面有郭，穿左右铸满文"宝泉"，纪局名。直径2.32厘米、穿径0.56厘米、郭厚0.12厘米（图一三〇，8）。

M80　位于C2地块的中南部，西北邻M79。南北向，方向为358°。墓口距地表深0.7米，墓底距地表深1.1米。墓圹南北长2.8米、东西宽2.1-2.32米、深0.4米（图一三一；彩版四三，2）。

图一三〇　M69、M80、M81、M83、M91、M100随葬铜钱

1、2.万历通宝（M81：8-1、M100：2）　3、4.天启通宝（M81：8-2、M81：8-3）　5.顺治通宝（M91：1）　6-10.乾隆通宝（M69：1-1、M69：1-2、M69：1-3、M81：8-4、M81：8-5）　11、12.道光通宝（M80：2-1、M83：1-1）　13.咸丰重宝（M83：1-2）　14.同治通宝（M83：1-3）　15.光绪通宝（M80：2-2）

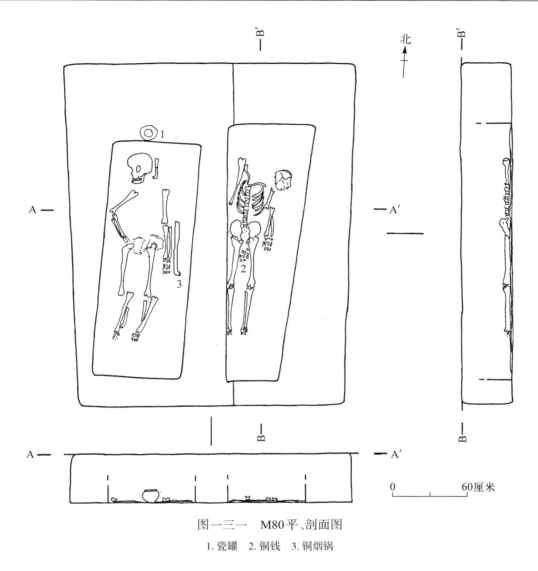

图一三一　M80平、剖面图

1. 瓷罐　2. 铜钱　3. 铜烟锅

　　棺木已朽。骨架保存均较差,皆仰身直肢葬,头向北,面向上。东棺南北长2.1米、东西宽0.42-0.7米、残高0.25米。棺内为成年女性。西棺南北长1.92米、东西宽0.8-0.9米、残高0.23米。棺内为成年男性。东棺打破西棺。内填花黏土,较疏松。出土随葬品有瓷罐、铜烟锅、铜钱。

　　瓷罐1件。M80:1,圆唇、侈口,卷沿,束颈,圆折肩,弧腹,平底。足部以上外壁及内壁施绿釉,有流釉现象,底部露灰胎。颈部有细密开片,肩部竖印"福源长"三字。内壁可见泥条痕迹,外壁可见轮制抹痕。口径10厘米、肩径11.4厘米、底径6厘米、通高10.4厘米(图一三二,1;彩版一〇四,2)。

　　铜烟锅1件。M80:3,由锅、杆组成,锅为半球状,中空,下部弯折接杆,杆中空,残断。锅高1.2厘米、残长4.7厘米、烟嘴长15.5厘米(图一三二,2;彩版一〇四,3)。

　　道光通宝1枚。M80:2-1,圆形、方穿。正面有郭,铸"道光通宝"四字,楷书,对读;背面有郭,穿左右铸满文"宝泉",纪局名。直径2.4厘米、穿径0.6厘米、郭厚0.13厘米(图一三〇,11)。

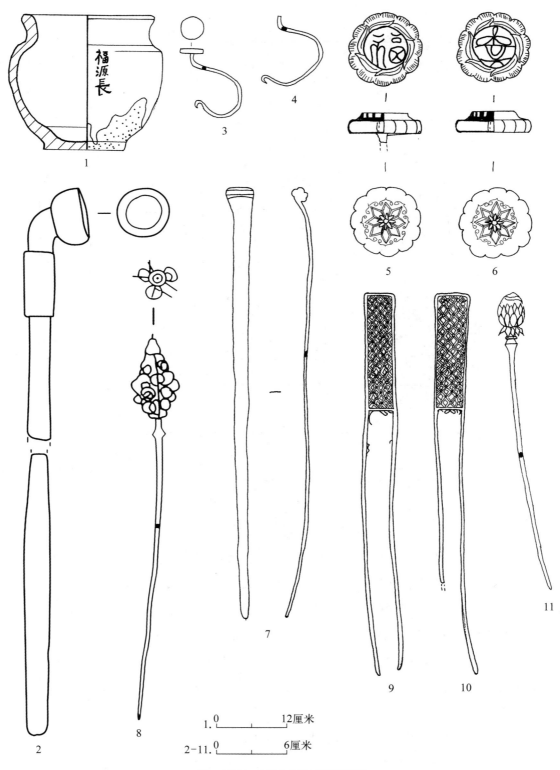

图一三二　M80、M81随葬器物

1.瓷罐（M80：1）　2.铜烟锅（M80：3）　3、4.铜耳钉（M81：1-1、M81：1-2）
5、6、8-11.铜簪（M81：2-1、M81：2-2、M81：4、M81：5、M81：6、M81：7）　7.银扁方（M81：3）

光绪通宝1枚。M80:2-2,圆形、方穿。正面有郭,铸"光绪通宝"四字,楷书,对读;背面有郭,穿左右铸满文"宝泉",纪局名。直径2.25厘米、穿径0.55厘米、郭厚0.14厘米(图一三〇,15)。

其余5枚。皆锈蚀较甚,字迹模糊不清。

M81　位于C2地块的中南部,东北邻M80。南北向,方向为340°。墓口距地表深0.7米,墓底距地表深1.36米。墓圹南北长2.9米、东西宽2-2.6米、深0.66米(图一三三;彩版四四,1)。

棺木已朽。骨架保存均较差,皆仰身直肢葬。东棺南北长2.44米、东西宽0.66-0.7米、残高0.29米。棺内为成年女性,头向北,面向上。西棺南北长1.86米、东西宽0.48-0.7米、残高0.3米。棺内为成年男性,头向、面向不详。东棺打破西棺。内填花黏土,较疏松。出土随葬品有铜耳钉、铜簪、银扁方、铜钱。

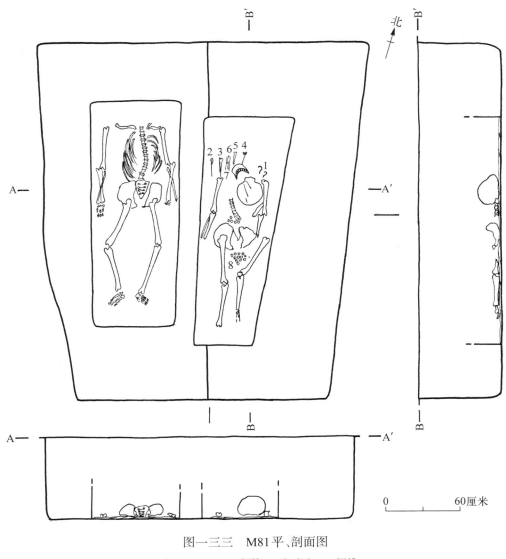

图一三三　M81平、剖面图

1.铜耳钉　2、4-7.铜簪　3.银扁方　8.铜钱

铜耳钉2件。钉面均为圆形,扁平,整体近"5"形,体为圆锥体。M81:1-1,尾弯折。长2.6厘米、宽0.8厘米(图一三二,3;彩版一〇四,4)。M81:1-2,钉面残。残长2.6厘米(图一三二,4;彩版一〇四,4)。

铜簪6件。M81:2-1,首为十二朵花瓣组成的葵圆形,花瓣上刻线纹,有六朵逆时针转的叶脉纹。中间圆形凸起,内铸一"福"字,背面为六组如意云头纹组成的正六边形,有六个三角形镂孔。首宽2.7厘米、残高0.8厘米(图一三二,5;彩版一〇四,5)。M81:2-2,首为十二朵花瓣组成的葵圆形,花瓣上刻线纹,有六朵逆时针转的叶脉纹。中间圆形凸起,内铸一"喜"字,背面为六组如意云头纹组成的正六边形,有六个三角形镂孔。首宽2.7厘米、残高0.8厘米(图一三二,6;彩版一〇四,5)。M81:4,首为五面禅杖形,顶部为葫芦状,每面由铜丝铸成如意云纹状,镂空。每面上系铜环,体为圆锥体。颈部饰三道凸弦纹,鼓凸。首长3.5厘米、首宽2厘米、通长15.2厘米(图一三二,8;彩版一〇五,2)。M81:5,首为长方形,顶部略弯、扁平,正面镂空,背面镂空之间铸圆珠纹,底为如意云头纹,体为双股圆锥体。首长4.7厘米、首宽1.2厘米、通长14.7厘米(图一三二,9;彩版一〇五,3)。M81:6,首为长方形,顶部略弯、扁平,正面镂空,背面镂空之间铸圆珠纹,底为如意云头纹,体为双股圆锥体。首长4.7厘米、首宽1.3厘米、残长14.7厘米(图一三二,10;彩版一〇五,4)。M81:7,首为三层莲花座托,内嵌一白色珍珠,残缺,下接倒莲花座,体为圆锥体,颈部饰三道凸弦纹,鼓凸。首宽1厘米、残长11.5厘米(图一三二,11;彩版一〇六,1)。

银扁方1件。M81:3,首为长方形,侧面如五瓣梅花状,体内弯,上宽下窄,扁平,尾圆弧。首高1厘米、首宽0.5厘米、通长16.8厘米,重16.24克(图一三二,7;彩版一〇五,1)。

万历通宝1枚。M81:8-1,圆形、方穿。正面有郭,铸"万历通宝"四字,楷书,对读;背面有郭。直径2.51厘米、穿径0.53厘米、郭厚0.09厘米(图一三〇,1)。

天启通宝2枚。均圆形、方穿。正面有郭,铸"天启通宝"四字,楷书,对读。M81:8-2,背面有郭。直径2.62厘米、穿径0.51厘米、郭厚0.12厘米(图一三〇,3)。M81:8-3,背面有郭,穿上右侧铸汉字"十一两"。直径4.83厘米、穿径0.87厘米、郭厚0.35厘米(图一三〇,4)。

乾隆通宝2枚。均圆形、方穿。正面有郭,铸"乾隆通宝"四字,楷书,对读。M81:8-4,背面有郭,穿左右铸满文"宝泉",纪局名。直径2.26厘米、穿径0.57厘米、郭厚0.16厘米(图一三〇,9)。M81:8-5,背面有郭,穿左右铸满文"宝泉",纪局名。直径2.72厘米、穿径0.55厘米、郭厚0.14厘米(图一三〇,10)。

其余25枚。皆锈蚀较甚,字迹模糊不清。

M83　位于C2地块的中南部。南北向,方向为352°。墓口距地表深0.9米,墓底距地表深1.5米。墓圹南北长2.5米、东西宽1.82-2.06米、深0.6米(图一三四;彩版四四,2)。

棺木已朽。骨架保存均较差,皆头向北,面向上。东棺南北长1.86米、东西宽0.56-0.64米、残高0.1米。盆骨上方盖一瓦。棺内为成年男性,仰身直肢葬。西棺南北长1.92米、东西宽

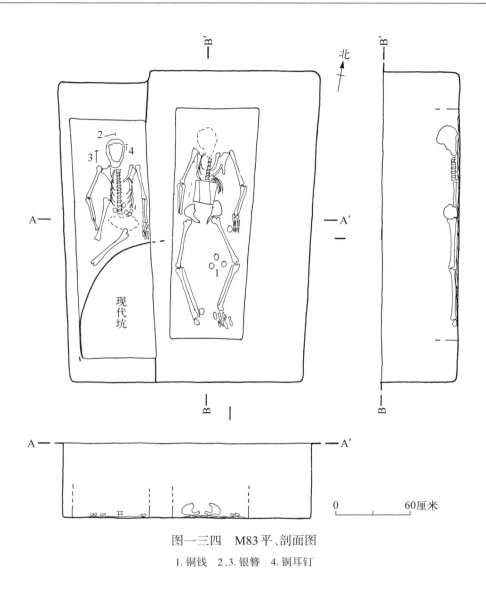

图一三四 M83平、剖面图

1.铜钱 2、3.银簪 4.铜耳钉

0.58-0.6米、残高0.1米。棺内为成年女性，葬式不详。南部被一现代坑破坏。西棺打破东棺。内填花黏土，较致密。出土随葬品有银簪、铜耳钉、铜钱。

银簪2件。M83:2，首为逆时针花瓣组成的葵圆形，每朵花瓣上刻线纹、圆珠纹，中间为圆形凸起，上铸一"福"字，背面戳印"王氏"二字。首宽2.3厘米、首高0.4厘米、通长9.6厘米（图一三五，1；彩版一○六，2）。M83:3，首残，体为圆锥体，颈部饰两道凸弦纹，鼓凸。残长11.7厘米（图一三五，2；彩版一○六，3）。

铜耳钉1件。M83:4，钉面圆形，扁平，素面，体为圆锥体，弯折。钉面宽1.3厘米、残长4厘米（图一三五，3；彩版一○六，4）。

道光通宝1枚。M83:1-1，圆形、方穿。正面有郭，铸"道光通宝"四字，楷书，对读；背面有郭，穿左右铸满文"宝泉"，纪局名。直径2.26厘米、穿径0.55厘米、郭厚0.14厘米（图一三○，12）。

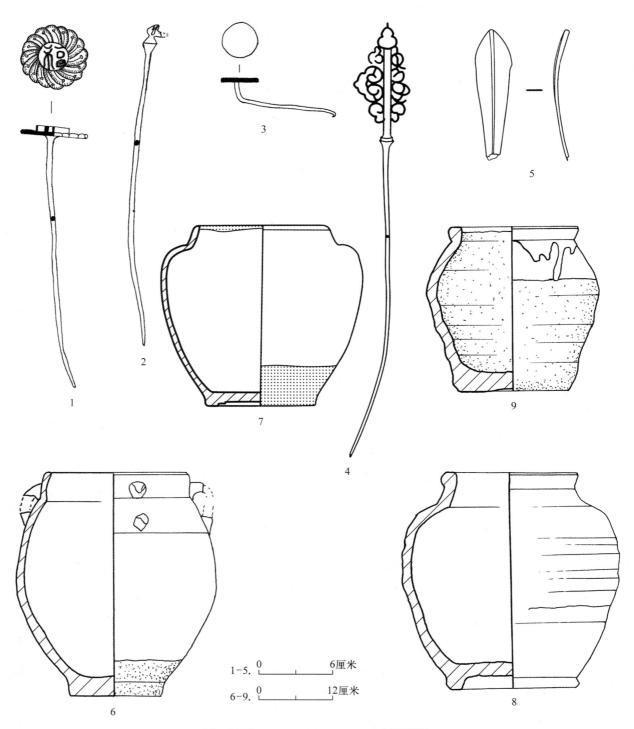

图一三五　M83、M88、M91、M98随葬器物

1、2. 银簪（M83：2、M83：3）　3. 铜耳钉（M83：4）　4、5. 铜簪（M88：1、M88：2）
6-8. 瓷罐（M91：2、M91：3、M98：1）　9. 半釉罐（M98：2）

咸丰重宝1枚。M83：1-2，一平十钱，方穿。正面有郭，铸"咸丰重宝"四字，楷书，对读；背面有郭，穿左右铸满文"宝泉"，纪局名，穿上下铸汉字"当十"。直径3.3厘米、穿径0.62厘米、郭厚0.25厘米（图一三〇，13）。

同治通宝1枚。M83：1-3，圆形、方穿。正面有郭，铸"同治通宝"四字，楷书，对读；背面有郭，锈蚀较深，字迹模糊不清。直径2.14厘米、穿径0.63厘米、郭厚0.18厘米（图一三〇，14）。

其余27枚。皆锈蚀较甚，字迹模糊不清。

M85　位于C2地块的中南部。南北向，方向为348°。墓口距地表深0.8米，墓底距地表深1.36米。墓圹南北长2.7米、东西宽1.4-1.6米、深0.56米（图一三六；彩版四五，1）。

棺木已朽。骨架保存均较差，皆仰身直肢葬，头向北，面向上。东棺南北长1.8米、东西宽0.43-0.55米、残高0.18米。棺内为成年男性。西棺南北长1.86米、东西宽0.46-0.62米、残高

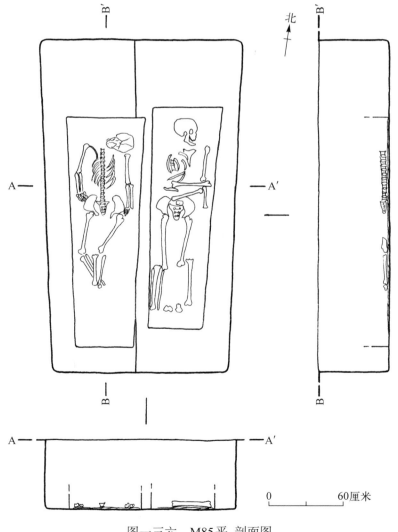

图一三六　M85平、剖面图

0.12米。棺内为成年女性。西棺打破东棺。内填花黏土,较致密。未发现随葬品。

　　M86　位于C2地块的中南部。南北向,方向为348°。墓口距地表深0.9米,墓底距地表深1.5米。墓圹南北长2.4米、东西宽1.42-1.75米、深0.6米(图一三七;彩版四五,2)。

　　棺木已朽。骨架保存均较差,皆仰身直肢葬,头向北,面向上。东棺南北长1.96米、东西宽0.47-0.62米、残高0.16米。棺内为成年男性。西棺南北长1.85米、东西宽0.5-0.7米、残高0.1米。棺内为成年女性。东棺打破西棺。内填花黏土,较致密。出土随葬品有铜钱。

　　铜钱9枚。皆锈蚀较甚,字迹模糊不清。

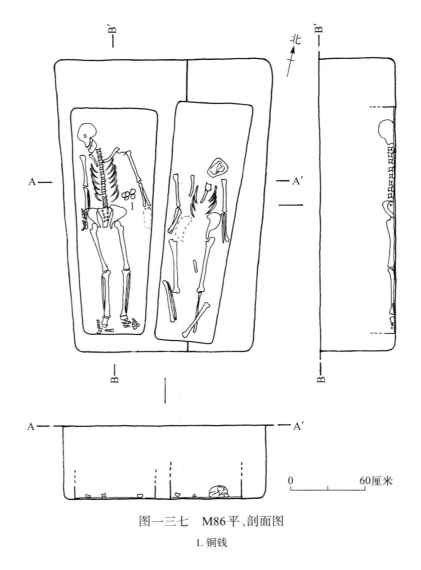

图一三七　M86平、剖面图

1. 铜钱

　　M88　位于C2地块的中南部,西邻M138。南北向,方向为335°。墓口距地表深0.7米,墓底距地表深1.26米。墓圹南北长2.6米、东西宽1.4-1.6米、深0.56米(图一三八;彩版四六,1)。

　　棺木已朽。骨架保存均较差,皆仰身直肢葬,头向北,面向上。东棺南北长1.8米、东西宽

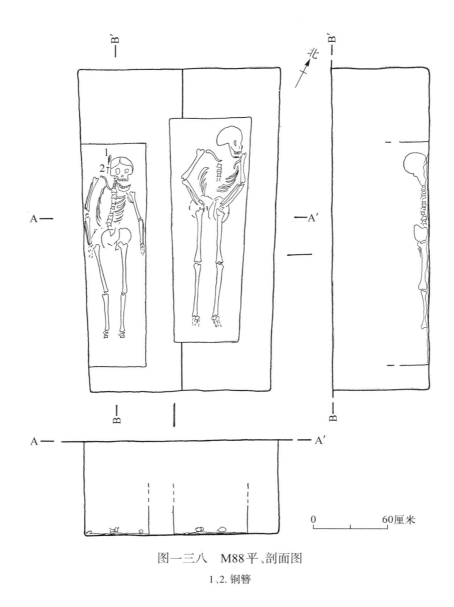

图一三八 M88平、剖面图

1、2. 铜簪

0.6-0.64米、残高0.31米。棺内为成年男性。西棺南北长1.8米、东西宽0.44-0.52米、残高0.24米。棺内为成年女性。东棺打破西棺。内填花黏土,较疏松。出土随葬品有铜簪。

铜簪2件。M88:1,首为五面禅杖形,顶部为葫芦状,每面由铜丝铸成如意云纹状,镂空。每面上系铜环,体为圆锥体。颈部饰三道凸弦纹,鼓凸。首长4.2厘米、首宽2.2厘米、通长17.8厘米(图一三五,4;彩版一〇七,1)。M88:2,柳叶形,扁平,略弯,上刻叶脉纹,残断。宽1.4厘米、残长5.4厘米(图一三五,5;彩版一〇七,2)。

M91 位于C2地块的南部偏西,西南邻M92、西邻M90。南北向,方向为355°。墓口距地表深0.8米,墓底距地表深1.9-2.1米。墓圹南北长2.5米、东西宽1.68-2.06米、深1.1-1.3米(图一三九;彩版四六,2)。

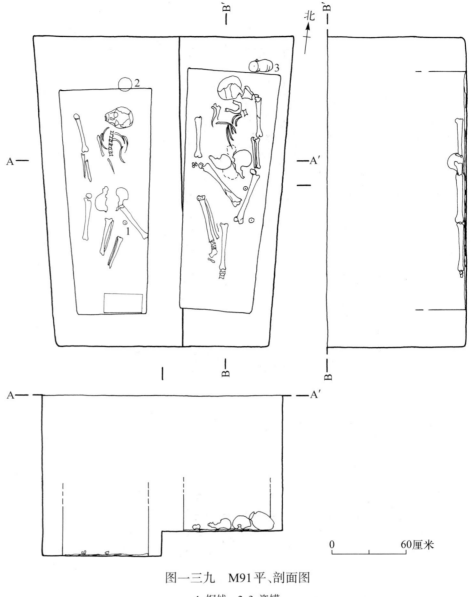

图一三九　M91平、剖面图

1. 铜钱　2、3. 瓷罐

　　棺木已朽。骨架保存均较差,皆葬式不详,头向北。东棺南北长1.9米、东西宽0.56-0.74米、残高0.3米。棺内为成年男性,面向不详。西棺南北长1.82米、东西宽054-0.72米、残高0.4米。棺内为成年女性,面向上。东棺打破西棺。内填花黏土,较疏松。出土随葬品有瓷罐、铜钱。

　　瓷罐2件。M91:2,方唇、敛口,斜颈,溜肩,肩部附两两对称的四系。弧腹,饼足略内凹。内壁及肩部以上外壁施褐釉,有流釉现象。其余露灰胎,素面。火候较高,质地坚硬。口径10.4厘米、肩径13.4厘米、底径6.6厘米、通高16.2厘米(图一三五,6;彩版一○七,3)。M91:3,方唇、直口,直领,溜肩,斜腹,饼足略内凹。内壁及足部以上外壁施黑釉,其余露灰胎。口径11厘米、肩径14厘米、底径9厘米、通高14.5厘米(图一三五,7;彩版一○七,4)。

　　顺治通宝1枚。M91∶1，圆形、方穿。正面有郭，铸"顺治通宝"四字，楷书，对读；背面有郭，穿右侧铸汉字"户"。直径2.52厘米、穿径0.51厘米、郭厚0.12厘米（图一三〇,5）。

　　其余4枚。皆锈蚀较甚，字迹模糊不清。

　　M98　位于C2地块的西南部，北邻M59。南北向，方向为5°。墓口距地表深1米，墓底距地表深1.8米。墓圹南北长2.5米、东西宽1.66-2.04米、深0.8米（图一四〇；彩版四七,1）。

　　棺木已朽。骨架保存均较好，皆仰身直肢葬，头向北，面向上。东棺南北长1.7米、东西宽0.44-0.63米、残高0.18米。棺内为成年男性。西棺南北长1.78米、东西宽0.5-0.56米、残高0.12米。棺内为成年女性。东棺打破西棺。内填花黏土，较致密。出土随葬品有瓷罐、半釉罐。

　　瓷罐1件。M98∶1，方唇、直口，卷沿，颈部微束，圆肩，弧腹，平底略内凹。内壁及足部以上

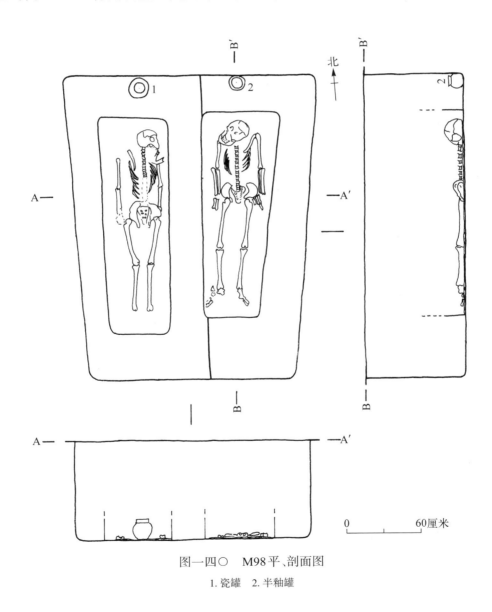

图一四〇　M98平、剖面图

1. 瓷罐　2. 半釉罐

外壁施酱釉,釉层较薄。其余露红胎。外壁可见快轮旋痕。口径9.6厘米、肩径15.2厘米、底径9.2厘米、通高15.6厘米(图一三五,8;彩版一〇八,1)。

半釉罐1件。M98:2,方圆唇、直口,卷沿,折肩,斜腹,平底略内凹。口沿内壁及肩部以上外壁施酱绿釉,有流釉现象,其余露红褐胎。外壁可见快轮轮痕,底部可见偏心旋纹。口径9.2厘米、肩径12.2厘米、底径7.8厘米、通高11.8厘米(图一三五,9;彩版一〇八,2)。

M99　位于C2地块的中南部,西邻M129。南北向,方向为350°。墓口距地表深1.2米,墓底距地表深2.2米。墓圹南北长2.9米、东西宽2.2-2.6米、深1米(图一四一;彩版四七,2)。

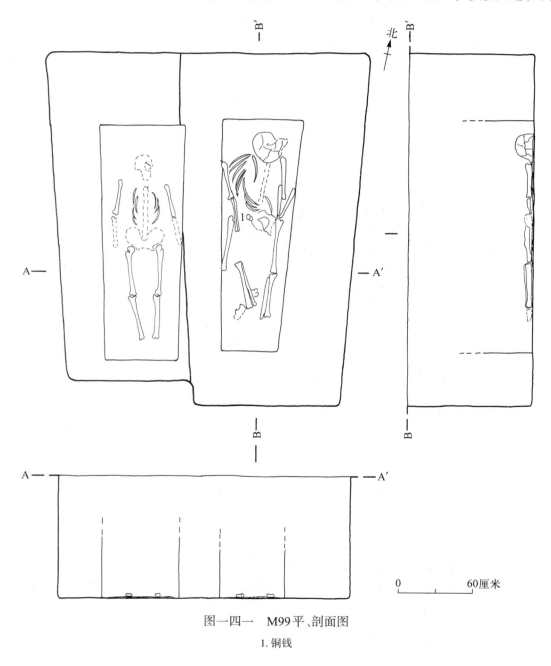

图一四一　M99平、剖面图

1.铜钱

棺木已朽。骨架保存均较差,皆仰身直肢葬,头向北,面向上。东棺南北长1.9米、东西宽0.46-0.64米、残高0.4米。棺内为成年男性。西棺南北长1.93米、东西宽0.58-0.68米、残高0.5米。棺内为成年女性。西棺打破东棺。内填花黏土,较致密。出土随葬品有铜钱。

铜钱1枚。正、反面皆锈蚀较甚,字迹模糊不清。

M100 位于C2地块的中南部,西南邻M101。南北向,方向为18°。墓口距地表深1.2米,墓底距地表深2米。墓圹南北长2.4-2.5米、东西宽1.62-1.9米、深0.8米(图一四二;彩版四八,1)。

棺木已朽。骨架保存均较差,皆仰身直肢葬,头向北,面向上。东棺南北长1.84米、东西宽0.45-0.56米、残高0.1米。棺内为成年男性。西棺南北长1.94米、东西宽0.56-0.6米、残高0.3米。棺内为成年女性。东棺打破西棺。内填花黏土,较致密。出土随葬品有半釉罐、铜钱。

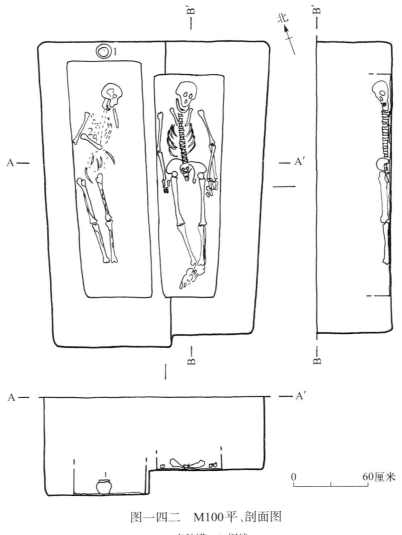

图一四二 M100平、剖面图

1.半釉罐 2.铜钱

半釉罐1件。M100：1，方唇、侈口，直领，折肩，斜腹，平底。肩部以上外壁及口沿内壁施绿釉，釉面较薄，有脱釉现象，其余露红褐胎。外壁有轮制抹痕，底部有偏心圆纹。口径8.6厘米、肩径12厘米、底径7.2厘米、通高12.6厘米（图一四三，1；彩版一〇八，3）。

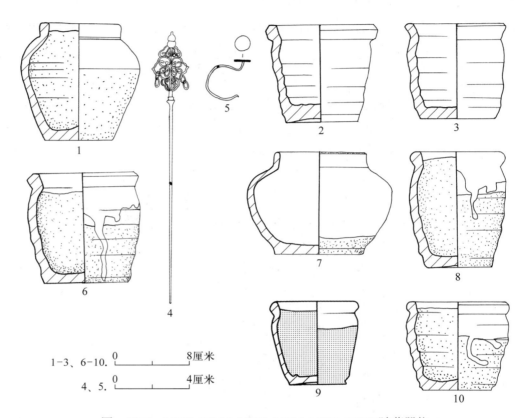

图一四三　M100、M106、M109、M116、M121、M137随葬器物
1. 半釉罐（M100：1）　2、3. 陶罐（M106：2、M106：3）　4. 铜簪（M109：2）　5. 铜耳钉（M109：3）
6、8-10. 半釉罐（M121：1、M116：3、M121：2、M137：2）　7. 瓷罐（M116：2）

万历通宝2枚。均圆形、方穿。正面有郭，铸"万历通宝"四字，楷书，对读；背面有郭。标本：M100：2，直径2.56厘米、穿径0.5厘米、郭厚0.1厘米（图一三〇，2）。

　　M103　位于C2地块的中南部，南邻M146。南北向，方向为355°。墓口距地表深0.7米，墓底距地表深2.56米。墓圹南北长2.6米、东西宽2.15-2.3米、深1.86米（图一四四；彩版四八，2）。

　　棺木已朽。骨架保存均较差，皆仰身直肢葬，头向北，面向上。东棺南北长1.88米、东西宽0.5-0.64米、残高0.18米。棺内为成年女性。西棺南北长1.66米、东西宽044-0.66米、残高0.24米。棺内为成年男性。东棺打破西棺。内填花黏土，较疏松。出土随葬品有铜钱。

　　铜钱4枚。M103：1，皆锈蚀较甚，字迹模糊不清。

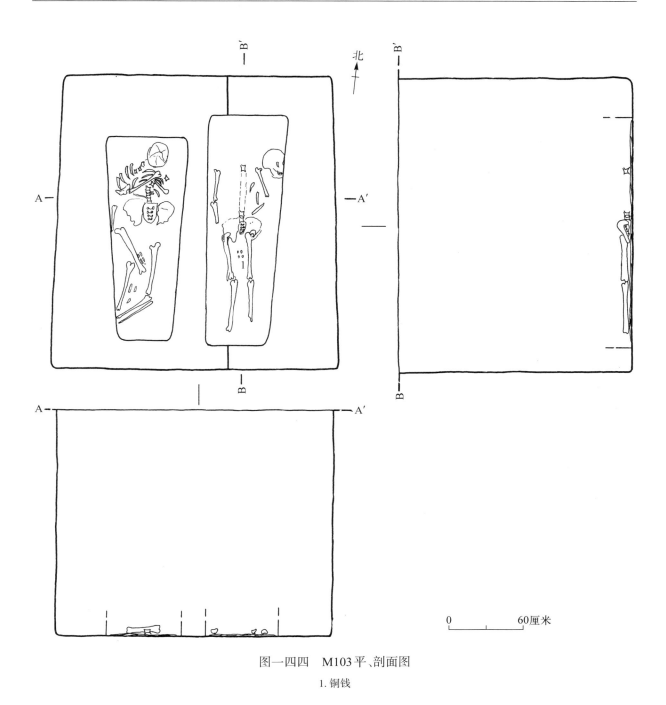

图一四四 M103平、剖面图

1.铜钱

M106 位于C2地块的中南部，西北邻M105。南北向，方向为330°。墓口距地表深0.7米，墓底距地表深1.52米。墓圹南北长2.8米、东西宽2.24-2.4米、深0.82米（图一四五；彩版四九）。

棺木已朽。骨架保存均较差，皆头向北。东棺南北长1.72米、东西宽0.42-0.6米、残高0.2米。棺内为成年男性，仰身直肢葬，面向不详。西棺南北长1.85米、东西宽0.51-0.56米、残高0.12米。棺内为成年女性，葬式不详，面向上。西棺打破东棺。内填花黏土，较疏松。出土随葬

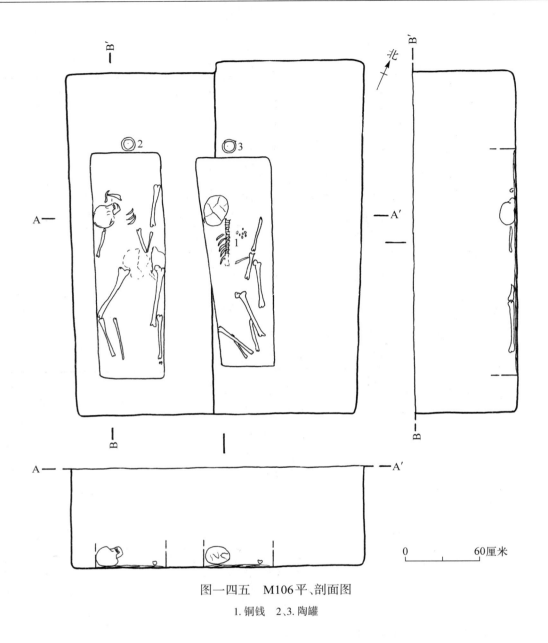

图一四五　　M106平、剖面图

1. 铜钱　　2、3. 陶罐

品有陶罐、铜钱。

　　陶罐2件。大小、形制基本相同。方唇、侈口,斜领,溜肩,直腹,平底略内凹。细砂红陶。外壁有轮制抹痕,底部有偏心圆纹。M106:2,口径11.8厘米、肩径10.6厘米、底径7.6厘米、通高10.6厘米(图一四三,2;彩版一〇八,4)。M106:3,颈部微束。口径10.6厘米、肩径10.2厘米、底径8厘米、通高10.4厘米(图一四三,3;彩版一〇八,5)。

　　天启通宝1枚。M106:1-1,圆形、方穿。正面有郭,铸"天启通宝"四字,楷书,对读;背面有郭,穿上侧铸汉字"工"。直径2.62厘米、穿径0.52厘米、郭厚0.13厘米(图一四六,2)。

　　雍正通宝1枚。M106:1-2,圆形、方穿。正面有郭,铸"雍正通宝"四字,楷书,对读;背面有

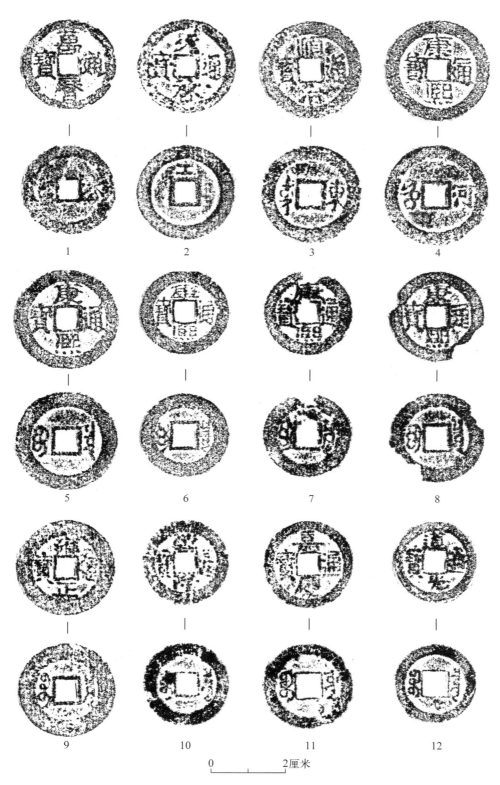

图一四六　M106、M109、M116、M121随葬铜钱

1.万历通宝（M116：1-1）　2.天启通宝（M106：1-1）　3.顺治通宝（M116：1-2）　4-8.康熙通宝（M116：1-3、M116：1-4、M116：1-5、M121：3-1、M121：3-2）　9.雍正通宝（M106：1-2）　10.乾隆通宝（M109：1-1）　11.嘉庆通宝（M109：1-2）　12.道光通宝（M109：1-3）

郭,穿左右铸满文"宝泉",纪局名。直径2.62厘米、穿径0.49厘米、郭厚0.13厘米(图一四六,9)。

其余13枚。皆锈蚀较甚,字迹模糊不清。

M109   位于C2地块中南部,东邻M108。南北向,方向为350°。墓口距地表深0.8米,墓底距地表深1.6米。墓圹南北长2.7米、东西宽1.66-1.72米、深0.8米(图一四七;彩版五〇,1)。

棺木已朽。骨架保存均较好,皆仰身直肢葬,头向北。东棺南北长1.88米、东西宽0.62-0.75米、残高0.2米。棺内为成年男性,面向上。西棺南北长1.8米、东西宽0.5米、残高0.1米。棺内为成年女性,面向下。东棺打破西棺。内填花黏土,较疏松。出土随葬品有铜簪、铜耳钉、铜钱。

铜簪1件。M109:2,首呈六面禅杖形,顶为葫芦状,每面用铜丝缠成卷云纹状,上挂铁环,颈部鼓凸,施弦纹,体为圆锥体,尾尖。首高3.9厘米、首宽2厘米、通长14.8厘米(图一四三,4;

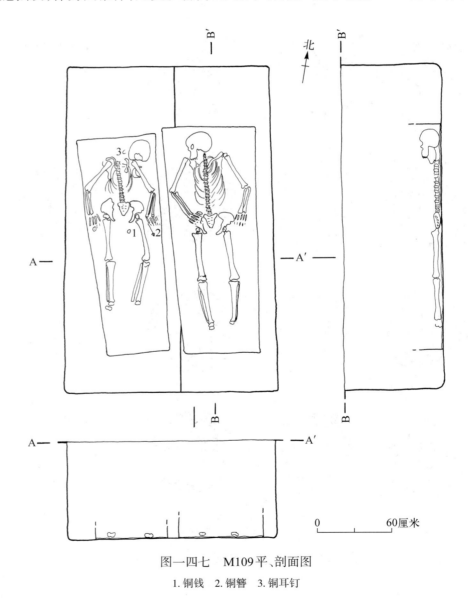

图一四七　M109平、剖面图

1. 铜钱　2. 铜簪　3. 铜耳钉

彩版一〇八,6)。

铜耳钉1件。M109:3,整体呈“5”字,钉面圆形,素面,体弯曲,尾尖。钉面直径0.9厘米、宽1厘米、通长3.6厘米(图一四三,5;彩版一〇九,1)。

乾隆通宝1枚。M109:1-1,圆形、方穿。正面有郭,铸“乾隆通宝”四字,楷书,对读;背面有郭,穿左右铸满文“宝泉”,纪局名。直径2.34厘米、穿径0.5厘米、郭厚0.14厘米(图一四六,10)。

嘉庆通宝1枚。M109:1-2,圆形、方穿。正面有郭,铸“嘉庆通宝”四字,楷书,对读;背面有郭,穿左右铸满文“宝源”,纪局名。直径2.43厘米、穿径0.57厘米、郭厚0.14厘米(图一四六,11)。

道光通宝1枚。M109:1-3,圆形、方穿。正面有郭,铸“道光通宝”四字,楷书,对读;背面有郭,穿左右铸满文“宝泉”,纪局名。直径2.25厘米、穿径0.57厘米、郭厚0.14厘米(图一四六,12)。

其余7枚。皆锈蚀较甚,字迹模糊不清。

M113　位于C2地块中南部。南北向,方向为340°。墓口距地表深0.8米,墓底距地表深1.26米。墓圹南北长2.6米、东西宽1.8-2.1米、深0.46米(图一四八;彩版五〇,2)。

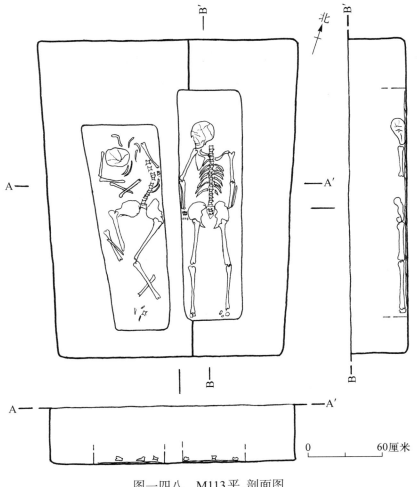

图一四八　M113平、剖面图

　　棺木已朽。骨架保存均较差,皆头向北,面向上。东棺南北长1.88米、东西宽0.47-0.52米、残高0.1米。棺内为成年男性,仰身直肢葬。西棺南北长1.68米、东西宽0.44-0.62米、残高0.1米。棺内为成年女性,仰身屈肢葬。东棺打破西棺。内填花黏土,较疏松。未发现随葬品。

　　M116　位于C2地块的中南部,东北邻M115。南北向,方向为353°。墓口距地表深1米,墓底距地表深1.96米。墓圹南北长2.7米、东西宽1.8-2.2米、深0.96米(图一四九;彩版五一,1)。

　　棺木已朽。骨架保存均较差,皆葬式不详,头向北。东棺南北长1.96米、东西宽0.6-0.72米、残高0.34米。棺内为成年男性,面向上。西棺南北长1.96米、东西宽0.46-0.63米、残高0.32

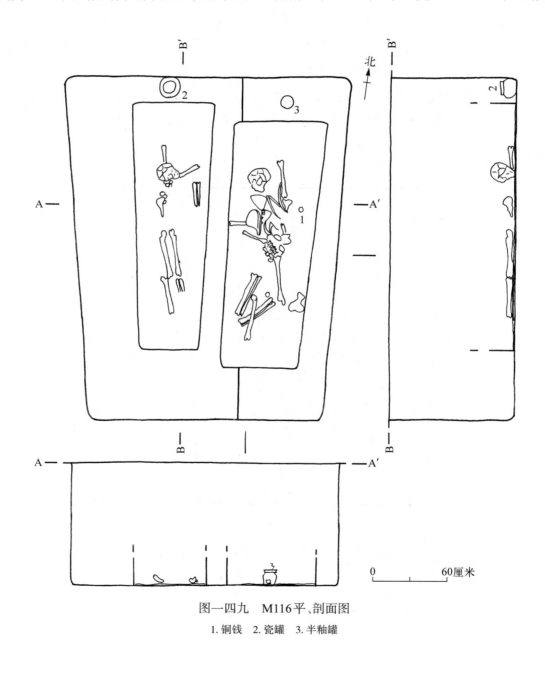

图一四九　M116平、剖面图

1. 铜钱　2. 瓷罐　3. 半釉罐

米。棺内为成年女性,面向下。东棺打破西棺。内填花黏土,较致密。出土随葬品有瓷罐、半釉罐、铜钱。

瓷罐1件。M116:2,方唇、直口,直领,圆肩,鼓腹。失盖,饼足略内凹,肩部一侧似置有系,残。口沿部位刮釉一周,内壁及足部以上外壁施黑釉,釉面光洁、匀净,胫部及外足墙未施釉,其余露灰白胎。外底心似印有字迹,模糊不清。口径9.8厘米、肩径15.4厘米、底径9.4厘米、通高11厘米(图一四三,7;彩版一〇九,2)。

半釉罐1件。M116:3,方唇、侈口,斜领,溜肩,直腹,平底。肩部以上外壁及口沿内壁施酱釉,有流釉现象,其余露红褐胎。外壁有轮制抹痕,底部有偏心圆纹。口径9.6厘米、肩径10.2厘米、底径7厘米、通高13.2厘米(图一四三,8;彩版一〇九,3)。

万历通宝1枚。M116:1-1,圆形、方穿。正面有郭,铸“万历通宝”四字,楷书,对读;背面有郭。直径2.51厘米、穿径0.5厘米、郭厚0.14厘米(图一四六,1)。

顺治通宝1枚。M116:1-2,圆形、方穿。正面有郭,铸“顺治通宝”四字,楷书,对读;背面有郭,穿左右铸满汉文“东”,纪局名。直径2.7厘米、穿径0.56厘米、郭厚0.09厘米(图一四六,3)。

康熙通宝3枚。均圆形、方穿。正面有郭,铸“康熙通宝”四字,楷书,对读。M116:1-3,背面有郭,穿左右铸满汉文“河”,纪局名。直径2.79厘米、穿径0.54厘米、郭厚0.09厘米(图一四六,4)。M116:1-4,背面有郭,穿左右铸满文“宝泉”,纪局名。直径2.76厘米、穿径0.58厘米、郭厚0.1厘米(图一四六,5)。M116:1-5,背面有郭,穿左右铸满文“宝泉”,纪局名。直径2.34厘米、穿径0.55厘米、郭厚0.09厘米(图一四六,6)。

其余15枚。皆锈蚀较甚,字迹模糊不清。

M121　位于C2地块的中南部,西邻M120。南北向,方向为340°。墓口距地表深0.7米,墓底距地表深1.65米。墓圹南北长2.9米、东西宽1.66-1.83米、深0.95米(图一五〇;彩版五一,2)。

棺木已朽。骨架保存较差,皆葬式不详,头向北,面向上。东棺南北长1.9米、东西宽0.45-0.53米、残高0.45米。棺内为成年女性。西棺南北长1.86米、东西宽0.57-0.67米、残高0.35米。棺内为成年男性。西棺打破东棺。内填花黏土,较疏松。出土随葬品有半釉罐、铜钱。

半釉罐2件。M121:1,厚圆唇、侈口,斜领,溜肩,斜腹,平底。肩部以上外壁及口沿内壁施酱釉,有流釉现象,其余露红褐胎。外壁有轮制抹痕,底部有偏心圆纹。口径11.6厘米、肩径11.8厘米、底径9厘米、通高12厘米(图一四三,6;彩版一〇九,4)。M121:2,厚方唇、侈口,斜领,溜肩,直腹,平底略内凹。肩部以上外壁及口沿内壁施绿釉,有流釉现象,其余露红褐胎。外壁有轮制抹痕,底部有偏心圆纹。口径10.2厘米、肩径10.4厘米、底径7.8厘米、通高10.6厘米(图一四三,9;彩版一〇九,5)。

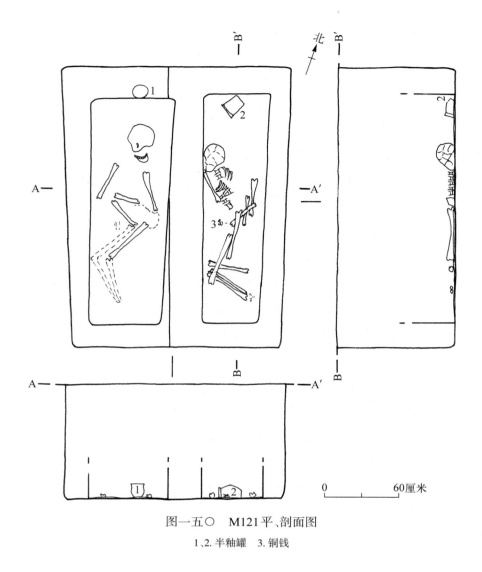

图一五〇　M121平、剖面图
1、2. 半釉罐　3. 铜钱

　　康熙通宝2枚。均圆形、方穿。正面有郭，铸"康熙通宝"四字，楷书，对读；背面有郭，穿左右铸满文"宝泉"，纪局名。M121：3-1，直径2.33厘米、穿径0.57厘米、郭厚0.11厘米（图一四六，7）。M121：3-2，直径2.5厘米、穿径0.55厘米、郭厚0.1厘米（图一四六，8）。

　　M131　位于C2地块的中南部，东邻M132。南北向，方向为345°。墓口距地表深0.9米，墓底距地表深1.48米。墓圹南北长2.7米、东西宽1.7-1.81米、深0.58米（图一五一；彩版五二，1）。

　　棺木已朽。骨架保存均较差，面向上。东棺南北长1.84米、东西宽0.53-0.62米、残高0.15米。棺内为成年女性，葬式不详。头向南。西棺南北长1.66米、东西宽0.52-0.62米、残高0.1米。棺内为成年男性，仰身直肢葬。头向北。东棺打破西棺。内填花黏土，较致密。出土随葬品有铜钱。

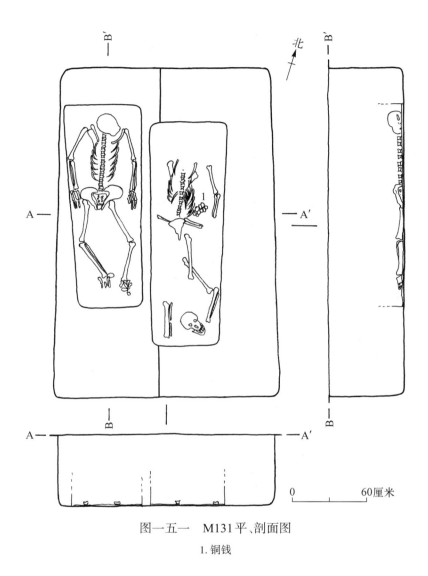

图一五一　　M131 平、剖面图
1. 铜钱

乾隆通宝 2 枚。均圆形、方穿。正面有郭，铸 "乾隆通宝" 四字，楷书，对读；背面有郭，穿左右铸满文 "宝泉"，纪局名。M131：1-1，直径 2.68 厘米、穿径 0.5 厘米、郭厚 0.16 厘米（图一五二，11）。M131：1-2，直径 2.47 厘米、穿径 0.5 厘米、郭厚 0.14 厘米（图一五二，12）。

其余 13 枚。皆锈蚀较甚，字迹模糊不清。

M137　位于 C2 地块的中南部，北邻 M138。南北向，方向为 342°。墓口距地表深 0.8 米，墓底距地表深 1.5 米。墓圹南北长 2.3 米、东西宽 1.38-1.56 米、深 0.7 米（图一五三；彩版五二，2）。

棺木已朽。骨架保存均较好，皆仰身直肢葬，头向北，面向上。东棺南北长 1.72 米、东西宽 0.48-0.6 米、残高 0.15 米。棺内为成年女性。西棺南北长 1.8 米、东西宽 0.48-0.6 米、残高 0.1 米。棺内为成年男性。西棺打破东棺。内填花黏土，较疏松。出土随葬品有半釉罐、铜钱。

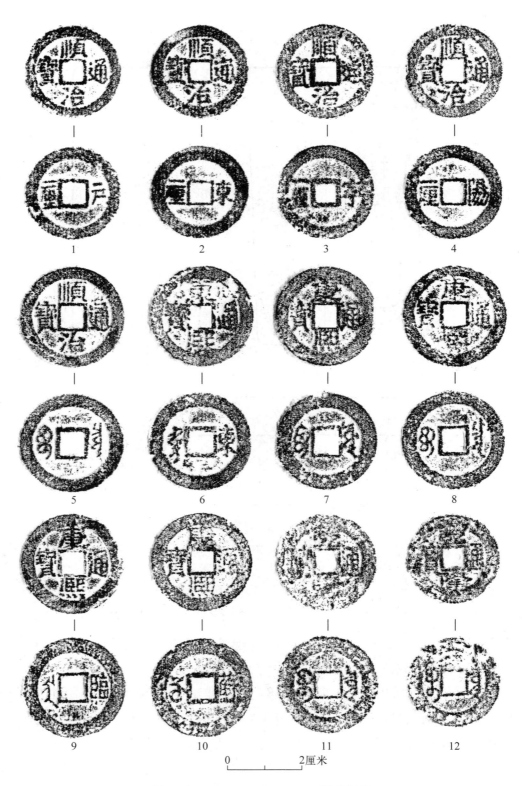

图一五二　M131、M137、M141随葬铜钱

1-5.顺治通宝（M137：1-1、M137：1-2、M137：1-3、M137：1-4、M141：1-1）　6-10.康熙通宝（M141：1-2、M141：1-3、M141：1-4、M141：1-5、M141：1-6）　11、12.乾隆通宝（M131：1-1、M131：1-2）

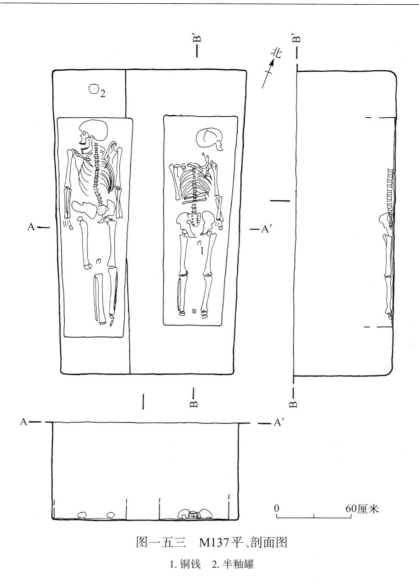

图一五三　M137平、剖面图
1. 铜钱　2. 半釉罐

　　半釉罐1件。M137：2，厚方唇、直口，溜肩，斜腹，平底内凹。肩部以上外壁及口沿内壁施酱绿釉，有流釉现象，其余露红褐胎。器形不规整。外壁有泥条盘筑痕，底部有同心圆纹。口径10.7厘米、肩径10.8厘米、底径7.2厘米、通高9.6厘米（图一四三，10；彩版一〇九，6）。

　　顺治通宝4枚。均圆形、方穿。正面有郭，铸"顺治通宝"四字，楷书，对读。M137：1-1，背面有郭，穿左铸汉字"一厘"，穿右铸汉字"户"。直径2.57厘米、穿径0.53厘米、郭厚0.12厘米（图一五二，1）。M137：1-2，背面有郭，穿左铸汉字"一厘"，穿右铸钱局汉字"东"。直径2.62厘米、穿径0.47厘米、郭厚0.12厘米（图一五二，2）。M137：1-3，背面有郭，穿左铸汉字"一厘"，穿右铸钱局汉字"宁"。直径2.61厘米、穿径0.47厘米、郭厚0.09厘米（图一五二，3）。M137：1-4，背面有郭，穿左铸汉字"一厘"，穿右铸钱局汉字"阳"。直径2.61厘米、穿径0.54厘米、郭厚0.09厘米（图一五二，4）。

　　M141　位于C2地块的中南部，东南邻M142。南北向，方向为340°。墓口距地表深0.7米，墓底距地表深1.94米。墓圹南北长2.5米、东西宽1.8-1.98米、深1.24米（图一五四；彩版五三，1）。

　　棺木已朽。骨架保存均较差，皆头向北，面向上。东棺南北长1.86米、东西宽0.47-0.5米、残高0.33米。棺内为成年男性，仰身直肢葬。西棺南北长1.88米、东西宽0.48-0.58米、残高0.24米。棺内为成年女性，侧身屈肢葬。西棺打破东棺。内填花黏土，较疏松。出土随葬品有半釉罐、铜钱。

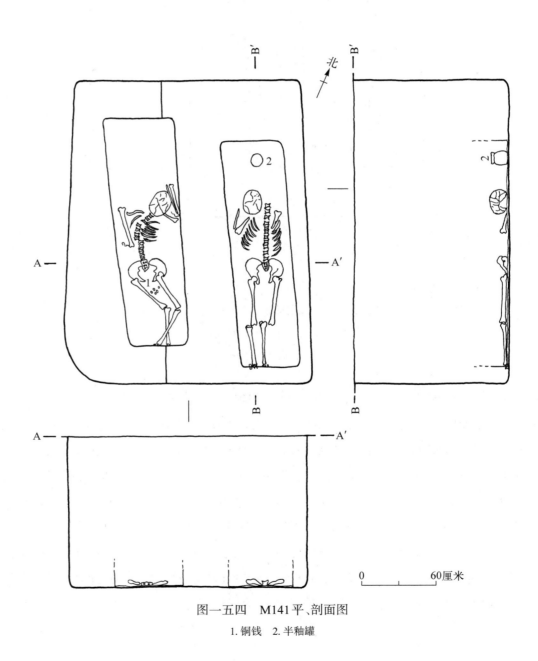

图一五四　M141平、剖面图

1. 铜钱　2. 半釉罐

半釉罐1件。M141:2,厚圆唇、侈口、斜领、溜肩、斜腹、平底。肩部以上外壁及口沿内壁施酱釉,有流釉现象,其余露灰胎。外壁有轮制抹痕,底部有同心圆纹。口径10.8厘米、肩径11.4厘米、底径7.4厘米、通高12厘米(图一五五,1;彩版一一〇,1)。

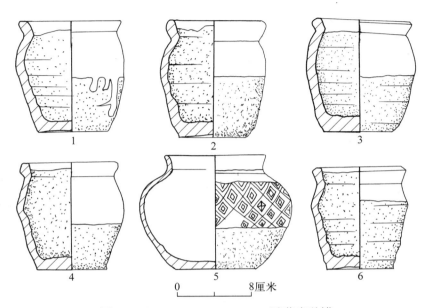

图一五五　　M141、M144-M146随葬半釉罐

1. M141:2　2. M144:2　3. M145:2　4. M145:3　5. M146:2　6. M146:3

顺治通宝1枚。M141:1-1,圆形、方穿。正面有郭,铸"顺治通宝"四字,楷书,对读;背面有郭,穿左右铸满文"宝泉",纪局名。直径2.77厘米、穿径0.56厘米、郭厚0.13厘米(图一五二,5)。

康熙通宝5枚。均圆形、方穿。正面有郭,铸"康熙通宝"四字,楷书,对读。M141:1-2,背面有郭,穿左右为满汉文"东",纪局名。直径2.76厘米、穿径0.55厘米、郭厚0.11厘米(图一五二,6)。M141:1-3,背面有郭,穿左右铸满文"宝源",纪局名。直径2.72厘米、穿径0.54厘米、郭厚0.12厘米(图一五二,7)。M141:1-4,背面有郭,穿左右铸满文"宝泉",纪局名。直径2.77厘米、穿径0.57厘米、郭厚0.09厘米(图一五二,8)。M141:1-5,背面有郭,穿左右为满汉文"临",纪局名。直径2.75厘米、穿径0.58厘米、郭厚0.12厘米(图一五二,9)。M141:1-6,背面有郭,穿左右为满汉文"蓟",纪局名。直径2.7厘米、穿径0.54厘米、郭厚0.12厘米(图一五二,10)。

M144　位于C2地块的中南部,西邻M143。南北向,方向为355°。墓口距地表深0.7米,墓底距地表深1.8米。墓圹南北长2.3米、东西宽1.56-1.72米、深1.1米(图一五六;彩版五三,2)。

棺木已朽。骨架皆头向北,面向上。东棺南北长1.68米、东西宽0.46-0.6米、残高0.3米。棺内骨架保存较好,为成年男性,仰身直肢葬。西棺南北长1.6米、东西宽0.46-0.56米、残高

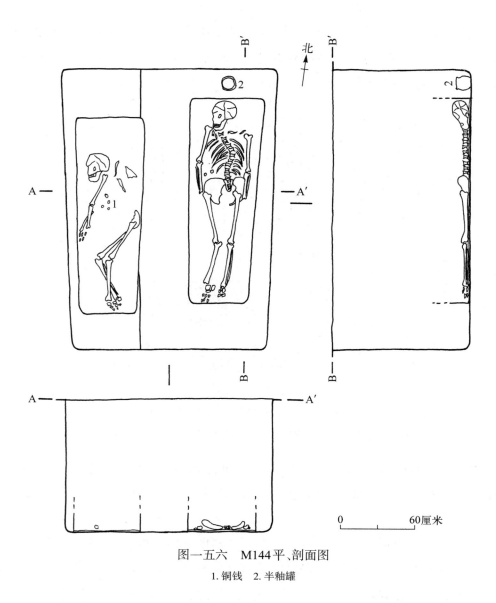

图一五六　M144平、剖面图

1. 铜钱　2. 半釉罐

0.16米。棺内骨架保存较差,为成年女性,侧身屈肢葬。西棺打破东棺。内填花黏土,较疏松。出土随葬品有半釉罐、铜钱。

半釉罐1件。M144:2,厚方唇、侈口,斜领,圆折肩,斜腹,平底。肩部以上外壁及口沿内壁施酱绿釉,釉层较薄,有脱釉现象,其余露红褐胎。外壁有轮制抹痕,底部有偏心圆纹。口径10.4厘米、肩径10.8厘米、底径7.4厘米、通高12.8厘米(图一五五,2;彩版一一〇,2)。

顺治通宝1枚。M144:1-1,圆形、方穿。正面有郭,铸"顺治通宝"四字,楷书,对读;背面有郭,穿左右铸满文"宝源",纪局名。直径2.75厘米、穿径0.54厘米、郭厚0.14厘米(图一五七,8)。

康熙通宝2枚。均圆形、方穿。正面有郭,铸"康熙通宝"四字,楷书,对读。M144:1-2,背面有郭,穿左右铸满文"宝源",纪局名。直径2.76厘米、穿径0.52厘米、郭厚0.1厘米

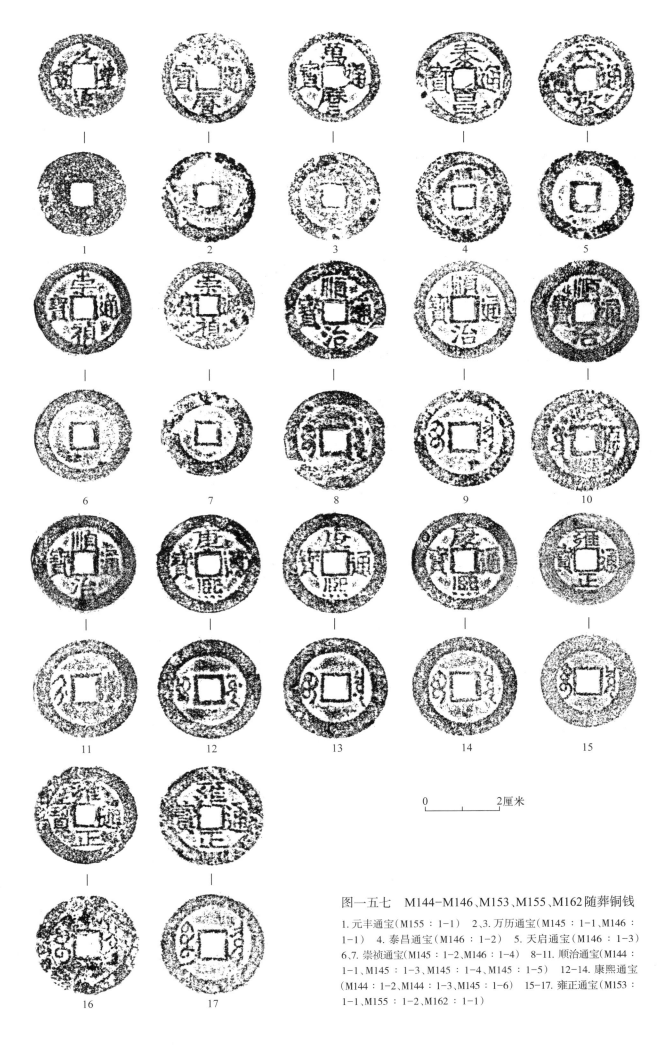

图一五七　M144-M146、M153、M155、M162随葬铜钱

1. 元丰通宝（M155：1-1）　2、3. 万历通宝（M145：1-1、M146：1-1）　4. 泰昌通宝（M146：1-2）　5. 天启通宝（M146：1-3）
6、7. 崇祯通宝（M145：1-2、M146：1-4）　8-11. 顺治通宝（M144：1-1、M145：1-3、M145：1-4、M145：1-5）　12-14. 康熙通宝（M144：1-2、M144：1-3、M145：1-6）　15-17. 雍正通宝（M153：1-1、M155：1-2、M162：1-1）

（图一五七，12）。M144：1-3，背面有郭，穿左右铸满文"宝泉"，纪局名。直径2.81厘米、穿径0.56厘米、郭厚0.1厘米（图一五七，13）。

其余2枚。皆锈蚀较甚，字迹模糊不清。

M145 位于C2地块的中南部，北邻M142。南北向，方向为360°。墓口距地表深0.7米，墓底距地表深2米。墓圹南北长2.6米、东西宽1.57-1.9米、深1.3米（图一五八；彩版五四，1）。

棺木已朽。骨架保存均较差，皆葬式不详，头向北。东棺南北长1.84米、东西宽0.5-0.6米、残高0.27米。棺内为成年男性，面向上。西棺南北长1.7米、东西宽0.52-0.6米、残高0.2-

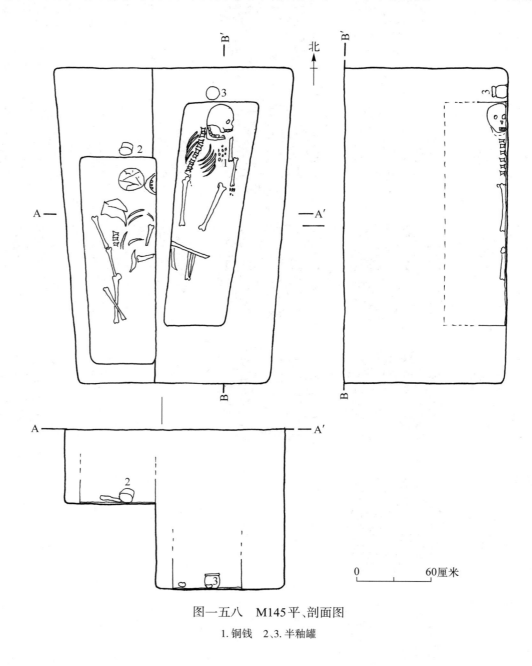

图一五八　M145平、剖面图

1. 铜钱　2、3. 半釉罐

0.24米。棺内为成年女性,面向不详。西棺打破东棺。内填花黏土,较疏松。出土随葬品有半釉罐、铜钱。

半釉罐2件。M145:2,厚方唇、侈口,斜领,圆折肩,直腹,平底略内凹。肩部以上外壁及口沿内壁施酱釉,其余露红褐胎。外壁有轮制抹痕,底部有同心圆纹。口径10.6厘米、肩径11.4厘米、底径7.4厘米、通高12.4厘米(图一五五,3;彩版一一〇,3)。M145:3,厚方唇、直口,颈部微束,圆折肩,斜腹,平底。腹部以上外壁及口沿内壁施酱釉,釉层较薄,有脱釉现象,其余露灰胎。外壁有轮制抹痕,底部有同心圆纹。口径10.4厘米、肩径10.8厘米、底径7.4厘米、通高11.8厘米(图一五五,4;彩版一一〇,4)。

万历通宝1枚。M145:1-1,圆形、方穿。正面有郭,铸"万历通宝"四字,楷书,对读;背面有郭。直径2.52厘米、穿径0.56厘米、郭厚0.09厘米(图一五七,2)。

崇祯通宝1枚。M145:1-2,圆形、方穿。正面有郭,铸"崇祯通宝"四字,楷书,对读;背面有郭。直径2.6厘米、穿径0.54厘米、郭厚0.13厘米(图一五七,6)。

顺治通宝3枚。均圆形、方穿。正面有郭,铸"顺治通宝"四字,楷书,对读。M145:1-3,背面有郭,穿左右铸满文"宝泉",纪局名。直径2.73厘米、穿径0.57厘米、郭厚0.12厘米(图一五七,9)。M145:1-4,背面有郭,穿左右铸满汉文"原",纪局名。直径2.89厘米、穿径0.54厘米、郭厚0.12厘米(图一五七,10)。M145:1-5,背面有郭,穿左右铸满汉文"蓟",纪局名。直径2.75厘米、穿径0.53厘米、郭厚0.14厘米(图一五七,11)。

康熙通宝1枚。M145:1-6,圆形、方穿。正面有郭,铸"康熙通宝"四字,楷书,对读;背面有郭,穿左右铸满文"宝源",纪局名。直径2.78厘米、穿径0.57厘米、郭厚0.13厘米(图一五七,14)。

其余9枚。皆锈蚀较甚,字迹模糊不清。

M146 位于C2地块的中南部,南邻M104、北邻M103。南北向,方向为355°。墓口距地表深0.7米,墓底距地表深1.74米。墓圹南北长2.1米、东西宽1.6-1.84米、深1.04米(图一五九;彩版五四,2)。

棺木已朽。骨架保存均较差,皆仰身直肢葬,头向北,面向上。东棺南北长1.68米、东西宽0.4-0.52米、残高0.25米。棺内为成年女性。西棺南北长1.57米、东西宽0.4-0.56米、残高0.24米。棺内为成年男性。东棺打破西棺。内填花黏土,较疏松。出土随葬品有半釉罐、铜钱。

半釉罐2件。M146:2,方唇、直口,折沿,斜领,颈部微束,圆肩,弧腹,平底略内凹。腹部以上外壁及口沿内壁施酱釉,颈下为波浪状凹弦纹,肩部竖印菱形纹,其余露红褐胎。口径10.6厘米、肩径14.4厘米、底径8.6厘米、通高12.4厘米(图一五五,5;彩版一一〇,5)。M146:3,厚方唇、侈口,卷沿,束颈,圆折肩,斜腹,平底。肩部以上外壁及口沿内壁施绿釉,釉层较薄,其余露红褐胎。外壁有轮制抹痕,底部有同心圆纹。口径10厘米、肩径10.2厘米、底径7.2厘米、通

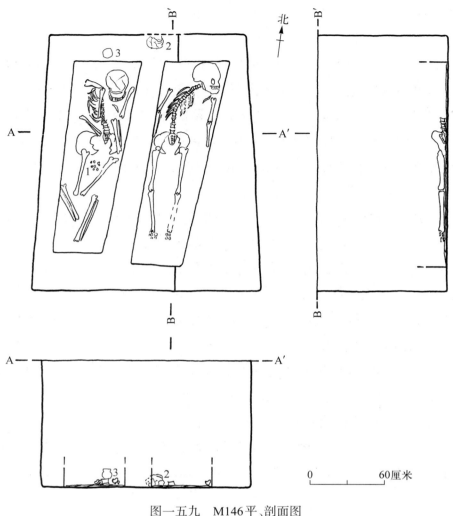

图一五九　M146平、剖面图
1. 铜钱　2、3. 半釉罐

高11.2厘米（图一五五,6；彩版一一〇,6）。

万历通宝1枚。M146：1-1,圆形、方穿。正面有郭,铸"万历通宝"四字,楷书,对读；背面有郭。直径2.49厘米、穿径0.54厘米、郭厚0.1厘米（图一五七,3）。

泰昌通宝1枚。M146：1-2,圆形、方穿。正面有郭,铸"泰昌通宝"四字,楷书,对读；背面有郭。直径2.56厘米、穿径0.51厘米、郭厚0.12厘米（图一五七,4）。

天启通宝1枚。M146：1-3,圆形、方穿。正面有郭,铸"天启通宝"四字,楷书,对读；背面有郭。直径2.55厘米、穿径0.55厘米、郭厚0.11厘米（图一五七,5）。

崇祯通宝1枚。M146：1-4,圆形、方穿。正面有郭,铸"崇祯通宝"四字,楷书,对读；背面有郭。直径2.42厘米、穿径0.47厘米、郭厚0.07厘米（图一五七,7）。

其余4枚。皆锈蚀较甚,字迹模糊不清。

M152　位于C2地块的中南部，西邻M148。南北向，方向为355°。墓口距地表深0.7米，墓底距地表深1.2米。墓圹南北长2.5米、东西宽1-1.08米、深0.5米（图一六〇；彩版五五，1）。

棺木已朽。骨架保存均较差，皆头向北，面向上。东棺南北长1.85米、东西宽0.53-0.63米、残高0.1米。棺内为成年女性，仰身直肢葬。西棺南北长1.84米、东西宽0.6-0.65米、残高0.31米。棺内为成年男性，葬式不详。东棺打破西棺。内填花黏土，较致密。出土随葬品有铜扁方、铜钱。

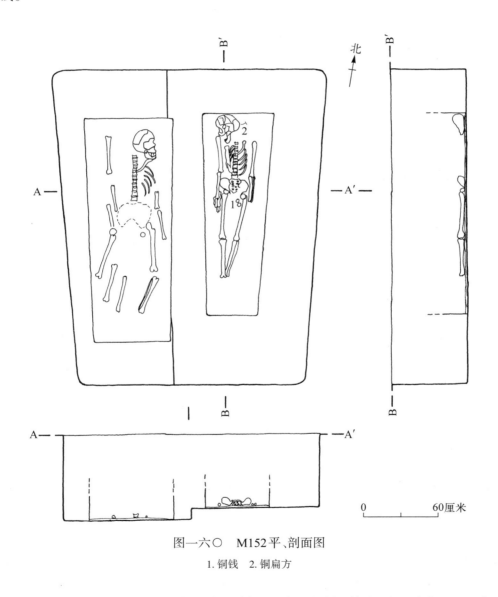

图一六〇　M152平、剖面图
1.铜钱　2.铜扁方

铜扁方1件。M152:2，首卷曲，侧面如五瓣梅花状，起棱，体扁平。首高0.4厘米、首宽0.7厘米、残长4.7厘米（图一六一，1；彩版一一一，1）。

铜钱4枚。皆锈蚀较甚，字迹模糊不清。

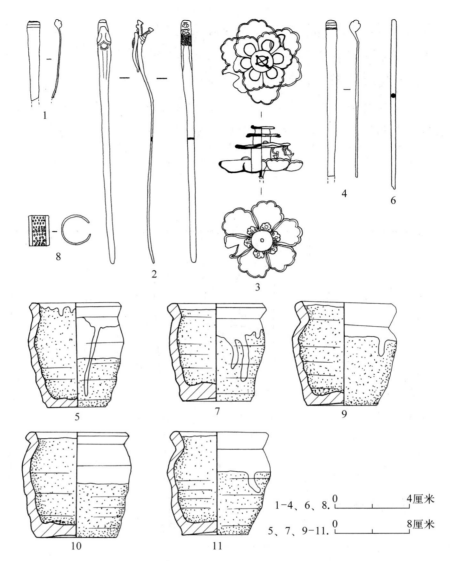

图一六一　M152、M153、M162、M176、M181、M184、M186随葬器物

1、4. 铜扁方（M152：2、M162：3）　2. 银簪（M153：2）　3. 铜饰（M162：2）　5、7、9-11. 半釉罐
（M162：4、M176：2、M181：3、M184：2、M186：2）　6. 骨簪（M162：5）　8. 铜顶针（M181：2）

　　M153　位于C2地块的中南部，北邻M155、南邻M152、东邻M154。南北向，方向为340°。墓口距地表深0.8米，墓底距地表深1.7米。墓圹南北长2.7米、东西宽1.7-2米、深0.9米（图一六二；彩版五五，2）。

　　棺木已朽。骨架保存均较差，皆头向北，面向上。东棺南北长1.82米、东西宽0.62-0.71米、残高0.15米。棺内为成年男性，仰身直肢葬。西棺南北长1.7米、东西宽0.5-0.64米、残高0.15米。棺内为成年女性，侧身屈肢葬。东棺打破西棺。内填花黏土，较疏松。出土随葬品有银簪、铜钱。

　　银簪1件。M153：2，龙首形，头前伸，口、目、鼻、牙、鳞、鬣、须清晰可见。体扁平，尾圆弧。

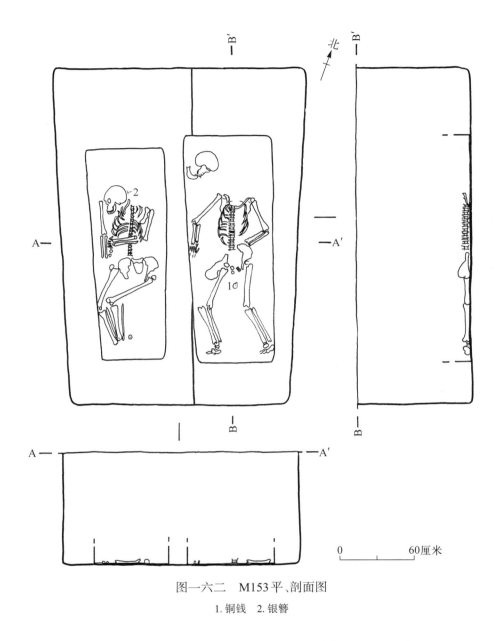

图一六二　M153平、剖面图

1. 铜钱　2. 银簪

首高 1.2 厘米、首宽 0.7 厘米、通长 13.2 厘米（图一六一，2；彩版一一一，2）。

雍正通宝 1 枚。M153：1-1，圆形、方穿。正面有郭，铸"雍正通宝"四字，楷书，对读；背面有郭，穿左右铸满文"宝泉"，纪局名。直径 2.56 厘米、穿径 0.54 厘米、郭厚 0.11 厘米（图一五七，15）。

其余 4 枚。皆锈蚀较甚，字迹模糊不清。

M155　位于 C2 地块的中南部，南邻 M153。南北向，方向为 335°。墓口距地表深 0.9 米，墓底距地表深 1.5 米。墓圹南北长 2.2 米、东西宽 1.64-1.9 米、深 0.6 米（图一六三；彩版五六，1）。

棺木已朽。骨架保存均较差，皆头向北，面向上。东棺南北长 1.72 米、东西宽 0.52-0.66 米、残高 0.12 米。棺内为成年男性，仰身直肢葬。西棺南北长 1.72 米、东西宽 0.51-0.64 米、残

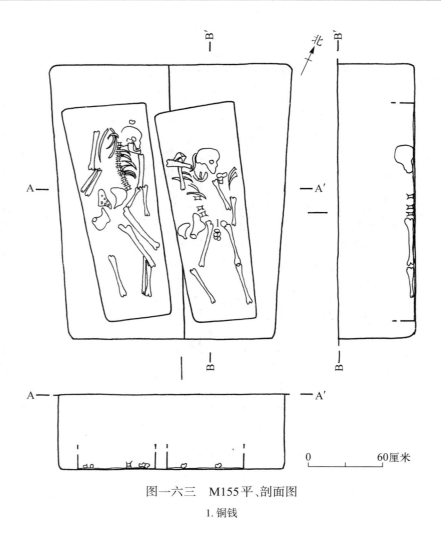

图一六三　M155平、剖面图
1. 铜钱

高0.2米。棺内为成年女性，葬式不详。东棺打破西棺。内填花黏土，较疏松。出土随葬品有铜钱。

元丰通宝1枚。M155：1-1，小平钱，外圆郭、方穿。正面为"元丰通宝"四字，篆书，右旋读；光背。直径2.35厘米、穿径0.6厘米、郭厚0.09厘米（图一五七，1）。

雍正通宝1枚。M155：1-2，圆形、方穿。正面有郭，铸"雍正通宝"四字，楷书，对读；背面有郭，穿左右铸满文"宝泉"，纪局名。直径2.74厘米、穿径0.53厘米、郭厚0.13厘米（图一五七，16）。

其余3枚。皆锈蚀较甚，字迹模糊不清。

M162　位于C2地块的中南部，东邻M150、北邻M163。南北向，方向为345°。墓口距地表深0.7米，墓底距地表深1.42米。墓圹南北长2.7米、东西宽1.98-2.3米、深0.72米（图一六四；彩版五六，2）。

棺木已朽。骨架保存均较差，皆仰身直肢葬，头向北，面向上。东棺南北长1.92米、东西宽0.48-0.67米、残高0.28米。棺内为成年男性。西棺南北长1.94米、东西宽0.66-0.7米、残高

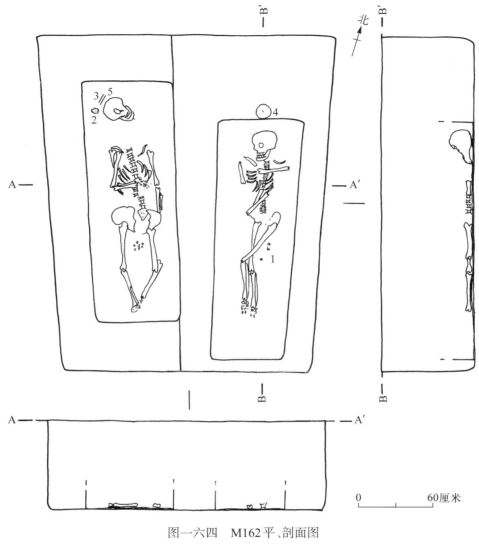

图一六四　M162平、剖面图

1. 铜钱　2. 铜饰　3. 铜扁方　4. 半釉罐　5. 骨簪

0.16米。棺内为成年女性。西棺打破东棺。内填花黏土,较疏松。出土随葬品有半釉罐、铜饰、铜扁方、骨簪、铜钱。

半釉罐1件。M162:4,方唇、直口,颈部微束,溜肩,弧腹,平底。肩部以上外壁及口沿内壁施酱釉,釉面较薄,其余露灰胎。外壁有轮制抹痕,底部有同心圆纹。口径9.8厘米、肩径10.2厘米、底径6.4厘米、通高11.4厘米(图一六一,5;彩版一一一,5)。

铜饰1件。M162:2,自上而下分为四层。一层为六瓣花朵状,中间为圆形花蕊,每瓣花朵上铸如意云纹;二层为六瓣花朵状,每瓣花朵中间有圆形镂孔;三层为花蕊状;四层为圆形,中间有十字形镂孔。首宽4.2厘米、高2.8厘米(图一六一,3;彩版一一一,3)。

铜扁方1件。M162:3,首卷曲,侧面为五瓣梅花状,起棱,体扁平,上宽下窄。首高0.5厘米、首宽0.6厘米、残长8.5厘米（图一六一,4；彩版一一一,4）。

骨簪1件。M162：5,通体磨光。残长9.2厘米（图一六一,6；彩版一一一,6）。

雍正通宝1枚。M162：1-1,圆形、方穿。正面有郭,铸"雍正通宝"四字,楷书,对读；背面有郭,穿左右铸满文"宝泉",纪局名。直径2.36厘米、穿径0.57厘米、郭厚0.13厘米（图一五七,17）。

其余29枚。皆锈蚀较甚,字迹模糊不清。

M176　位于C2地块的中南部,西北邻M159。南北向,方向为338°。墓口距地表深0.8米,墓底距地表深1.7米。墓圹南北长2.77米、东西宽1.59-1.79米、深0.9米（图一六五；彩版五七,1）。

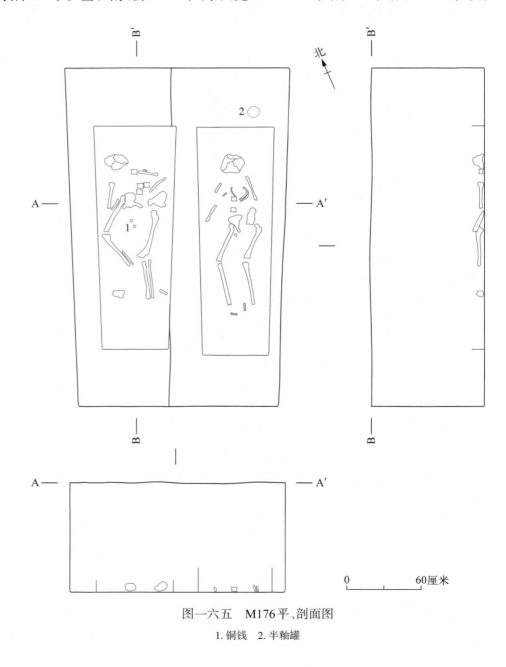

图一六五　M176平、剖面图

1.铜钱　2.半釉罐

棺木已朽。骨架保存均较差，皆头向北，面向上。东棺南北长1.87米、东西宽0.51-0.62米、残高0.2米。棺内为成年女性，侧身屈肢葬。西棺南北长1.83米、东西宽0.53-0.64米、残高0.1米。棺内为成年男性，仰身直肢葬。西棺打破东棺。内填花黏土，较疏松。出土随葬品有半釉罐、铜钱。

半釉罐1件。M176：2，厚方唇、侈口，斜领，溜肩，直腹，平底。肩部以上外壁及口沿内壁施黄绿釉，有流釉现象，其余露红褐胎。外壁有轮制抹痕，底部有同心圆纹。口径10.4厘米、肩径10厘米、底径7.6厘米、通高10.6厘米（图一六一，7；彩版一一二，1）。

康熙通宝2枚。均圆形、方穿。正面有郭，铸"康熙通宝"四字，楷书，对读；背面有郭，穿左右铸满文"宝源"，纪局名。M176：1-1，直径2.63厘米、穿径0.52厘米、郭厚0.12厘米（图一六六，5）。M176：1-2，直径2.8厘米、穿径0.59厘米、郭厚0.11厘米（图一六六，6）。

雍正通宝1枚。M176：1-3，圆形、方穿。正面有郭，铸"雍正通宝"四字，楷书，对读；背面有郭，穿左右铸满文"宝泉"，纪局名。直径2.73厘米、穿径0.56厘米、郭厚0.12厘米（图一六六，12）。

其余2枚。皆锈蚀较甚，字迹模糊不清。

M181　位于C2地块的中南部，南邻M179。南北向，方向为340°。墓口距地表深0.9米，墓底距地表深1.54米。墓圹南北长2.5米、东西宽1.9-2.1米、深0.64米（图一六七；彩版五七，2）。

棺木已朽。骨架保存均较差，皆头向北，面向上。东棺南北长1.78米、东西宽0.44-0.54米、残高0.1米。棺内为成年女性，侧身屈肢葬。西棺南北长1.78米、东西宽0.6-0.72米、残高0.1米。棺内为成年男性，仰身直肢葬，面向东。西棺打破东棺。内填花黏土，较致密。出土随葬品有铜顶针、半釉罐、铜钱。

铜顶针1件。M181：2，圆形，环状，器体中部铸圆涡纹，上下部均刻凹弦纹。直径1.6厘米、高1.1厘米（图一六一，8；彩版一一二，2）。

半釉罐1件。M181：3，厚方唇、侈口，长颈，卷沿，圆折肩，斜腹，平底。肩部以上外壁及口沿内壁施酱釉，有流釉现象，其余露灰胎。外壁有轮制抹痕，底部有同心圆纹。口径10.8厘米、肩径11厘米、底径7.4厘米、通高10.2厘米（图一六一，9；彩版一一二，3）。

康熙通宝3枚。均圆形、方穿。正面有郭，铸"康熙通宝"四字，楷书，对读。M181：1-1，背面有郭，穿左右铸满文"宝源"，纪局名。直径2.34厘米、穿径0.49厘米、郭厚0.1厘米（图一六六，7）。M181：1-2，背面有郭，穿左右铸满文"宝源"，纪局名。直径2.59厘米、穿径0.56厘米、郭厚0.13厘米（图一六六，8）。M181：1-3，背面有郭，穿左右铸满文"宝泉"，纪局名。直径2.6厘米、穿径0.52厘米、郭厚0.11厘米（图一六六，9）。

其余19枚。皆锈蚀较甚，字迹模糊不清。

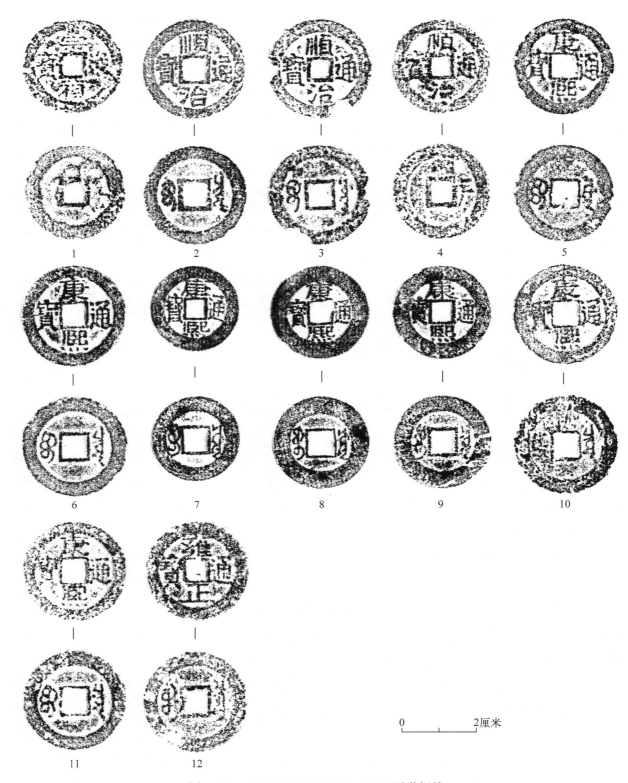

图一六六　M176、M181、M184、M186随葬铜钱

1.崇祯通宝（M186：1-1）　2-4.顺治通宝（M184：1-1、M186：1-2、M186：1-3）　5-11.康熙通宝（M176：1-1、M176：1-2、
M181：1-1、M181：1-2、M181：1-3、M184：1-2、M184：1-3）　12.雍正通宝（M176：1-3）

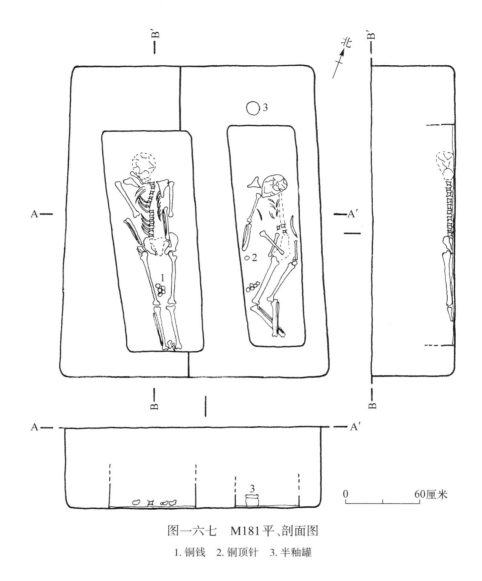

图一六七　M181平、剖面图

1. 铜钱　2. 铜顶针　3. 半釉罐

M184　位于 C2 地块的中南部，西邻 M185。南北向，方向为 350°。墓口距地表深 0.7 米，墓底距地表深 1.4 米。墓圹南北长 2.28 米、东西宽 1.44-1.6 米、深 0.7 米（图一六八；彩版五八，1）。

棺木已朽。骨架保存均较差。东棺南北长 1.6 米、东西宽 0.38-0.54 米、残高 0.15 米。棺内为成年女性，侧身屈肢葬。头向北，面向上。西棺南北长 1.76 米、东西宽 0.45-0.58 米、残高 0.1 米。棺内为成年男性，仰身直肢葬。头向、面向不详。东棺打破西棺。内填花黏土，较疏松。出土随葬品有半釉罐、铜钱。

半釉罐 1 件。M184：2，厚方唇、侈口，卷沿，溜肩，斜腹，平底略内凹。肩部以上外壁及口沿内壁施酱釉，其余露灰胎。外壁有轮制抹痕，底部有偏心圆纹。口径 10.8 厘米、肩径 11.2 厘米、底径 8.4 厘米、通高 11.8 厘米（图一六一，10；彩版一一二，4）。

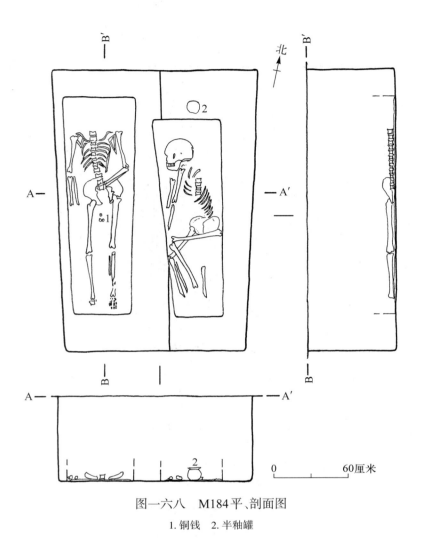

图一六八　M184平、剖面图

1.铜钱　2.半釉罐

　　顺治通宝1枚。M184:1-1,圆形、方穿。正面有郭,铸"顺治通宝"四字,楷书,对读;背面有郭,穿左右铸满文"宝泉",纪局名。直径2.75厘米、穿径0.58厘米、郭厚0.12厘米(图一六六,2)。

　　康熙通宝2枚。均圆形、方穿。正面有郭,铸"康熙通宝"四字,楷书,对读;背面有郭,穿左右铸满文"宝泉",纪局名。M184:1-2,直径2.77厘米、穿径0.63厘米、郭厚0.1厘米(图一六六,10)。M184:1-3,直径2.76厘米、穿径0.63厘米、郭厚0.1厘米(图一六六,11)。

　　M186　位于C2地块的中南部,东北邻M189。南北向,方向为345°。墓口距地表深0.7米,墓底距地表深1.9米。墓圹南北长2.7-2.8米、东西宽1.7-1.96米、深1.2米(图一六九;彩版五八,2)。

　　棺木已朽。骨架保存均较差,皆仰身直肢葬。头向北,面向上。东棺南北长1.9米、东西宽0.52-0.64米、残高0.33米。棺内为成年女性。西棺南北长2.04米、东西宽0.46-0.57米、残高0.22米。棺内为成年男性。东棺打破西棺。内填花黏土,较疏松。出土随葬品有半釉罐、铜钱。

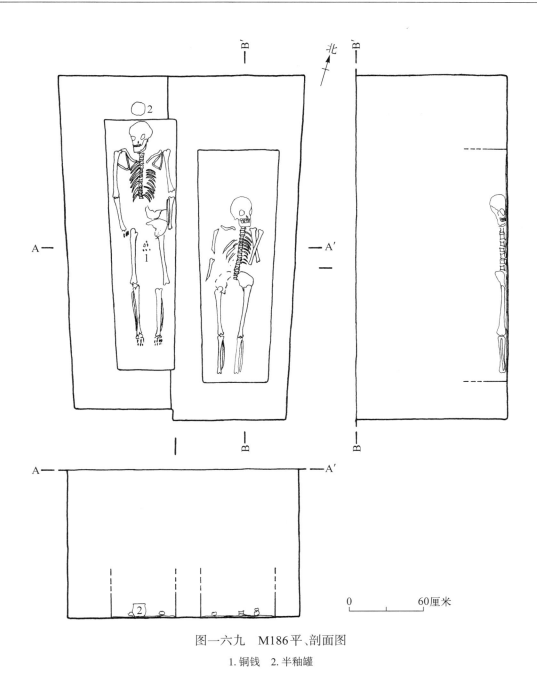

图一六九　M186平、剖面图

1. 铜钱　2. 半釉罐

半釉罐1件。M186:2,厚方唇、侈口,卷沿,圆折肩,弧腹,平底略内凹。肩部以上外壁及口沿内壁施绿釉,有流釉现象,其余露红褐胎。外壁有轮制抹痕,底部有同心圆纹。口径10.2厘米、肩径10.8厘米、底径7厘米、通高11.2厘米(图一六一,11;彩版一一二,5)。

崇祯通宝2枚。均小平钱,外圆郭、方穿。正面为"崇祯通宝"四字,楷书,对读;光背。标本:M186:1-1,直径2.48厘米、穿径0.5厘米、郭厚0.11厘米(图一六六,1)。

顺治通宝2枚。均圆形、方穿。正面有郭,铸"顺治通宝"四字,楷书,对读。M186:1-2,

背面有郭,穿左右铸满文"宝源",纪局名。直径2.61厘米、穿径0.48厘米、郭厚0.14厘米(图一六六,3)。M186:1-3,背面有郭,穿右侧铸汉字"户"。直径2.55厘米、穿径0.49厘米、郭厚0.13厘米(图一六六,4)。

C型: 不规则长方形。20座。

M2　位于C5地块的东北部,北邻M1。南北向,方向为350°。墓口距地表深0.4米,墓底距地表深0.6-0.8米。墓圹南北长2.7米、东西宽1.84-2米、深0.2-0.4米(图一七〇;彩版五九,1)。

棺木已朽。骨架保存均较差,葬式皆不详。东棺南北长1.85米、东西宽0.5-0.66米、残高0.1米。棺内为成年男性,头向北,面向上。西棺南北长1.76米、东西宽0.56-0.66米、残高0.2米。棺内仅余部分肢骨,为成年女性,头向、面向不详。西棺打破东棺。内填花黏土,较疏松。未发现随葬品。

M3　位于C5地块的东北部,北邻M2。南北向,方向为355°。墓口距地表深0.4米,墓底距

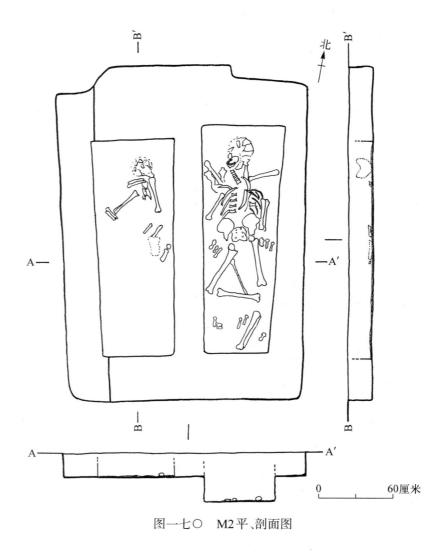

图一七〇　M2平、剖面图

地表深1.28米。墓圹南北长2.9米、东西宽2.28米、深0.88米（图一七一；彩版五九,2）。

棺木已朽。骨架保存均较差。东棺南北长1.84米、东西宽0.48-0.55米、残高0.4米。棺内为成年女性,仰身直肢葬。头向北,面向上。西棺南北长1.81米、东西宽0.54-0.55米、残高0.1米。棺内为成年男性,葬式、头向、面向不详。西棺打破东棺。内填花黏土,较疏松。出土随葬品有铜钱。

大定通宝1枚。M3:1,圆形、方穿。正面有郭,铸"大定通宝"四字,楷书,对读;背面有郭。直径2.42厘米、穿径0.57厘米、郭厚0.1厘米（图一七二,6）。

其余14枚。皆锈蚀较甚,字迹模糊不清。

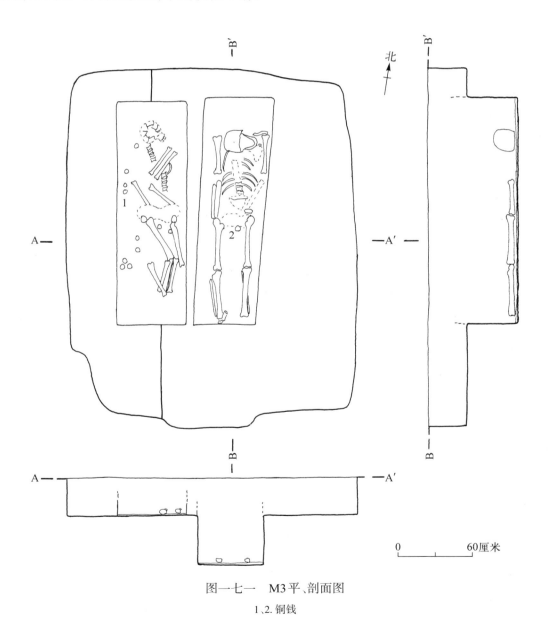

图一七一　M3平、剖面图

1、2. 铜钱

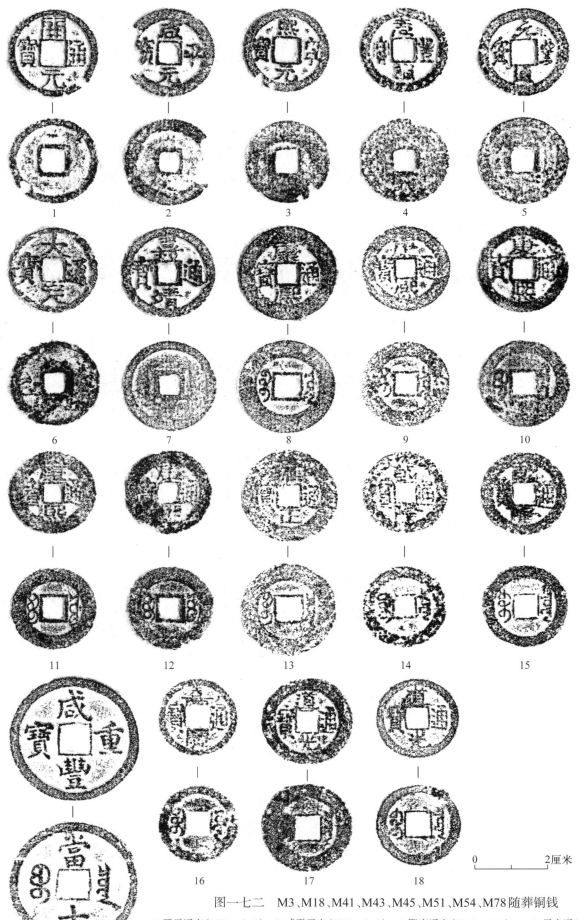

图一七二　M3、M18、M41、M43、M45、M51、M54、M78随葬铜钱

1. 开元通宝（M54：2-1）　2. 咸平元宝（M54：2-2）　3. 熙宁通宝（M54：2-3）　4、5. 元丰通宝（M54：2-4、M54：2-5）　6. 大定通宝（M3：1）　7. 嘉靖通宝（M54：2-6）　8-12. 康熙通宝（M18：1-1、M43：1-1、M45：1-1、M45：1-2、M45：1-3）　13. 雍正通宝（M43：1-2）　14、15. 乾隆通宝（M41：1-1、M51：1-1）　16. 嘉庆通宝（M41：1-2）　17、18. 道光通宝（M51：1-2、M51：1-3）　19. 咸丰重宝（M78：1）

M18　位于C6地块的中部，东邻M19。东西向，方向为55°。墓口距地表深0.65米，墓底距地表深1.55米。墓圹东西长2.9-3.52米、南北宽1.86-2.6米、深0.9米（图一七三；彩版六〇，1）。

骨架保存均较差，皆仰身直肢葬。头向北，面向上。南棺棺木已朽。东西长1.88米、南北宽0.6-0.72米、残高0.2米。棺内为成年男性。北棺保存一般。东西长1.83米、南北宽0.59-0.7

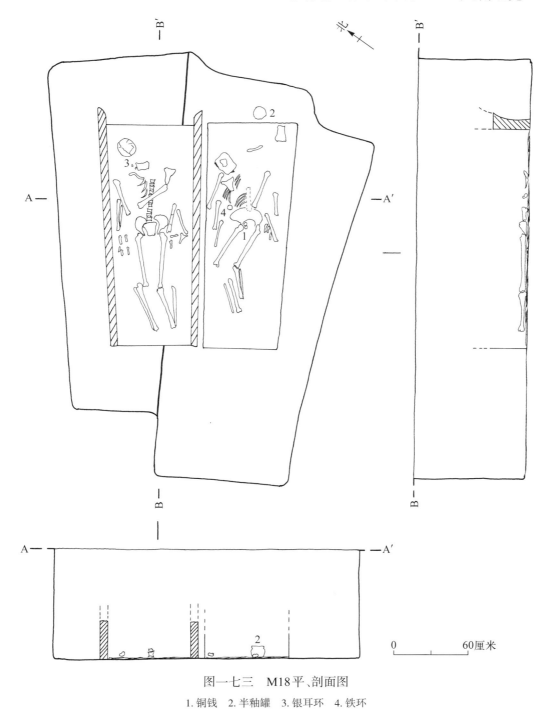

图一七三　M18平、剖面图

1. 铜钱　2. 半釉罐　3. 银耳环　4. 铁环

米、残高0.3米、厚0.06米。棺内为成年女性。北棺打破南棺。内填花黏土,较致密。出土随葬品有半釉罐、银耳环、铁环、铜钱。

半釉罐1件。M18:2,厚方唇、侈口,溜肩,直腹,平底略内凹。口沿内壁及肩部以上外壁施酱釉,有流釉现象,其余露灰褐胎。外壁有轮制抹痕,底部有偏心圆纹。口径9.8厘米、肩径10厘米、底径7.4厘米、通高10.4厘米(图一七四,1;彩版一一三,1)。

银耳环2枚。大小、形制基本相同。圆形,柱体,接口不齐。M18:3-1,直径1.4厘米、厚0.2厘米(图一七四,2;彩版一一三,2)。M18:3-2,直径1.4厘米、厚0.2厘米(图一七四,3;彩版一一三,2)。

铁环1件。M18:4,圆形,柱体,接口不齐。直径4.4厘米、厚0.4厘米(图一七四,4;彩版一一三,3)。

康熙通宝1枚。M18:1-1,圆形、方穿。正面有郭,铸"康熙通宝"四字,楷书,对读;背面有郭,穿左右铸满文"宝源",纪局名。直径2.67厘米、穿径0.55厘米、郭厚0.14厘米(图一七二,8)。

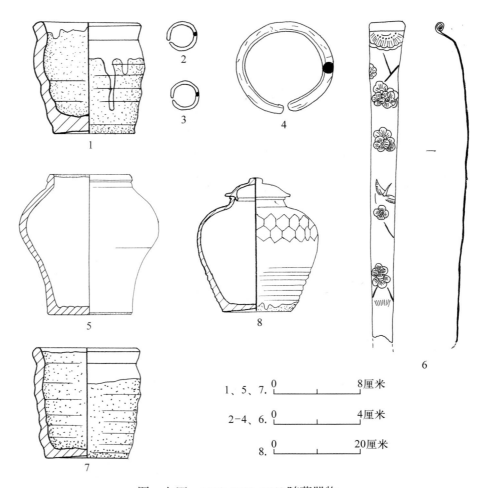

图一七四　M18、M40、M43随葬器物

1、7. 半釉罐(M18:2、M43:2)　2、3. 银耳环(M18:3-1、M18:3-2)　4. 铁环(M18:4)

5. 瓷罐(M40:1)　6. 铜扁方(M40:2)　8. 瓷瓮(M43:3)

其余2枚。皆锈蚀较甚,字迹模糊不清。

M26　位于C6地块的东北部,西邻M25。东西向,方向为95°。墓口距地表深0.7米,墓底距地表深1.8米。墓圹东西长3-3.06米、南北宽2.27-2.3米、深1.1米(图一七五;彩版六〇,2)。

棺木已朽。骨架保存均较差,皆仰身直肢葬,头向北,面向上。北棺东西长2.14米、南北宽0.54-0.7米、残高0.1米。棺内为成年女性。南棺东西长1.94米、南北宽0.54-0.74米、残高0.1

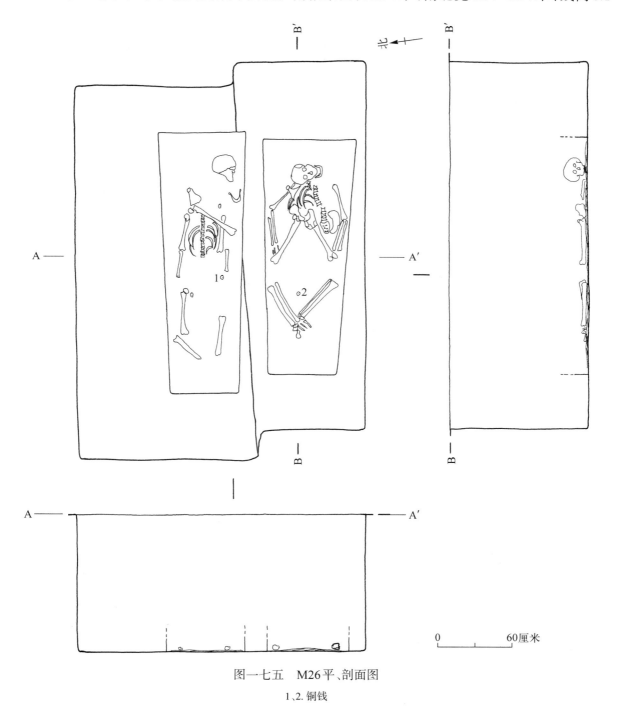

图一七五　M26平、剖面图

1、2.铜钱

米。棺内为成年男性。北棺打破南棺。内填花黏土,较疏松。出土随葬品有铜钱。

铜钱2枚。皆锈蚀较甚,字迹模糊不清。

M40　位于C1地块的东南部,北邻M41。南北向,方向为315°。墓口距地表深0.7米,墓底距地表深1.5米。墓圹南北长2.55-2.8米、东西宽1.74-1.85米、深0.8米(图一七六;彩版六一,1)。

棺木已朽。骨架保存均较差,皆仰身直肢葬,头向西北,面向上。东棺南北长1.88米、东西宽0.46-0.53米、残高0.2米。棺内为成年男性。西棺南北长1.9米、东西宽0.6-0.66米、残高0.2米。棺内为成年女性。东棺打破西棺。内填花黏土,较疏松。出土随葬品有瓷罐、铜扁方、铜钱。

瓷罐1件。M40:1,圆唇、唇面略厚,直口,直领,折沿,溜肩,弧腹内收,平底。内、外壁施青

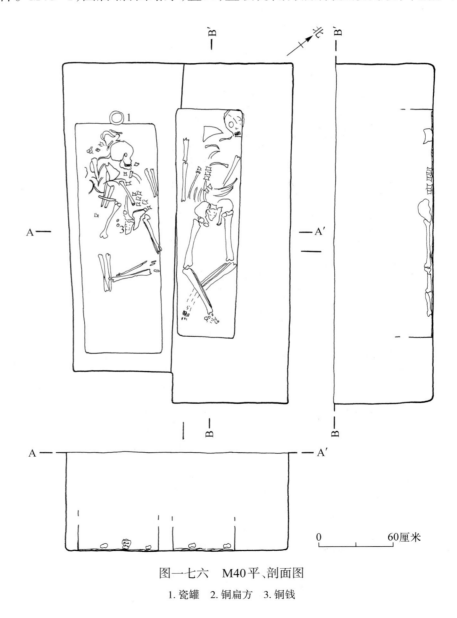

图一七六　M40平、剖面图

1. 瓷罐　2. 铜扁方　3. 铜钱

白釉,底部露灰胎。外壁可见轮制抹痕,底部可见同心圆纹。口径7.3厘米、肩径10.5厘米、底径7.6厘米、通高13.2厘米(图一七四,5;彩版一一三,4)。

铜扁方1件。M40∶2,首卷曲,体扁平。锈蚀严重。体自上而下刻兽面纹、花卉纹。首宽1.5厘米、残长15厘米(图一七四,6;彩版一一三,5)。

铜钱2枚。皆锈蚀较甚,字迹模糊不清。

M41　位于C1地块的东南部,南邻M40。南北向,方向为345°。墓口距地表深0.7米,墓底距地表深1.51米。墓圹南北长2.64米、东西宽1.51米、深0.81米(图一七七;彩版六一,2)。

棺木已朽。骨架保存均较好,皆仰身直肢葬,头向北,面向上。西棺南北长1.88米、东西宽

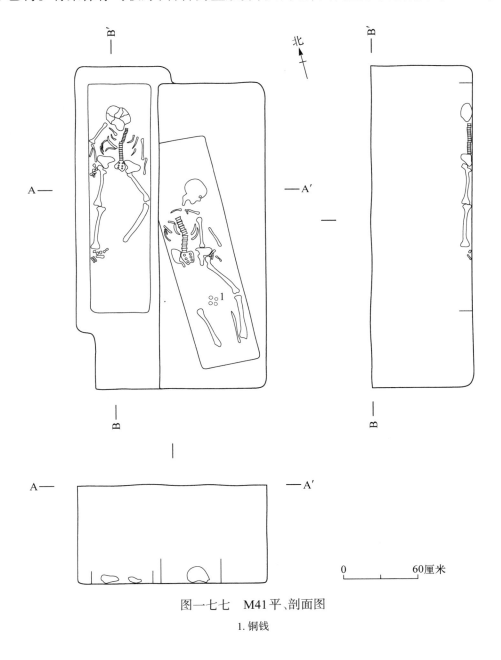

0　　　　　　60厘米

图一七七　M41平、剖面图

1. 铜钱

0.47-0.5米、残高0.1米。棺内为成年女性。东棺南北长1.9米、东西宽0.47-0.53米、残高0.2米。棺内为成年男性。东棺打破西棺。内填花黏土,较致密。出土随葬品有铜钱。

乾隆通宝1枚。M41：1-1,圆形、方穿。正面有郭,铸"乾隆通宝"四字,楷书,对读;背面有郭,穿左右铸满文"宝泉",纪局名。直径2.34厘米、穿径0.48厘米、郭厚0.14厘米(图一七二,14)。

嘉庆通宝1枚。M41：1-2,圆形、方穿。正面有郭,铸"嘉庆通宝"四字,楷书,对读;背面有郭,穿左右铸满文"宝源",纪局名。直径2.27厘米、穿径0.57厘米、郭厚0.13厘米(图一七二,16)。

其余2枚。皆锈蚀较甚,字迹模糊不清。

M43　位于C1地块的东南部,南邻M42,东西向,方向为80°。墓口距地表深0.7米,墓底距地表深1.4-1.58米。墓圹东西长2.4米、南北宽0.92-1.46米、深0.7-0.88米(图一七八;彩版六二,1)。

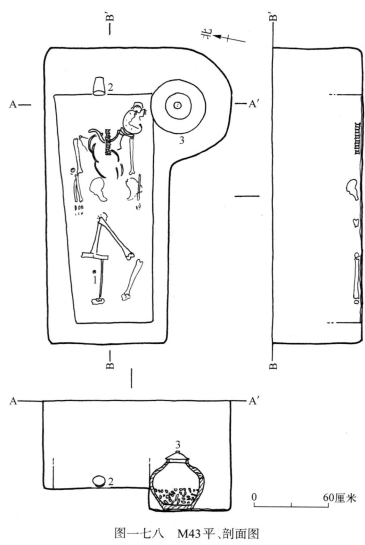

图一七八　M43平、剖面图

1.铜钱　2.半釉罐　3.瓷瓮

北棺棺木已朽。东西长1.86米、南北宽0.6-0.76米、残高0.15米。棺内骨架保存较差，为成年男性，仰身直肢葬。头向西北，面向上。南棺葬具为瓷瓮，内盛烧骨。南棺打破北棺。内填花黏土，较疏松。出土随葬品有半釉罐、瓷瓮、铜钱。

半釉罐1件。M43：2，方唇、侈口，卷沿，溜肩，斜腹，平底。口沿内壁及肩部以上外壁施黄釉，有流釉现象，其余露红褐胎。外壁有轮制旋痕，底部有同心圆纹。口径9.8厘米、肩径9.6厘米、底径7.6厘米、通高10.3厘米（图一七四，7；彩版一一三，6）。

瓷瓮1件。M43：3，厚方唇、直口，矮领，圆肩，弧腹，平底。颈部有凹弦纹一道，腹部饰凹弦纹数道，内壁有垫痕。颈部施褐釉，颈部以下施黑釉，釉面光亮。口径19厘米、肩径41厘米、底径23厘米、通高40厘米。盖为帽盔状，平顶，短捉手，表面施黑釉，内壁露黄褐胎。顶径5厘米、底径22厘米、高7厘米（图一七四，8；彩版一一四，1）。

康熙通宝1枚。M43：1-1，圆形、方穿。正面有郭，铸"康熙通宝"四字，楷书，对读；背面有郭，穿左右铸满文"宝泉"，纪局名。直径2.4厘米、穿径0.5厘米、郭厚0.09厘米（图一七二，9）。

雍正通宝1枚。M43：1-2，圆形、方穿。正面有郭，铸"雍正通宝"四字，楷书，对读；背面有郭，穿左右铸满文"宝泉"，纪局名。直径2.4厘米、穿径0.48厘米、郭厚0.08厘米（图一七二，13）。

M45　位于C2地块的中南部，东北邻M46。南北向，方向为330°。墓口距地表深0.6米，墓底距地表深1.48米。墓圹南北长2.7米、东西宽1.8米、深0.88米（图一七九；彩版六二，2）。

棺木已朽。骨架保存均较差，皆头向北。东棺南北长1.76米、东西宽0.5-0.6米、残高0.1米。棺内为成年男性，仰身直肢葬，面向下。西棺南北长1.82米、东西宽0.44-0.56米、残高0.1米。棺内为成年女性，葬式不详，面向上。西棺打破东棺。内填花黏土，较致密。出土随葬品有铜钱。

康熙通宝3枚。均圆形、方穿。正面有郭，铸"康熙通宝"四字，楷书，对读。M45：1-1，背面有郭，穿左右铸满文"宝泉"，纪局名。直径2.45厘米、穿径0.55厘米、郭厚0.09厘米（图一七二，10）。M45：1-2，背面有郭，穿左右铸满文"宝源"，纪局名。直径2.33厘米、穿径0.5厘米、郭厚0.1厘米（图一七二，11）。M45：1-3，背面有郭，穿左右铸满文"宝源"，纪局名。直径2.34厘米、穿径0.55厘米、郭厚0.1厘米（图一七二，12）。

M50　位于C2地块的中南部，东北邻M49。南北向，方向为160°。墓口距地表深0.55米，墓底距地表深1.41米。墓圹南北长3.24米、东西宽2.96米、深0.86米（图一八〇；彩版六三，1）。

棺木已朽。骨架保存均较差，葬式不详。东棺南北长2.05米、东西宽0.48-0.66米、残高0.2米。棺内为成年男性，头向北，面向上。西棺南北长1.8米、东西宽0.55-0.68米、残高0.26米。

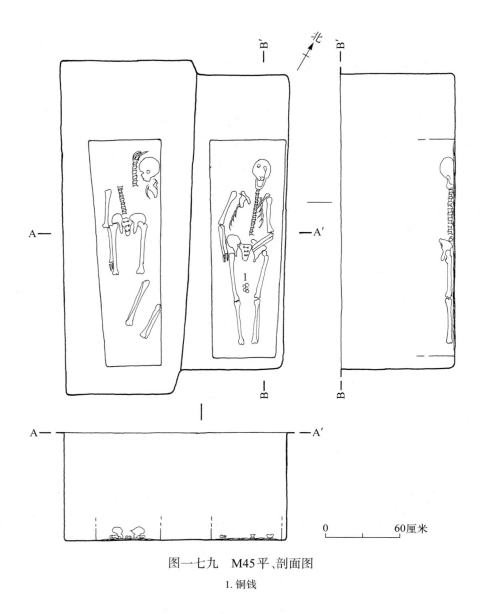

图一七九　M45平、剖面图

1. 铜钱

　　棺内为成年女性，头向、面向不详。西棺打破东棺。内填花黏土，较致密。出土随葬品有陶瓶、瓷碗、瓷罐、铜钱。

　　陶瓶1件。M50：2，粗砂褐陶。母口，卷沿，颈部微束，溜肩，鼓腹，小平底。火候较高，质地坚硬。外壁有泥条盘筑痕迹，底部有偏心圆纹。口径4.6厘米、肩径12.4厘米、底径6.2厘米、通高21.4厘米（图一八一，1；彩版一一四，2）。

　　瓷碗1件。M50：3，圆唇、敞口，弧壁，圈足，青色，内外壁刻划草叶纹，外壁釉面细密开片，局部有流釉痕，内底印一株折枝花卉纹。胎土灰白，胎质坚致，釉层肥厚。外壁近瓜棱状，外底心有一圈涩圈。制作精美，足脊有明显使用痕迹。口径15.6厘米、底径6.2厘米、通高7.6厘米（图一八一，2；彩版一一四，3）。

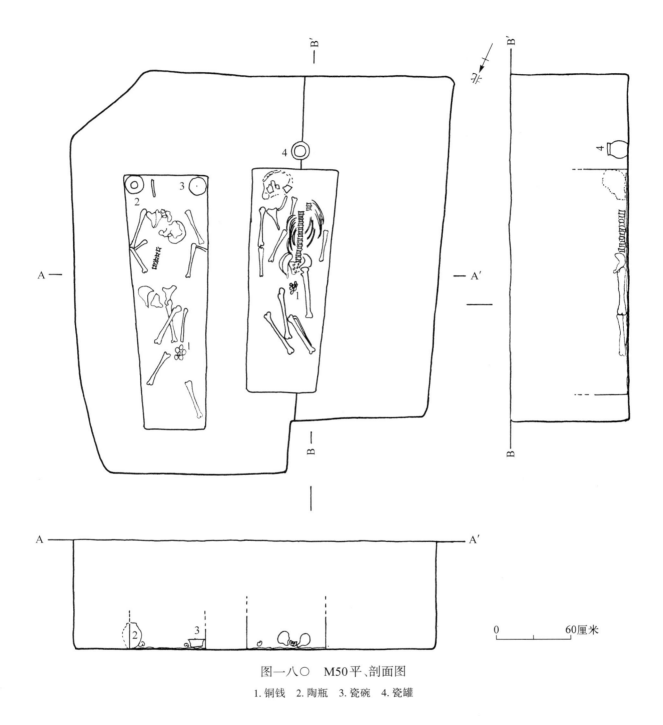

图一八〇　M50平、剖面图

1.铜钱　2.陶瓶　3.瓷碗　4.瓷罐

　　瓷罐1件。M50:4,圆唇、直口,颈部较短,圆肩,弧腹,矮圈足。内壁及足部以上外壁施黑褐釉,底部露红褐胎,外壁有轮制抹痕。口径8.8厘米、肩径14.6厘米、底径9.6厘米、通高13.4厘米(图一八一,3;彩版一一四,4)。

　　铜钱20枚。皆锈蚀较甚,字迹模糊不清。

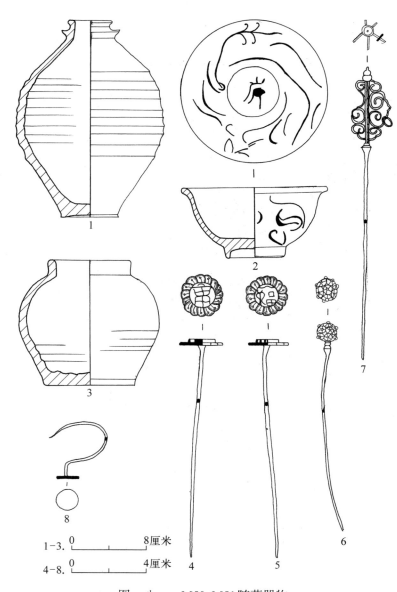

图一八一　M50、M51随葬器物

1.陶瓶（M50：2）　2.瓷碗（M50：3）　3.瓷罐（M50：4）　4-7.铜簪（M51：2、M51：3、M51：4、M51：5）
8.铜耳钉（M51：6）

　　M51　位于C2地块的西北部。南北向，方向为341°。墓口距地表深0.7米，墓底距地表深1.4米。墓圹南北长2.56-2.74米、东西宽2米、深0.7米（图一八二；彩版六三，2）。

　　棺木已朽。骨架保存均较好，皆仰身直肢葬，头向北，面向下。西棺南北长1.9米、东西宽0.54-0.69米、残高0.16米。棺内为成年男性。东棺南北长1.7米、东西宽0.45-0.57米、残高0.16米。棺内为成年女性。东棺打破西棺。内填花黏土，较疏松。出土随葬品有铜簪、铜耳钉、铜钱。

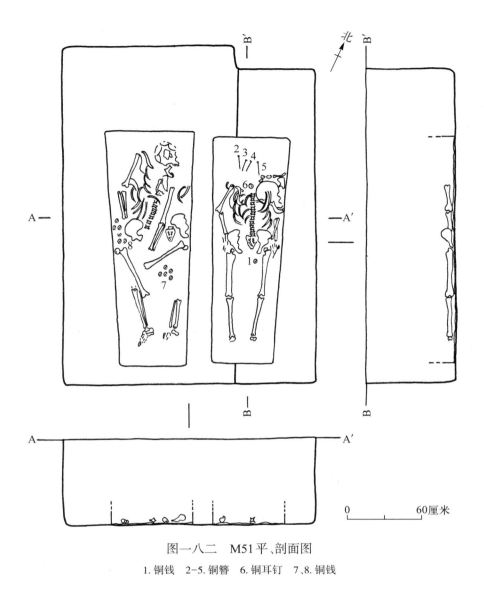

图一八二　M51平、剖面图
1.铜钱　2-5.铜簪　6.铜耳钉　7、8.铜钱

　　铜簪4件。M51：2，首为逆时针花瓣组成的葵圆形，花瓣上刻线纹、圆珠纹，中间圆形凸起，上铸一"寿"字，体为圆锥体。首宽2.2厘米、首高0.3厘米、通长11.9厘米（图一八一，4；彩版一一四，5）。M51：3，首为逆时针花瓣组成的葵圆形，每朵花瓣上刻线纹、圆珠纹，中间圆形凸起，内铸一"福"字，体为圆锥体。首宽2.2厘米、首高0.3厘米、通长11.9厘米（图一八一，5；彩版一一四，6）。M51：4，首为十一面六边形组成的镂空球形，每面六边形中铸圆珠纹，体为圆锥体。颈部饰两道凸弦纹，鼓凸。首宽1.1厘米、首高1.5厘米、通长11.4厘米（图一八一，6；彩版一一五，1）。M51：5，首为五面禅杖形，顶部为葫芦状，每面由铜丝铸成如意云纹状，镂空，每面上系铜环，体为圆锥体。颈部饰三道凸弦纹，鼓凸。首长4.4厘米、首宽2.2厘米、通长16.1厘米（图一八一，7；彩版一一五，2）。

　　铜耳钉1件。M51：6，钉面圆形，素面扁平，整体近"5"形，体为圆锥体，尾尖。钉面直径1.2厘米、宽1.2厘米、长3.2厘米（图一八一，8；彩版一一五，3）。

　　乾隆通宝1枚。M51：1-1，圆形、方穿。正面有郭，铸"乾隆通宝"四字，楷书，对读；背面有郭，穿左右铸满文"宝泉"，纪局名。直径2.34厘米、穿径0.54厘米、郭厚0.1厘米（图一七二，15）。

　　道光通宝2枚。均圆形、方穿。正面有郭，铸"道光通宝"四字，楷书，对读；背面有郭，穿左右铸满文"宝泉"，纪局名。M51：1-2，直径2.48厘米、穿径0.55厘米、郭厚0.14厘米（图一七二，17）。M51：1-3，直径2.37厘米、穿径0.53厘米、郭厚0.18厘米（图一七二，18）。

　　其余88枚。皆锈蚀较甚，字迹模糊不清。

　　M53　位于C2地块的中部。南北向，方向为340°。墓口距地表深0.7米，墓底距地表深1.26米。墓圹南北长2.7-2.88米、东西宽1.6-1.98米、深0.56米（图一八三；彩版六四，1）。

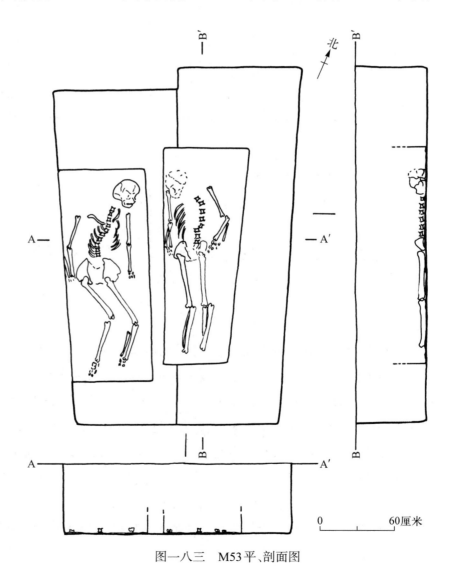

图一八三　M53平、剖面图

棺木已朽。骨架皆头向北，面向上。东棺南北长1.75米、东西宽0.51-0.67米、残高0.16米。棺内骨架保存较差，为成年女性，仰身直肢葬。西棺南北长1.72米、东西宽0.62-0.69米、残高0.16米。棺内骨架保存较好，为成年男性，侧身屈肢葬。东棺打破西棺。内填花黏土，较疏松。未发现随葬品。

　　M54　位于C2地块的中南部，东北邻M55。南北向，方向为353°。墓口距地表深0.7米，墓底距地表深1.4米。墓圹南北长2.4-3米、东西宽2.1-2.52米、深0.7米（图一八四；彩版六四，2）。

　　棺木保存一般。骨架保存均较差，皆头向北。东棺南北长1.8米、东西宽1.1米、残高0.32米、厚0.05米。棺内为成年女性，葬式、面向不详。西棺南北长1.84米、东西宽0.54-0.6米、残

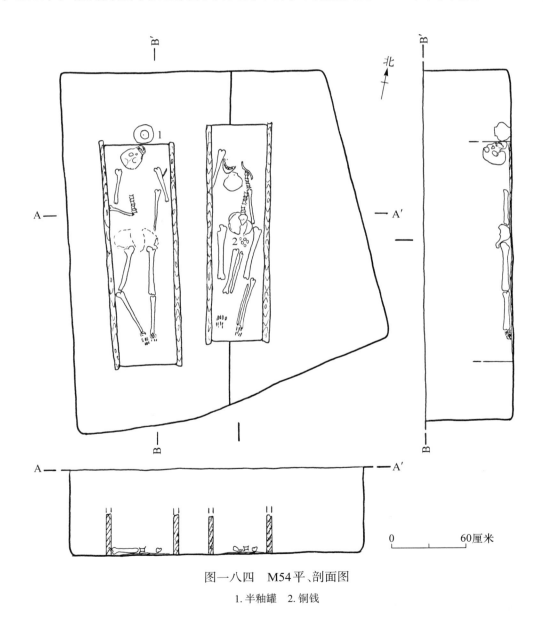

图一八四　M54平、剖面图
1.半釉罐　2.铜钱

高 0.32 米、厚 0.05 米。棺内为成年男性，仰身直肢葬，面向上。东棺打破西棺。内填花黏土，较疏松。出土随葬品有半釉罐、铜钱。

半釉罐 1 件。M54:1，圆唇、直口，直领，圆肩，弧腹内收，小平底。口沿内壁及肩部以上外壁施绿釉，其余露红胎。外壁有轮制旋痕，底部有同心圆纹。口径 9.6 厘米、肩径 12.2 厘米、底径 5.6 厘米、通高 11.5 厘米（图一八五，1；彩版一一五，4）。

开元通宝 1 枚。M54:2-1，小平钱，范铸，圆形、方穿。正面有郭，铸"开元通宝"四字，楷书，对读；背面有郭。直径 2.46 厘米、穿径 0.54 厘米、郭厚 0.1 厘米（图一七二，1）。

咸平元宝 1 枚。M54:2-2，圆形、方穿。正面有郭，铸"咸平元宝"四字，楷书，旋读；背面有郭。直径 2.46 厘米、穿径 0.54 厘米、郭厚 0.1 厘米（图一七二，2）。

熙宁元宝 1 枚。M54:2-3，圆形、方穿。正面有郭，铸"熙宁元宝"四字，旋读；背面有郭。直径 2.34 厘米、穿径 0.62 厘米、郭厚 0.11 厘米（图一七二，3）。

元丰通宝 2 枚。均圆形、方穿，正面有郭。M54:2-4，铸"元丰通宝"四字，篆书，旋读；背

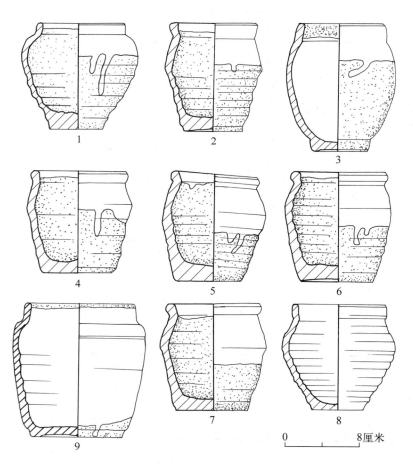

图一八五　M54、M64、M90、M111、M114、M115 随葬器物

1—7. 半釉罐（M54:1、M90:1、M90:2、M111:2、M114:2、M114:3、M115:2）　8. 陶罐（M64:2）　9. 瓷罐（M64:1）

面无郭。直径2.42厘米、穿径0.6厘米、郭厚0.12厘米（图一七二，4）。M54：2-5，铸"元丰通宝"四字，行书，旋读；背面有郭。直径2.47厘米、穿径0.65厘米、郭厚0.09厘米（图一七二，5）。

嘉靖通宝1枚。M54：2-6，圆形、方穿。正面有郭，铸"嘉靖通宝"四字，楷书，对读；背面有郭。直径2.54厘米、穿径0.5厘米、郭厚0.08厘米（图一七二，7）。

其余9枚。皆锈蚀较甚，字迹模糊不清。

M64　位于C2地块的中南部，西邻M63。南北向，方向为343°。墓口距地表深1.2米，墓底距地表深2米。墓圹南北长2.4米、东西宽2.34-2.96米、深0.8米（图一八六；彩版六五，1）。

棺木已朽。骨架保存均较差，皆仰身直肢葬，头向北，面向上。东棺南北长1.72米、东西宽0.38-0.58米、残高0.1米。棺内为成年男性。西棺南北长1.65米、东西宽0.56-0.72米、残高0.2米。棺内为成年女性。内填花黏土，较致密。东棺打破西棺。出土随葬品有瓷罐、陶罐。

瓷罐1件。M64：1，圆唇，口部微敛，斜颈，肩部圆折，直腹，平底略内凹。足部以上施灰褐

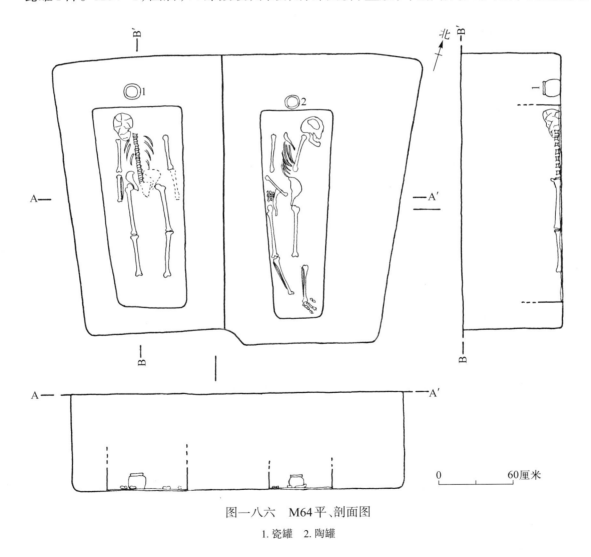

图一八六　M64平、剖面图

1. 瓷罐　2. 陶罐

釉,有流釉现象,其余露灰胎。肩部饰两道凸弦纹,腰部饰一道凸弦纹。口径11.8厘米、肩径14厘米、底径9.8厘米、通高14.4厘米(图一八五,9;彩版一一五,5)。

陶罐1件。M64:2,方唇、直口,卷沿,溜肩,弧腹,小平底。内外壁有轮制旋痕,底部有偏心旋纹。泥质红陶,腹部泛黑。质地坚硬,火候较高。素面。口径10厘米、肩径11.8厘米、底径5.4厘米、通高11.4厘米(图一八五,8;彩版一一五,6)。

M78　位于C2地块的中南部,东北邻M79。南北向,方向为340°。墓口距地表深0.7米,墓底距地表深1.54米。墓圹南北长2.34-2.5米、东西宽1.85-2米、深0.84米(图一八七;彩版六五,2)。

棺木已朽。骨架保存均较差,皆仰身直肢葬,头向北,面向上。东棺南北长1.66米、东西宽0.42-0.64米、残高0.33米。棺内为成年男性。西棺南北长1.76米、东西宽0.47-0.66米、残高0.2米。棺内为成年女性。东棺打破西棺。内填花黏土,较疏松。出土随葬品有铜钱。

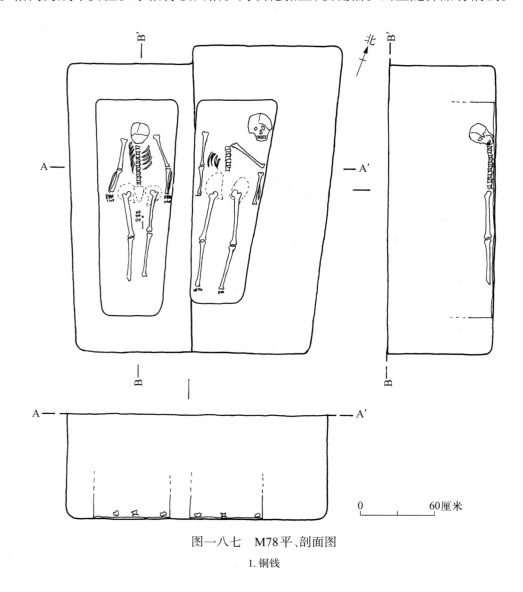

图一八七　M78平、剖面图

1.铜钱

咸丰重宝1枚。M78:1,一平十钱,方穿。正面有郭,铸"咸丰重宝"四字,楷书,对读;背面穿左右铸满文"宝泉",纪局名,穿上下铸汉字"当十"。直径3.53厘米、穿径0.7厘米、郭厚0.28厘米(图一七二,19)。

其余7枚。皆锈蚀较甚,字迹模糊不清。

M90　位于C2地块的中南部,东邻M91。南北向,方向为350°。墓口距地表深0.8米,墓底距地表深1.8-2.1米。墓圹南北长2.8米、东西宽2.1-2.32米、深1-1.3米(图一八八;彩版六六,1)。

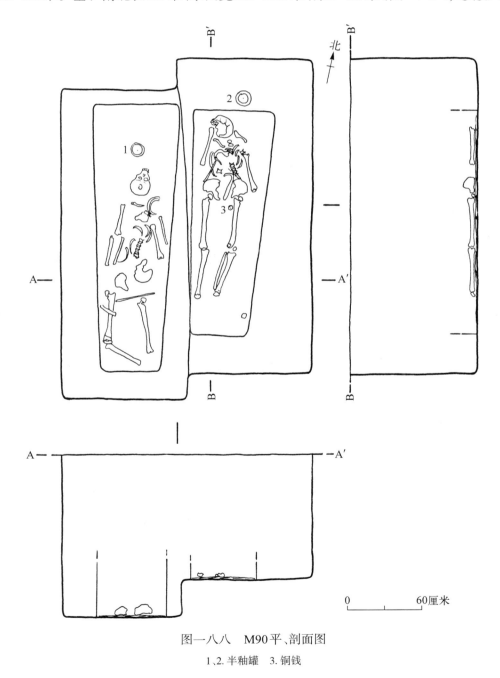

图一八八　M90平、剖面图

1、2.半釉罐　3.铜钱

棺木已朽。骨架保存均较差，皆仰身直肢葬，头向北，面向上。东棺南北长1.82米、东西宽0.47-0.65米、残高0.5米。棺内为成年男性。西棺南北长2.17米、东西宽0.5米、残高0.5米。棺内为成年女性。东棺打破西棺。内填花黏土，较疏松。出土随葬品有半釉罐、铜钱。

半釉罐2件。M90：1，方唇、侈口，卷沿，折肩，斜腹，平底略内凹。口沿内壁及肩部以上外壁施绿釉，其余露灰胎。外壁可见轮制抹痕，底部可见偏心旋纹。口径9.4厘米、肩径10.2厘米、底径6.2厘米、通高11.8厘米（图一八五，2；彩版一一六，1）。M90：2，方唇、敛口，斜颈，溜肩，弧腹，饼足略内凹。内壁及肩部以上外壁施褐釉，有流釉现象，其余露灰胎。素面。火候较高，质地坚硬。口径9.2厘米、肩径11.6厘米、底径6厘米、通高14厘米（图一八五，3；彩版一一六，2）。

顺治通宝1枚。M90：3-1，圆形、方穿。正面有郭，铸"顺治通宝"四字，楷书，对读；背面有郭，穿右侧铸汉字"户"。直径2.63厘米、穿径0.52厘米、郭厚0.11厘米（图一八九，1）。

康熙通宝1枚。M90：3-2，圆形、方穿。正面有郭，铸"康熙通宝"四字，楷书，对读；背面有郭，穿左右铸满文"宝泉"。直径2.82厘米、穿径0.33厘米、郭厚0.11厘米（图一八九，2）

M111　位于C2地块的中南部，西邻M112、东邻110。南北向，方向为350°。墓口距地表深0.8米，墓底距地表深1.6米。墓圹南北长2.35-2.7米、东西宽1.85-2.07米、深0.8米（图一九〇；彩版六六，2）。

棺木已朽。骨架保存均较差，皆头向北，面向上。东棺南北长1.92米、东西宽0.48-0.66米、残高0.3米。棺内为成年男性，仰身屈肢葬。西棺南北长2米、东西宽0.5-0.64米、残高0.4米。棺内为成年女性，葬式不详。西棺打破东棺。内填花黏土，较疏松。出土随葬品有半釉罐、铜钱。

半釉罐1件。M111：2，方唇、直口，斜颈，折肩，斜腹，平底。肩部以上外壁及口沿内壁施酱釉，有流釉现象，其余露红褐胎。外壁有轮制抹痕，底部有偏心圆纹。口径10.2厘米、肩径11厘米、底径8厘米、通高11.2厘米（图一八五，4；彩版一一六，3）。

康熙通宝1枚。M111：1-1，圆形、方穿。正面有郭，铸"康熙通宝"四字，楷书，对读；背面有郭，穿左右铸满文"宝泉"，纪局名。直径2.36厘米、穿径0.57厘米、郭厚0.11厘米（图一八九，3）。

雍正通宝1枚。M111：1-2，圆形、方穿。正面有郭，铸"雍正通宝"四字，楷书，对读；背面有郭，穿左右铸满文"宝泉"，纪局名。直径2.61厘米、穿径0.57厘米、郭厚0.11厘米（图一八九，11）。

其余3枚。皆锈蚀较甚，字迹模糊不清。

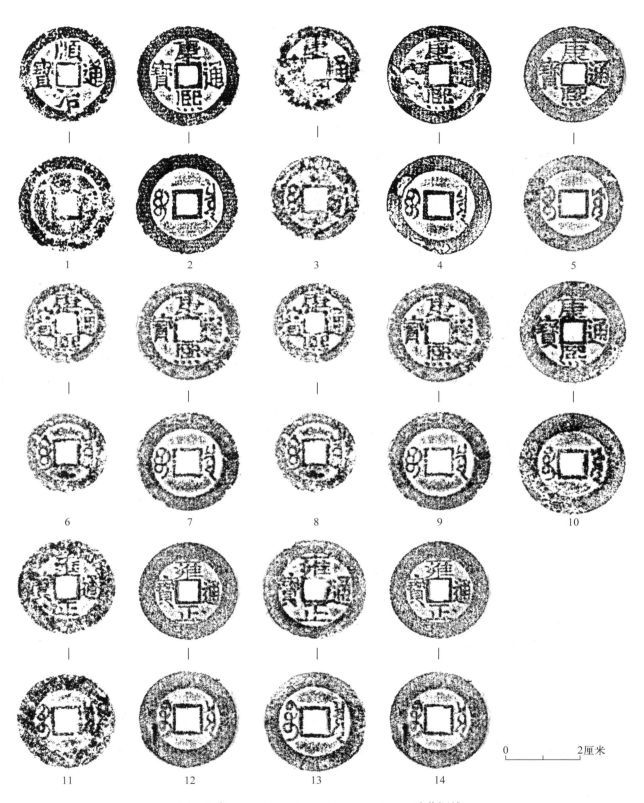

图一八九　M90、M111、M114、M122、M159随葬铜钱

1.顺治通宝（M90：3-1）　2-10.康熙通宝（M90：3-2、M111：1-1、M114：1、M122：1-1、M122：1-2、M122：1-3、
M122：1-4、M122：1-5、M159：1-1）　11-14.雍正通宝（M111：1-2、M122：1-6、M122：1-7、M122：1-8）

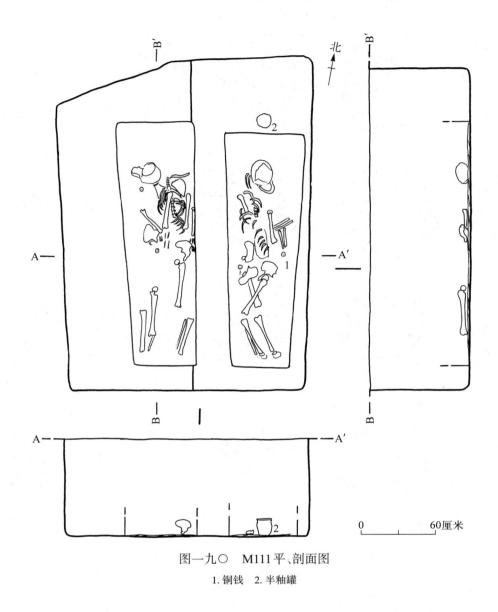

图一九〇　M111平、剖面图

1. 铜钱　2. 半釉罐

　　M114　位于C2地块的中南部，东邻M115。南北向，方向为345°。墓口距地表深1.2米，墓底距地表深1.9米。墓圹南北长2.28-2.4米、东西宽1.72-2米、深0.7米（图一九一；彩版六七，1）。

　　棺木已朽。骨架保存均较差，皆头向北，面向上。东棺南北长1.71米、东西宽0.5-0.54米、残高0.2米。棺内为成年男性，仰身屈肢葬。西棺南北长1.68米、东西宽0.48-0.58米、残高0.1米。棺内为成年女性，仰身直肢葬。西棺打破东棺。内填花黏土，较致密。出土随葬品有半釉罐、铜钱。

　　半釉罐2件。M114：2，厚方唇、侈口，颈部微束，圆折肩，斜腹，平底。腹部以上外壁及口沿内壁施酱釉，有流釉现象，其余露红褐胎。外壁有轮制抹痕，底部有偏心圆纹。口径9.4厘米、

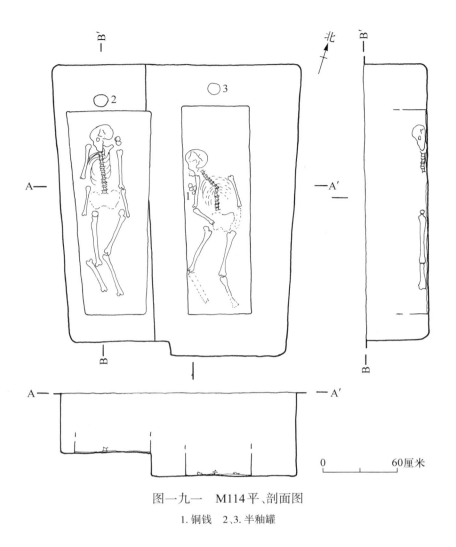

图一九一　M114平、剖面图

1. 铜钱　2、3. 半釉罐

肩径11厘米、底径7厘米、通高11.8厘米（图一八五,5；彩版一一六,4）。M114∶3,厚方唇、直口,颈部微束,圆折肩,斜腹,平底。肩部以上外壁及口沿内壁施酱釉,有流釉现象,其余露红褐胎。外壁有轮制抹痕,底部有同心圆纹。口径10.2厘米、肩径11.2厘米、底径7.6厘米、通高12厘米（图一八五,6；彩版一一六,5）。

康熙通宝1枚。M114∶1,圆形、方穿。正面有郭,铸"康熙通宝"四字,楷书,对读；背面有郭,穿左右铸满文"宝泉",纪局名。直径2.87厘米、穿径0.54厘米、郭厚0.12厘米（图一八九,4）。

其余11枚。皆锈蚀较甚,字迹模糊不清。

M115　位于C2地块的西南部,西邻M114。南北向,方向为343°。墓口距地表深0.9米,墓底距地表深1.7米。墓圹南北长2.5-2.8米、东西宽1.8-2.2米、深0.8米（图一九二；彩版六七,2）。

棺木已朽。骨架保存均较好,皆仰身直肢葬,头向北,面向上。东棺南北长1.92米、东西

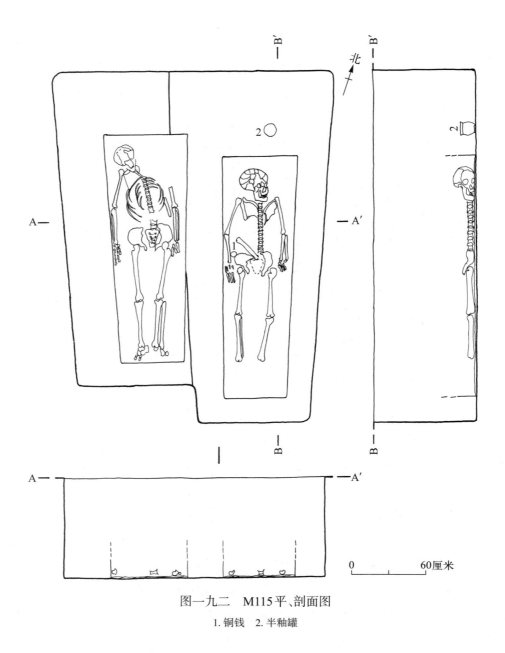

图一九二　M115平、剖面图
1. 铜钱　2. 半釉罐

宽0.48-0.58米、残高0.12米。棺内为成年男性。西棺南北长1.83米、东西宽0.5-0.64米、残高0.14米。棺内为成年女性。西棺打破东棺。内填花黏土,较致密。出土随葬品有半釉罐、铜钱。

半釉罐1件。M115:2,厚方唇、侈口,束颈,圆折肩,斜腹,平底。腹部以上外壁及口沿内壁施酱釉,釉面光亮,其余露灰胎。外壁有轮制抹痕,底部有同心圆纹。口径10厘米、肩径11.2厘米、底径7.6厘米、通高11.4厘米(图一八五,7;彩版一一六,6)。

铜钱5枚。皆锈蚀较甚,字迹模糊不清。

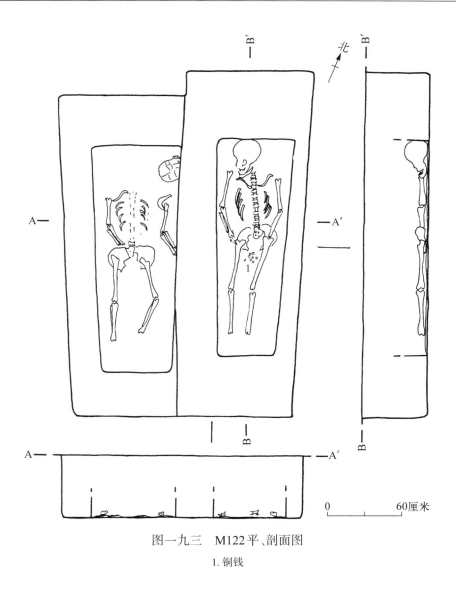

图一九三　M122平、剖面图

1. 铜钱

　　M122　位于C2地块的中南部，北邻M121。南北向，方向为340°。墓口距地表深0.7米，墓底距地表深1.2米。墓圹南北长2.55—2.76米、东西宽1.7—2米、深0.5米（图一九三；彩版六八，1）。

　　棺木已朽。骨架保存均较差，皆仰身直肢葬，头向北，面向上。东棺南北长1.72米、东西宽0.46—0.6米、残高0.27米。棺内为成年男性。西棺南北长1.8米、东西宽0.54—0.6米、残高0.18米。棺内为成年女性。西棺打破东棺。内填花黏土，较疏松。出土随葬品有铜钱。

　　康熙通宝5枚。均圆形、方穿。正面有郭，铸"康熙通宝"四字，楷书，对读。M122：1-1，背面有郭，穿左右铸满文"宝源"，纪局名。直径2.67厘米、穿径0.56厘米、郭厚0.1厘米（图一八九，5）。M122：1-2，背面有郭，穿左右铸满文"宝泉"，纪局名。直径2.18厘米、穿径0.5厘米、郭厚0.09厘米（图一八九，6）。M122：1-3，背面有郭，穿左右铸满文"宝泉"，纪局名。直径2.76厘米、穿径0.56厘米、郭厚0.1厘米（图一八九，7）。M122：1-4，背面有郭，穿左右铸满文"宝泉"，纪局名。直径2.28厘米、穿径0.53厘米、郭厚0.1厘米（图一八九,8）。M122∶1-5,背面有郭,穿左右铸满文"宝泉",纪局名。直径2.63厘米、穿径0.54厘米、郭厚0.12厘米（图一八九,9）。

雍正通宝3枚。均圆形、方穿。正面有郭,铸"雍正通宝"四字,楷书,对读;背面有郭,穿左右铸满文"宝泉",纪局名。M122∶1-6,直径2.65厘米、穿径0.54厘米、郭厚0.12厘米（图一八九,12）。M122∶1-7,直径2.75厘米、穿径0.56厘米、郭厚0.09厘米（图一八九,13）。M122∶1-8,直径2.67厘米、穿径0.5厘米、郭厚0.12厘米（图一八九,14）。

其余12枚。皆锈蚀较甚,字迹模糊不清。

M159　位于C2地块的中南部,东南邻M176。南北向,方向为330°。墓口距地表深1.2米,墓底距地表深1.3-1.9米。墓圹南北长2.25-2.4米、东西宽1.7-1.9米、深0.1-0.7米（图一九四;彩版六八,2）。

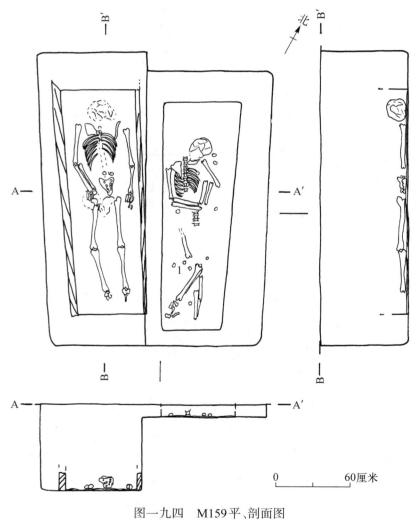

图一九四　M159平、剖面图

1.铜钱

骨架保存均较差,皆仰身直肢葬,头向北。东棺已朽。南北长1.72米、东西宽0.52-0.66米、残高0.12米。棺内为成年男性,面向上。西棺保存一般。南北长1.72米、东西宽0.51-0.64米、残高0.2米、厚0.02-0.04米。棺内为成年女性,面向不详。东棺打破西棺。内填花黏土,较致密。出土随葬品有铜钱。

康熙通宝1枚。M159:1-1,圆形、方穿。正面有郭,铸"康熙通宝"四字,楷书,对读;背面有郭,穿左右铸满文"宝源",纪局名。直径2.83厘米、穿径0.52厘米、郭厚0.1厘米(图一八九,10)。

其余19枚。皆锈蚀较甚,字迹模糊不清。

第三节 三 棺 墓

共29座。由平面形制分为三种类型。

A型:长方形。6座。

M74 位于C2地块的中南部,西南邻M75。南北向,方向为342°。墓口距地表深0.7米,墓底距地表深1.3米。墓圹南北长2.66米、东西宽2.55米、深0.6米(图一九五;彩版六九,1)。

棺木已朽。西棺南北长1.87米、东西宽0.55-0.65米、残高0.1米。棺内骨架保存较差,为成年女性,头向北,葬式、面向不详。中棺南北长1.75米、东西宽0.6-0.65米、残高0.1米。棺内骨架保存较差,为成年女性,葬式、头向、面向不详。东棺南北长1.7米、东西宽0.56-0.74米、残高0.12米。棺内骨架保存较好,为成年男性,仰身直肢葬。头向北,面向上。胸口盖一长0.2米、宽0.17-0.19米、厚0.15米的陶瓦。中棺打破东棺,西棺打破中棺。内填花黏土,较疏松。出土随葬品有铜簪、铜镜、铜钱。

铜簪1件。M74:2,首呈葵圆形,铸逆时针旋转的花蕊,中间为圆形凸起,内铸一"寿"字,体为圆锥体。首宽2.23厘米、首高0.3厘米、通长11.6厘米(图一九六,1;彩版一一七,1)。

铜镜1件。M74:3,圆形,以凸弦纹分为内外两区。内区中间为一圆形钮,上下右左方框内铸"五子登科"四字。边缘凸起。直径14厘米、厚1厘米,重358.97克(图一九六,2;彩版一一七,2)。

铜钱2枚。均皆锈蚀较甚,字迹模糊不清。

M96 位于C2地块的中南部,东邻M95。南北向,方向为338°。墓口距地表深0.8米,墓底距地表深1.4-1.7米。墓圹南北长2.3米、东西宽2.96-3米、深0.6-0.9米(图一九七;彩版六九,2)。

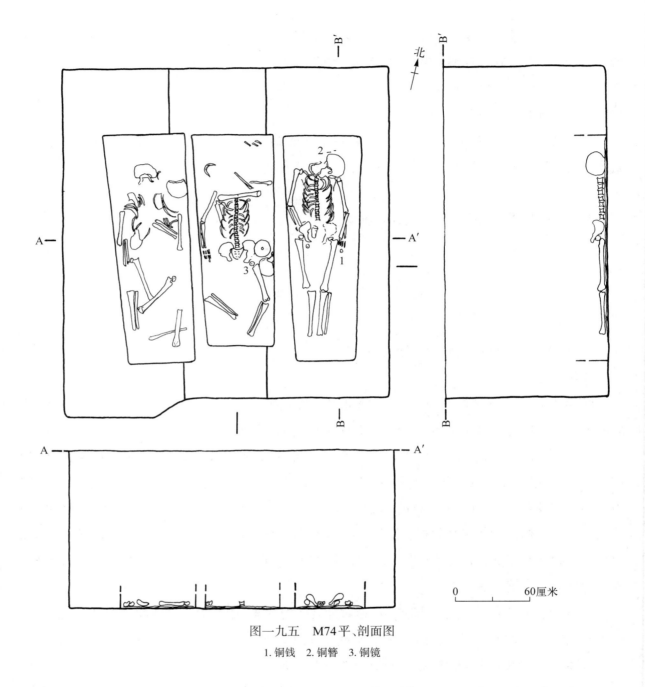

图一九五　M74平、剖面图
1.铜钱　2.铜簪　3.铜镜

　　棺木已朽。东棺南北长1.96米、东西宽0.52-0.69米、残高0.15米。棺内骨架保存较好，为成年男性，仰身直肢葬。头向北，面向上。中棺南北长1.74米、东西宽0.56-0.72米、残高0.1米。棺内骨架保存较好，为成年女性，仰身直肢葬。头向北，面向不详。西棺南北长1.92米、东西宽0.55-0.72米、残高0.3米。棺内骨架保存较差，仅余部分肢骨，为成年女性，葬式、头向、面向均不详。东棺打破中棺，中棺打破西棺。内填花黏土，较疏松。出土随葬品有半釉罐、铜钱。

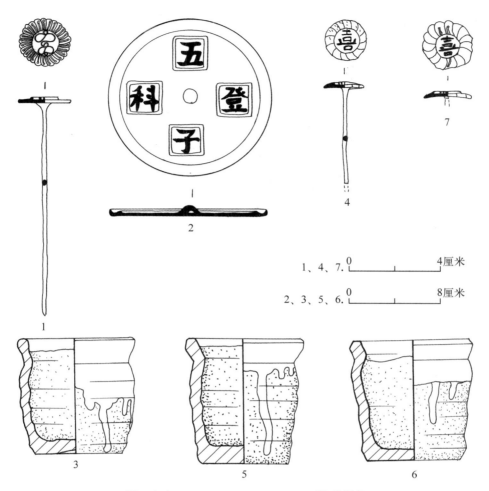

图一九六　M74、M96、M110、M157随葬器物

1、4、7. 铜簪（M74∶2、M110∶2、M157∶2）　2. 铜镜（M74∶3）　3、5、6. 半釉罐（M96∶2、M157∶3、M157∶4）

半釉罐1件。M96∶2，厚方唇、侈口，卷沿，直腹，平底。口沿内壁及肩部以上外壁施酱黄釉，有流釉现象，其余露灰胎。外壁可见轮制抹痕。口径10厘米、底径7.6厘米、通高10.3厘米（图一九六，3；彩版一一七，3）。

雍正通宝1枚。M96∶1-1，圆形、方穿。正面有郭，铸"雍正通宝"四字，楷书，对读；背面有郭，穿左右铸满文"宝泉"，纪局名。直径2.67厘米、穿径0.54厘米、郭厚0.12厘米（图一九八，3）。

乾隆通宝1枚。M96∶1-2，圆形、方穿。正面有郭，铸"乾隆通宝"四字，楷书，对读；背面有郭，穿左右铸满文"宝源"，纪局名。直径2.51厘米、穿径0.52厘米、郭厚0.12厘米（图一九八，5）。

M110　位于C2地块的中南部，西邻M111。南北向，方向为340°。墓口距地表深0.8米，墓底距地表深1.5米。墓圹南北长2.9米、东西宽2.6米、深0.7米（图一九九；彩版七〇，1）。

棺木已朽。皆头向北，面向上。东棺南北长2.16米、东西宽0.58-0.62米、残高0.18米。棺内骨架保存较差，为成年女性，仰身直肢葬。中棺南北长1.78米、东西宽0.48-0.58米、残高0.1

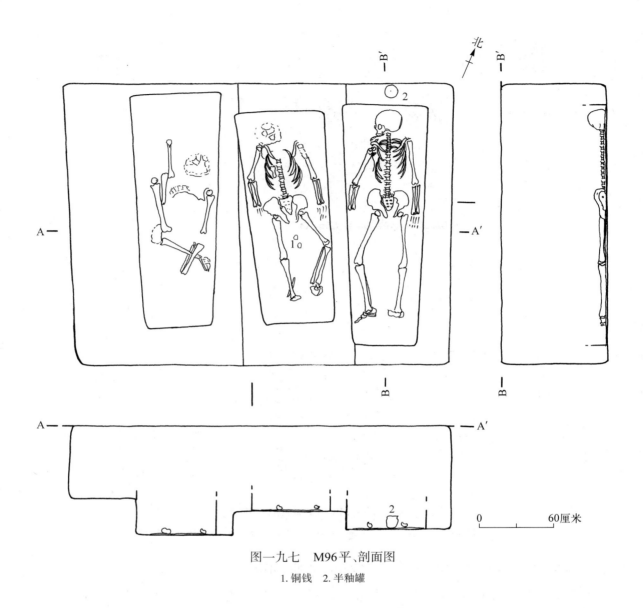

图一九七　M96平、剖面图

1.铜钱　2.半釉罐

米。棺内骨架保存较差,为成年女性,葬式不详。西棺南北长1.76米、东西宽0.48-0.7米、残高0.1米。棺内骨架保存较好,为成年男性,仰身直肢葬。中棺打破东棺,西棺打破中棺。内填花黏土,较疏松。出土随葬品有铜簪、铜钱。

铜簪1件。M110:2,首为葵圆形,中间凸起,内铸一"喜"字。体为锥体,尾尖。首高0.2厘米、首宽1.7厘米、残长4.5厘米(图一九六,4;彩版一一七,4)。

康熙通宝2枚。均圆形、方穿。正面有郭,铸"康熙通宝"四字,楷书,对读;背面有郭,穿左右铸满文"宝泉",纪局名。M110:1-1,直径2.44厘米、穿径0.66厘米、郭厚0.07厘米(图一九八,1)。M110:1-2,直径2.57厘米、穿径0.6厘米、郭厚0.1厘米(图一九八,2)。

乾隆通宝2枚。均圆形、方穿。正面有郭,铸"乾隆通宝"四字,楷书,对读;背面有郭,穿

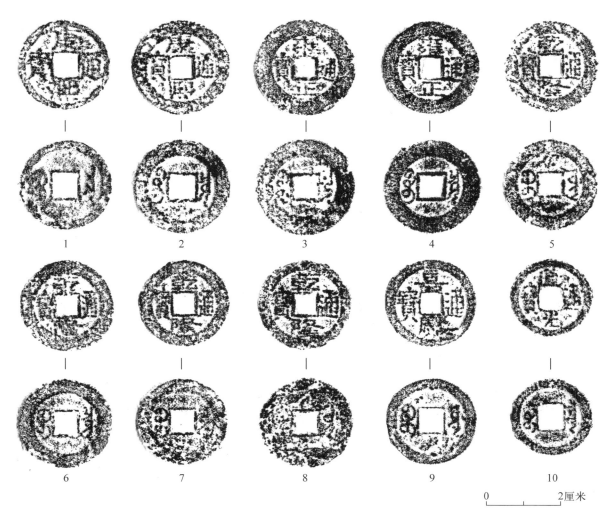

1　　　　　　　2　　　　　　　3　　　　　　　4　　　　　　　5

6　　　　　　　7　　　　　　　8　　　　　　　9　　　　　　　10

0 ┝━━━━┷━━━━┥ 2厘米

图一九八　M96、M110、M157随葬铜钱

1、2.康熙通宝（M110：1-1、M110：1-2）　3、4.雍正通宝（M96：1-1、M157：1-1）　5-8.乾隆通宝（M96：1-2、M110：1-3、M110：1-4、M157：1-2）　9.嘉庆通宝（M110：1-5）　10.道光通宝（M110：1-6）

左右铸满文"宝泉"，纪局名。M110：1-3，直径2.53厘米、穿径0.52厘米、郭厚0.11厘米（图一九八，6）。M110：1-4，直径2.41厘米、穿径0.52厘米、郭厚0.13厘米（图一九八，7）。

嘉庆通宝1枚。M110：1-5，圆形、方穿。 正面有郭，铸"嘉庆通宝"四字，楷书，对读；背面有郭，穿左右铸满文"宝源"，纪局名。直径2.45厘米、穿径0.55厘米、郭厚0.12厘米（图一九八，9）。

道光通宝1枚。M110：1-6，圆形、方穿。正面有郭，铸"道光通宝"四字，楷书，对读；背面有郭，穿左右铸满文"宝泉"，纪局名。直径2.24厘米、穿径0.58厘米、郭厚0.15厘米（图一九八，10）。

其余4枚。皆锈蚀较甚，字迹模糊不清。

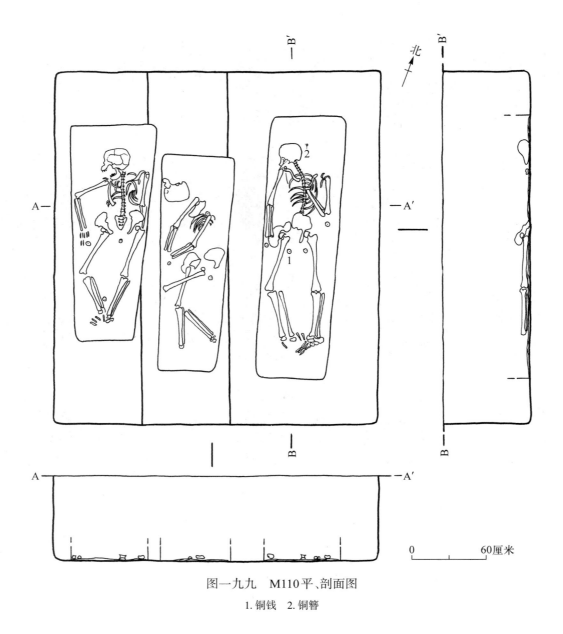

图一九九　M110平、剖面图

1.铜钱　2.铜簪

　　M157　位于C2地块的中南部,北邻M178。南北向,方向为340°。墓口距地表深0.8米,墓底距地表深1.8米。墓圹南北长2.4米、东西宽2.52米、深1米(图二〇〇;彩版七〇,2)。

　　棺木已朽。皆仰身直肢葬,头向北。东棺南北长1.76米、东西宽0.55-0.63米、残高0.2米。棺内骨架保存较好,为成年男性,面向上。中棺南北长1.9米、东西宽0.6-0.7米、残高0.2米。棺内骨架保存较差,为成年女性,面向下。西棺南北长1.75米、东西宽0.58-0.7米、残高0.2米。棺内骨架保存较差,为成年女性,面向上。中棺打破东棺,西棺打破中棺。内填花黏土,较疏松。出土随葬品有铜簪、半釉罐、铜钱。

　　铜簪1件。M157:2,首为逆时针花瓣组成的葵圆形,中间圆形凸起,内铸一"喜"字。首宽

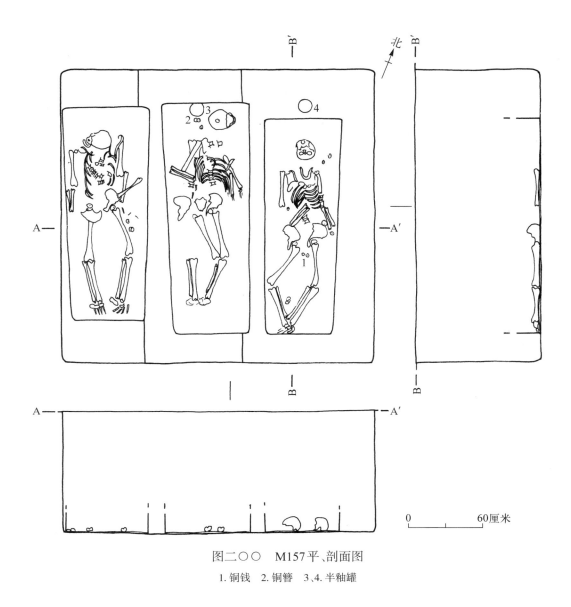

图二○○　M157平、剖面图

1. 铜钱　2. 铜簪　3、4. 半釉罐

2.1厘米、残高0.2厘米（图一九六,7；彩版一一八,1）。

半釉罐2件。大小、形制基本相同。厚方唇、侈口,斜领,肩部略折,直腹,平底略内凹。外壁有轮制抹痕,底部有偏心圆纹。M157：3,肩部以上外壁及口沿内壁施酱釉,有流釉现象,其余露红褐胎。口径10.2厘米、肩径9厘米、底径7.6厘米、通高11厘米（图一九六,5；彩版一一八,2）。M157：4,肩部以上外壁及口沿内壁施酱绿釉,有流釉现象,其余露灰胎。口径10.6厘米、肩径10.4厘米、底径8厘米、通高10.7厘米（图一九六,6；彩版一一八,3）。

雍正通宝1枚。M157：1-1,圆形、方穿。正面有郭,铸"雍正通宝"四字,楷书,对读；背面有郭,穿左右铸满文"宝泉",纪局名。直径2.6厘米、穿径0.56厘米、郭厚0.11厘米（图一九八,4）。

　　乾隆通宝1枚。M157：1-2，圆形、方穿。正面有郭，铸"乾隆通宝"四字，楷书，对读；背面有郭，穿左右铸满文"宝源"，纪局名。直径2.51厘米、穿径0.5厘米、郭厚0.1厘米（图一九八，8）。

　　其余18枚。皆锈蚀较甚，字迹模糊不清。

　　M171　位于C2地块的中南部，西邻M156。南北向，方向为345°。墓口距地表深0.7米，墓底距地表深1.54米。墓圹南北长2.5米、东西宽2.77-2.81米、深0.85米（图二○一；彩版七一，1）。

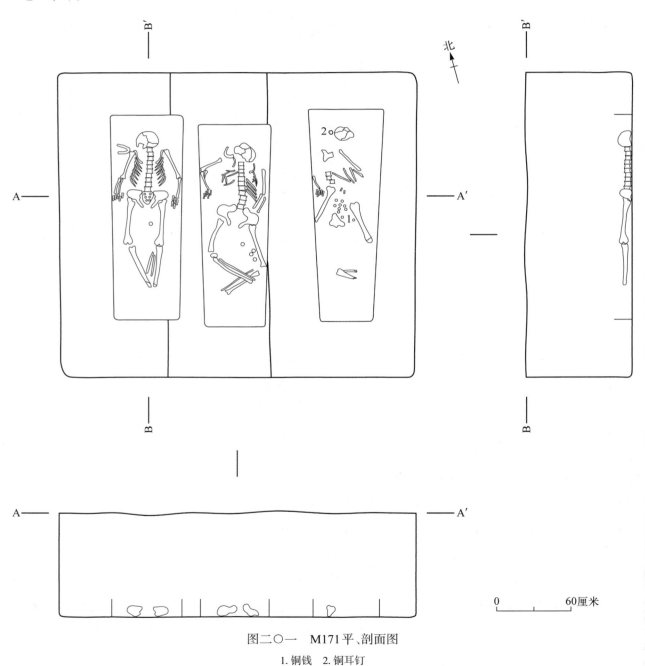

图二○一　M171平、剖面图

1. 铜钱　2. 铜耳钉

棺木已朽。骨架保存均较差,皆仰身直肢葬,头向北,面向上。东棺南北长1.7米、东西宽0.4-0.59米、残高0.14米。棺内为成年女性。中棺南北长1.62米、东西宽0.48-0.55米、残高0.14米。棺内为成年女性。西棺南北长1.66米、东西宽0.51-0.55米、残高0.14米。棺内为成年男性。中棺打破东棺,西棺打破中棺。内填花黏土,较疏松。出土随葬品有铜耳钉、铜钱。

铜耳钉1件。M171:2,呈倒"5"形,钉面圆形,素面,尾尖折。钉面直径0.9厘米、宽0.9厘米、通长3.1厘米(图二一五,2;彩版一一八,4)。

天启通宝1枚。M171:1-1,圆形、方穿。正面有郭,铸"天启通宝"四字,楷书,对读;背面有郭。直径2.58厘米、穿径0.51厘米、郭厚0.09厘米(图二一六,1)。

康熙通宝1枚。M171:1-2,圆形、方穿。正面有郭,铸"康熙通宝"四字,楷书,对读;背面有郭,穿左右铸满文"宝泉",纪局名。直径2.6厘米、穿径0.55厘米、郭厚0.15厘米(图二一六,8)。

其余18枚。皆锈蚀较甚,字迹模糊不清。

M173 位于C2地块的中南部,东北邻M149。南北向,方向为342°。墓口距地表深0.7米,墓底距地表深1.2米。墓圹南北长2.45-2.5米、东西宽2.5-2.56米、深0.5米(图二〇二;彩版七一,2)。

棺木已朽。骨架保存均较差,头皆向北。东棺南北长1.57米、东西宽0.56-0.62米、残高0.1米。棺内为成年女性,侧身屈肢葬,面向下。中棺南北长1.57米、东西宽0.48-0.62米、残高0.14米。棺内为成年男性,仰身直肢葬,面向上。西棺南北长1.78米、东西宽0.4-0.56米、残高0.1米。棺内为成年女性,侧身直肢葬,面向上。中棺打破东棺,西棺打破中棺。内填花黏土,较致密。出土随葬品有陶锅、半釉罐、铜钱。

陶锅1件。M173:2,尖唇、直口,直领,圆肩,弧腹,平底略内凹。一侧有流,流呈簸箕状,领部、肩部各饰凹弦纹一道,底部与器身对接。口径9.8厘米、底径8厘米、通高10.4厘米(图二一五,3;彩版一一九,1)。

半釉罐1件。M173:3,厚方唇、侈口,肩部略折,直腹,平底略内凹。肩部以上外壁及口沿内壁施酱釉,有流釉现象,其余露红褐胎。外壁有轮制抹痕,底部有偏心圆纹。口径10.4厘米、肩径9.6厘米、底径8厘米、通高11.4厘米(图二一五,4;彩版一一九,2)。

雍正通宝1枚。M173:1-1,圆形、方穿。正面有郭,铸"雍正通宝"四字,楷书,对读;背面有郭,穿左右铸满文"宝泉",纪局名。直径2.48厘米、穿径0.5厘米、郭厚0.15厘米(图二一六,10)。

乾隆通宝1枚。M173:1-2,圆形、方穿。正面有郭,铸"乾隆通宝"四字,楷书,对读;背面有郭,穿左右铸满文"宝泉",纪局名。直径2.53厘米、穿径0.55厘米、郭厚0.11厘米(图二一六,11)。

其余8枚。皆锈蚀较甚,字迹模糊不清。

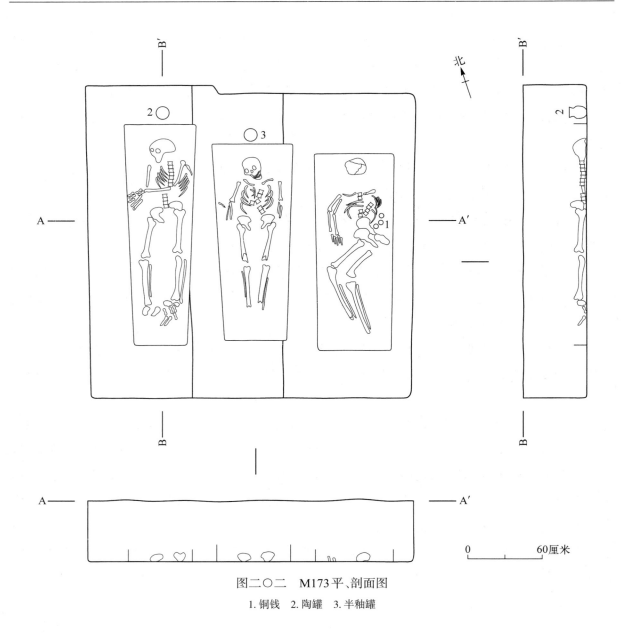

图二〇二　M173平、剖面图

1. 铜钱　2. 陶罐　3. 半釉罐

B型：梯形。共11座。

M39　位于C6地块的东北部，西北邻M28。东西向，方向为110°。墓口距地表深0.7米，墓底距地表深1.7米。墓圹东西长2.5米、南北宽2.14-2.4米、深1米（图二〇三；彩版七二，1）。

棺木已朽。骨架保存均较差。皆头向东，面向上。北棺东西长1.74米、南北宽0.5-0.62米、残高0.22米。棺内为成年女性，葬式不详。中棺东西长1.88米、南北宽0.6-0.64米、残高0.19米。棺内为成年男性，仰身直肢葬。南棺东西长1.8米、南北宽0.4-0.52米、残高0.18米。棺内为成年女性，仰身直肢葬。北棺打破中棺，中棺打破南棺。内填花黏土，较致密。出土随葬品有半釉罐、铜钱。

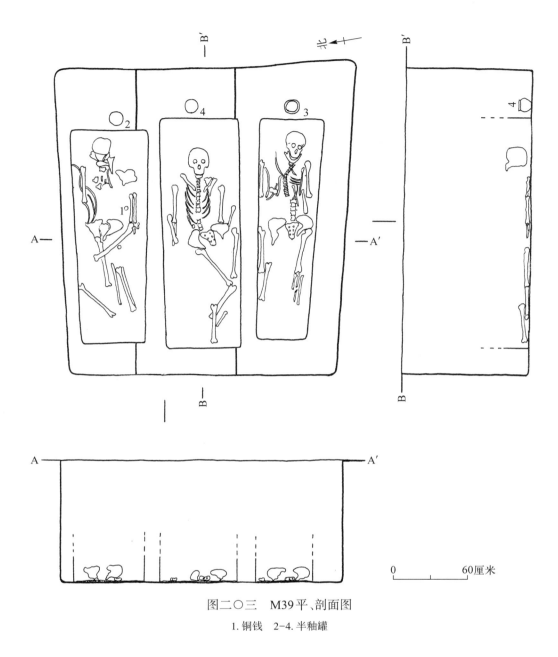

图二〇三　M39平、剖面图

1. 铜钱　2—4. 半釉罐

　　半釉罐3件。其中2件形制相似。厚方唇、侈口，颈部微束，直腹，平底略内凹。外壁可见轮制抹痕，底部可见偏心圆纹。M39：2，肩部略折，肩部以上外壁及口沿内壁施绿釉，其余露灰褐胎。口径11厘米、肩径11.2厘米、底径7厘米、通高11.4厘米（图二〇四，1；彩版一一九，3）。M39：3，圆唇、直口，直领，折沿，圆肩，斜直腹，饼足。肩部以上外壁及内壁施黑釉，其余露灰褐胎。素面。口径8.2厘米、肩径11.4厘米、底径5.8厘米、通高10.5厘米（图二〇四，2；彩版一一九，4）。M39：4，溜肩，肩部以上外壁及口沿内壁施黄釉，釉面清亮，有流釉现象，其余露灰褐胎。口径10.4厘米、肩径11.2厘米、底径8.6厘米、通高11.8厘米（图二〇四，3；彩版一二〇，1）。

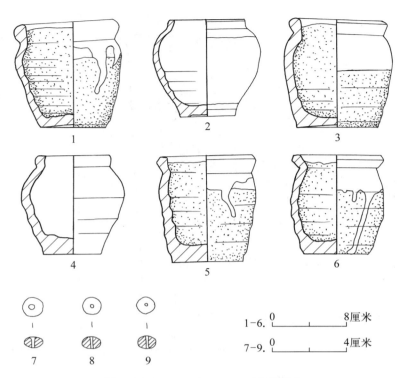

图二〇四　M39、M61、M93随葬器物

1-3、5、6.半釉罐（M39：2、M39：3、M39：4、M93：3、M93：4）　4.陶罐（M61：2）
7-9.玻璃珠（M93：2-1、M93：2-2、M93：2-3）

　　康熙通宝1枚。M39：1-1，圆形、方穿。正面有郭，铸"康熙通宝"四字，楷书，对读；背面有郭，穿左右铸满文"宝泉"，纪局名。直径2.65厘米、穿径0.53厘米、郭厚0.13厘米（图二〇五，3）。

　　其余2枚。皆锈蚀较甚，字迹模糊不清。

　　M61　位于C2地块的中南部，南邻M103，中部被现代坑打破。南北向，方向为340°。墓口距地表深0.8米，墓底距地表深1.9米。墓圹南北长2.9米、东西宽2.7-3米、深1.1米（图二〇六；彩版七二，2）。

　　棺木已朽。骨架保存均较差，皆头向北，葬式不清。东棺南北长1.9米、东西宽0.38-0.74米、残高0.2米。棺内为成年女性，面向不清。中棺南北残长0.7-0.9米、东西宽0.53-0.64米、残高0.18米。棺内为成年男性，仅存上肢，面向上。西棺南北残长0.56-0.74米、东西宽0.58-0.7米、残高0.18米。棺内为成年女性，仅存上肢，面向上。中棺打破东棺，西棺打破中棺。内填花黏土，较疏松。出土随葬品有陶罐、铜钱。

　　陶罐1件。M61：2，圆唇、直口、卷沿，软折肩，斜腹，平底。泥质红陶。肩部有轮制旋痕，腹部有轮制旋纹，底部有偏心旋纹。口径8厘米、肩径9.4厘米、底径6.2厘米、通高10.8厘米（图二〇四，4；彩版一二〇，2）。

图二〇五　M39、M61、M82、M93、M112、M119、M158随葬铜钱

1.万历通宝（M61：1）　2.顺治通宝（M158：1-1）　3-5.康熙通宝（M39：1-1、M93：1-1、M112：1-1）　6、7.雍正通宝
（M93：1-2、M112：1-2）　8-11.乾隆通宝（M82：1-1、M93：1-3、M119：1-1、M158：1-2）　12-14.嘉庆通宝
（M82：1-2、M119：1-2、M119：1-3）　15.道光通宝（M82：1-3）

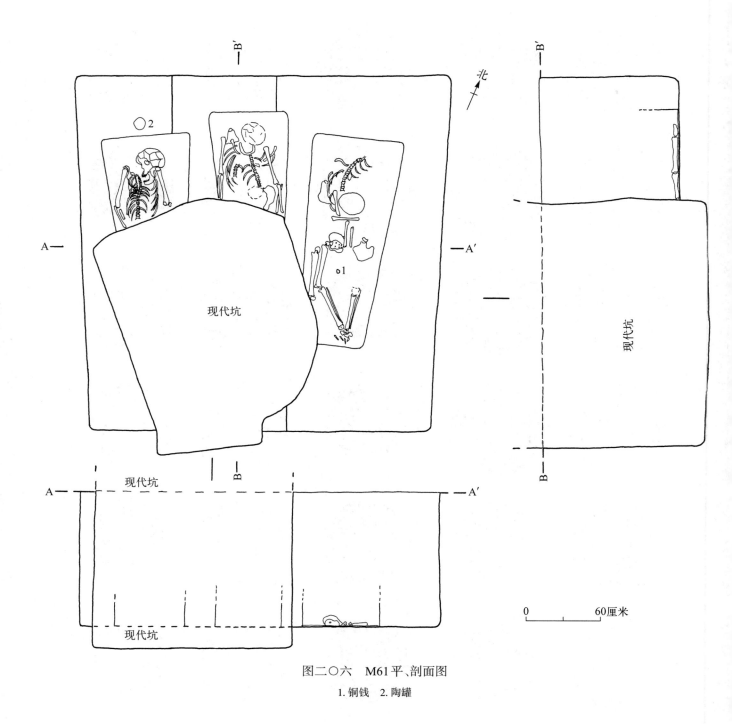

图二〇六　M61平、剖面图
1. 铜钱　2. 陶罐

　　万历通宝1枚。M61：1，圆形、方穿。正面有郭，铸"万历通宝"四字，楷书，对读；背面有郭。直径2.48厘米、穿径0.52厘米、郭厚0.13厘米（图二〇五，1）。

　　M82　位于C2地块的中南部，东北邻M83。南北向，方向为356°。墓口距地表深0.9米，墓底距地表深1.6米。墓圹南北长2.6米、东西宽2.5~2.7米、深0.7米（图二〇七；彩版七三，1）。

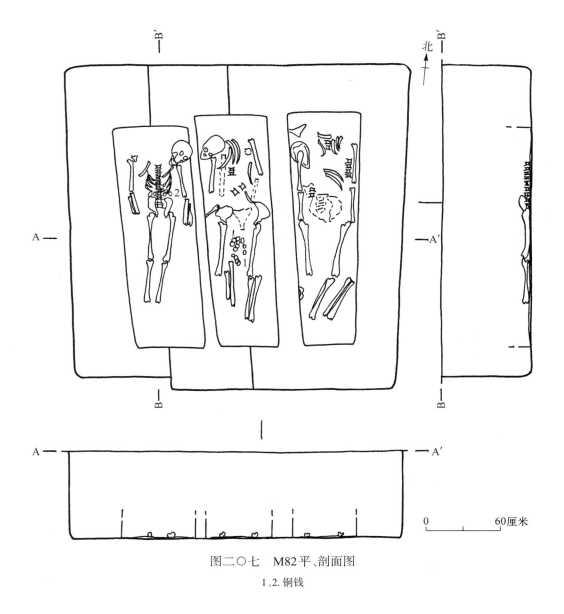

图二〇七　M82平、剖面图

1、2.铜钱

棺木已朽。西棺南北长1.78米、东西宽0.55-0.66米、残高0.1米。棺内骨架保存较好，为成年女性，仰身直肢葬。头向北，面向上。中棺南北长1.85米、东西宽0.49-0.56米、残高0.1米。棺内骨架保存较差，为成年女性，仰身直肢葬。头向北，面向上。东棺南北长1.86米、东西宽0.47-0.57米、残高0.12米。棺内骨架保存较差，为成年男性，葬式、头向、面向不清。中棺打破东棺，西棺打破中棺。内填花黏土，较致密。随葬品有铜钱。

乾隆通宝1枚。M82：1-1，圆形、方穿。正面有郭，铸"乾隆通宝"四字，楷书，对读；背面有郭，穿左右铸满文"宝泉"，纪局名。直径2.24厘米、穿径0.54厘米、郭厚0.15厘米（图二〇五，8）。

嘉庆通宝1枚。M82：1-2，圆形、方穿。正面有郭，铸"嘉庆通宝"四字，楷书，对读；背面有郭,穿左右铸满文"宝源",纪局名。直径2.31厘米、穿径0.57厘米、郭厚0.16厘米(图二〇五,12)。

道光通宝1枚。M82:1-3,圆形、方穿。正面有郭,铸"道光通宝"四字,楷书,对读;背面有郭,穿左右铸满文"宝泉",纪局名。直径2.26厘米、穿径0.53厘米、郭厚0.13厘米(图二〇五,15)。

其余47枚。皆锈蚀较甚,字迹模糊不清。

M93　位于C2地块的中南部,东邻M118。南北向,方向为348°。墓口距地表深1.2米,墓底距地表深1.9米。墓圹南北长2.45米、东西宽2.32-2.52米、深0.7米(图二〇八;彩版七三,2)。

棺木已朽。骨架保存均较差,皆头向北,面向上。西棺南北长1.96米、东西宽0.4-0.56米、残高0.1米。棺内为老年女性,仰身直肢葬。中棺南北长2.08米、东西宽0.54-0.72米、残高0.1米。棺内为成年男性,仰身直肢葬。东棺南北长1.8米、东西宽0.42-0.52米、残高0.2米。棺内

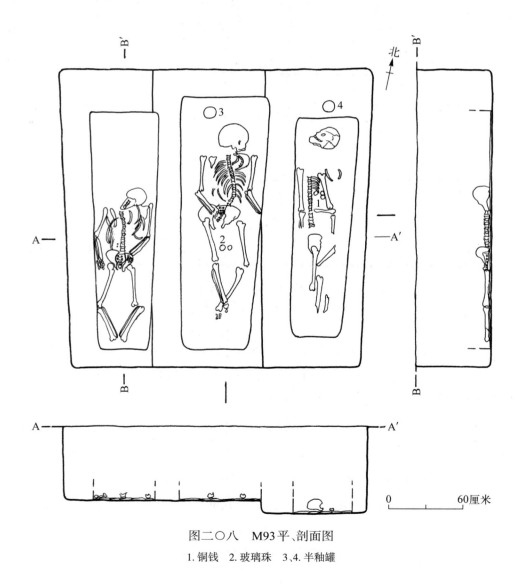

图二〇八　M93平、剖面图
1.铜钱　2.玻璃珠　3、4.半釉罐

为成年女性，葬式不清。中棺打破东棺，西棺打破中棺。内填花黏土，较致密。出土随葬品有半釉罐、玻璃珠、铜钱。

半釉罐2件。M93∶3，厚方圆唇、侈口，卷沿，肩部略鼓，斜腹，平底。肩部以上外壁及口沿内壁施酱釉，其余露灰胎。外壁有轮制抹痕，底部有偏心旋纹。口径10.6厘米、肩径10.2厘米、底径7.4厘米、通高11.6厘米（图二〇四，5；彩版一二〇，4）。M93∶4，方圆唇、侈口，卷沿，折肩，肩部略鼓，斜腹，平底。肩部以上外壁及口沿内壁施酱绿釉，有流釉现象，其余露灰胎。外壁有轮制抹痕，底部有偏心旋纹。器形不规整。口径9.8厘米、肩径9.6厘米、底径7厘米、通高10.8厘米（图二〇四，6；彩版一二一，1）。

玻璃珠3枚。圆形，扁平，中间有穿孔。M93∶2-1，深蓝色，宽1.1厘米、高0.6厘米（图二〇四，7；彩版一二〇，3，中）。M93∶2-2，湖蓝色，宽1厘米、高0.6厘米（图二〇四，8；彩版一二〇，3，右）。M93∶2-3，白色，宽1厘米、高0.6厘米（图二〇四，9；彩版一二〇，3，左）。

康熙通宝1枚。M93∶1-1，圆形、方穿。正面有郭，铸"康熙通宝"四字，楷书，对读；背面有郭，穿左右铸满文"宝源"，纪局名。直径2.3厘米、穿径0.57厘米、郭厚0.09厘米（图二〇五，4）。

雍正通宝1枚。M93∶1-2，圆形、方穿。正面有郭，铸"雍正通宝"四字，楷书，对读；背面有郭，穿左右铸满文"宝源"，纪局名。直径2.62厘米、穿径0.54厘米、郭厚0.1厘米（图二〇五，6）。

乾隆通宝1枚。M93∶1-3，圆形、方穿。正面有郭，铸"乾隆通宝"四字，楷书，对读；背面有郭，穿左右铸满文"宝泉"，纪局名。直径2.56厘米、穿径0.52厘米、郭厚0.12厘米（图二〇五，9）。

其余17枚。皆锈蚀较甚，字迹模糊不清。

M112 位于C2地块的中南部，东北邻M71、东南邻M111。南北向，方向为354°。墓口距地表深0.8米，墓底距地表深1.6米。墓圹南北长2.7-2.82米、东西宽2.25-2.7米、深0.8米（图二〇九；彩版七四，1）。

棺木已朽。皆头向北，面向上。东棺南北长2米、东西宽0.56-0.7米、残高0.25米。棺内骨架保存较好，为成年女性，葬式不详。中棺南北长1.68米、东西宽0.5-0.6米、残高0.25米。棺内骨架保存较差，为成年男性，仰身直肢葬。西棺南北长2.12米、东西宽0.56-0.65米、残高0.1米。棺内骨架保存较差，为老年女性，仰身直肢葬。西棺打破中棺，中棺打破东棺。内填花黏土，较疏松。出土随葬品有半釉罐、铜钱。

半釉罐2件。M112∶2，方唇、侈口，斜领，圆折肩，斜腹，平底。肩部以上外壁及口沿内壁施酱釉，有流釉现象，其余露灰胎。外壁有轮制抹痕，底部有同心圆纹。口径10厘米、肩径11.4厘米、底径7.6厘米、通高11.4厘米（图二一〇，1；彩版一二一，2）。M112∶3，厚圆唇、侈口，斜领，

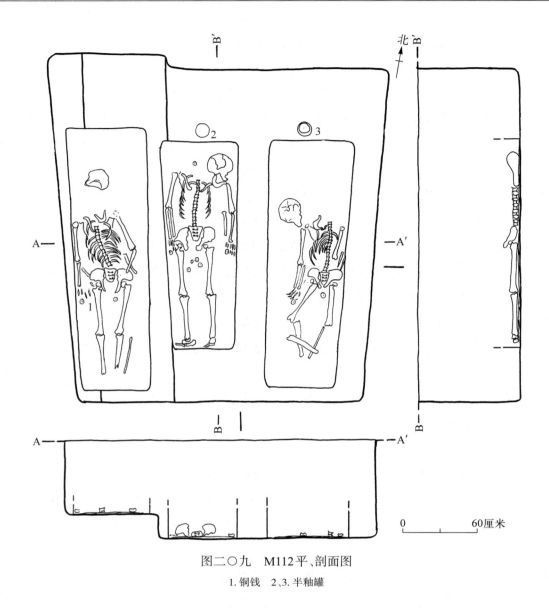

图二〇九　M112平、剖面图

1. 铜钱　2、3. 半釉罐

圆折肩，斜腹，平底略内凹。肩部以上外壁及口沿内壁施酱釉，其余露红褐胎。外壁有轮制抹痕，底部有偏心圆纹。口径10.6厘米、肩径11.4厘米、底径7.8厘米、通高11厘米（图二一〇，2；彩版一二一，3）。

　　康熙通宝1枚。M112：1-1，圆形、方穿。正面有郭，铸"康熙通宝"四字，楷书，对读；背面有郭，穿左右铸满文"宝泉"，纪局名。直径2.33厘米、穿径0.53厘米、郭厚0.09厘米（图二〇五，5）。

　　雍正通宝1枚。M112：1-2，圆形、方穿。正面有郭，铸"雍正通宝"四字，楷书，对读；背面有郭，穿左右铸满文"宝泉"，纪局名。直径2.63厘米、穿径0.54厘米、郭厚0.12厘米（图二〇五，7）。

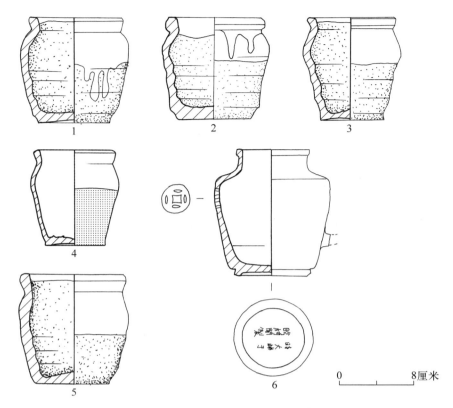

图二一〇　　M112、M143、M158随葬器物

1-5. 半釉罐（M112：2、M112：3、M143：1、M143：3、M158：2）　6. 紫砂壶（M143：2）

其余5枚。皆锈蚀较甚，字迹模糊不清。

M119　位于C2地块的中南部，南邻M87。南北向，方向为335°。墓口距地表深0.7米，墓底距地表深1.36米。墓圹南北长2.6米、东西宽2.8-3.2米、深0.66米（图二一一；彩版七四，2）。

棺木已朽。骨架保存均较差，皆仰身直肢葬，头向北。东棺南北长1.9米、东西宽0.52-0.56米、残高0.18米。棺内为成年女性，面向上。中棺南北长1.9米、东西宽0.56-0.7米、残高0.18米。棺内为老年男性，面向上。西棺南北长1.96米、东西宽0.56-0.62米、残高0.18米。棺内为老年女性，面向下。中棺打破东棺，西棺打破中棺。内填花黏土，较疏松。出土随葬品有铜钱。

乾隆通宝1枚。M119：1-1，圆形、方穿。正面有郭，铸"乾隆通宝"四字，楷书，对读；背面有郭，穿左右铸满文"宝源"，纪局名。直径2.47厘米、穿径0.48厘米、郭厚0.13厘米（图二〇五，10）。

嘉庆通宝2枚。均圆形、方穿。正面有郭，铸"嘉庆通宝"四字，楷书，对读；背面有郭，穿左右铸满文"宝泉"，纪局名。M119：1-2，直径2.38厘米、穿径0.51厘米、郭厚0.13厘米（图二〇五，13）。M119：1-3，直径2.44厘米、穿径0.56厘米、郭厚0.11厘米（图二〇五，14）。

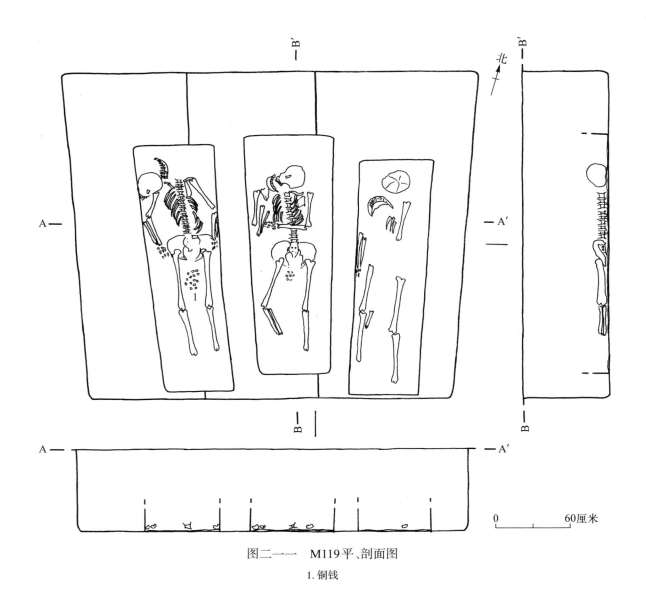

图二一一　M119平、剖面图

1. 铜钱

其余17枚。皆锈蚀较甚, 字迹模糊不清。

M143　位于C2地块的中南部, 东邻M144、西邻M142。南北向, 方向为355°。墓口距地表深0.7米, 墓底距地表深1.5-1.96米。墓圹南北长2.1米、东西宽2.68-2.88米、深0.8-1.26米(图二一二; 彩版七五,1)。

棺木已朽。骨架保存均较好, 皆仰身直肢葬, 头向北, 面向上。东棺南北长1.68米、东西宽0.54-0.58米、残高0.45米。棺内为成年男性。中棺南北长1.72米、东西宽0.54-0.58米、残高0.35米。棺内为成年女性。西棺南北长1.7米、东西宽0.56-0.58米、残高0.2-0.46米。棺内为成年女性。西棺打破中棺, 中棺打破东棺。内填花黏土, 较疏松。出土随葬品有半釉罐、紫砂壶。

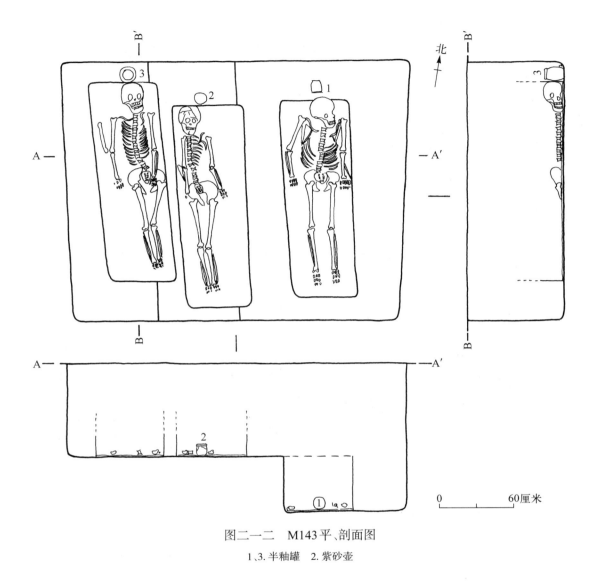

图二一二　M143平、剖面图

1、3.半釉罐　2.紫砂壶

半釉罐2件。M143∶1,厚圆唇、直口,折肩,斜腹,平底。肩部以上外壁及口沿内壁施黄绿釉,釉面较薄,其余露灰胎。外壁有轮制抹痕,底部有同心圆纹。口径9.4厘米、肩径9.6厘米、底径6.8厘米、通高11.2厘米(图二一〇,3;彩版一二一,4)。M143∶3,厚方唇、侈口,圆折肩,斜腹,平底略内凹。肩部以上外壁及口沿内壁施酱黄釉,有流釉现象,其余露灰胎。外壁有轮制抹痕,底部有同心圆纹。口径8.3厘米、肩径9厘米、底径6.5厘米、通高10.8厘米(图二一〇,4;彩版一二一,6)。

紫砂壶1件。M143∶2,方唇、直口,直领,折肩,斜直腹,矮圈足。一侧有流,呈四叶形及菱形镂孔。泥质红陶,火候较高,质地坚硬。素面。把残,底部竖刻"时大彬于昢柯阁制"。口径7.8厘米、肩径12厘米、底径8厘米、通高13.6厘米(图二一〇,6;彩版一二一,5)。

　　M158　位于C2地块的中南部，西邻M175、南邻M149，东北角被M160西南角打破。南北向，方向为345°。墓口距地表深0.8米，墓底距地表深1.7-2.1米。墓圹南北长2.5米、东西宽2.5-2.6米、深0.9-1.3米（图二一四；彩版七五，2）。

　　棺木已朽。骨架保存均较差，头皆向北，面向上。东棺南北长1.86米、东西宽0.5-0.52米、残高0.1米。棺内为成年女性，侧身屈肢葬。中棺南北长1.88米、东西宽0.47-0.52米、残高0.3米。棺内为成年女性，侧身屈肢葬。西棺南北长1.88米、东西宽0.55-0.66米、残高0.15米。棺

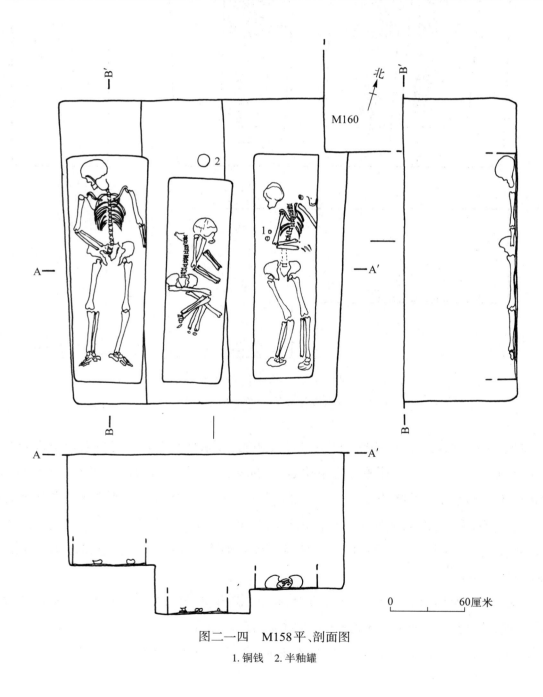

图二一四　M158平、剖面图
1.铜钱　2.半釉罐

内为成年男性,仰身直肢葬。中棺打破东棺,西棺打破中棺。内填花黏土,较疏松。出土随葬品有半釉罐、铜钱。

半釉罐1件。M158:2,厚方唇、侈口,斜领,肩部略折,直腹,平底。肩部以上外壁及口沿内壁施酱釉,有流釉现象,其余露红褐胎。外壁有轮制抹痕,底部有同心圆纹。口径11厘米、肩径11.2厘米、底径7.8厘米、通高12厘米(图二一〇,5;彩版一二二,1)。

顺治通宝1枚。M158:1-1,圆形、方穿。正面有郭,铸"顺治通宝"四字,楷书,对读;背面有郭,穿左铸汉字"一厘",穿右铸钱局汉字"东"。直径2.58厘米、穿径0.47厘米、郭厚0.1厘米(图二〇五,2)。

乾隆通宝1枚。M158:1-2,圆形、方穿。正面有郭,铸"乾隆通宝"四字,楷书,对读;背面有郭,穿左右铸满文"宝源",纪局名。直径2.63厘米、穿径0.53厘米、郭厚0.13厘米(图二〇五,11)。

其余3枚。皆锈蚀较甚,字迹模糊不清。

M164　位于C2地块的中南部,南邻M163。南北向,方向为350°。墓口距地表深0.7米,墓底距地表深1.85米。墓圹南北长3.1米、东西宽2.94-3.2米、深1.15米(图二一四;彩版七五,3)。

棺木已朽。骨架保存均较差,皆头向北,面向上。东棺南北长1.94米、东西宽0.49-0.56米,残高0.25米。棺内为成年女性,仰身直肢葬。中棺南北长1.94米、东西宽0.55-0.64米、残高0.25米。棺内为成年男性,葬式不详。西棺南北长1.92米、东西宽0.48-0.65米、残高0.25米。棺内为成年女性,葬式不详。中棺打破东棺,西棺打破中棺。内填花黏土,较疏松。出土随葬品有半釉罐、铜钱。

半釉罐1件。M164:2,厚方唇、侈口,卷沿,颈部微束,溜肩,直腹,平底略内凹。肩部以上外壁及口沿内壁施酱黄釉,其余露灰胎。外壁有轮制抹痕,底部有同心圆纹。口径11.4厘米、肩径12.4厘米、底径8.6厘米、通高12.4厘米(图二一五,1;彩版一二二,2)。

康熙通宝6枚。均圆形、方穿。正面有郭,铸"康熙通宝"四字,楷书,对读。M164:1-1,背面有郭,穿左右铸满文"宝泉",纪局名。直径2.81厘米、穿径0.55厘米、郭厚0.1厘米(图二一六,2)。M164:1-2,背面有郭,穿左右铸满文"宝源",纪局名。直径2.88厘米、穿径0.53厘米、郭厚0.13厘米(图二一六,3)。M164:1-3,背面有郭,穿左右铸满文"宝泉",纪局名。直径2.85厘米、穿径0.5厘米、郭厚0.13厘米(图二一六,4)。M164:1-4,背面有郭,穿左右铸满文"宝泉",纪局名。直径2.55厘米、穿径0.54厘米、郭厚0.1厘米(图二一六,5)。M164:1-5,背面有郭,穿左右铸满文"宝源",纪局名。直径2.51厘米、穿径0.54厘米、郭厚0.08厘米(图二一六,6)。M164:1-6,背面有郭,穿左右铸满文"宝泉",纪局名。直径2.62厘米、穿径0.57厘米、郭厚0.13厘米(图二一六,7)。

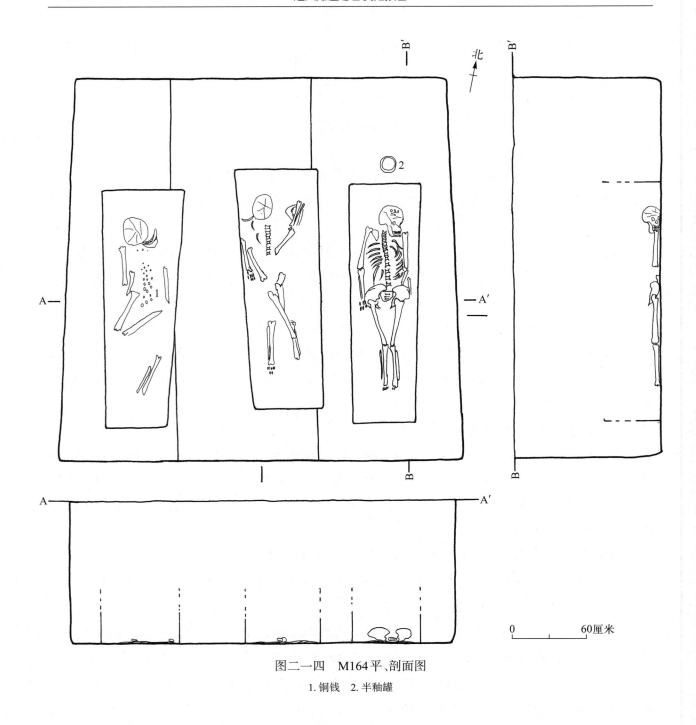

图二一四　M164平、剖面图

1. 铜钱　2. 半釉罐

其余14枚。皆锈蚀较甚，字迹模糊不清。

M175　位于C2地块的中南部，东南邻M177、南邻M150。南北向，方向为340°。墓口距地表深0.7米，墓底距地表深1.52米。墓圹南北长2.6米、东西宽2.5-2.78米、深0.82米（图二一七；彩版七六，1）。

棺木已朽。骨架保存均较差，皆头向北，面向上。东棺南北长1.82米、东西宽0.55-0.6米、

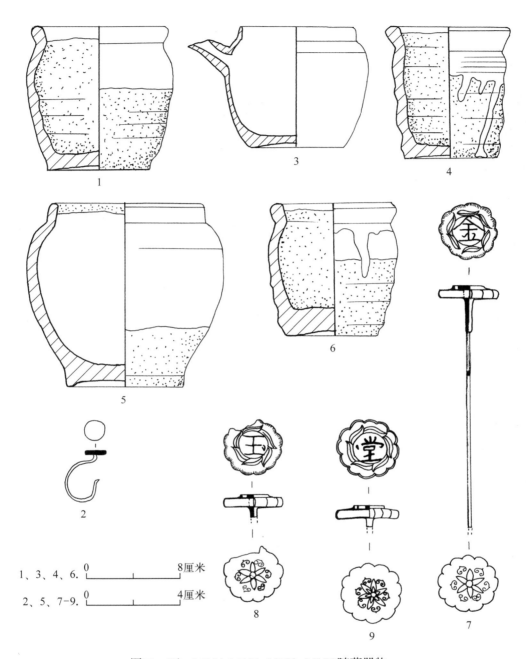

图二一五　M164、M171、M173—M175随葬器物

1、4、6.半釉罐（M164：2、M173：3、M175：2）　2.铜耳钉（M171：2）　3.陶锅（M173：2）　5.瓷罐（M174：2）
7—9.铜簪（M175：3、M175：4、M175：5）

残高0.17米。棺内为成年女性，侧身屈肢葬。中棺南北长2米、东西宽0.6—0.73米、残高0.17米。棺内为成年女性，仰身直肢葬。西棺南北长2.07米、东西宽0.53—0.67米、残高0.17米。棺内为成年男性，仰身直肢葬。西棺打破中棺，中棺打破东棺。内填花黏土，较疏松。出土随葬品有半釉罐、铜簪、铜钱。

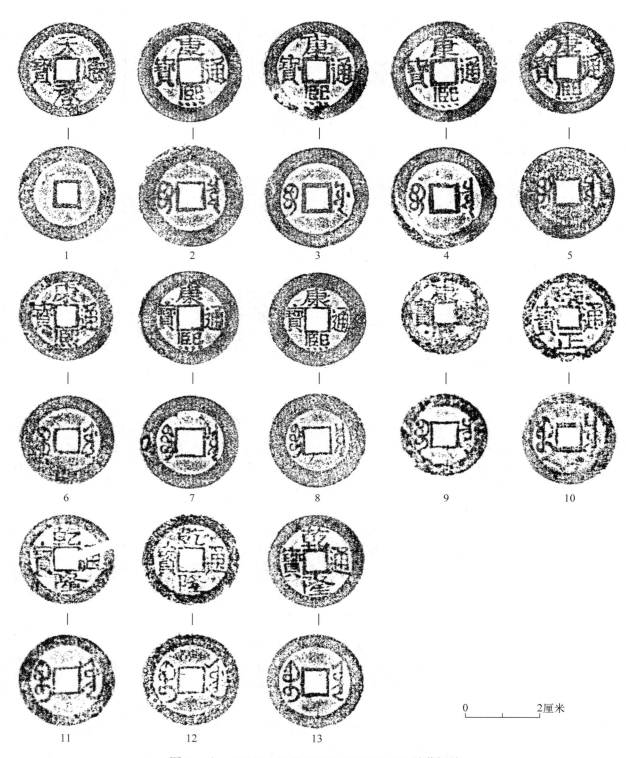

图二一六 M164、M171、M173、M175、M180随葬铜钱

1.天启通宝（M171：1-1） 2-9.康熙通宝（M164：1-1、M164：1-2、M164：1-3、M164：1-4、M164：1-5、M164：1-6、
M171：1-2、M180：1-1） 10.雍正通宝（M173：1-1） 11-13.乾隆通宝（M173：1-2、M175：1-1、M180：1-2）

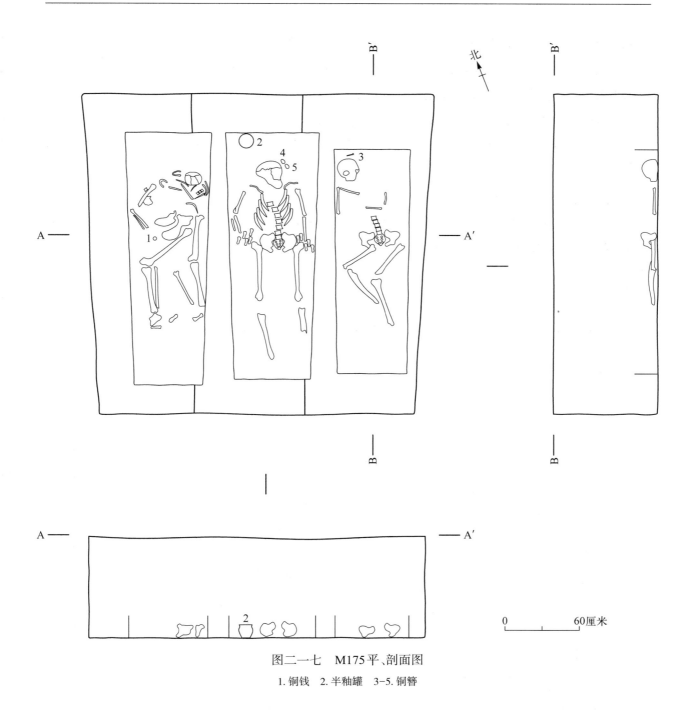

图二一七　M175平、剖面图

1.铜钱　2.半釉罐　3-5.铜簪

　　半釉罐1件。M175：2，厚方唇、侈口，颈部微束，溜肩，直腹，平底略内凹。肩部以上外壁及口沿内壁施酱釉，有流釉现象，其余露红褐胎。外壁有轮制旋痕，底部有偏心圆纹。口径10.6厘米、肩径10.8厘米、底径7.8厘米、通高11.4厘米（图二一五，6；彩版一二二，3）。

　　铜簪3件。大小、形制基本相同。首由六瓣花朵组成，每瓣花朵上刻顺时针旋转的叶脉纹、线纹，中间为圆形凸起。背面为六朵如意云头纹组成的花卉纹，每片花瓣中间镂孔。M175：3，中铸"金"字。首高0.6厘米、首宽2.5厘米、通长10.7厘米（图二一五，7；彩版一二二，4）。M175：4，中铸"玉"字。首高0.6厘米、残宽2.6厘米（图二一五，8；彩版一二二，5）。M175：5，中铸"堂"字。首高0.6厘米、残宽2.6厘米（图二一五，9；彩版一二二，6）。

　　乾隆通宝1枚。M175：1-1，圆形、方穿，正面有郭，铸"乾隆通宝"四字，楷书，对读；背面有郭，穿左右铸满文"宝源"，纪局名。直径2.58厘米、穿径0.52厘米、郭厚0.13厘米（图二一六，12）。

　　其余9枚。皆锈蚀较甚，字迹模糊不清。

　　M180　位于C2地块的中南部，东邻M179、南邻M175。南北向，方向为350°。墓口距地表深0.7米，墓底距地表深1.4米。墓圹南北长2.85米、东西宽2.75-3.2米、深0.7米（图二一八；彩版七六，2）。

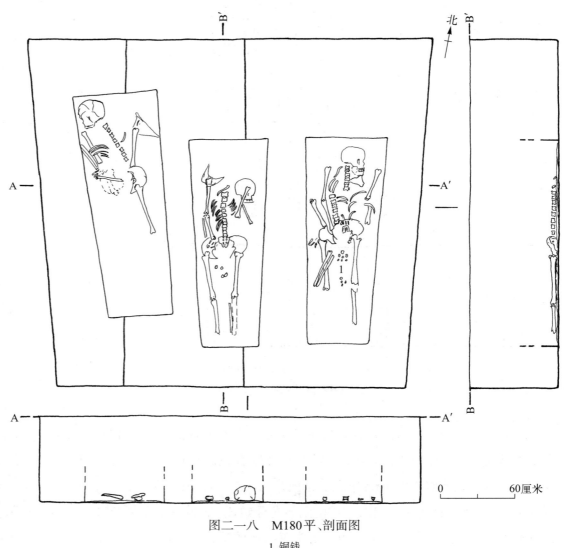

图二一八　M180平、剖面图

1. 铜钱

棺木已朽。骨架保存均较差,皆头向北,面向上。东棺南北长1.7米、东西宽0.49-0.54米、残高0.14米。棺内为成年男性,仰身直肢葬。中棺南北长1.7米、东西宽0.45-0.62米、残高0.14米。棺内为成年女性,仰身直肢葬。西棺南北长1.84米、东西宽0.52-0.66米、残高0.14米。棺内为成年女性,葬式不详。西棺打破中棺,中棺打破东棺。内填花黏土,较疏松。出土随葬品有铜钱。

康熙通宝1枚。M180:1-1,圆形、方穿。正面有郭,铸"康熙通宝"四字,楷书,对读;背面有郭,穿左右铸满文"宝泉",纪局名。直径2.34厘米、穿径0.53厘米、郭厚0.11厘米(图二一六,9)。

乾隆通宝1枚。M180:1-2,圆形、方穿。正面有郭,铸"乾隆通宝"四字,楷书,对读;背面有郭,穿左右铸满文"宝泉",纪局名。直径2.59厘米、穿径0.49厘米、郭厚0.14厘米(图二一六,13)。

其余22枚。皆锈蚀较甚,字迹模糊不清。

C型： 不规则形。12座。

M19 位于C6地块的东北部,北邻M20。东西向,方向为63°。墓口距地表深0.65米,墓底距地表深1.7米。墓圹东西长3.1米、南北宽2.6-2.9米、深1.05米(图二一九;彩版七七,1)。

北、南棺为木棺,中间为瓮棺。北棺保存一般。东西长2.04米、南北宽0.65-0.7米、残高0.4米、厚0.08米。棺内骨架保存较差,为成年女性,葬式不详。头向东,面向上。中棺为瓮棺。南棺保存一般,东西长1.98米、南北宽0.66-0.76米、残高0.26米、厚0.08米。棺内骨架保存较差,为成年女性,仰身直肢葬。头向东,面向上。内填花黏土,较疏松。出土随葬品有瓷罐、瓷瓮、金簪、银扁方、银簪、铜三事、铜钱。

瓷罐2件。圆唇、折沿,颈部微束,鼓肩,腹部弧收,平底,无盖。内、外壁施白釉,釉面泛青,底部露灰白胎,口沿施酱釉。外壁可见轮制抹痕,底部可见同心圆纹。M19:17,口微侈,口径8厘米、肩径12厘米、底径8.9厘米、通高13.8厘米(图二二〇,5;彩版一二八,4)。M19:18,直口。口径6.8厘米、肩径9.4厘米、底径6厘米、通高13.4厘米(图二二〇,6;彩版一二九,1)。

瓷瓮1件。M19:19,厚圆唇、直口,直领,圆肩,弧腹,平底。腹部饰凹弦纹数道,内壁有垫痕。通体施黑釉,釉面光亮。口径21厘米、肩径41厘米、底径23厘米、通高40厘米。盖面隆起,似馒头状,子口。平顶,短捉手。表面施酱釉,口沿下一周刮釉,盖口沿部露胎,内壁露红褐胎。顶径3厘米、底径22厘米、高7厘米(图二二〇,7;彩版一二九,2)。

金簪10件。2件大小、形制基本相同。蘑菇状首,体为圆柱体,尾尖。M19:1,首高0.35厘米、首宽0.4厘米、通长10.5厘米、重3.01克(图二二一,1;彩版一二三,1)。M19:7,首高0.3厘米、首宽0.4厘米、通长10.5厘米、重3.02克(图二二一,7;彩版一二五,2)。M19:2,首为双层,镂空莲花座托,内镶嵌银色珍珠一颗,顶附镂空五角形,中间为圆珠,底为六颗小圆珠,颈部铸

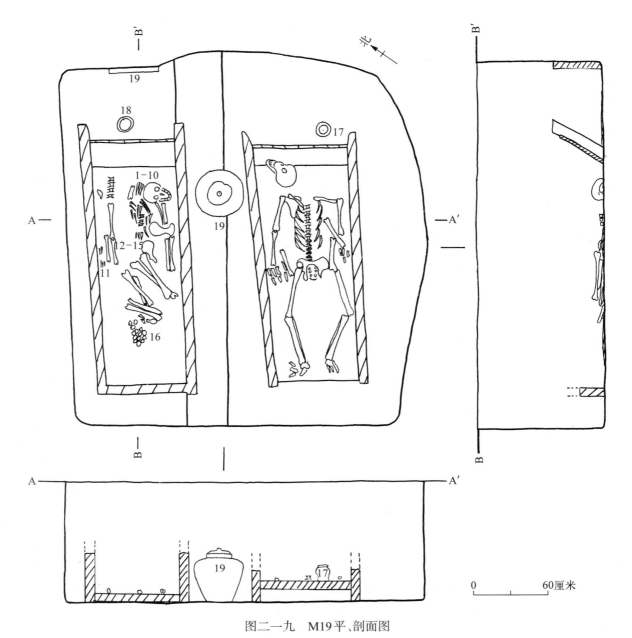

图二一九　M19平、剖面图

1-10. 金簪　11. 铜三事　12、13. 银扁方　14、15. 银簪　16. 铜钱　17、18. 瓷罐　19. 瓷瓮

凸弦纹，体为圆锥体，尾尖。首高1.6厘米、首宽0.6厘米、通长8.8厘米，重2.62克（图二二一，2；彩版一二三，2、3）。2件大小、形制基本相同。首呈龙首状，张口，头前伸，目、鼻、口、牙、鬃、鳞、须清晰可见，体扁平，上宽下窄，尾尖。M19：3，首高0.7厘米、首宽0.5厘米、通长8.5厘米，重5.4克（图二二一，3；彩版一二三，4；彩版一二四，1）。M19：9，首高0.7厘米、首宽0.4厘米、通长8.6厘米，重5.79克（图二二一，9；彩版一二六，3、4）。2件大小、形制基本相同。首为耳挖状，颈部饰凸弦纹，体呈四棱状，上宽下窄，背面刻云纹，尾尖。M19：4，首高1厘米、首宽0.55

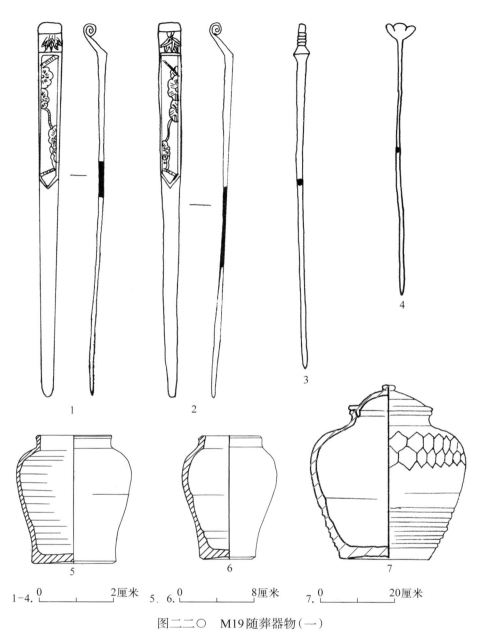

图二二○　M19随葬器物（一）

1、2.银扁方（M19：12、M19：13）　3、4.银簪（M19：14、M19：15）　5、6.瓷罐（M19：17、M19：18）　7.瓷瓮（M19：19）

厘米、通长11.1厘米、重7.95克（图二二一,4；彩版一二四,2、3）。M19：5,首高1厘米、首宽0.5厘米、通长11.1厘米、重7.91克（图二二一,5；彩版一二四,4；彩版一二五,1）。M19：6,首为双层莲花瓣状组成的座托,花瓣刻细密叶脉纹,内镶嵌一大一小两颗白色珍珠,顶部为一小圆珠,整体呈葫芦状,底部为倒莲花座托,颈部饰凸弦纹,鼓凸,体为圆锥体,尾尖。首高2.3厘米、首宽0.8厘米、通长10.2厘米、重4.74克（图二二一,6；彩版一二五,3、4）。2件大小、形制基本相同。首呈如意云纹状,分上下两层。上层以卷云纹形成双目,铸鼻刻须呈兽面状,体扁平,尾

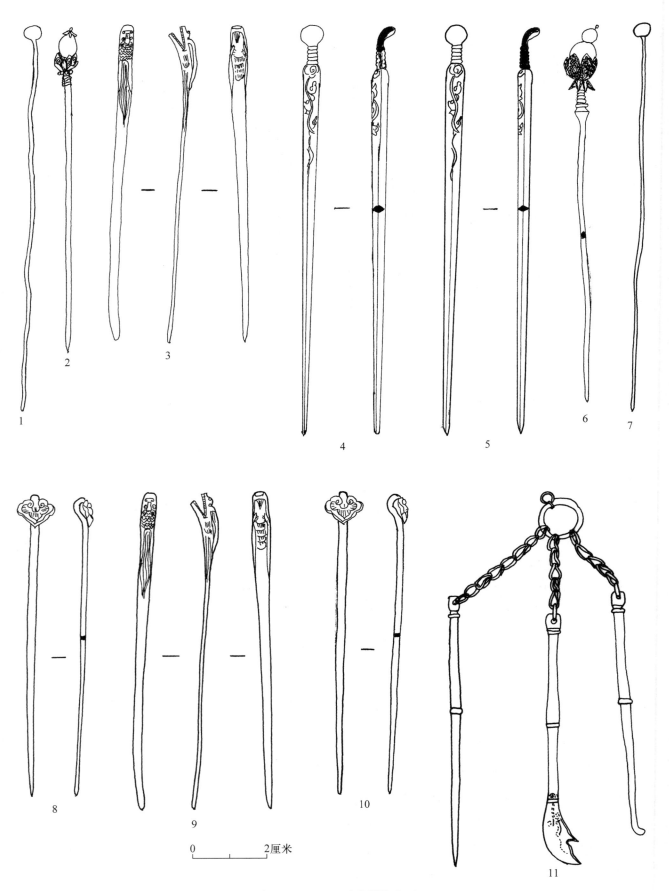

0   2厘米

图二二一　M19随葬器物（二）

1—10. 金簪（M19：1、M19：2、M19：3、M19：4、M19：5、M19：6、M19：7、M19：8、M19：9、M19：10）　11. 铜三事（M19：11）

尖。M19：8，首高0.9厘米、首宽1厘米、通长8.3厘米，重4.85克（图二二一，8；彩版一二六，1、2）。M19：10，首高0.9厘米、首宽1厘米、通长8.2厘米，重4.7克（图二二一，10；彩版一二七，1、2）。

银扁方2件。大小、形制基本相同。首卷曲，上刻草叶纹，体扁平，上宽下窄，正面刻左右相隔的花卉纹，体圆弧。M19：12，自上而下刻左右两朵半花卉纹。首高0.6厘米、首宽0.6厘米、通长10.4厘米（图二二〇，1；彩版一二七，4）。M19：13，体自上而下刻右左两朵半花卉纹。首高0.6厘米、首宽0.6厘米、通长10.3厘米（图二二〇，2；彩版一二八，1）。

银簪2件。M19：14，首残，上铸凸弦纹，颈部鼓凸，体为圆锥体。宽0.4厘米、残高9.9厘米（图二二〇，3；彩版一二八，2）。M19：15，首呈花瓣托状，镶嵌物缺失，外刻细微叶脉纹，体呈圆锥体。首高0.5厘米、首宽0.8厘米、通长7.4厘米（图二二〇，4；彩版一二八，3）。

铜三事1件。M19：11，顶部为圆环形，下以铜链相连一圆环，链长3.3厘米，圆环自左而右以铜链系签、刀、耳勺。签上部为方柱形，中间为凸弦纹，下部为锥体。长7.5厘米。刀为单翅，后背小刀正反面刻云纹，体上部为方柱形，中间为凸弦纹。长7厘米。勺上部为方柱形，中间为凸弦纹，下部为圆柱形，勺为半球状，中空。长6.8厘米（图二二一，11；彩版一二七，3）。

铜钱36枚。皆锈蚀较甚，字迹模糊不清。

M36　位于C6地块的东北部，西邻M33。东西向，方向为95°。墓口距地表深0.7米，墓底距地表深1.6米。墓圹东西长2.6-2.8米、南北宽2.75米、深0.9米（图二二二；彩版七七，2）。

棺木已朽。骨架保存均较好，皆侧身直肢葬，头向东。北棺东西长1.86米、南北宽0.54-0.7米、残高0.15米。棺内为成年男性，面向上。中棺东西长1.94米、南北宽0.58-0.7米、残高0.15米。棺内为成年女性，面向下。南棺东西长1.71米、南北宽0.64-0.75米、残高0.15米。棺内为成年女性，面向下。北棺打破中棺，中棺打破南棺。内填花黏土，较疏松。出土随葬品有半釉罐、铁环、铜钱。

半釉罐2件。厚方唇、侈口，卷沿，束颈，溜肩，斜腹，平底略内凹。肩部以上外壁、口沿内壁施黄绿釉，有流釉现象。其余露红褐胎。外壁可见轮制抹痕，底部可见同心圆纹。M36：3，口径10.5厘米、肩径10.6厘米、底径7.8厘米、通高11厘米（图二二三，2；彩版一二九，4）。M36：4，口径9.6厘米、肩径9.8厘米、底径8.4厘米、通高11.2厘米（图二二三，3；彩版一三〇，1）。

铁环1件。M36：2，圆形，圆柱体，接口不齐。直径3.3厘米、厚0.4厘米（图二二三，1；彩版一二九，3）。

顺治通宝1枚。M36：1-1，圆形、方穿。正面有郭，铸"顺治通宝"四字，楷书，对读；背面有郭，穿左右铸满汉文"原"字，纪局名。直径2.75厘米、穿径0.54厘米、郭厚0.13厘米（图二二四，1）。

康熙通宝5枚。均圆形、方穿。正面有郭，铸"康熙通宝"四字，楷书，对读。M36：1-2，背面有郭，穿左右铸满文"宝泉"，纪局名。直径2.59厘米、穿径0.56厘米、郭厚0.12厘米（图二二四，3）。M36：1-3，背面有郭，穿左右铸满文"宝源"，纪局名。直径2.62厘米、穿径0.53厘

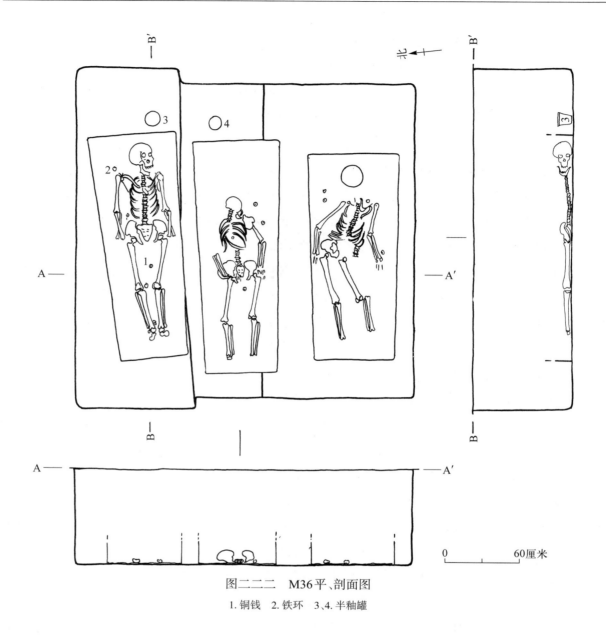

图二二二　M36平、剖面图

1. 铜钱　2. 铁环　3、4. 半釉罐

米、郭厚0.13厘米（图二二四，4）。M36：1-4，背面有郭，穿左右铸满文"宝泉"，纪局名。直径2.3厘米、穿径0.56厘米、郭厚0.1厘米（图二二四，5）。M36：1-5，背面有郭，穿左右铸满文"宝泉"，纪局名。直径2.37厘米、穿径0.5厘米、郭厚0.09厘米（图二二四，6）。M36：1-6，背面有郭，穿左右铸满文"宝源"，纪局名。直径2.67厘米、穿径0.58厘米、郭厚0.13厘米（图二二四，7）。

雍正通宝1枚。M36：1-7，圆形、方穿。正面有郭，铸"雍正通宝"四字，楷书，对读；背面有郭，穿左右铸满文"宝泉"，纪局名。直径2.67厘米、穿径0.58厘米、郭厚0.13厘米（图二二四，13）。

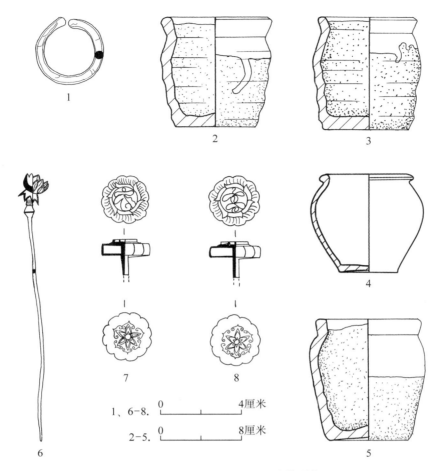

图二二三　M36、M75、M92随葬器物

1. 铁环（M36：2）　2、3、5. 半釉罐（M36：3、M36：4、M92：2）　4. 陶罐（M75：4）
6-8. 铜簪（M75：2、M75：3-1、M75：3-2）

其余4枚。皆锈蚀较甚，字迹模糊不清。

M75　位于C2地块的南部，北邻M74，南邻M76。南北向，方向为350°。墓口距地表深0.8米，墓底距地表深1.6米。墓圹南北长2.48-2.62米、东西宽2.3-2.52米、深0.8米（图二二五；彩版七八，1）。

棺木已朽。皆仰身直肢葬，头向北。东棺南北长1.73米、东西宽0.48-0.65米、残高0.15米。棺内骨架保存较好，为成年男性，面向下。中棺南北长1.88米、东西宽0.47-0.58米、残高0.1米。棺内骨架保存较好，为成年女性，面向下。西棺南北长1.88米、东西宽0.46-0.57米、残高0.1米。棺内骨架保存较差，为成年女性，面向上。中棺打破东棺，西棺打破中棺。内填花黏土，较疏松。出土随葬品有铜簪、陶罐、铜钱。

陶罐1件。M75：4，尖唇、卷沿，溜肩，弧腹，平底略内凹。泥质红陶，素面。胎体轻薄。外壁有轮制抹痕，底部有偏心旋纹。口径8.2厘米、肩径11厘米、底径6.1厘米、通高10厘米（图二二三，4；彩版一三〇，4）。

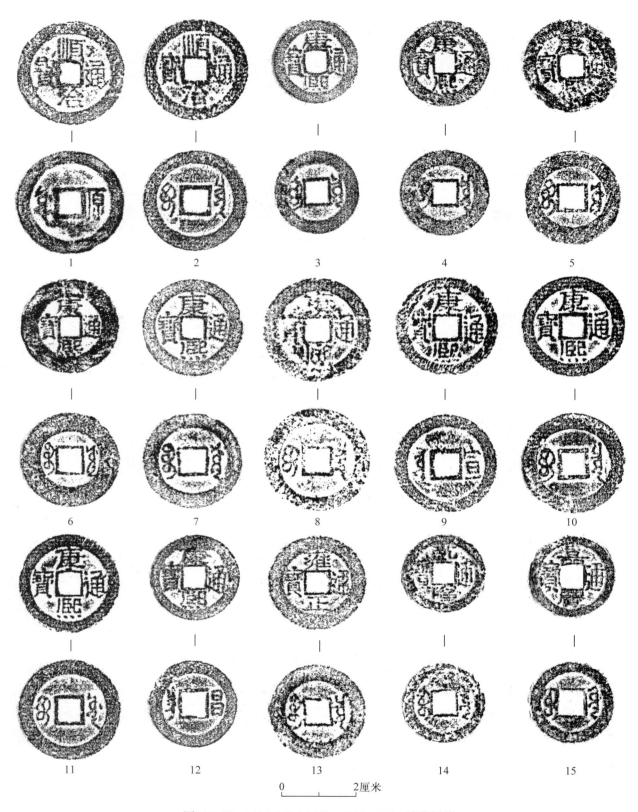

图二二四　M36、M75、M92、M118、M125随葬铜钱

1、2.顺治通宝（M36：1-1、M118：1-1）　3-12.康熙通宝（M36：1-2、M36：1-3、M36：1-4、M36：1-5、M36：1-6、M92：1-1、M118：1-2、M118：1-3、M118：1-4、M125：1-1）　13.雍正通宝（M36：1-7）　14.乾隆通宝（M75：1-1）　15.嘉庆通宝（M75：1-2）

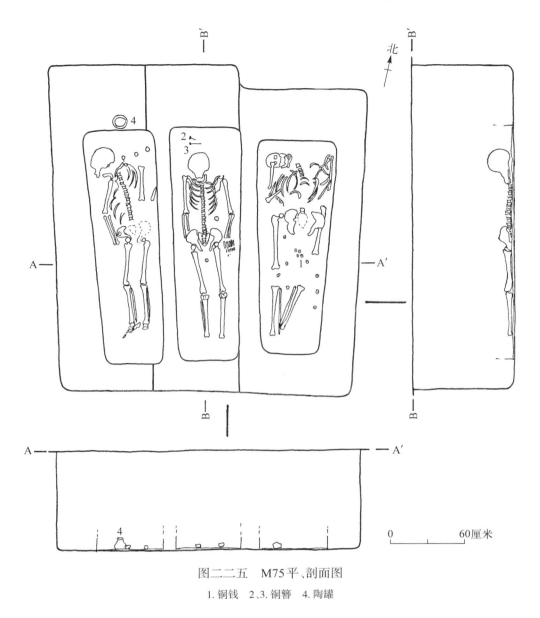

图二二五　M75平、剖面图

1. 铜钱　2、3. 铜簪　4. 陶罐

　　铜簪3件。M75:2,首残,余三层莲花座托,下接倒莲花座托。体为圆锥体,颈部施凸弦纹,鼓凸。残长13.4厘米(图二二三,6;彩版一三〇,2)。M75:3-1,首铸十二朵花瓣,花瓣上有线刻纹,上铸五朵逆时针旋转的叶纹,中间圆形凸起,内铸一"寿"字。底部为六朵如意云头纹组成的六边形,中间镂六孔。首宽2.3厘米、首高0.8厘米、残长1.8厘米(图二二三,7;彩版一三〇,3)。M75:3-2,首铸十二朵花瓣,花瓣上有线刻纹,上铸五朵逆时针旋转的叶纹,中间圆形凸起,内铸一"寿"字。底部为六朵如意云头纹组成的六边形,中间镂六孔。首宽2.4厘米、首高0.8厘米、残长1.8厘米(图二二三,8;彩版一三〇,3)。

　　乾隆通宝1枚。M75:1-1,圆形、方穿。正面有郭,铸"乾隆通宝"四字,楷书,对读;背面有郭,穿左右铸满文"宝泉",纪局名。直径2.12厘米、穿径0.53厘米、郭厚0.12厘米(图二二四,14)。

　　嘉庆通宝1枚。M75：1-2，圆形、方穿。正面有郭，铸"嘉庆通宝"四字，楷书，对读；背面有郭，穿左右铸满文"宝泉"，纪局名。直径2.24厘米、穿径0.52厘米、郭厚0.13厘米（图二二四，15）。

　　其余18枚。皆锈蚀较甚，字迹模糊不清。

　　M92 位于C2地块中南部，北邻M90。南北向，方向为350°。墓口距地表深0.8米，墓底距地表深2.1米。墓圹南北长2.6-2.67米、东西宽2.64-2.98米、深1.3米（图二二六；彩版七八，2）。

　　棺木已朽。骨架保存均较差，皆头向北，面向上。东棺南北长1.86米、东西宽0.52-0.6米、残高0.2米。棺内为成年女性，侧身屈肢葬。中棺南北长2.1米、东西宽0.46-0.64米、残高0.5

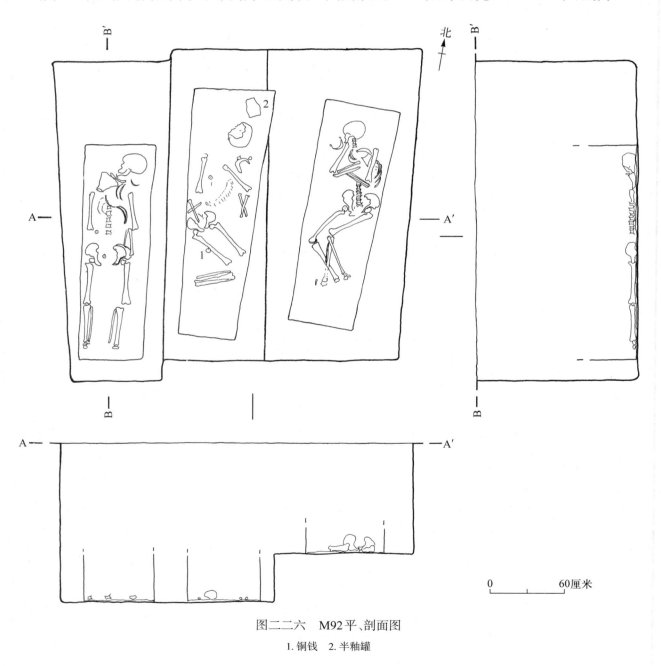

图二二六　M92平、剖面图

1. 铜钱　2. 半釉罐

米。棺内为成年女性,侧身屈肢葬。西棺南北长1.8米、东西宽0.52-0.58米、残高0.4米。棺内
为成年男性,仰身直肢葬。西棺打破中棺,中棺打破东棺。内填花黏土,较疏松。出土随葬品
有半釉罐、铜钱。

半釉罐1件。M92：2,泥质灰陶。方唇、侈口,卷沿,溜肩,斜腹,平底略内凹。肩部以上外
壁及口沿内壁施酱釉,有流釉现象,其余露灰胎。外壁可见轮制抹痕,底部可见偏心旋纹。口
径10.2厘米、肩径11厘米、底径8厘米、通高12.2厘米(图二二三,5;彩版一三一,1)。

康熙通宝1枚。M92：1-1,圆形、方穿。正面有郭,铸"康熙通宝"四字,楷书,对读;背面
有郭,穿左右铸满文"宝泉",纪局名。直径2.86厘米、穿径0.6厘米、郭厚0.1厘米(图二二四,8)。

M118　位于C2地块的中南部,西邻M93、北邻M117。南北向,方向为340°。墓口距地表深1.1
米,墓底距地表深1.94米。墓圹南北长2.6米、东西宽2.1米、深0.84米(图二二七;彩版七九,1)。

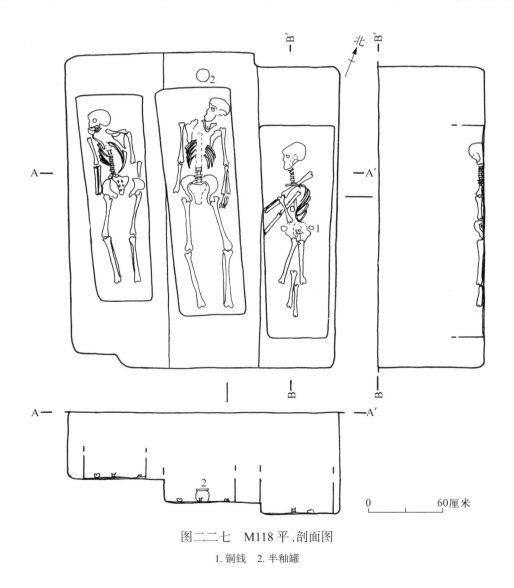

图二二七　M118平、剖面图

1. 铜钱　2. 半釉罐

　　棺木已朽。骨架保存均较好,皆头向北,面向上。西棺南北长1.7米、东西宽0.44-0.6米、残高0.16米。棺内为成年女性,仰身直肢葬。中棺南北长1.88米、东西宽0.5-0.6米、残高0.2米。棺内为成年男性,仰身直肢葬。东棺南北长1.75米、东西宽0.49-0.6米、残高0.3米。棺内为成年女性,葬式不详。东棺打破中棺,中棺打破西棺。内填花黏土,较致密。出土随葬品有半釉罐、铜钱。

　　半釉罐1件。M118:2,厚方唇、侈口,斜领,圆折肩,直腹,平底。肩部以上外壁及口沿内壁施酱绿釉,有流釉现象,其余露灰胎。外壁有轮制抹痕,底部有同心圆纹。口径11.4厘米、肩径11.6厘米、底径7厘米、通高11.6厘米(图二二八,1;彩版一三一,2)。

　　顺治通宝1枚。M118:1-1,圆形、方穿。正面有郭,铸"顺治通宝"四字,楷书,对读;背面有郭,穿左右铸满文"宝泉",纪局名。直径2.7厘米、穿径0.56厘米、郭厚0.09厘米(图二二四,2)。

　　康熙通宝3枚。均圆形、方穿。正面有郭,铸"康熙通宝"四字,楷书,对读。M118:1-2,背面有郭,穿左右铸满汉文"宣",纪局名。直径2.29厘米、穿径0.56厘米、郭厚0.11厘米(图二二四,9)。M118:1-3,背面有郭,穿左右铸满文"宝泉",纪局名。直径2.77厘米、穿径0.54

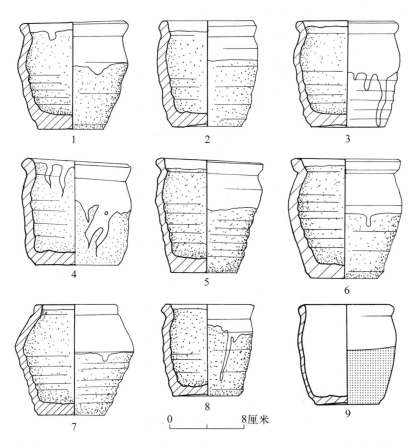

图二二八　　M118、M125、M127、M128、M129、M132、M163随葬半釉罐

1. M118:2　2. M125:2　3. M127:2　4. M127:3　5. M128:2　6. M128:3　7. M129:2　8. M132:2　9. M163:2

厘米、郭厚0.1厘米（图二二四,10）。M118：1-4,背面有郭,穿左右铸满文"宝源",纪局名。直径2.74厘米、穿径0.56厘米、郭厚0.12厘米（图二二四,11）。

其余5枚。皆锈蚀较甚,字迹模糊不清。

M125　位于C2地块的中南部,北邻M127。南北向,方向为345°。墓口距地表深0.8米,墓底距地表深2米。墓圹南北长2.7米、东西宽3-3.1米、深1.2米（图二二九;彩版七九,2）。

棺木已朽。骨架保存均较好,皆头向北,面向上。东棺南北长1.76米、东西宽0.48-0.58米、残高0.2米。棺内为成年男性,仰身直肢葬。中棺南北长1.86米、东西宽0.48-0.56米、残高

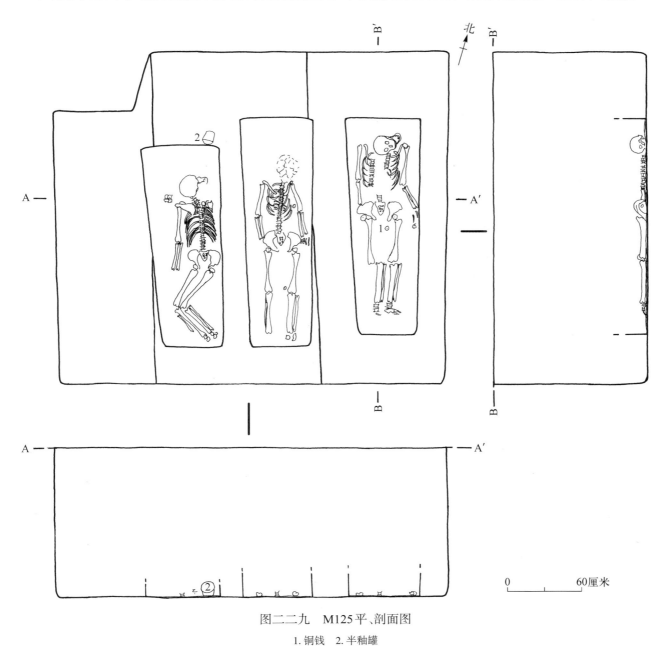

图二二九　M125平、剖面图

1. 铜钱　2. 半釉罐

0.2米。棺内为成年女性，仰身直肢葬。西棺南北长1.64米、东西宽0.48-0.6米、残高0.1米。棺内为成年女性，侧身屈肢葬。中棺打破东棺，西棺打破中棺。内填花黏土，较疏松。出土随葬品有半釉罐、铜钱。

半釉罐1件。M125：2，厚方唇、侈口，斜领，溜肩，直腹，平底略内凹。肩部以上外壁及口沿内壁施绿釉，釉层较薄，其余露红褐胎。外壁有轮制抹痕，底部有偏心圆纹。口径10.4厘米、肩径10.8厘米、底径7.4厘米、通高11.6厘米（图二二八，2；彩版一三一，3）。

康熙通宝1枚。M125：1-1，圆形、方穿。正面有郭，铸"康熙通宝"四字，楷书，对读；背面有郭，穿左右铸满汉文"昌"，纪局名。直径2.36厘米、穿径0.56厘米、郭厚0.1厘米（图二二四，12）。

M127　　位于C2地块的中南部，北邻M128。南北向，方向为345°。墓口距地表深0.8米，墓底距地表深1.6米。墓圹南北长2.24-2.6米、东西宽2.1-2.4米、深0.8米（图二三○；彩版八○，1）。

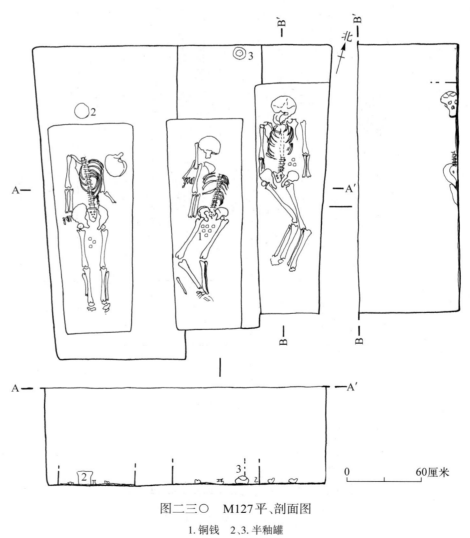

图二三○　M127平、剖面图

1.铜钱　2、3.半釉罐

棺木已朽。骨架保存均较差，皆头向北，面向上。东棺南北长1.9米、东西宽0.47-0.6米、残高0.1米。棺内为老年男性，侧身屈肢葬。中棺南北长1.76米、东西宽0.52-0.6米、残高0.15米。棺内为成年女性，侧身屈肢葬。西棺南北长1.75米、东西宽0.52-0.68米、残高0.1米。棺内为成年男性，仰身直肢葬。东棺打破中棺，中棺打破西棺。内填花黏土，较疏松。出土随葬品有半釉罐、铜钱。

半釉罐2件。M127:2，方唇，侈口，束颈，溜肩，弧腹，平底。肩部以上外壁及口沿内壁施酱黄釉，有流釉现象，其余露红褐胎。外壁有轮制抹痕，底部有同心圆纹。口径11厘米、肩径11.4厘米、底径8厘米、通高11.6厘米（图二二八，3；彩版一三一，4）。M127:3，厚方唇，侈口，斜领，肩部略折，直腹，平底。肩部以上外壁及口沿内壁施绿釉，有流釉现象，其余露红褐胎。外壁有轮制抹痕，底部有同心圆纹。口径11.2厘米、肩径11.6厘米、底径8.8厘米、通高11.7厘米（图二二八，4；彩版一三一，5）。

顺治通宝1枚。M127:1-1，圆形、方穿。正面有郭，铸"顺治通宝"四字，楷书，对读；背面有郭，穿左右铸满文"宝泉"，纪局名。直径2.76厘米、穿径0.51厘米、郭厚0.12厘米（图二三一，5）。

康熙通宝8枚。均圆形、方穿。正面有郭，铸"康熙通宝"四字，楷书，对读。M127:1-2，背面有郭，穿左右铸满汉文"原"，纪局名。直径2.81厘米、穿径0.51厘米、郭厚0.14厘米（图二三一，6）。M127:1-3，背面有郭，穿左右铸满文"宝泉"，纪局名。直径2.78厘米、穿径0.54厘米、郭厚0.1厘米（图二三一，7）。M127:1-4，背面有郭，穿左右铸满文"宝源"，纪局名。直径2.82厘米、穿径0.53厘米、郭厚0.12厘米（图二三一，8）。M127:1-5，背面有郭，穿左右铸满汉文"浙"，纪局名。直径2.75厘米、穿径0.55厘米、郭厚0.13厘米（图二三一，9）。M127:1-6，背面有郭，穿左右铸满汉文"昌"，纪局名。直径2.72厘米、穿径0.55厘米、郭厚0.14厘米（图二三一，10）。M127:1-7，背面有郭，穿左右铸满汉文"东"，纪局名。直径2.74厘米、穿径0.52厘米、郭厚0.12厘米（图二三一，11）。M127:1-8，背面有郭，穿左右铸满汉文"同"，纪局名。直径2.77厘米、穿径0.56厘米、郭厚0.12厘米（图二三一，12）。M127:1-9，背面有郭，穿左右铸满汉文"河"，纪局名。直径2.68厘米、穿径0.54厘米、郭厚0.09厘米（图二三一，13）。

其余6枚。皆锈蚀较甚，字迹模糊不清。

M128 位于C2地块的中南部，北邻M129、南邻M127。南北向，方向为345°。墓口距地表深0.8米，墓底距地表深1.5-2米。墓圹南北长2.6-3.1米、东西宽2.18-2.6米、深0.7-1.2米（图二三二；彩版八〇，2）。

棺木已朽。骨架保存均较差，皆仰身直肢葬，头向北，面向上。东棺南北长1.8米、东西宽0.53-0.64米、残高0.1米。棺内为成年女性。中棺南北长1.72米、东西宽0.5-0.7米、残高0.1米。棺内为成年男性。西棺南北长1.8米、东西宽0.48-0.62米、残高0.1米。棺内为成年女性。

图二三一　M127、M128随葬铜钱

1.万历通宝（M128：1-1）　2、3.天启通宝（M128：1-2、M128：1-3）　4.崇祯通宝（M128：1-4）　5.顺治通宝（M127：1-1）　6-14.康熙通宝（M127：1-2、M127：1-3、M127：1-4、M127：1-5、M127：1-6、M127：1-7、M127：1-8、M127：1-9、M128：1-6）　15.乾隆通宝（M128：1-5）

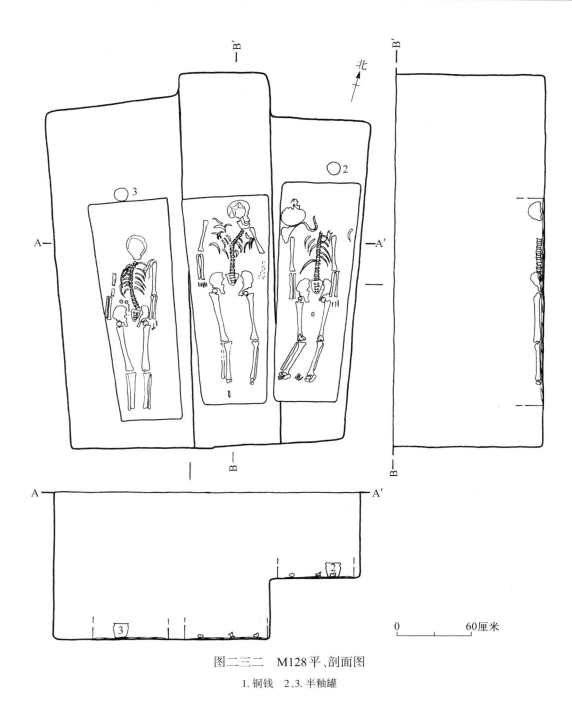

图二三二　M128平、剖面图

1. 铜钱　2、3. 半釉罐

东棺打破中棺,中棺打破西棺。内填花黏土,较疏松。出土随葬品有半釉罐、铜钱。

半釉罐2件。M128:2,厚方唇、侈口,肩部略折,斜腹,平底。肩部以上外壁及口沿内壁施酱釉,釉层较薄,有脱釉现象,其余露灰胎。外壁有轮制抹痕,底部有同心圆纹。口径11.4厘米、肩径11.2厘米、底径7厘米、通高12.2厘米(图二二八,5;彩版一三一,6)。M128:3,厚方唇、侈口,斜领,溜肩,直腹,平底略内凹。肩部以上外壁及口沿内壁施酱绿釉,釉面细密开片,有流釉现象,其余露红褐胎。外壁有轮制抹痕,底部有同心圆纹。口径11.4厘米、肩径12厘米、底径7厘米、通高12.8厘米(图二二八,6;彩版一三二,1)。

万历通宝1枚。M128:1-1,圆形、方穿。正面有郭,铸"万历通宝"四字,楷书,对读;背面有郭。直径2.56厘米、穿径0.55厘米、郭厚0.13厘米(图二三一,1)。

天启通宝2枚。均圆形、方穿。正面有郭,铸"天启通宝"四字,楷书,对读。M128:1-2,背面有郭。直径2.56厘米、穿径0.47厘米、郭厚0.11厘米(图二三一,2)。M128:1-3,背面有郭,穿上侧铸汉字"工"。直径2.62厘米、穿径0.47厘米、郭厚0.11厘米(图二三一,3)。

崇祯通宝1枚。M128:1-4,圆形、方穿。正面有郭,铸"崇祯通宝"四字,楷书,对读;背面有郭。直径2.61厘米、穿径0.54厘米、郭厚0.1厘米(图二三一,4)。

康熙通宝1枚。M128:1-6,圆形、方穿。正面有郭,铸"康熙通宝"四字,楷书,对读;背面有郭,穿左右铸满文"宝泉",纪局名。直径2.8厘米、穿径0.57厘米、郭厚0.12厘米(图二三一,14)。

乾隆通宝1枚。M128:1-5,圆形、方穿。正面有郭,铸"乾隆通宝"四字,楷书,对读;背面有郭,穿左右铸满文"宝泉",纪局名。直径2.46厘米、穿径0.52厘米、郭厚0.09厘米(图二三一,15)。

其余4枚。皆锈蚀较甚,字迹模糊不清。

M129　位于C2地块的中南部,南邻M128。南北向,方向为345°。墓口距地表深0.8米,墓底距地表深1.6-2米。墓圹南北长2.1-2.55米、东西宽2.1-2.9米、深0.8-1.2米(图二三三;彩版八一,1)。

棺木已朽。骨架保存均较差。东棺南北长1.8米、东西宽0.47-0.62米、残高0.1米。棺内为成年男性,仰身直肢葬。头向北,面向上。中棺南北长2.12米、东西宽0.57-0.68米、残高0.1米。棺内为成年女性,葬式、头向、面向不详。西棺南北长1.85米、东西宽0.4-0.56米、残高0.1米。棺内为成年女性,仰身直肢葬。头向北,面向上。东棺打破中棺,中棺打破西棺。内填花黏土,较疏松。出土随葬品有半釉罐、铜钱。

半釉罐1件。M129:2,厚方唇、直口,直领,折肩,斜腹,平底。肩部以上外壁及口沿内壁施酱釉,有脱釉现象,其余露红褐胎。器形不规整,外壁有轮制抹痕,底部有偏心圆纹。口径9厘米、肩径12.6厘米、底径7厘米、通高12厘米(图二二八,7;彩版一三二,2)。

万历通宝1枚。M129:1-1,圆形、方穿。正面有郭,铸"万历通宝"四字,楷书,对读;背面有郭。直径2.56厘米、穿径0.51厘米、郭厚0.1厘米(图二三四,1)。

其余3枚。皆锈蚀较甚,字迹模糊不清。

M132　位于C2地块的中南部,南邻M130。南北向,方向为350°。墓口距地表深0.8米,墓底距地表深1.1-1.7米。墓圹南北长2.56米、东西宽2.37-2.84米、深0.3-0.9米(图二三五;彩版八一,2)。

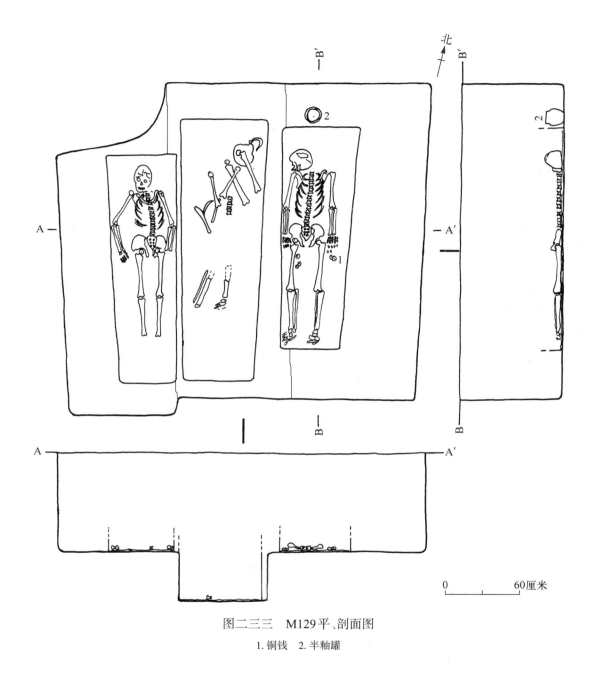

图二三三　M129平、剖面图

1.铜钱　2.半釉罐

棺木已朽。骨架保存均较差,皆头向北,面向上。西棺南北长1.76米、东西宽0.57-0.59米、残高0.12米。棺内为成年男性,仰身直肢葬。中棺南北长1.77米、东西宽0.5-0.52米、残高0.08米。棺内为成年女性,葬式不详。东棺南北长1.85米、东西宽0.44-0.6米、残高0.07米。棺内为成年女性,仰身直肢葬。东棺打破中棺,中棺打破西棺。内填花黏土,较致密。出土随葬品有半釉罐、铜钱。

半釉罐1件。M132:2,圆唇、侈口,斜领,溜肩,直腹,平底略内凹。肩部以上外壁及口沿内

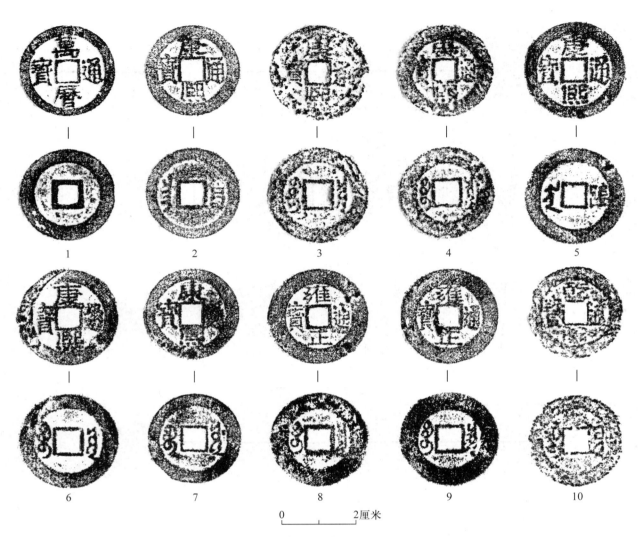

图二三四　M129、M132、M163随葬铜钱

1. 万历通宝（M129：1-1）　2-7. 康熙通宝（M132：1-1、M132：1-2、M132：1-3、M163：1-1、M163：1-2、M163：1-3）
8、9. 雍正通宝（M163：1-4、M163：1-5）　10. 乾隆通宝（M132：1-4）

壁施绿釉，有流釉现象，其余露灰胎。器形不规整。外壁有轮制抹痕，底部有偏心圆纹。口径
9.4厘米、肩径9.4厘米、底径7厘米、通高10厘米（图二二八，8；彩版一三二，3）。

康熙通宝3枚。均圆形、方穿。正面有郭，铸"康熙通宝"四字，楷书，对读；背面有郭，
穿左右铸满文"宝泉"，纪局名。M132：1-1，直径2.67厘米、穿径0.54厘米、郭厚0.15厘米
（图二三四，2）。M132：1-2，直径2.57厘米、穿径0.53厘米、郭厚0.13厘米（图二三四，3）。
M132：1-3，直径2.54厘米、穿径0.54厘米、郭厚0.1厘米（图二三四，4）。

乾隆通宝1枚。M132：1-4，圆形、方穿。正面有郭，铸"乾隆通宝"四字，楷书，对读；
背面有郭，穿左右铸满文"宝昌"，纪局名。直径2.53厘米、穿径0.56厘米、郭厚0.08厘米（图

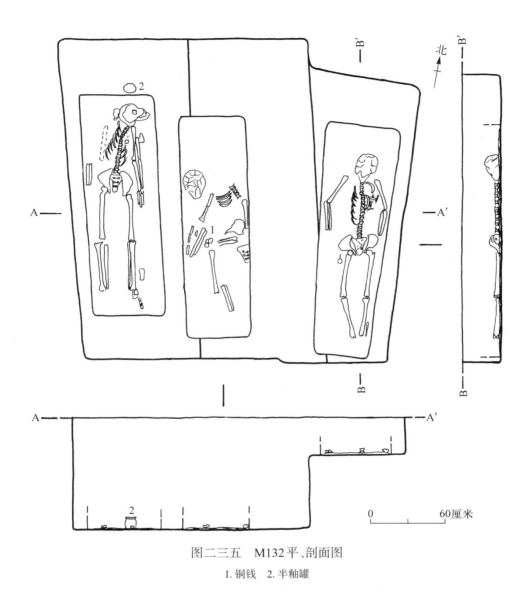

图二三五 M132平、剖面图

1. 铜钱 2. 半釉罐

二三四,10)。

其余6枚。皆锈蚀较甚,字迹模糊不清。

M163 位于C2地块的中南部,南邻M162。南北向,方向为345°。墓口距地表深0.9米,墓底距地表深1.5米。墓圹南北长2.9-3.2米、东西宽2.8-3米、深0.6米(图二三六;彩版八二,1)。

棺木已朽。骨架保存均较差,皆头向北,面向上。西棺南北长1.92米、东西宽0.64-0.72米、残高0.1米。棺内为成年女性,侧身屈肢葬。中棺南北长1.73米、东西宽0.6-0.68米、残高0.14米。棺内为成年女性,侧身屈肢葬。东棺南北长2.04米、东西宽0.62-0.72米、残高0.1米。棺内为成年男性,仰身直肢葬。中棺打破东棺,西棺打破中棺。内填花黏土,较致密。出土随葬品有半釉罐、铜钱。

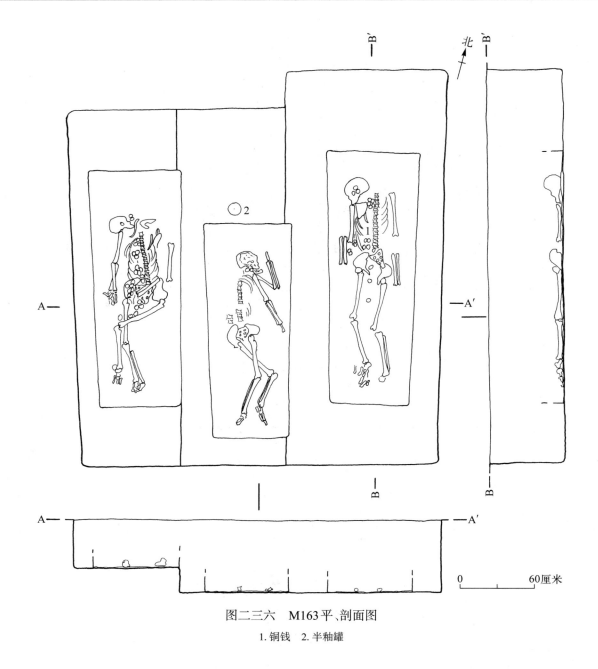

图二三六　M163平、剖面图

1. 铜钱　2. 半釉罐

半釉罐1件。M163：2，方唇、侈口，颈部微束，溜肩，弧腹，平底略内凹。肩部以上外壁及口沿内壁施酱釉，其余露红褐胎。外壁有轮制抹痕，底部有同心圆纹。口径9.5厘米、肩径10厘米、底径7.4厘米、通高11厘米（图二二八，9；彩版一三二，4）。

康熙通宝3枚。均圆形、方穿。正面有郭，铸"康熙通宝"四字，楷书，对读。M163：1-1，背面有郭，穿左右铸满汉文"临"，纪局名。直径2.68厘米、穿径0.47厘米、郭厚0.09厘米（图二三四，5）。M163：1-2，背面有郭，穿左右铸满文"宝源"，纪局名。直径2.7厘米、穿径0.52厘米、郭厚0.13厘米（图二三四，6）。M163：1-3，背面有郭，穿左右铸满文"宝源"，纪局名。直径

2.63厘米、穿径0.54厘米、郭厚0.1厘米（图二三四，7）。

雍正通宝2枚。均圆形、方穿。正面有郭，铸"雍正通宝"四字，楷书，对读；背面有郭，穿左右铸满文"宝泉"，纪局名。M163：1-4，直径2.63厘米、穿径0.51厘米、郭厚0.13厘米（图二三四，8）。M163：1-5，直径2.64厘米、穿径0.52厘米、郭厚0.11厘米（图二三四，9）。

其余35枚。皆锈蚀较甚，字迹模糊不清。

M174　位于C2地块的中南部，北邻M150、东南邻M173。南北向，方向为340°。墓口距地表深0.8米，墓底距地表深1.3-1.73米。墓圹南北长2.3-2.46米、东西宽2.53米、深0.5-0.93米（图二三七；彩版八二，2）。

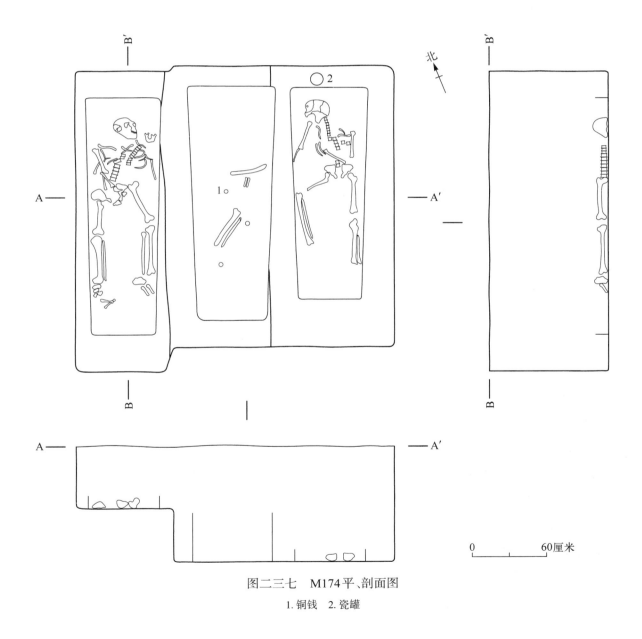

图二三七　M174平、剖面图

1. 铜钱　2. 瓷罐

棺木已朽。骨架保存均较差,皆仰身直肢葬。东棺南北长1.73米、东西宽0.5-0.61米、残高0.1米。棺内为成年女性,头向北,面向上。中棺南北长1.93米、东西宽0.56-0.7米、残高0.4米。棺内仅余几根肢骨。西棺南北长1.93米、东西宽0.5-0.6米、残高0.1米。棺内为成年女性,头向北,面向上。东棺打破东棺,西棺打破中棺。内填花黏土,较疏松。出土随葬品有瓷罐、铜钱。

瓷罐1件。M174:2,圆唇、直口,矮领,圆肩,弧腹,饼足内凹,失盖。腹部以上外壁及内壁施黑釉,口沿下一周有刮釉痕,釉面光亮,其余露灰胎。器体较小。口径6.5厘米、肩径8.2厘米、底径5厘米、通高8厘米(图二一五,5;彩版一三二,5)。

铜钱20枚。皆锈蚀较甚,字迹模糊不清。

第四节　四棺墓

平面皆为不规则形。5座。

M17　位于C6地块的中部,西邻M16。东西向,方向为60°。墓口距地表深0.7米,墓底距地表深1.9米。墓圹东西长2.45-2.78米、南北宽2.75-3.6米、深1.2米(图二三八;彩版八三,1)。

由北向南排列,分别为:棺1、棺2、棺3、棺4。棺木已朽。骨架保存均较差。棺1东西长1.86米、南北内宽0.47-0.52米、南北棺板厚0.06米、东西挡板0.04米、残高0.3米。棺内为成年男性,仰身直肢葬。头向东,面向下。棺2东西长2米、南北宽0.64-0.72米、残高0.1米。棺内为成年女性,仰身直肢葬。头向东,面向上。棺3东西长1.03米、南北宽0.32米-0.37米、残高0.1米。棺内骨架为二次葬。棺内为成年女性,葬式不详。头向东,面向上。棺4东西长1.84米、南北宽0.47-0.53米、残高0.3米。棺内为成年女性,仰身直肢葬。头向东,面向不详。棺4打破棺3,棺2打破棺1、棺3。内填花黏土,致密度疏松。出土随葬品有银簪、铜三事、铜扁方、铜簪、铜耳环、蚌饰、石饰、铜钱。

银簪4件。2件大小、形制基本相同。龙首形,张口,头前伸,体扁平,尾尖。M17:2,目、牙、口、鼻、鬃、须清晰可见。首长3.3厘米、首宽0.6厘米、通长12.7厘米(图二三九,1;彩版一三三,1)。M17:4,目、口、鼻、鬃、鳞、须清晰可见。首长2.7厘米、首宽0.5厘米、通长12.7厘米(图二三九,3;彩版一三三,3)。2件大小、形制基本相同。首为双层莲花瓣托,镶嵌物缺失,双层镂孔下接倒莲花座,颈饰凸弦纹四周,体为圆锥体。M17:3,首残长1.8厘米、首宽0.8厘米、残长11.6厘米(图二三九,2;彩版一三三,2)。M17:5,首残长1.4厘米、首宽0.8厘米、残长11.2厘米(图二三九,4;彩版一三三,4)。

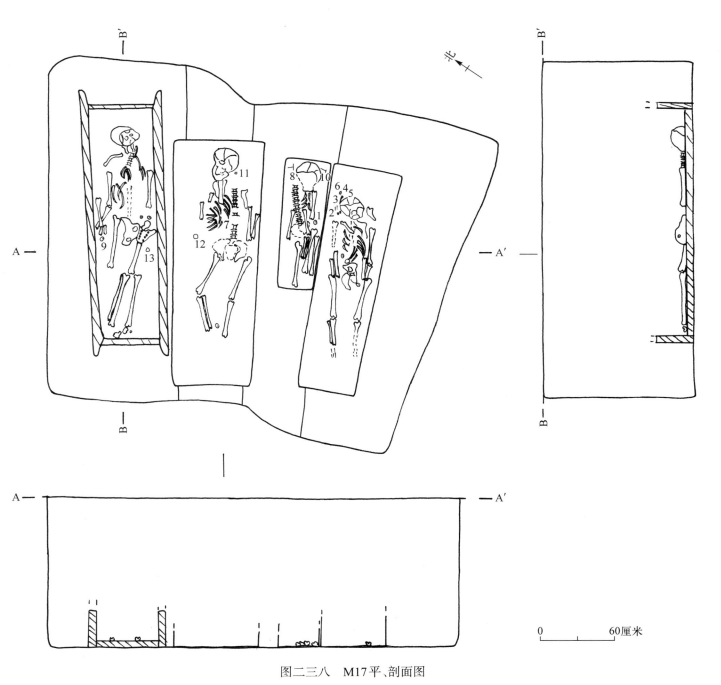

图二三八　M17平、剖面图

1. 铜钱　2-5. 银簪　6、10. 铜簪　7. 铜三事　8. 铜扁方　9、11. 铜耳环　12. 蚌饰　13. 石饰

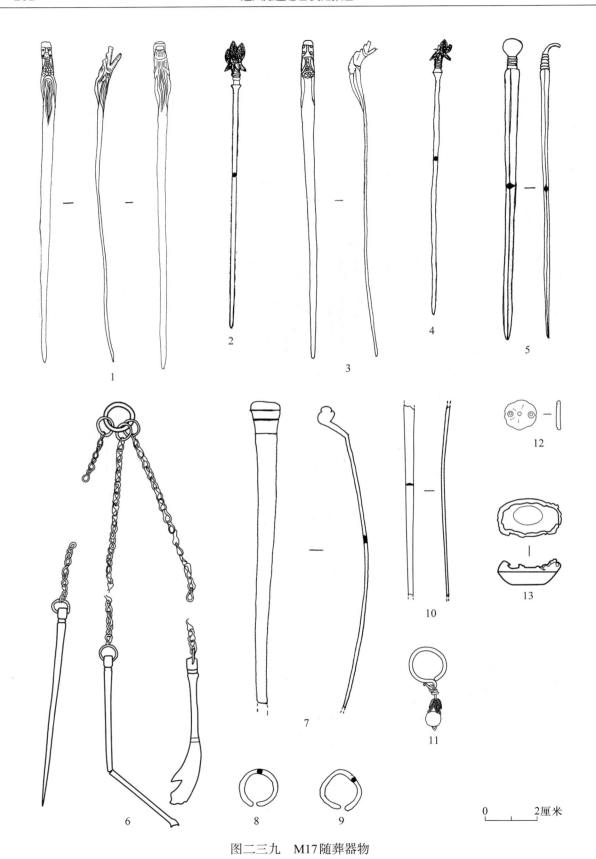

图二三九　M17随葬器物

1-4. 银簪（M17：2、M17：3、M17：4、M17：5）　5、10. 铜簪（M17：6、M17：10）　6. 铜三事（M17：7）　7. 铜扁方（M17：8）
8、9、11. 铜耳环（M17：9-1、M17：9-2、M17：11）　12. 蚌饰（M17：12）　13. 石饰（M17：13）

　　铜三事1件。M17：7，顶部为圆环，下系三铜链，链长8.6厘米，分别系刀、签、耳勺。刀为单翅，一面铸花草纹，长9.4厘米；签上部为方柱体，下部为圆锥体，中部饰凸弦纹一道，尾尖，长10.3厘米；勺呈半球形，上部为方柱体，下部为圆柱体，中部刻凸弦纹一道，长10.3厘米（图二三九，6；彩版一三三，6）。

　　铜扁方1件。M17：8，首侧面如五瓣梅花状，表面起棱，体扁平，上宽下窄，弯曲，尾残。首高0.6厘米、首宽1.15厘米、残长12.3厘米（图二三九，7；彩版一三四，1）。

　　铜簪2件。M17：10，扁平，上宽下窄。宽0.4厘米、残长7.5厘米（图二三九，10；彩版一三四，3）。M17：6，首呈半球形，中空，颈部铸凸弦纹，体呈四棱状，上宽下窄，尾尖。首高0.6厘米、首宽0.7厘米、通长11.9厘米（图二三九，5；彩版一三三，5）。

　　铜耳环3件。2件大小、形制基本相同。圆形，柱体，接口不齐，器形不规整。M17：9-1，直径1.6厘米、厚0.2厘米（图二三九，8；彩版一三四，2）。M17：9-2，直径1.6厘米、厚0.2厘米（图二三九，9；彩版一三四，2）。M17：11，环体，圆形柱体，接口不齐，上挂一双层镂孔莲花座托，内托一白色珍珠。直径1.4厘米、高3.4厘米（图二三九，11；彩版一三四，4）

　　蚌饰1件。M17：12，平面呈六瓣花朵状，体扁平，两侧有穿孔。正面刻直线以示花瓣，中间有圆孔未穿透。长1.1厘米、宽1.1厘米、厚0.1厘米（图二三九，12；彩版一三四，5）。

　　石饰1件。M17：13，紫色，椭圆形，残断，底部有穿孔。残高0.9厘米、宽2.3厘米（图二三九，13；彩版一三四，6）。

　　铜钱8枚。皆锈蚀较甚，字迹模糊不清。

　　M28　位于C6地块的东北部，西南邻M37。东西向，方向为98°。墓口距地表深0.7米，墓底距地表深1.3-1.5米。墓圹东西长2.42-2.97米、南北宽2.67-3.7米、深0.6-0.8米（图二四〇；彩版八三，2）。

　　棺木已朽。由北向南排列，分别为棺1、棺2、棺3、棺4。棺1东西长2.05米、南北宽0.68-0.78米、残高0.25米。棺内骨架保存较差，为成年女性，葬式不详。头向东，面向上。棺2东西长2.05米、南北宽0.54-0.68米、残高0.25米、厚0.02-0.04米。棺内骨架保存较差，为成年女性，侧身屈肢葬。头向东，面向上。棺3为瓮棺。瓷瓮口径0.2米、腹径0.38米、底径0.2米、高0.38米。上有盖，盖上有钮，通高0.42米。内装有白色烧骨，内含较多木炭，直径0.04米、长约0.1-0.15米。棺4东西长1.92米、南北宽0.56-0.66米、残高0.2米、厚0.02-0.04米。棺内骨架保存较差，为成年男性，仰身直肢葬。头向东北，面向上。棺4打破棺3，棺3打破棺2，棺2打破棺1。内填花黏土，较疏松。出土随葬品有瓷罐、半釉罐、银耳环、铜簪、玻璃珠、玻璃饰、石珠、铜钱。

　　瓷罐2件。大小、形制基本相同。方唇、直口，折沿，束颈，鼓肩，弧腹，平底。内外壁施青白釉，唇部、底部未施釉。M28：8，带盖，盖成蘑菇状，沿凸。盖底径9.6厘米、高4厘米。罐口径8.8厘米、肩径12.6厘米、底径10厘米、高13.4厘米（图二四一，7；彩版一三六，3）。M28：6，口

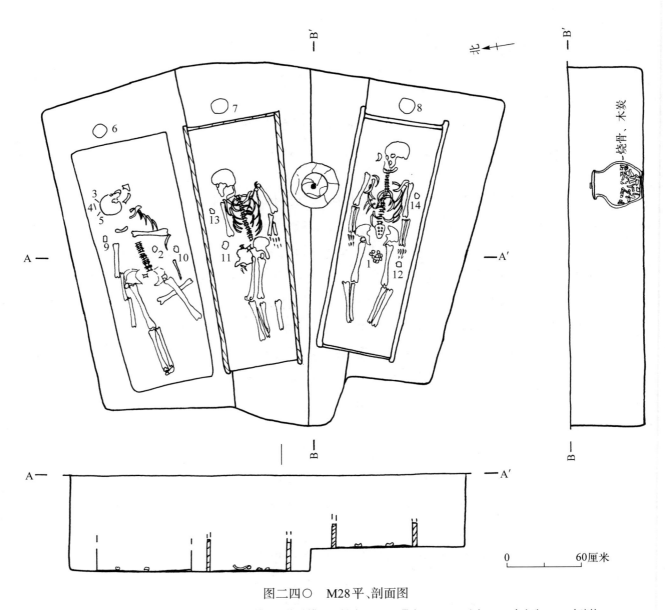

图二四○　M28平、剖面图

1. 铜钱　2. 银耳环　3—5. 铜簪　6、8. 瓷罐　7. 半釉罐　9. 料珠　10. 玛瑙珠　11、13. 石珠　12. 玻璃珠　14. 玻璃饰

径 8 厘米、肩径 10.8 厘米、底径 6.6 厘米、通高 13 厘米（图二四一，5；彩版一三六，1）。

半釉罐 1 件。M28：7，厚方唇、侈口，卷沿，束颈，斜直腹，平底。口沿内壁及肩部以上外壁施酱釉，有流釉现象，其余露灰胎。外壁有轮制抹痕，底部有同心圆纹。口径 11.8 厘米、底径 8.2 厘米、通高 11.6 厘米（图二四一，6；彩版一三六，2）。

银耳环 1 件。M28：2，圆形，柱体，接口不齐。直径 1.7 厘米、厚 0.2 厘米（图二四一，1；彩版一三五，1）。

铜簪 3 件。2 件形制、大小基本相同。首为弦纹组成的双层莲花座，内镶嵌白色珍珠，下为

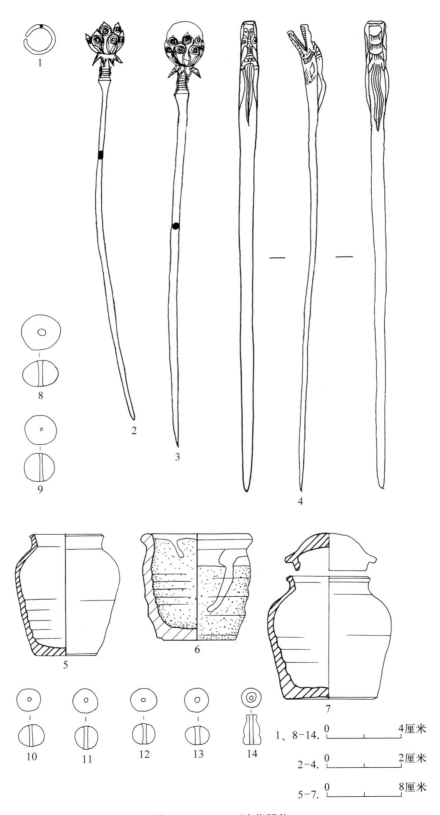

图二四一 M28随葬器物

1. 银耳环（M28：2） 2-4. 铜簪（M28：3、M28：4、M28：5） 5、7. 瓷罐（M28：6、M28：8） 6. 半釉罐（M28：7）
8、12. 玻璃珠（M28：9、M28：12） 9-11、13. 石珠（M28：10、M28：11-1、M28：11-2、M28：13） 14. 玻璃饰（M28：14）

倒莲花座托。体为圆锥体，颈部饰四道凸弦纹，鼓凸。M28：3，首宽1厘米、残长10.8厘米（图二四一，2；彩版一三五，2）。M28：4，首宽1厘米、残长11.5厘米（图二四一，3；彩版一三五，3）。M28：5，首呈龙首形，张口，目、鼻、口、牙、角、鳞、鬃、须清晰可见。体扁平，上宽下窄，尾圆尖。首长3厘米、首宽0.6厘米、通长12.7厘米（图二四一，4；彩版一三五，4）。

玻璃珠2枚。圆形，中间有穿孔。M28：9，湖蓝色。直径2厘米、厚1.4厘米（图二四一，8；彩版一三六，4）。M28：12，蓝紫色。直径1.4厘米、厚1.1厘米（图二四一，12；彩版一三七，2）。

玻璃饰1件。M28：14，蓝紫色，近梯形，束颈，中间穿孔。高1.6厘米、宽1厘米（图二四一，14；彩版一三七，4）。

石珠4枚。M28：10，玛瑙质，圆形，中间有穿孔，褐色，局部泛白。直径1.7厘米、厚1.5厘米（图二四一，9；彩版一三六，5）。2件大小、形制基本相同。圆形，中间有穿孔，黄色。M28：11-1，直径1.3厘米、厚1.2厘米（图二四一，10；彩版一三六，6）。M28：11-2，直径1.3厘米、厚1.2厘米（图二四一，11；彩版一三七，1）。M28：13，圆形，中间有穿孔，浅绿色。直径1.3厘米、厚1厘米（图二四一，13；彩版一三七，3）。

乾隆通宝2枚。均圆形、方穿。正面有郭，铸"乾隆通宝"四字，楷书，对读。M28：1-1，背面有郭，穿左右铸满文"宝泉"，纪局名。直径2.39厘米、穿径0.5厘米、郭厚0.14厘米（图二四二，12）。M28：1-2，背面有郭，穿左右铸满文"宝源"，纪局名。直径2.31厘米、穿径0.53厘米、郭厚0.12厘米（图二四二，13）。

嘉庆通宝1枚。M28：1-3，圆形、方穿。正面有郭，铸"嘉庆通宝"四字，楷书，对读；背面有郭，穿左右铸满文"宝源"，纪局名。直径2.42厘米、穿径0.52厘米、郭厚0.13厘米（图二四二，14）。

其余9枚。皆锈蚀较甚，字迹模糊不清。

M42　位于C1地块的东南部，北邻M43。东西向，方向为89°。墓口距地表深0.7米，墓底距地表深1.7米。墓圹东西长2.62-2.76米、南北宽2.7-2.9米、深1米（图二四三；彩版八三，3）。

棺木保存一般。由北向南分别为棺4、棺1、棺2、棺3。棺1东西长1.94米、南北宽0.7-0.78米、残高0.2米、厚0.02-0.06米。棺内骨架保存较差，为成年男性，仰身屈肢葬。头向东，面向上。棺2东西长1.78米、南北宽0.62-0.74米、残高0.2米、厚0.02-0.05米。棺内骨架保存较差，为成年女性，葬式不详。头向东，面向上。棺3东西长1.92米、南北宽0.58-0.66米、残高0.2米、厚0.02-0.03米。棺内骨架保存较差，为成年女性，葬式不详。头向东，面向上。棺4为瓮棺。在墓室东北部，挖一个半圆形坑，东西长1.25米、南北宽0.9米，至北棺北壁。瓮棺为黑釉瓷瓮，带盖，已残，腹径0.42米、底径0.22米、总高0.42米。内装烧骨和木炭。棺4打破棺1，棺1打破棺2，棺2打破棺3。内填花黏土，致密度疏松。出土随葬品有瓷瓮、半釉罐、金耳环、银簪、银扁方、铜簪、铜扣、铜腰銙、铜顶戴、石珠、铜钱。

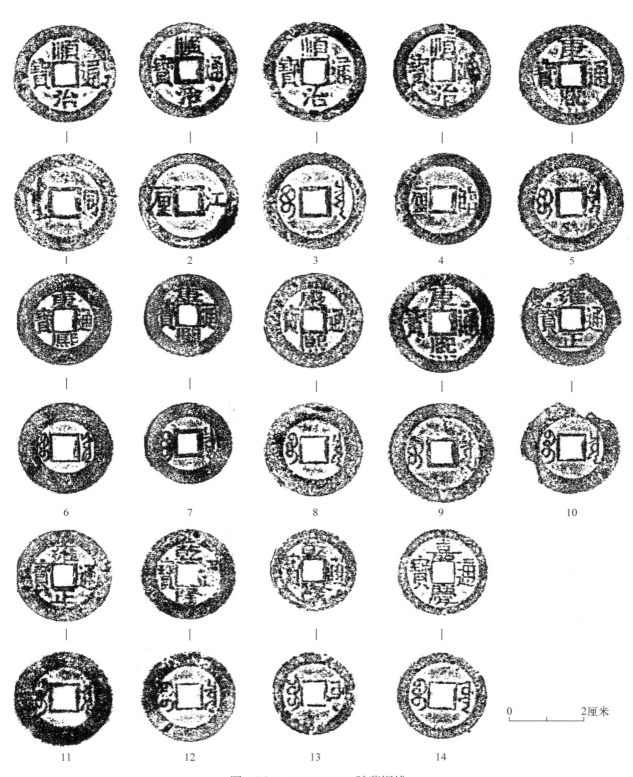

图二四二　M28、M182随葬铜钱

1-4.顺治通宝（M182：1-1、M182：1-2、M182：1-3、M182：1-4）　5-9.康熙通宝（M182：1-5、M182：1-6、M182：1-7、
M182：1-8、M182：1-9）　10、11.雍正通宝（M182：1-10、M182：1-11）　12、13.乾隆通宝（M28：1-1、M28：1-2）
14.嘉庆通宝（M28：1-3）

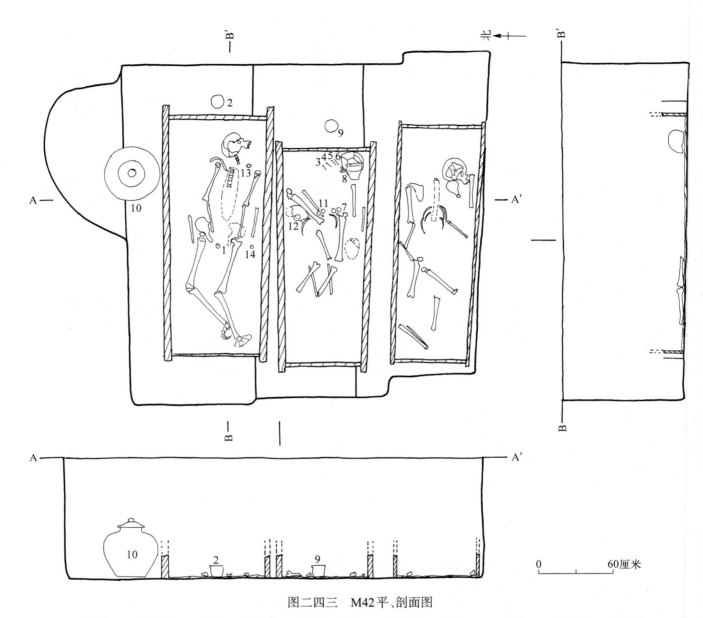

图二四三　M42平、剖面图

1.铜钱　2、9.半釉罐　3、4.银簪　5.银扁方　6.铜簪　7.石珠　8.金耳环　10.瓷瓮　11、14.铜扣　12.铜腰錾　13.铜顶戴

　　瓷瓮1件。M42:10,厚方唇、直口,直领,圆肩,弧腹,平底。腹部饰凹弦纹数道,内壁有垫痕。通体施黑釉,釉面光亮。口径20厘米、肩径41厘米、底径23厘米、通高41厘米。盖为帽盔状,盖顶为蘑菇状,短捉手,表面施褐釉,内壁露红胎。顶径4厘米、底径22厘米、高7厘米(图二四四,12;彩版一四一,1)。

　　半釉罐2件。M42:2,方唇、侈口,卷沿,溜肩,斜腹,平底。器形不规整。口沿内壁及肩部以上外壁施酱釉,有流釉现象,其余露灰胎。外壁有轮制旋痕,底部有同心圆纹。口径11.4厘米、肩径10.6厘米、底径7.8厘米、通高11厘米(图二四四,1;彩版一三七,5)。M42:9,厚方唇、侈口、卷沿、溜肩、斜腹、平底略内凹。口沿内壁及肩部以上施酱釉，其余露灰褐胎，外壁可见轮制旋痕。口径10厘米、肩径10.4厘米、底径7.4厘米、通高11.2厘米（图二四四，11；彩版一四〇，6）。

金耳环1件。M42:8，圆形，圆柱状，接口不齐，素面。直径1.4厘米、厚0.2厘米，重1.39克（图二四四，10；彩版一四〇，5）。

银簪2件。大小、形制相同。首为龙首形，头前伸，张口，目、口、牙、鬟、鳞、鼻清晰可见，背面刻有"宝兴"。体扁平，表面圆弧，尾圆弧。M42:3，首高1.2厘米、通长11.7厘米，重3.62克（图二四四，2；彩版一三七，6；彩版一三八，1、2）。M42:4，首高1厘米、通长11.8厘米，重3.92克（图二四四，3；彩版一三八，3、4；彩版一三九，1）。

银扁方1件。M42:5，首呈长方形，侧面为五瓣梅花状，起棱，体扁平，背面戳印"振元"，上宽下窄，尾圆弧。首宽1厘米、通长15厘米，重8.95克（图二四四，4；彩版一三九，2、3）。

铜簪1件。M42:6，首为五面禅杖形，顶为葫芦状，用铜丝铸成如意云头，体为圆柱体，残缺。残长11.7厘米（图二四四，5；彩版一三九，4）。

铜扣6枚。2枚大小、形制相近。椭圆形，正反两面铸双目，呈兽面状，中间挖空。M42:11-1，高0.5厘米、宽1.4厘米（图二四四，13；彩版一四一，2）。M42:11-2，高0.6厘米、宽1.5厘米（图二四四，14；彩版一四一，2）。4枚为圆球形，素面，中间有穿孔。标本：M42:14，高0.8厘米（图二四四，17；彩版一四二，1）。

铜腰銙1件。M42:12，长方体，四角呈圆弧状，中间挖空，表面磨平。长2.9厘米、宽1.6厘米、高0.7厘米（图二四四，15；彩版一四一，3）。

铜顶戴1件。M42:13，莲花座托，中间镶嵌物缺失，底为倒莲花底座。残高1.4厘米（图二四四，16；彩版一四一，4）。

石珠4枚。M42:7，圆球形，中间有穿孔，白色。M42:7-1，通高1.5厘米（图二四四，6；彩版一四〇，1）。M42:7-2，通高1.6厘米（图二四四，7；彩版一四〇，2）。M42:7-3，通高1.7厘米（图二四四，8；彩版一四〇，3）。M42:7-4，通高1.4厘米（图二四四，9；彩版一四〇，4）。

铜钱2枚。皆锈蚀较甚，字迹模糊不清。

M182　位于C2地块的中南部，南邻M180、东邻M181。南北向，方向为345°。墓口距地表深0.8米，墓底距地表深2米。墓圹南北长2.74-3.1米、东西宽3.74-4.3米、深1.2米（图二四五；彩版八四，1）。

棺木已朽。头皆向北。骨架保存均较差。由东向西排列，分别为棺1、棺2、棺3、棺4。棺1南北长1.87米、东西宽0.54-0.66米、残高0.25米。棺内为成年女性，仰身屈肢葬。面向上。棺2南北长2.1米、东西宽0.6-0.7米、残高0.25米。棺内为成年男性，仰身直肢葬。面向上。棺3南北长1.8米、东西宽0.54-0.66米、残高0.2米。棺内为成年女性，仰身直肢葬。面向下。棺4

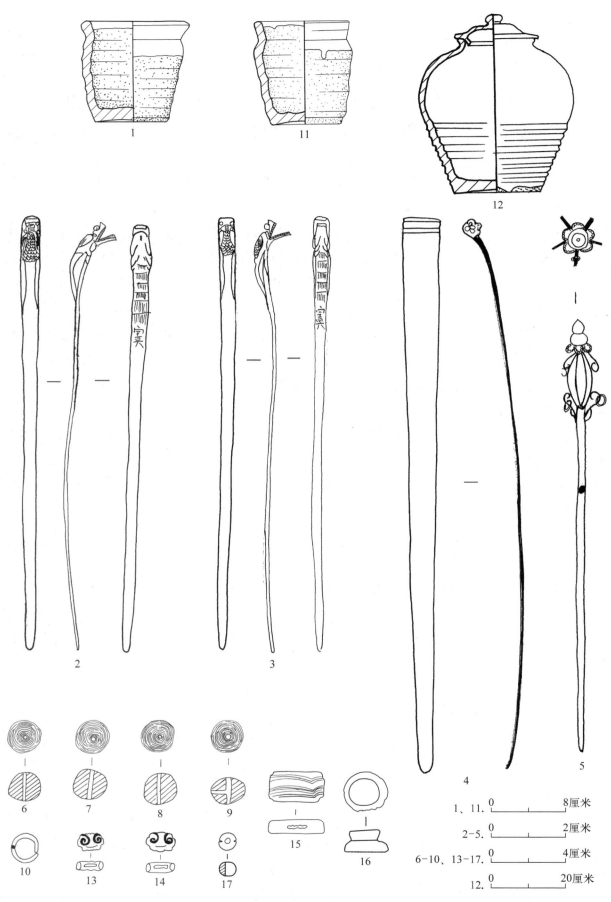

图二四四　M42随葬器物

1、11. 半釉罐（M42：2、M42：9）　2、3. 银簪（M42：3、M42：4）　4. 银扁方（M42：5）　5. 铜簪（M42：6）　6—9. 石珠（M42：7-
1、M42：7-2、M42：7-3、M42：7-4）　10. 金耳环（M42：8）　12. 瓷瓮（M42：10）　13、14、17. 铜扣（M42：11-1、M42：11-2、
M42：14）　15. 铜腰銙（M42：12）　16. 铜顶戴（M42：13）

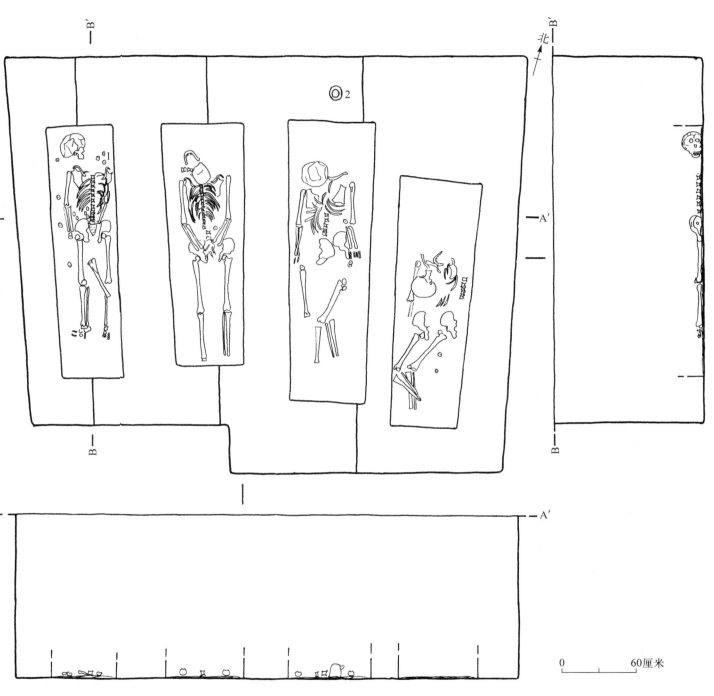

图二四五 M182平、剖面图
1. 铜钱 2. 半釉罐

南北长 1.87 米、东西宽 0.48-0.56 米、残高 0.15 米。棺内为成年女性，仰身直肢葬。面向上。棺 4
打破棺 3，棺 3 打破棺 2，棺 2 打破棺 1。内填花黏土，较疏松。出土随葬品有半釉罐、铜钱。

半釉罐 1 件。M182：2，厚方唇，侈口，卷沿，圆折肩，斜腹，平底略内凹。肩部以上外壁及口
沿内壁施酱黄釉，有脱釉现象，其余露灰褐胎。外壁有轮制抹痕，底部有同心圆纹。口径 9.2 厘
米、肩径 10.8 厘米、底径 6.6 厘米、通高 12.2 厘米（图二四六，1；彩版一四二，2）。

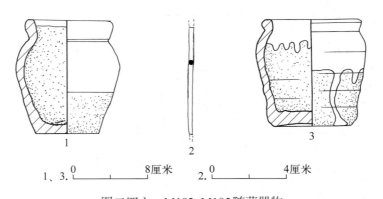

图二四六　M182、M185 随葬器物
1、3. 半釉罐（M182：2、M185：3）　2. 骨簪（M185：2）

顺治通宝 4 枚。均圆形、方穿。正面有郭，铸"顺治通宝"四字，楷书，对读。M182：1-1，
背面有郭，穿左右铸满汉文"同"，纪局名。直径 2.76 厘米、穿径 0.57 厘米、郭厚 0.13 厘米（图
二四二，1）。M182：1-2，背面有郭，穿左侧铸汉字"一厘"，穿右侧铸纪局汉字"临"。直径 2.57
厘米、穿径 0.53 厘米、郭厚 0.13 厘米（图二四二，2）。M182：1-3，背面有郭，穿左右铸满文"宝
泉"，纪局名。直径 2.74 厘米、穿径 0.57 厘米、郭厚 0.14 厘米（图二四二，3）。M182：1-4，背面
有郭，穿左侧铸汉字"一厘"，穿右侧铸纪局汉字"临"。直径 2.66 厘米、穿径 0.45 厘米、郭厚
0.12 厘米（图二四二，4）。

康熙通宝 5 枚。均圆形、方穿。正面有郭，铸"康熙通宝"四字，楷书，对读。M182：1-5，
背面有郭，穿左右铸满文"宝泉"，纪局名。直径 2.75 厘米、穿径 0.57 厘米、郭厚 0.09 厘米（图
二四二，5）。M182：1-6，背面有郭，穿左右铸满文"宝源"，纪局名。直径 2.56 厘米、穿径 0.56
厘米、郭厚 0.13 厘米（图二四二，6）。M182：1-7，背面有郭，穿左右铸满文"宝泉"，纪局名。直
径 2.33 厘米、穿径 0.56 厘米、郭厚 0.08 厘米（图二四二，7）。M182：1-8，背面有郭，穿左右铸满
文"宝泉"，纪局名。直径 2.63 厘米、穿径 0.52 厘米、郭厚 0.11 厘米（图二四二，8）。M182：1-
9，背面有郭，穿左右铸满文"宝泉"，纪局名。直径 2.77 厘米、穿径 0.51 厘米、郭厚 0.11 厘米（图
二四二，9）。

雍正通宝 2 枚。均圆形、方穿。正面有郭，铸"雍正通宝"四字，楷书，对读；背面有郭，穿
左右铸满文"宝泉"，纪局名。M182：1-10，直径 2.6 厘米、穿径 0.56 厘米、郭厚 0.11 厘米（图

二四二,10)。M182:1-11,直径2.55厘米、穿径0.57厘米、郭厚0.12厘米(图二四二,11)。

其余9枚。皆锈蚀较甚,字迹模糊不清。

M185 位于C2地块的中南部,东邻M184、西邻M183。南北向,方向为345°。墓口距地表深1米,墓底距地表深1.7米。墓圹南北长2.56-2.84米、东西宽3.32-3.7米、深0.7米(图二四七;彩版八四,2)。

棺木已朽。骨架保存均较差。皆头向北,面向上。由西向东分别为棺1、棺2、棺3、棺4。棺1南北长1.7米、东西宽0.63-0.71米、残高0.2米。棺内为成年女性,侧身屈肢葬。棺2南北长1.8米、东西宽0.51-0.82米、残高0.06米。棺内为成年女性,侧身屈肢葬。棺3南北长1.62米、东西宽0.44-0.56米、残高0.09米。棺内为成年男性,仰身直肢葬。棺4南北长1.95米、东西宽0.6-0.63米、残高0.2米。棺内为成年女性,侧身屈肢葬。棺4打破棺3,棺3打破棺2,棺2打破棺1。内填花黏土,较致密。出土随葬器物有半釉罐、骨簪、铜钱。

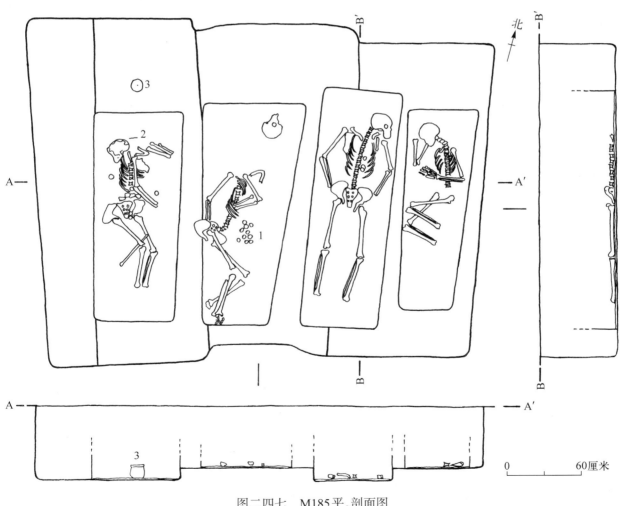

图二四七　M185平、剖面图

1. 铜钱　2. 骨簪　3. 半釉罐

半釉罐1件。M185：3，厚方唇、侈口，卷沿，溜肩，直腹，平底。肩部以上外壁及口沿内壁施酱釉，有流釉现象，其余露红褐胎。外壁有轮制抹痕，底部有偏心圆纹。口径10.4厘米、肩径11.6厘米、底径8.4厘米、通高11.6厘米（图二四六，3；彩版一四二，4）。

骨簪1件。M185：2，圆锥体，通体磨光。残长5.8厘米（图二四六，2；彩版一四二，3）。

顺治通宝3枚。均圆形、方穿。正面有郭，铸"顺治通宝"四字，楷书，对读。M185：1-1，背面有郭，穿左右铸满汉文"同"，纪局名。直径2.77厘米、穿径0.57厘米、郭厚0.12厘米（图二四八，1）。M185：1-2，背面有郭，穿左右铸满文"宝泉"，纪局名。直径2.78厘米、穿径0.54厘米、郭厚0.14厘米（图二四八，2）。M185：1-3，背面有郭，穿左右铸满文"宝泉"，纪局名。直径2.73厘米、穿径0.52厘米、郭厚0.13厘米（图二四八，3）。

康熙通宝8枚。均圆形、方穿。正面有郭，铸"康熙通宝"四字，楷书，对读。M185：1-4，背面有郭，穿左右铸满文"宝泉"，纪局名。直径2.8厘米、穿径0.52厘米、郭厚0.12厘米（图二四八，4）。M185：1-5，背面有郭，穿左右铸满汉文"福"，纪局名。直径2.75厘米、穿径0.53厘米、郭厚0.14厘米（图二四八，5）。M185：1-6，背面有郭，穿左右铸满文"宝泉"，纪局名。直径2.84厘米、穿径0.53厘米、郭厚0.12厘米（图二四八，6）。M185：1-7，背面有郭，穿左右铸满文"宝源"，纪局名。直径2.82厘米、穿径0.53厘米、郭厚0.16厘米（图二四八，7）。M185：1-8，背面有郭，穿左右铸满汉文"蓟"，纪局名。直径2.73厘米、穿径0.56厘米、郭厚0.1厘米（图二四八，8）。M185：1-9，背面有郭，穿左右铸满文"宝泉"，纪局名。直径2.37厘米、穿径0.51厘米、郭厚0.1厘米（图二四八，9）。M185：1-10，背面有郭，穿左右铸满文"宝源"，纪局名。直径2.74厘米、穿径0.49厘米、郭厚0.13厘米（图二四八，10）。M185：1-11，背面有郭，穿左右铸满文"宝泉"，纪局名。直径2.38厘米、穿径0.49厘米、郭厚0.12厘米（图二四八，11）。

第五节　明　堂

2座：M12、M37。

M12　位于C5地块的东北部，北邻M10。南北向，方向为170°。土圹平面呈方形，竖穴土圹，内用青砖砌制。口部距地表深0.6米，底部距地表深1.3米。土圹南北长1.5米、北边东西宽1.42米、南边东西宽1.48米、深0.7米（图二四九；彩版八五，1、2）。

砌法为在土圹中部平砌一层砖，共东西五列，中部一列四块砖，东西各两列，分别为三块、二块砖。中部南北两块砖，各突出0.17米，象征龟头和龟尾，龟头上有圆形眼珠。南部龟头两边各置一块铁，北边置两块铁，象征龟爪。底部砖上平砌一层，呈六边形，上面竖砌两层砖，呈菱形，象征龟身。

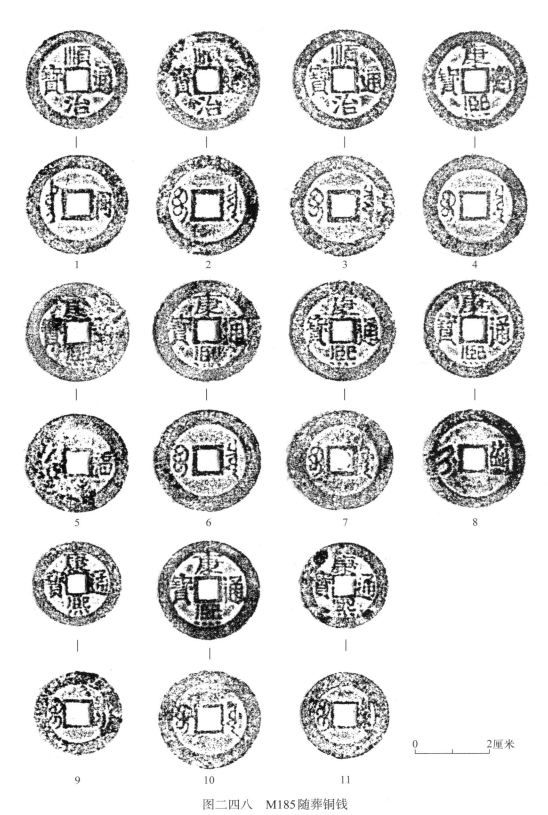

图二四八　M185随葬铜钱

1-3.顺治通宝（M185：1-1、M185：1-2、M185：1-3）　4-11.康熙通宝（M185：1-4、M185：1-5、M185：1-6、
M185：1-7、M185：1-8、M185：1-9、M185：1-10、M185：1-11）

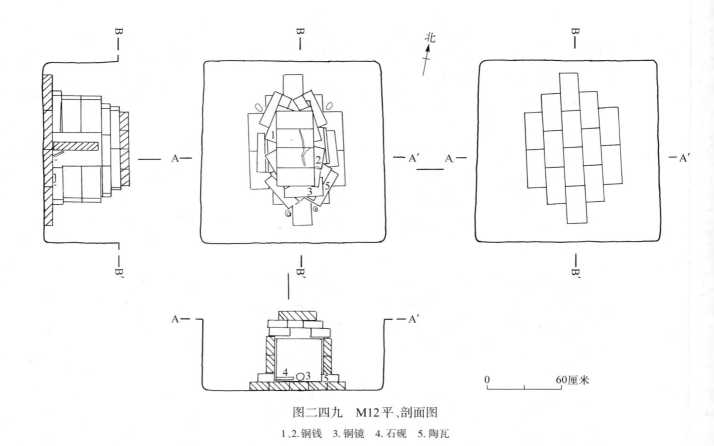

图二四九　M12平、剖面图
1、2.铜钱　3.铜镜　4.石砚　5.陶瓦

　　室内放置陶瓦一块，面南，上用朱砂写字，字迹已不清。陶瓦前放置一铜镜，周围放有铜钱，南部放置一个石砚台。室上部用六块青砖平铺在竖砖上，呈六边形，最上部用四块砖东西向平盖封顶，象征龟背。整个砖室南北长1.25米、东西宽0.76米、高0.68米。内填花黏土，较疏松。出土随葬品有铜镜、石砚、陶瓦、铜钱。

　　铜镜1件。M12：3，圆形，正面中心铸圆钮，素面。直径7.3厘米、厚0.6厘米、重74.14克（图二五○，1；彩版一四三，1）。

　　石砚1件。M12：4，长方体，六面磨平，紫灰色，一侧刻有长方形墨池，墨池左侧刻有不同方向的"金""土"二字，墨池外有长方形凹弦纹一周。长12.6厘米、宽5.9厘米、厚0.93厘米、墨池深0.3厘米（图二五○，2；彩版一四三，2）。

　　陶瓦1件。M12：5，梯形、弯曲，正面刻凹弦纹三道，上有朱砂写的字迹，但不清。长18.2厘米、宽18.5厘米、厚1.5厘米（图二五○，3；彩版一四三，3）。

　　铜钱11枚。皆锈蚀较甚，字迹模糊不清。

　　M37　位于C6地块的东北部，南邻M38。东西向，方向为100°。土圹呈长方形，砖室呈六角形。墓口距地表深0.7米，墓底距地表深1.18米。墓圹南北长1.33米、东西宽1.56米、深0.46

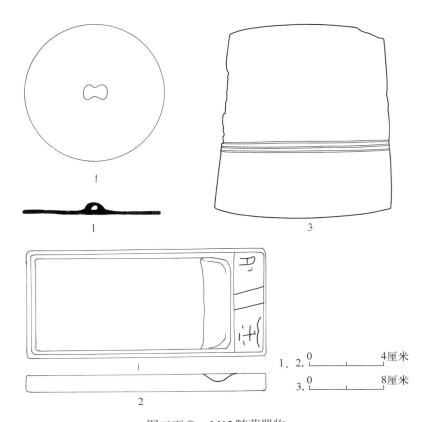

图二五〇　M12随葬器物

1.铜镜(M12：3)　2.石砚(M12：4)　3.陶瓦(M12：5)

米(图二五一；彩版八五,3-6)。

砖室南北长0.75米、东西宽0.74米。由于被破坏,仅残留底部两层砖,残高0.3米。砖规格为长0.29米、宽0.15米、厚0.06米。室内填花黏土,较致密。出土器物有瓷罐、瓷瓶、铜镜、铜香炉、铜铃铛、玉饰、石砚、石球、料石、铁犁铧、铜钱。

瓷罐1件。M37：3,圆唇、直口,直领,折沿,圆肩,弧腹,平底略内凹。外壁、沿部以下内壁施白釉,沿部以上内壁、唇部、底部露灰白胎。颈上、颈下绘三道弦纹,腹部绘青花五彩纹饰,以淡绿色绘花草纹,深蓝色青花绘假山,浅粉彩绘花卉,底部以青料绘弦纹一周。釉面光滑,粉彩剥落严重。底部可见同心圆纹。口径5厘米、肩径7.7厘米、底径5.5厘米、通高9.9厘米(图二五二,2;彩版一四四,1-3)。

瓷瓶1件。M37：6,圆唇、敞口,卷沿,细直颈,胆形腹,圈足,略瘦长。通体施白釉,唇部施褐釉,唇下以青花绘弦纹一道。腹上绘两组草叶纹,腹中以蓝釉绘弦纹,弦纹间以上下交错的云纹、圆点纹间隔,腹部绘两组折枝石榴纹,两组纹饰间隙绘蝴蝶,作振翅飞翔状,足部以蓝釉绘弦纹一道。釉面光滑,画法精湛。造型、纹饰具有康熙朝风格。口径3.2厘米、腹径6.4厘米、底径4厘米、通高14.4厘米(图二五二,5;彩版一四五,1-3)。

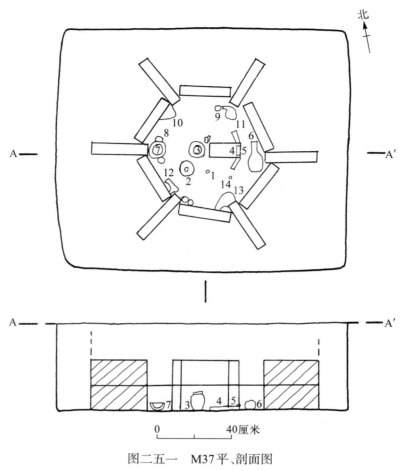

图二五一　M37平、剖面图

1.铜钱　2.铜镜　3.瓷罐　4.石砚　5.玉饰　6.瓷瓶　7.铜香炉　8.石球
9.铜铃铛　10—13.铁犁铧　14.料石

铜镜1件。M37：2，圆形，圆钮，边缘凸起，以凸弦纹分为内外两区。内区中部为圆形钮，外为凸弦纹一道。钮外三兽绕钮排列，两兽同向，一兽异向，兽伸颈向前，身躯弯曲，尾部上扬。外围为凸弦纹两道。最外的两道凸弦纹内铸直线纹。背面平直。素缘。直径8.7厘米、厚0.7厘米，重109.14克（图二五二，1；彩版一四三，4）。

铜香炉1件。M37：7，圆唇、直口，圆肩，圆腹，平底。下腹接三矮乳状足。器壁较薄。口径6.7厘米、肩径7.8厘米、底径5.7厘米、通高3.5厘米（图二五二，6；彩版一四四，4）。

铜铃铛1件。M37：9，椭圆形，上部贴铸圆系，腹部有凸弦纹一道，体内有球。高3.9厘米、宽2.3厘米（图二五二，9；彩版一四五，4）。

玉饰1件。M37：5，青色，长方体状，镂空，正面刻三朵兰花，麦、叶清晰可见，背面刻花卉纹。四面磨平。上部两角呈圆形。长5.3厘米、宽1.4厘米、高0.8厘米，重10.53克（图二五二，4；彩版一四三，6）。

图二五二　M37随葬器物（一）

1. 铜镜（M37：2）　2. 瓷罐（M37：3）　3. 石砚（M37：4）　4. 玉饰（M37：5）　5. 瓷瓶（M37：6）　6. 铜香炉（M37：7）
7、8. 石球（M37：8-1、M37：8-2）　9. 铜铃铛（M37：9）

石砚1件。M37：4，体呈长方体，一侧有椭圆形八瓣墨池，另一侧刻长方形凹弦纹，通体磨平。长16.8厘米、宽8厘米、厚2厘米、墨池深0.9厘米（图二五二，3；彩版一四三，5）。

石球2枚。大小、形制基本相同。圆形，白色。M37：8-1，直径3.6厘米（图二五二，7；彩版一四四，5）。M37：8-2，直径3.6厘米（图二五二，8；彩版一四四，5）。

料石1件。M37：14，红色，呈不规则形状。长2.2厘米、宽1.6厘米（图二五三，5；彩版一四六，5）。

铁犁铧4件。呈三角形，正面起棱，锈蚀严重。M37：10，长13厘米、宽7.4厘米、高4.7厘米（图二五三，1；彩版一四六，1）。M37：11，底部铸有圆环。残长9.4厘米、宽9厘米、高4厘米（图二五三，2；彩版一四六，2）。M37：12，底部铸有圆环。长13.6厘米、宽9.2厘米、高4厘米（图二五三，3；彩版一四六，3）。M37：13，长12.8厘米、宽8.5厘米、高5.2厘米（图二五三，4；彩版一四六，4）。

铜钱35枚。皆锈蚀较甚，字迹模糊不清。

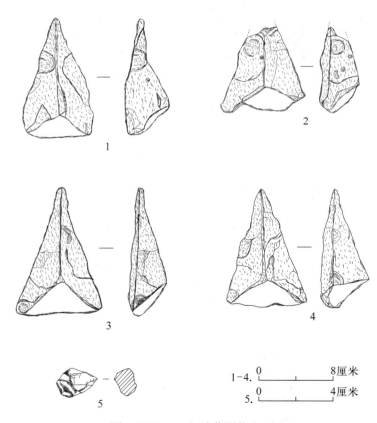

图二五三　M37随葬器物（二）

1-4.铁犁铧（M37：10、M37：11、M37：12、M37：13）　5.料石（M37：14）

第六节　采集遗物

发掘期间，在表土层内采集到零散遗物。推测应为过去耕种等生产活动对地下的古墓葬造成破坏，把随葬品翻至表土层。发现的遗物主要有：

嘉靖通宝1枚。采集1：1-1，圆形、方穿。正面有郭，铸"嘉靖通宝"四字，楷书，对读；背面有郭。直径2.48厘米、穿径0.5厘米、郭厚0.1厘米（图二五四，1）。

万历通宝1枚。采集1：1-2，圆形、方穿。正面有郭，铸"万历通宝"四字，楷书，对读；背面有郭。直径2.55厘米、穿径0.5厘米、郭厚0.1厘米（图二五四，2）。

康熙通宝1枚。采集2：1-1，圆形、方穿。正面有郭，铸"康熙通宝"四字，楷书，对读；背面有郭，穿左右铸满文"宝泉"，纪局名。直径2.8厘米、穿径0.56厘米、郭厚0.1厘米（图二五四，3）。

雍正通宝1枚。采集2：1-2，圆形、方穿。正面有郭，铸"雍正通宝"四字，楷书，对读；背面有郭，穿左右铸满文"宝泉"，纪局名。直径2.69厘米、穿径0.53厘米、郭厚0.14厘米（图二五四，4）。

乾隆通宝3枚。均圆形、方穿。正面有郭，铸"乾隆通宝"四字，楷书，对读；背面有郭，穿左右铸满文"宝泉"，纪局名。采集1：1-3，直径2.18厘米、穿径0.56厘米、郭厚0.14厘米（图二五四，5）。采集2：1-3，直径2.48厘米、穿径0.54厘米、郭厚0.13厘米（图二五四，6）。采集1：1-4，直径2.4厘米、穿径0.54厘米、郭厚0.1厘米（图二五四，7）。

铜簪4件。2件大小、形制基本相同，首为五瓣花朵形，呈伞状，顶刻花卉纹，体为圆柱体，上粗下细，尾尖。采集3，首高0.42厘米、首宽1.14厘米、通长8.42厘米（图二五四，8；彩版一四七，1）。采集4，首高0.4厘米、首宽1.14厘米、残长10.8厘米（图二五四，9；彩版一四七，2）。采集5，首为六瓣花朵形，每瓣花朵内铸如意云头纹，中间为一圆形凸起，内铸一"福"字，背面为细密线纹组成的六瓣花朵形，每瓣花朵内有一镂孔。首宽2.14厘米、残高0.71厘米（图二五四，10；彩版一四七，3）。采集8，首为禅杖形，顶部为葫芦状，每面以铜丝铸成云纹状，颈部饰凸弦纹两道。首长3.8厘米、残长6厘米（图二五四，13；彩版一四七，4）。

铜顶针1件。采集6，圆环形，体扁平，接口不齐，正面铸圆涡纹，上下有两道凹弦纹。直径1.71厘米、高1厘米（图二五四，11；彩版一四七，5）。

骨扣2枚。大小、形制基本相同。球形，顶部为圆环，表面磨光。标本：采集7：1-1，直径1.14厘米、高1.57厘米（图二五四，12；彩版一四七，6）。

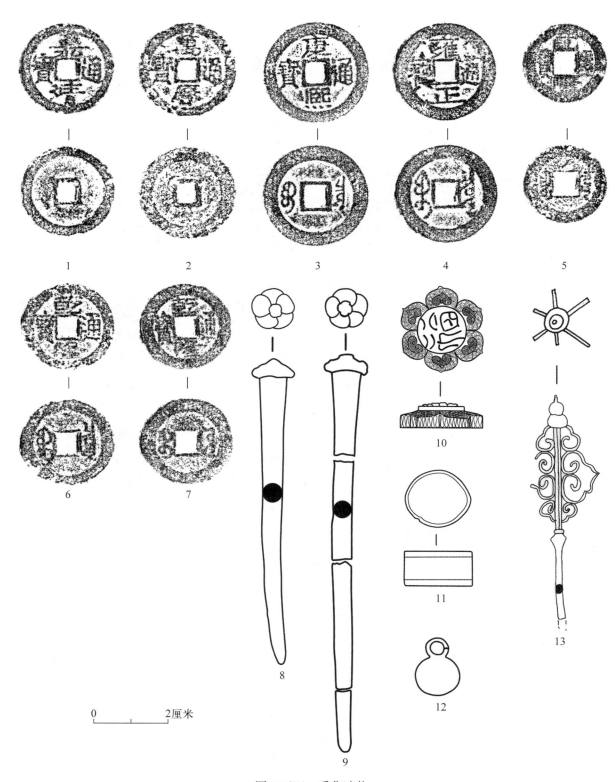

图二五四　采集遗物

1.嘉靖通宝(采集1：1-1)　2.万历通宝(采集1：1-2)　3.康熙通宝(采集2：1-1)　4.雍正通宝(采集2：1-2)
5-7.乾隆通宝(采集1：1-3、采集2：1-3、采集1：1-4)　8-10、13.铜簪(采集3、采集4、采集5、采集8)
11.铜顶针(采集6)　12.骨扣(采集7：1-1)

第四章　结　语

第一节　墓葬时代与形制

该遗址地层堆积较为简单，墓葬均开口于第②层下。根据层位、墓葬形制及随葬器物推断，这批墓葬的时代均为清代，以清代早、中期为主，集中于康熙、雍正、乾隆、嘉庆、道光年间。据《通州文物志》记载，郑庄有建于明代的兴隆寺[①]。因此，当地明清时期都有较丰富的历史内涵。

共发掘墓葬188座、明堂2座。墓葬均为竖穴土坑墓，直接在地表挖土坑，坑内放葬具和随葬品。墓葬方向：南北方向有164座，占87%；东西方向有24座，占13%。棺木大多已朽，残存长在2米、宽在0.5米、高在0.3米左右，材质一般。人骨葬式以仰身直肢葬居多。骨架大多保存较好。头向北者居多，面向上者居多。埋葬的死者以老年女性、老年男性居多。

墓葬按棺数可分为单棺墓、双棺墓、三棺墓、四棺墓四种（图二五五）。单棺墓有52座，占28%；双棺墓102座，占54%；三棺墓29座，占15%；四棺墓5座，占3%。

墓葬间极少有叠压、打破关系，仅有两组打破关系，表明其墓地有规划性。C5、C6地块内的墓葬，呈"雁翅"状分布，说明是家族墓地。C5地块中，以M10为中心，M12、M9、M8、M15等位列东西两侧。C6地块中，一组以M39为中心，M28、M38等位列南北两侧；另一组以M20为中心，M21、M19等位列南北两侧。三个家族墓地的排列方向不一致，是习俗的不同？还是地势导致？目前还不得而知。C2地块中，似以M115为中心，M116、M114等位列东西两侧，但因墓葬过于密集，不易细分。

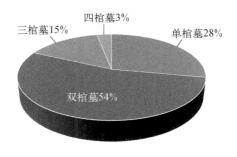

图二五五　各形制墓葬百分比图

① 北京市通州区文化委员会等：《通州文物志》，文化艺术出版社，2006年，第132页。

这种排列上符合"昭穆制度"的清代家族墓地,也见于北京大兴小营和西红门[①]、榆垡[②]、东庄营村[③]、朝阳黑庄户[④]、海淀中坞[⑤]、昌平张营[⑥]、房山岩上[⑦]、六间房[⑧]、独义村[⑨]、丰台丽泽[⑩]、奥运场馆[⑪]、通州田家府村[⑫]、苏宁电器物流中心[⑬]、潞城后屯[⑭]等地,是清代墓地中常见的现象,为研究墓葬间的布局、相对早晚关系、人口规模等问题提供了直接线索。

该墓地未发现其他墓地较常见的搬迁墓,而三棺墓较多,应为当地的葬俗。

单棺墓的长度大多在1.5-2.5米间,宽度在0.8-1.4米之间。双棺墓的长度大多在2.5-2.9米间,宽度在1.9-2.3米之间。三棺墓的长度大多在2.3-3.1米之间,宽度在2.5-3.2米之间。四棺墓的长度大多在2.4-3米之间,宽度在2.6-3.8米之间。墓葬的深度大多在0.2-1.9米间,以0.6-1.2米居多。

这些墓葬的形制较简单,无高等级的随葬器物,推测均为平民墓。

第二节　随葬器物

共出土各类器物303件(不计铜钱)。188座墓葬中,166座有随葬器物,占墓葬总数的88.3%。但随葬器物均较少,多数墓葬仅随葬铜钱。

墓葬随葬品的器物组合大致可分为三类:第一类如M3、M11、M16、M24等,单、双棺墓皆有,仅出有铜钱;第二类如M4、M5、M6、M7、M13等,以双棺墓为主,出有铜钱、瓷罐或半釉罐

① 北京市文物研究所:《小营与西红门——北京大兴考古发掘报告》,上海古籍出版社,2018年。
② 北京市文物研究所2017年发掘资料。
③ 北京市文物研究所2017年发掘资料。
④ 《北京鲜活农产品流通中心项目考古发掘报告》,北京市文物研究所:《单店与黑庄户——朝阳区考古发掘报告集》,上海古籍出版社,2021年。
⑤ 北京市文物研究所:《海淀中坞——北京市南水北调配套工程团城湖调节池工程考古发掘报告》,科学出版社,2017年。
⑥ 北京市文物研究所:《昌平张营遗址北区墓葬发掘报告》,《北京考古》第二辑,北京燕山出版社,2008年。
⑦ 《岩上墓葬区考古发掘报告》,北京市文物研究所:《北京段考古发掘报告集》,科学出版社,2008年。
⑧ 《六间房墓葬区发掘报告》,北京市文物研究所:《北京段考古发掘报告集》,科学出版社,2008年。
⑨ 北京市文物研究所2016年发掘资料。
⑩ 北京市文物研究所:《丽泽墓地——丽泽金融商务区园区规划绿地工程发掘报告》,科学出版社,2016年。
⑪ 有国家体育场、新奥公司体育场配套工程、国家体育馆、奥运村、中国科技馆新馆等,以上均见北京市文物局、北京市文物研究所:《北京奥运场馆考古发掘报告》,科学出版社,2007年。
⑫ 北京市文物研究所:《通州田家府村——通州文化旅游区A8、E1、E6地块考古发掘报告》,上海古籍出版社,2020年。
⑬ 北京市文物研究所2010年发掘资料。
⑭ 北京市文物研究所2018年发掘资料。

等；第三类如M10、M14、M19、M23、M25等，有单、三棺墓等，出有铜钱、银器、铜器等。这些墓葬中的随葬品组合情况是研究北京东南部地区平民墓葬的丧葬习俗和考古学文化编年的新的实物资料。

红陶罐　有四种：一种为直领，折肩，如M61：2；一种为卷沿，溜肩，如M75：4；一种为直领，溜肩，弧腹或鼓腹，如M47：1、M57：1、M62：2、M64：2等；一种为直口，鼓肩，小平底，如M69：5。

灰陶罐　带双耳，有两种：一种为敞口，弧腹，如M5：1；一种为直口，折腹，如M5：2。

陶瓶　小口，溜肩，鼓腹，小平底，外有轮制旋痕。器体坚硬、厚重，多见于明代墓葬中。M50：2与西红门M63：3[①]，中坞M26：2[②]，北京新少年宫M6：1、M6：2[③]，望京综合酒店M11：1[④]等相近。

陶锅　直口，鼓腹，平底内凹，腹部一侧有管状流。M173：2与鲁谷M21：1[⑤]、张营M81：1[⑥]等相近。

陶瓦　梯形，弯曲，正面有凹弦纹，有的上面有朱砂字迹，背面有布纹。M1：1、M8：2、M8：3、M9：4、M73：1、M108：2、M135：2与通州东石村与北小营村E3-1地块M6：2[⑦]等相近。出土位置多在人骨胸口或头部，推测为厌胜之用。

半釉罐　除铜钱外，半釉罐是数量最多的随葬品，置于人骨的头部。陶质，上部施釉，釉色有黄釉、酱釉、绿釉、褐釉。出有半釉罐的墓葬共73座，占总数的38.8%。釉层薄厚不均，有流釉现象。主要有两种：一种为筒腹罐，另一种为弧腹罐。前者可分为四型：A型领部较长，斜领，如M18：2；B型为直领，如M43：2；C型为折肩，如M90：1；D型为大敞口、卷沿，如M120：1。后者为小平底或平底，如M54：1、M55：3。

白瓷罐　器表施白釉，较为独特，是以单独作为一类。共有4座墓葬出土6件，可分为两种：一种为溜肩，弧腹内收，如M40：1，与采育M13：1[⑧]等相近；另一种为鼓肩，斜腹略内收，数

① 北京市文物研究所：《小营与西红门——北京大兴考古发掘报告》，上海古籍出版社，2018年。

② 北京市文物研究所：《海淀中坞——北京市南水北调配套工程团城湖调节池工程考古发掘报告》，科学出版社，2017年。

③ 《北京市新少年宫考古发掘报告》，北京市文物研究所：《京沪高铁北京段与北京新少年宫考古发掘报告集》，上海古籍出版社，2014年。

④ 《朝阳区中关村电子城西区F1望京综合酒店工程考古发掘报告》，北京市文物研究所：《京沪高铁北京段与北京新少年宫考古发掘报告集》，上海古籍出版社，2014年。

⑤ 北京市文物研究所：《鲁谷金代吕氏家族墓葬发掘报告》，科学出版社，2010年。

⑥ 《昌平张营遗址北区墓葬发掘报告》，《北京考古》第二辑，北京燕山出版社，2008年。

⑦ 北京市考古研究院：《通州东石村与北小营村——北京轻轨L2线通州段次渠站等土地开发项目考古发掘报告》，上海古籍出版社，2022年。

⑧ 北京市文物研究所：《大兴古墓葬考古发掘报告集》，科学出版社，2020年。

量较多,如M19：17、M19：18、M28：6、M28：8、M33：2与丽泽M154：1[1]、西红门M54：4[2]、武夷花园M3：1[3]等相近。

瓷罐　有三种,均为素面。一种为直口,溜肩,平底,器表施黑釉,如M13：2、M91：3,有的有耳,如M188：3与中坞M74：3[4]、五棵松篮球馆M37：2[5]、昌平沙河M37：1[6]、采育M30：1[7]、西红门M32：1[8]等相近;一种为直口,圆阔肩,平底,器表施米黄釉或黑釉,如M55：2、M116：2,与大兴采育M8：2[9]等相近;还有一种为侈口,卷沿,束颈,溜肩,器表施绿釉,如M80：1,与通州东石村与北小营村B1地块M1：1[10]等相似。

黑瓷瓮　小口,端肩,弧腹,最大径在肩部。M19：19、M43：3与体育馆M6：1、M26：1[11],丽泽M75：1[12]等相近。

扁方　为满族妇女梳旗头时所插的大簪,扁平状。

梅花瓣首扁方,首侧如五瓣梅花状,银、铜皆有。M17：8、M31：3、M42：5、M81：3、M148：5、M152：2、M162：3与朝阳单店M7：6[13]、通州田家府村A8地块M6：3[14]等相似。

卷曲形首扁方,首卷曲,体扁平,上宽下窄。M19：12、M19：13、M25：1、M40：2与张营M15：81[15]、通州东石村与北小营村B2地块M27：2[16]等相近。

① 北京市文物研究所：《丽泽墓地——丽泽金融商务园区规划绿地工程发掘报告》,科学出版社,2016年。
② 《西红门商业综合区一、二、三号地块考古发掘报告》,北京市文物研究所：《小营与西红门——北京大兴考古发掘报告》,上海古籍出版社,2018年。
③ 《北京市通州区武夷花园二期项目遗址发掘报告》,《北京考古》第二辑,北京燕山出版社,2008年。
④ 北京市文物研究所：《海淀中坞——北京市南水北调配套工程团城湖调节池工程考古发掘报告》,科学出版社,2017年。
⑤ 《五棵松棒球场工程考古发掘报告》,北京市文物局、北京市文物研究所：《北京奥运场馆考古发掘报告》,科学出版社,2007年。
⑥ 北京市文物研究所：《昌平沙河——汉、西晋、唐、元、明、清代墓葬发掘报告》,科学出版社,2012年。
⑦ 北京市文物研究所：《大兴古墓葬考古发掘报告集》,科学出版社,2020年。
⑧ 《西红门商业综合区一、二、三号地块考古发掘报告》,北京市文物研究所：《小营与西红门——北京大兴考古发掘报告》,上海古籍出版社,2018年。
⑨ 北京市文物研究所：《采育西组团墓葬》,《大兴古墓葬考古发掘报告集》,科学出版社,2020年。
⑩ 北京市考古研究院：《通州东石村与北小营村——北京轻轨L2线通州段次渠站等土地开发项目考古发掘报告》,上海古籍出版社,2022年。
⑪ 《国家体育馆工程考古发掘报告》,北京市文物局、北京市文物研究所：《北京奥运场馆考古发掘报告》,科学出版社,2007年。
⑫ 北京市文物研究所：《丽泽墓地——丽泽金融商务园区规划绿地工程发掘报告》,科学出版社,2016年。
⑬ 《单店养老产业示范基地项目考古发掘报告》,北京市文物研究所：《单店与黑庄户——朝阳区考古发掘报告集》,上海古籍出版社,2021年。
⑭ 北京市文物研究所：《通州田家府村——通州文化旅游区A8、E1、E6地块考古发掘报告》,上海古籍出版社,2020年。
⑮ 《昌平张营遗址北区墓葬发掘报告》,《北京考古》第二辑,北京燕山出版社,2008年。
⑯ 北京市考古研究院：《通州东石村与北小营村——北京轻轨L2线通州段次渠站等土地开发项目考古发掘报告》,上海古籍出版社,2022年。

簪　数量较多,类型丰富。

如意首簪,首呈如意形浮雕,金、铜质皆有。M19:8、M19:10、M20:3、M25:2、M25:4与通州田家府村A8地块M29:12[1]、通州东石村与北小营村B1地块M15:1-1、M15:1-2[2]等相似。

文字簪,数量最多的簪,首铸"福""寿""金""玉""满""堂"等不同字样。M10:2、M51:2、M51:3、M74:2、M75:3、M81:2、M83:2、M148:2、M148:3、M157:2、M175:3、M175:4、M175:5、采集5等与昌平沙河M16:4[3]、密云大唐庄M82:2[4]、丽泽M149:1[5]、通州东石村与北小营村B2地块M9:1-2、M9:1-1和E3-1地块M13:1-2、M10:1-1[6]等相似。

龙首形簪,首作张嘴龙首形,金、银、铜质皆有。M17:2、M17:4、M19:3、M19:9、M28:5、M42:3、M42:4、M153:2与奥运一期工程M62:3[7]等相近。

六边镂空形簪,M51:4与大兴小营M33:2-3[8]、通州东石村与北小营村B1地块M14:1[9]等相似。

禅杖形簪,M42:6、M51:5、M81:4、M88:1、M109:2、采集8与通州田家府村E6地块M83:4[10]、通州东石村与北小营村B2地块M29:3-1[11]等相近。

耳挖形簪,首为耳勺(挖)状,金、铜质皆有。M17:6、M19:4、M19:5、M148:4与通州田家府村A8地块M13:10[12]等相近。

圆球形簪,镂空圆球形首,上焊有小圆珠。M69:2与通州田家府村E6地块M92:2[13]、通州

[1] 北京市文物研究所:《通州田家府村——通州文化旅游区A8、E1、E6地块考古发掘报告》,上海古籍出版社,2020年。
[2] 北京市考古研究院:《通州东石村与北小营村——北京轻轨L2线通州段次渠站等土地开发项目考古发掘报告》,上海古籍出版社,2022年。
[3] 北京市文物研究所:《昌平沙河——汉、西晋、唐、元、明、清代墓葬发掘报告》,科学出版社,2012年。
[4] 北京市文物研究所:《密云大唐庄——白河流域古代墓葬发掘报告》,上海古籍出版社,2010年。
[5] 北京市文物研究所:《丽泽墓地——丽泽金融商务园区规划绿地工程发掘报告》,科学出版社,2016年。
[6] 北京市考古研究院:《通州东石村与北小营村——北京轻轨L2线通州段次渠站等土地开发项目考古发掘报告》,上海古籍出版社,2022年。
[7] 《奥运一期工程考古发掘报告》,北京市文物局、北京市文物研究所:《北京奥运场馆考古发掘报告》,科学出版社,2007年。
[8] 北京市文物研究所:《小营与西红门——北京大兴考古发掘报告》,上海古籍出版社,2018年。
[9] 北京市考古研究院:《通州东石村与北小营村——北京轻轨L2线通州段次渠站等土地开发项目考古发掘报告》,上海古籍出版社,2022年。
[10] 北京市文物研究所:《通州田家府村——通州文化旅游区A8、E1、E6地块考古发掘报告》,上海古籍出版社,2020年。
[11] 北京市考古研究院:《通州东石村与北小营村——北京轻轨L2线通州段次渠站等土地开发项目考古发掘报告》,上海古籍出版社,2022年。
[12] 北京市文物研究所:《通州田家府村——通州文化旅游区A8、E1、E6地块考古发掘报告》,上海古籍出版社,2020年。
[13] 北京市文物研究所:《通州田家府村——通州文化旅游区A8、E1、E6地块考古发掘报告》,上海古籍出版社,2020年。

东石村与北小营村 B2 地块 M35∶2[①]等相近。

包珠式首簪,首以莲瓣托一珍珠,体为圆锥体,金、银、铜质皆有。M17∶3、M17∶5、M19∶2、M19∶6、M19∶15、M28∶3、M28∶4、M75∶2、M81∶7 与通州田家府村 A8 地块 M13∶8[②]相近。

双股簪,首为方形,镂空,体分为两股。M81∶5、M81∶6 与通州田家府村 A8 地块 M13∶11[③]、西红门 M37∶1[④]等相近。

柳叶形首簪,上宽下窄,首刻叶脉纹。M88∶2 与西红门 M111∶1[⑤]等相近。

蘑菇状首簪,首为半圆形蘑菇状。M19∶1、M19∶7、采集 3、采集 4 与五棵松棒球场 M3∶6[⑥]等相近。

银簪背面戳印的文字,目前可以辨认的有"□启""王氏""宝兴""振元"。此前发现的文字有"开元""顺兴"[⑦]"巨宝""永兴"[⑧]"瑞宝""庆华""乾泰""宝裕""德七""文华""裕天""天化"[⑨]"育华"[⑩]"万泰""宏原"[⑪]"北五福""万德""天德"[⑫]"天宝雪""金牛""北门内"[⑬]"万聚"[⑭]"永圣""同合"[⑮]"乾德""裕华""元士""恒和元艮""德华"[⑯]"聚珍""万恒""元祥""巧

① 北京市考古研究院:《通州东石村与北小营村——北京轻轨 L2 线通州段次渠站等土地开发项目考古发掘报告》,上海古籍出版社,2022 年。
② 北京市文物研究所:《通州田家府村——通州文化旅游区 A8、E1、E6 地块考古发掘报告》,上海古籍出版社,2020 年。
③ 北京市文物研究所:《通州田家府村——通州文化旅游区 A8、E1、E6 地块考古发掘报告》,上海古籍出版社,2020 年。
④《西红门商业综合区一、二、三号地块考古发掘报告》,北京市文物研究所:《小营与西红门——北京大兴考古发掘报告》,上海古籍出版社,2018 年。
⑤《西红门商业综合区一、二、三号地块考古发掘报告》,北京市文物研究所:《小营与西红门——北京大兴考古发掘报告》,上海古籍出版社,2018 年。
⑥《五棵松棒球场工程考古发掘报告》,北京市文物局、北京市文物研究所:《北京奥运场馆考古发掘报告》,科学出版社,2007 年。
⑦《西红门商业综合区一、二、三号地块考古发掘报告》,北京市文物研究所:《小营与西红门——北京大兴考古发掘报告》,上海古籍出版社,2018 年。
⑧《昌平张营遗址北区墓葬发掘报告》,《北京考古》第二辑,北京燕山出版社,2008 年。
⑨《奥林匹克会议中心工程考古发掘报告》,北京市文物局、北京市文物研究所:《北京奥运场馆考古发掘报告》,科学出版社,2007 年。
⑩《五棵松棒球场工程考古发掘报告》,北京市文物局、北京市文物研究所:《北京奥运场馆考古发掘报告》,科学出版社,2007 年。
⑪《郑常庄燃气热电工程考古发掘报告》,北京市文物局、北京市文物研究所:《北京奥运场馆考古发掘报告》,科学出版社,2007 年。
⑫《中关村电子城西区 E5 研发中心三期地块考古发掘报告》,北京市文物研究所:《单店与黑庄户——朝阳区考古发掘报告集》,上海古籍出版社,2021 年。
⑬《采育西组团墓葬》,北京市文物研究所:《大兴古墓葬考古发掘报告集》,科学出版社,2020 年。
⑭《黄村双高花园墓葬》,北京市文物研究所:《大兴古墓葬考古发掘报告集》,科学出版社,2020 年。
⑮ 北京市文物研究所:《丽泽墓地——丽泽金融商务园区规划绿地工程发掘报告》,科学出版社,2016 年。
⑯ 北京市文物研究所:《丰台王佐遗址》,科学出版社,2010 年。

苗""福元""吉成"① "元丰""天瑞""河北天增"② "天吉""敦化"③ "玉内"④ "峻德""宝典""万年""全羲""一元""广十六""太元"⑤ 等,它们大多见于银簪、银镯、扁方等背面,是制作首饰的银号。也有的文字为使用场所或使用者名字,如"圆通庵""弟子源顺"⑥ "沈源泰""王平"⑦ 等。郑庄器物上的银号,都是首次发现,为手工业史和商业史的研究增加了新的资料。

耳饰 有耳环、耳钉、耳坠。

龙首形耳环,M25∶6与奥林匹克会议中心 M2∶3⑧、通州东石村与北小营村 B1 地块 M15∶3⑨ 等相近。

圆柱形耳环,素面,金、银、铜质皆有,是出土数量最多的耳环。M17∶9、M18∶3、M28∶2、M31∶4、M38∶2、M42∶8与中国科技馆新馆 M15∶2⑩ 等相近。

平面圆形耳钉,M51∶6、M81∶1、M83∶4、M109∶3、M171∶2与朝阳单店 M1∶2⑪、通州东石村与北小营村 B1 地块 M14∶2⑫ 等相似。

蘑菇状首耳坠,M69∶4与通州田家府村 A8 地块 M10∶13⑬、通州东石村与北小营村 B2 地块 M32∶1⑭ 等相似。

铜顶针 展开后为长方形,中部为圆窝纹,上下为凹弦纹。M181∶2、采集6与张营 M64∶2、M96∶8⑮ 等相近。

---

① 北京市文物研究所:《海淀中坞——北京市南水北调配套工程团城湖调节池工程考古发掘报告》,科学出版社,2017年。
② 北京市文物研究所:《昌平沙河——汉、西晋、唐、元、明、清代墓葬发掘报告》,科学出版社,2012年。
③《北京市物资储备学校住宅楼工程2007年考古发掘报告》,《北京考古》第二辑,北京燕山出版社,2008年。
④《机场南线工程考古发掘报告》,《北京考古》第二辑,北京燕山出版社,2008年。
⑤ 北京市考古研究院:《通州东石村与北小营村——北京轻轨 L2 线通州段次渠站等土地开发项目考古发掘报告》,上海古籍出版社,2022年。
⑥ 北京市文物研究所:《丽泽墓地——丽泽金融商务园区规划绿地工程发掘报告》,科学出版社,2016年。
⑦ 北京市文物研究所:《昌平沙河——汉、西晋、唐、元、明、清代墓葬发掘报告》,科学出版社,2012年。
⑧《奥林匹克会议中心工程考古发掘报告》,北京市文物局、北京市文物研究所:《北京奥运场馆考古发掘报告》,科学出版社,2007年。
⑨ 北京市考古研究院:《通州东石村与北小营村——北京轻轨 L2 线通州段次渠站等土地开发项目考古发掘报告》,上海古籍出版社,2022年。
⑩《中国科技馆新馆工程考古发掘报告》,北京市文物局、北京市文物研究所:《北京奥运场馆考古发掘报告》,科学出版社,2007年。
⑪《单店养老产业示范基地项目考古发掘报告》,北京市文物研究所:《单店与黑庄户——朝阳区考古发掘报告集》,上海古籍出版社,2021年。
⑫ 北京市考古研究院:《通州东石村与北小营村——北京轻轨 L2 线通州段次渠站等土地开发项目考古发掘报告》,上海古籍出版社,2022年。
⑬ 北京市文物研究所:《通州田家府村——通州文化旅游区 A8、E1、E6 地块考古发掘报告》,上海古籍出版社,2020年。
⑭ 北京市考古研究院:《通州东石村与北小营村——北京轻轨 L2 线通州段次渠站等土地开发项目考古发掘报告》,上海古籍出版社,2022年。
⑮《昌平张营遗址北区墓葬发掘报告》,《北京考古》第二辑,北京燕山出版社,2008年。

铜烟锅 M69：7、M80：3与单店M8：3①、中关村电子城M8：12-2②等相近。

铜顶戴 M23：2的顶珠材质为白色砗磲，与奥运村M36：17③等相近。按照清代对于顶戴的级别要求，砗磲顶戴一般为六品官员所佩。

铜三事 链分系耳勺、牙签、挑牙之类的卫生之具。M17：7、M19：11与新街M6：3④等相近。

铜扣 球形，素面。M8：1、M188：2与孙河N地块M11：6-1⑤、中坞M90：2⑥、大兴小营M41：1-3⑦、通州田家府村A8地块M32：1⑧等相近。

银戒指 中间上下焊接相对的四瓣花朵。M14：4-1与通州田家府村A8地块M13：14⑨等相近。

骨簪 M162：5、M185：2与朝阳单店M15：9-2⑩等相近。

石珠 中间有穿孔，有圆饼形和圆珠形两种。前者有M28：11-1等，后者有M42：7-1等。

石砚台 有两种：一种为墨池呈花朵状，整体呈椭圆形，M37：4与中坞M62：3⑪、常营M3：6⑫等相近；一种为一字形池，如M12：4。

铁犁铧 三角形，M37：12等与常营1号地M3：7、M3：8⑬、中坞M62：1⑭等相近。

① 《单店养老产业示范基地项目考古发掘报告》，北京市文物研究所：《单店与黑庄户——朝阳区考古发掘报告集》，上海古籍出版社，2021年。
② 《中关村电子城西区E5研发中心三期地块考古发掘报告》，北京市文物研究所：《单店与黑庄户——朝阳区考古发掘报告集》，上海古籍出版社，2021年。
③ 《奥运村工程考古发掘报告》，北京市文物局、北京市文物研究所：《北京奥运场馆考古发掘报告》，科学出版社，2007年。
④ 《新街墓葬区发掘报告》，北京市文物研究所：《北京段考古发掘报告集》，科学出版社，2008年。
⑤ 《孙河组团土地储备项目N地块考古发掘报告》，北京市文物研究所：《单店与黑庄户——朝阳区考古发掘报告集》，上海古籍出版社，2021年。
⑥ 北京市文物研究所：《海淀中坞——北京市南水北调配套工程团城湖调节池工程考古发掘报告》，科学出版社，2017年。
⑦ 北京市文物研究所：《小营与西红门——北京大兴考古发掘报告》，上海古籍出版社，2018年。
⑧ 北京市文物研究所：《通州田家府村——通州文化旅游区A8、E1、E6地块考古发掘报告》，上海古籍出版社，2020年。
⑨ 北京市文物研究所：《通州田家府村——通州文化旅游区A8、E1、E6地块考古发掘报告》，上海古籍出版社，2020年。
⑩ 《单店养老产业示范基地项目考古发掘报告》，北京市文物研究所：《单店与黑庄户——朝阳区考古发掘报告集》，上海古籍出版社，2021年。
⑪ 北京市文物研究所：《海淀中坞——北京市南水北调配套工程团城湖调节池工程考古发掘报告》，科学出版社，2017年。
⑫ 《常营乡剩余建设用地土地储备项目1号地块考古发掘报告》，北京市文物研究所：《单店与黑庄户——朝阳区考古发掘报告集》，上海古籍出版社，2021年。
⑬ 《常营乡剩余建设用地土地储备项目1号地块考古发掘报告》，北京市文物研究所：《单店与黑庄户——朝阳区考古发掘报告集》，上海古籍出版社，2021年。
⑭ 北京市文物研究所：《海淀中坞——北京市南水北调配套工程团城湖调节池工程考古发掘报告》，科学出版社，2017年。

以上器物皆属于北京出土清代文物中常见的器形。

铜镜 3面。M12：3为素面镜。M74：3为铭文镜，文字为"五子登科"，与中坞M90：1[①]等相近。"科"指中国封建时代的考试制度，"登科"是文科考试及第之意。《三字经》有"窦燕山，有义方，教五子，名俱扬"之语。后周时，渔阳（今蓟州一带）窦禹钧才学出众，唐天祐年间，曾在幽州任太常少卿、右谏议大夫等官。他家法严格，教子有方，五个儿子仪、俨、侃、偁、僖先后中进士，便为"五子登科"。M37：2为三兽镜，属西晋风格，但铸造较粗糙，应为清代仿品。

瓷瓶 M37：6，细长颈，球形腹，瘦削挺拔，俗称玉壶春瓶，其形态与奥运一期M196：6[②]、丽泽M91：2[③]等相近。玉壶春瓶是中国古代瓶类中特有的一种器形，缘起于唐代，历各朝而至现代[④]。M37：6代表了清代中期玉壶春瓶的典型形态。

紫砂壶 M143：2，壶上刻有"时大彬于朤柯阁制"。时大彬（1573-1648年），号少山，又称大彬、时彬，明万历至清顺治年间人，是著名的"紫砂四大家"之一时朋之子。他在泥料中掺入砂，开创了调砂法制壶，其作品"砂粗、质古、肌理匀"，别具情趣。但这件壶整体工艺一般，不排除是后世的仿品。目前学术界对紫砂壶的考古研究方兴未艾[⑤]。精美器物与著名工匠的紧密结合是紫砂壶的重要特点。除郑庄发现的紫砂壶外，2002年北京工商大学操场明万历十年（1582年）御用监太监赵西漳墓出土2件紫砂壶和4件紫砂套杯[⑥]，也是北京较重要的紫砂壶考古发现。

时大彬是明代中晚期宜兴紫砂壶成熟的标志性人物[⑦]。他的制品，考古中发现较多。1968年扬州丁沟公社明万历四十四年墓出土1件"大彬"款六方壶[⑧]，1975年扬州郑王庄万历四十四年曹氏墓出土1件"大彬"款六方壶[⑨]，1984年江苏省无锡县明崇祯二年（1629年）华师伊夫妇墓出土1件"大彬"款紫砂壶[⑩]，1986年淮安市河下镇王光熙墓出土2件紫砂壶，其中1件为"大彬"款，墓葬时代为清代前期[⑪]，1987年山西省晋城市泽川县大阳镇明崇祯五年张光奎墓出土1件"丁未（万历三十五年）夏日时大彬制"款紫砂壶[⑫]。1987年福建漳浦县盘陀乡明万历四十年

① 北京市文物研究所：《海淀中坞——北京市南水北调配套工程团城湖调节池工程考古发掘报告》，科学出版社，2017年。
② 《奥运一期工程考古发掘报告》，北京市文物局、北京市文物研究所：《北京奥运场馆考古发掘报告》，科学出版社，2007年。
③ 北京市文物研究所：《丽泽墓地——丽泽金融商务园区规划绿地工程发掘报告》，科学出版社，2016年。
④ 龙霄飞：《关于玉壶春瓶的初步研究》，《古陶瓷个案研究》，北京燕山出版社，2014年。
⑤ 高宪平等：《考古视野下紫砂研究综述》，《中原文物》2022年第6期。
⑥ 北京市文物研究所：《北京工商大学明代太监墓》，知识产权出版社，2005年。
⑦ 叶倩、胡传耸：《时大彬与明代紫砂》，《博物院》2017年第4期。
⑧ 蒋华：《江都明墓出土时大彬六方紫砂壶》，《文物》1982年第6期。
⑨ 刘丽文：《镇江博物馆藏明清陶瓷茶具》，《收藏》2014年第7期。
⑩ 冯普仁、吕兴元：《江苏无锡县明华师伊夫妇墓》，《文物》1989年第7期。
⑪ 徐秀棠：《紫砂工艺》，浙江人民出版社，2009年。
⑫ 李建生、张广善：《"丁未夏日时大彬制"款紫砂壶》，《上海文博论丛》2004年第2期。

卢维桢夫妇合葬墓出土1件"时大彬制"款紫砂壶[1]，1995年湖北武汉市明崇祯楚藩郡王墓出土"壬午（崇祯十五年）中秋，时大彬制"款紫砂罐[2]，1986年绵阳市博物馆在红星街发掘一处明代窖藏，出土1件"大彬"款紫砂壶[3]。

此前，蒋华介绍并研究了江都明墓出土时大彬六方紫砂壶[4]。贺盘发介绍并研究了无锡县出土的时大彬款紫砂茗壶[5]，宋伯胤对明卢维珍夫妇墓、曹氏墓、华师伊墓出土的3件时大彬作紫砂壶的造型和技艺进行了分析[6]。

铜钱　出土铜钱的钱径多在2.2~2.7厘米之间，穿径多在0.5厘米左右，郭多厚0.15厘米左右。

铜钱的年代延续较长，唐代铜钱有开元通宝；北宋铜钱有咸平元宝、熙宁元宝、元丰通宝；金代铜钱有大定通宝；明代铜钱有万历通宝、天启通宝、崇祯通宝、泰昌通宝。

清代铜钱数量最多，年代最早的为顺治通宝，年代最晚的为道光通宝，其他还有康熙通宝、雍正通宝、乾隆通宝、嘉庆通宝。铜钱背穿左右为满文"宝泉"者，为北京户部宝泉局所铸；背穿左右为满文"宝源"者，为北京工部宝源局所铸；背穿左右为满汉文"浙"者，为杭州府局宝浙局所铸；背穿左右为满汉文"临"者，为山东临清局所铸；背穿左右为满文"宝南"者，为长沙府局宝南局所铸；背穿左右为满汉文"东"者，为山东宝东局所铸；背穿左右为满汉文"河"者，为河南开封宝河局所铸；背穿左右为满汉文"宣"者，为直隶宣府钱局所铸；背穿左右为满汉文"蓟"者，为直隶宝蓟局所铸；背穿左右为满汉文"同"者，为山西大同局所铸；背穿左右为满汉文"原"者，为山西宝晋局所铸；背穿左右为满汉文"昌"者，为江西南昌宝昌局所铸；背穿右为"宁"者，为甘肃宁夏局所铸；背穿左右为满汉文"福"者，为福建宝福局所铸；背穿右为"阳"者，为山西大同阳和钱局所铸。

此次发掘为研究这一地区的清代墓葬形制、结构及丧葬习俗提供了新的资料。

第三节　明堂小议

共发现明堂2座。目前北京已发现的明堂，明代的有海淀中坞[7]、海淀半壁店[8]；清代的有通

---

① 王文径：《明户、工二部侍郎卢维桢墓》，《东南文化》1989年第3期。
② 祁金刚等：《武汉江夏流芳四股山明墓发掘简报》，《武汉文博》2010年第4期。
③ 何志国等：《绵阳市红星街出土明代窖藏》，《四川文物》1990年第2期。
④ 蒋华：《江都明墓出土时大彬六方紫砂壶》，《文物》1982年第6期。
⑤ 贺盘发：《无锡县发现珍贵的时大彬紫砂名壶》，《江苏陶瓷》1984年第2期。
⑥ 宋伯胤：《紫砂苑学步——宋伯胤紫砂论文集（修订本）》，台湾盈记唐人工艺出版社，2005年。
⑦ 北京市文物研究所：《海淀中坞——北京市南水北调配套工程团城湖调节池工程考古发掘报告》，科学出版社，2017年。
⑧ 北京市文物研究所：《海淀区行知实验小学明代明堂发掘简报》，《北京文博文丛》2014年第4辑。

州旅游文化园区 D8 地块^①、E4 地块^②、E10 地块^③，通州梨园高楼金^④，通州西集综合配套区^⑤，通州半壁店^⑥，朝阳姚家园新村 E 地块配套中学^⑦，昌平沙河^⑧，石景山南宫 C 地块^⑨，北京冬奥人才公寓^⑩等。

其共同特点是在土坑中用青砖横向立三至四层，筑成一定的结构（多为龟形），以六边形或八边形居多，每边各一砖长，有的在边与边之间复夹置一砖，向外辐射。砖形结构内外放置的器物种类大体相同，有石砚、铁犁铧、买地券（墓券）、铜镜、铜钱等，围绕买地券（墓券）放置，以对称的方式居多。这种形制的建筑，崔学谙先生认为这是墓地压胜用的砖穴^⑪，有的人称之为龟镇，也有研究者称之为"明堂位心"^⑫。明堂与墓地有直接的关系，是为放置买地券等明器而设置的墓葬附属设施^⑬。结合《地理新书》等文献记载，有研究者提出，明堂是墓地举行斩草仪式时的祭拜场地^⑭。

M12、M37 的砖室部位为六边形，整体类似乌龟的形状。六边形也是北京明清券台最多的样式^⑮。M12 的底部全部铺砖，M37 的底部无砖。M12 为平顶，以砖象征龟头和龟尾，铁象征四肢。M37 以竖砌砖为肢体。M12 的墓券为陶瓦，上有朱砂书写，但已不清，这是中下层百姓较为流行的葬俗。M12 出有铜镜、石砚，M37 则出有瓷罐、瓷瓶、铜镜、铜香炉、铁犁铧、石砚、石球等。这些都是北京明清明堂中的常见器物。铁犁铧用于象征龟的四肢，石球用于象征龟的眼睛。郑庄两座明堂的发现，为北京明堂的研究补充了新的资料。

① 北京市文物研究所 2014 年发掘资料。
② 北京市文物研究所 2014 年发掘资料。
③ 北京市文物研究所 2014 年发掘资料。
④ 北京市文物研究所 2014 年发掘资料。
⑤ 北京市文物研究所 2014 年发掘资料。
⑥ 北京市文物研究所：《北京市通州区梨园镇半壁店旧村明清墓葬发掘简报》，《北京文博文丛》2013 年第 4 辑。
⑦ 北京市文物研究所 2015 年发掘资料。
⑧ 北京市文物研究所：《昌平沙河——汉、晋、唐、元、明、清代墓葬发掘报告》，科学出版社，2012 年。
⑨ 北京市文物研究所 2017 年发掘资料。
⑩ 北京市文物研究所 2018 年发掘资料。
⑪ 崔学谙：《明清砖穴综述》，《首都博物馆文集》，中国民间文艺出版社，1992 年。
⑫ 翟鹏飞：《墓地明堂位心研究》，文化遗产研究与保护技术教育部重点实验室等：《西部考古》第 17 辑，科学出版社，2019 年。
⑬ 崔学谙：《明清砖穴综述》，《首都博物馆文集》，中国民间文艺出版社，1992 年。
⑭ 李伟敏：《北京地区出土清代买地券考述》，《北京文物与考古》第 8 辑，北京出版社，2021 年。
⑮ 董坤玉：《北京地区出土墓券与券台特点研究》，《北方文物》2022 年第 1 期；翟鹏飞：《墓地明堂位心研究》，文化遗产研究与保护技术教育部重点实验室等：《西部考古》第 17 辑，科学出版社，2019 年。

附表一　墓葬登记表

单位：米

墓号	层位	方向	墓口 （长×宽×深）	墓底 （长×宽×深）	深度	葬具	葬式	人骨保存情况	头向及面向	性别及年龄	随葬品	备注
M1	②层下	358°	2.34×（1.2−1.26）×0.4	2.34×（1.2−1.26）×0.76	0.36	单棺	仰身直肢葬	较好	头向北，面向上	成年男性	陶瓦1件	
M2	②层下	350°	2.7×（1.84−2）×0.4	2.7×（1.84−2）×（0.6−0.8）	0.2−0.4	双棺	皆不详	皆较差	东棺：头向北，面向上；西棺：不详	东棺：成年男性；西棺：成年男性	无	
M3	②层下	355°	2.9×2.28×0.4	2.9×2.28×1.28	0.88	双棺	东棺：仰身直肢葬；西棺：不详	皆较差	东棺：头向北，面向上；西棺：不详	东棺：成年女性；西棺：成年男性	铜钱15枚	
M4	②层下	355°	2.54×1.7×0.4	2.54×1.7×（1.38−1.56）	0.98−1.16	双棺	皆仰身直肢葬	较好	皆头向北，面向上	东棺：成年男性；西棺：成年女性	半釉罐1件、铜钱4枚	
M5	②层下	350°	2.5×（1.9−1.98）×0.75	2.5×（1.9−1.98）×1.75	1	双棺	皆仰身直肢葬	东棺：较差；西棺：较好	东棺：不详；西棺：头向北，面向上	东棺：成年男性；西棺：成年女性	陶罐2件、铜钱12枚	
M6	②层下	355°	2.54×（1.76−2.04）×0.4	2.54×（1.76−2.04）×1.85	1.45	双棺	皆仰身直肢葬	皆较好	皆头向北，面向不详	东棺：成年男性；西棺：成年女性	半釉罐2件、铜钱6枚	
M7	②层下	350°	2.7×（1.8−2）×0.7	2.7×（1.8−2）×2.3	1.6	双棺	皆不详	皆较差	东棺：头向北，面向上；西棺：不详	东棺：成年男性；西棺：成年女性	半釉罐1件、铜钱1枚	
M8	②层下	346°	（3−3.2）×（1.64−2.06）×0.7	（3−3.2）×（1.64−2.06）×（1.6−1.7）	0.9−1	双棺	皆仰身直肢葬	东棺：较好；西棺：较差	皆头向北。东棺：面向上；西棺：面向不详	东棺：成年女性；西棺：成年男性	铜扣1枚，陶瓦2件，铜钱87枚	

续　表

墓号	层位	方向	墓口 （长×宽×深）	墓底 （长×宽×深）	深度	葬具	葬式	人骨保 存情况	头向及面向	性别及年龄	随葬品	备注
M9	②层下	358°	(2.7−2.8)×(1.96− 2.3)×0.7	(2.7−2.8)×(1.96− 2.3)×1.8	1.1	双棺	东棺：仰身 直肢葬；西 棺：不详	东棺： 较好； 西棺： 较差	东棺：头向 北,面向上； 西棺：不详	东棺：成年男 性；西棺：不详	陶罐1件、陶 瓦1件、铜钱 3枚	
M10	②层下	352°	2.9×(2−2.04)× 0.7	2.9×(2−2.04)× 1.6	0.9	双棺	皆仰身 直肢葬	东棺： 较好； 西棺： 较差	皆头向北， 面面向上	东棺：成年女 性；西棺：幼儿	银簪1件、铜 钱33枚	
M11	②层下	348°	2.7×1.6×0.7	2.7×1.6×(1.64− 1.8)	0.94− 1.1	双棺	皆仰身 直肢葬	皆较差	皆头向北， 面面向上	东棺：成年男 性；西棺：成 年女性	铜钱1枚	
M12	②层下	170°	1.5×(1.42−1.48)× 0.6	1.5×(1.42−1.48)× 1.3	0.7	单棺	无	无	无		陶瓦1件、铜 镜1件、石砚 1件、铜钱11 枚	
M13	②层下	348°	2.5×0.84×0.7	2.5×0.84×1.5	0.8	单棺	仰身 直肢葬	较好	头向北，面 向上	成年男性	瓷罐1件、铜 钱15枚	
M14	②层下	355°	2.3×(1.17−1.8)× 0.7	2.3×(1.17−1.8)× 1.5	0.8	双棺	皆仰身 直肢葬	皆较好	皆头向北， 面面向上	东棺：成年男 性；西棺：成 年女性	银戒指2枚、 铜簪1件、铜 钱4枚	
M15	②层下	358°	2.7×1.16×0.7	2.7×1.16×2.26	1.56	单棺	仰身 直肢葬	较差	头向北，面 向上	老年男性	半釉罐1件、 铜钱2枚	
M16	②层下	355°	2.6×1×0.7	2.6×1×1.5	0.8	单棺	仰身 直肢葬	较好	头向北，面 向上	成年男性	铜钱3枚	

续表

墓号	层位	方向	墓口（长×宽×深）	墓底（长×宽×深）	深度	葬具	葬式	人骨保存情况	头向及面向	性别及年龄	随葬品	备注
M17	②层下	60°	(2.45-2.78)×(2.75-3.6)×0.7	(2.45-2.78)×(2.75-3.6)×1.9	1.2	四棺	棺1、棺2、棺4：仰身直肢葬；棺3：不详	皆较差	棺1：头向东，面向下；棺2、棺3：头向东，面向上；棺4：头向北，面向不详	棺1：成年男性；棺2、棺3、棺4：成年女性	银簪4件、铜三事1件、铜扁方1件、铜耳环2件、铜耳环3件、石饰1件、蚌饰1件、铜钱8枚	
M18	②层下	55°	(2.9-3.52)×(1.86-2.6)×0.65	(2.9-3.52)×(1.86-2.6)×1.55	0.9	双棺	皆仰身直肢葬	皆较差	皆头向北，面向上	北棺：成年女性；南棺：成年男性	半釉罐1件、银耳环2枚、铁环1件、铜钱3枚	
M19	②层下	63°	3.1×(2.6-2.9)×0.65	3.1×(2.6-2.9)×1.7	1.05	三棺	北棺：不详；南棺：仰身直肢葬	北、南棺：较差	北、南棺：头向东，面向上	北、南棺：成年女性	瓷罐2件、金簪1件、瓷瓮1件、银簪2件、银扁方2件、铜三事1件、铜钱36枚	
M20	②层下	60°	2.52×(1.76-2.05)×0.6	2.52×(1.76-2.05)×1.6	1	双棺	北棺：不详；南棺：仰身直肢葬	皆较差	皆头向东，面向上	北棺：成年女性；南棺：成年男性	银簪1件、铁环1件、石烟嘴1件、铜钱1枚	
M21	②层下	60°	2.8×(1.72-2.06)×0.5	2.52×(1.76-2.05)×1.5	1	双棺	北棺：不详；南棺：仰身直肢葬	北棺：较差；南棺：较好	北棺：不详；南棺：头向东北，面向上	北棺：成年女性；南棺：成年男性	无	
M22	②层下	40°	2.46×1.1×0.5	2.46×1.1×1.5	1	单棺	不详	较差	头向北，面向上	老年男性	无	

续　表

墓号	层位	方向	墓口 (长×宽×深)	墓底 (长×宽×深)	深度	葬具	葬式	人骨保存情况	头向及面向	性别及年龄	随葬品	备注
M23	②层下	57°	2.6×1.6×0.55	2.6×1.6×1.55	1	双棺	皆仰身直肢葬	皆较差	皆头向东。北棺：面向上；南棺：面向不详	北棺：成年女性；南棺：成年男性	铜顶戴1件、铜簪1件、铜钱3枚	
M24	②层下	95°	2.35×1.7×0.7	2.35×1.7×1.4	0.7	双棺	皆仰身直肢葬	皆较差	北棺：不详；南棺：头向东、面向上	北棺：成年女性；南棺：成年男性	铜钱5枚	
M25	②层下	99°	2.5×1.72×0.7	2.5×1.72×1.3	0.6	双棺	皆仰身直肢葬	北棺较差；南棺较好	皆头向东。北棺：面向上；南棺：面向下	北棺：成年女性；南棺：成年男性	银扁方1件、铜簪4件、铜戒指3枚、玻璃扣1枚、铜钱25枚	
M26	②层下	95°	(3–3.06)×(2.27–2.3)×0.7	(3–3.06)×(2.27–2.3)×1.8	1.1	双棺	皆仰身直肢葬	皆较差	皆头向北，面向上	北棺：成年女性；南棺：成年男性	铜钱2枚	
M27	②层下	92°	2.7×1.2×0.7	2.7×1.2×1.8	1.1	单棺	仰身直肢葬	较差	头向东，面向上	成年男性	无	
M28	②层下	98°	(2.42–2.97)×(2.67–3.7)×0.7	(2.42–2.97)×(2.67–3.7)×(1.3–1.5)	0.6–0.8	四棺	棺1：不详；棺2：侧身屈肢葬；棺4：仰身直肢葬	棺1、棺2、棺4：较差	棺1、棺2：头向东，面向上；棺4：头向东北，面向上	棺1、棺2：成年女性；棺4：成年男性	瓷罐2件、半釉罐1件、银耳环1件、铜簪3件、石珠4枚、玻璃珠2枚、玻璃饰1件、铜钱12枚	
M29	②层下	97°	2.6×(0.68–0.84)×0.7	2.6×(0.68–0.84)×1.3	0.6	单棺	仰身直肢葬	较差	头向东，面向上	成年男性	石珠1枚、铜钱1枚	
M30	②层下	95°	2.7×(1.44–1.8)×0.7	2.7×(1.44–1.8)×1.55	0.85	单棺	仰身直肢葬	较好	头向东，面向上	成年女性	铜簪3件、铜钱1枚	

续　表

墓号	层位	方向	墓口（长×宽×深）	墓底（长×宽×深）	深度	葬具	葬式	人骨保存情况	头向及面向	性别及年龄	随葬品	备注
M31	②层下	91°	2.7×(1.84-1.9)×0.7	2.7×(1.84-1.9)×1.7	1	双棺	皆仰身直肢葬	皆较差	皆头向东，面向上	北棺：成年男性；南棺：成年女性	银耳环1件、铜镯1件、铜扁方1件、铜钱1枚	
M32	②层下	93°	2.5×1.76×0.7	2.5×1.76×1.5	0.8	双棺	皆仰身直肢葬	北棺：较好；南棺：较差	皆头向东。北棺：面向不详；南棺：面向上	北棺：成年男性；南棺：成年女性	无	
M33	②层下	89°	2.7×(2.1-2.3)×0.7	2.7×(2.1-2.3)×1.6	0.9	双棺	北棺：仰身直肢葬；南棺：侧身屈肢葬	北棺：较好；南棺：较差	皆头向东。北棺：面向下；南棺：面向不详	北棺：成年男性；南棺：成年女性	瓷罐1件、铜钱5枚	
M34	②层下	90°	2.4×0.96×0.7	2.4×0.96×1.5	0.8	单棺	仰身屈肢葬	较差	头向东、面向上	成年男性	无	
M35	②层下	88°	2.46×(1.05-1.14)×0.7	2.46×(1.05-1.14)×1.5	0.8	单棺	侧身直肢葬	较好	头向东、面向上	成年男性	无	
M36	②层下	95°	(2.6-2.8)×2.75×0.7	(2.6-2.8)×2.75×1.6	0.9	三棺	皆侧身直肢葬	皆较好	皆头向东。北棺：面向上；中、南棺：面向下	北棺：成年男性；中、西棺：成年女性	半釉罐2件、铁环1件、铜钱10枚	
M37	②层下	100°	1.33×1.56×0.7	1.33×1.56×1.18	0.48	单棺	无	无	无		瓷罐1件、瓷瓶1件、铜镜1件、铜香炉1件、铜铃铛1件、铁犁铧4件、玉饰1件、石砚1件、石球2枚、料石1件、铜钱35枚	

续　表

墓号	层位	方向	墓口 (长×宽×深)	墓底 (长×宽×深)	深度	葬具	葬式	人骨保 存情况	头向及面向	性别及年龄	随葬品	备注
M38	②层下	95°	2.76×(1.87−1.96)×0.7	2.76×(1.87−1.96)×1.7	1	双棺	北棺:仰身直肢葬;南棺:侧身屈肢葬	皆较差	皆头向东。北棺:面向上;南棺:面向下	北棺:成年男性;南棺:成年女性	瓷瓮1件、银耳环1枚、铜钱2枚	
M39	②层下	110°	2.5×(2.14−2.4)×0.7	2.5×(2.14−2.4)×1.7	1	三棺	北棺:不详;中、南棺:仰身直肢葬	皆较差	皆头向东、面向上	北、南棺:成年女性;中棺:成年男性	半釉罐3件、铜钱3枚	
M40	②层下	315°	(2.55−2.8)×(1.74−1.85)×0.7	(2.55−2.8)×(1.74−1.85)×1.5	0.8	双棺	皆仰身直肢葬	皆较差	皆头向西北、面向上	东棺:成年男性;西棺:成年女性	瓷罐1件、铜扁方1件、铜钱2枚	
M41	②层下	345°	2.64×1.51×0.7	2.64×1.51×1.51	0.81	双棺	皆仰身直肢葬	皆较好	皆头向北、面向上	东棺:成年男性;西棺:成年女性	铜钱4枚	
M42	②层下	89°	(2.62−2.76)×(2.7−2.9)×0.7	(2.62−2.76)×(2.7−2.9)×1.7	1	四棺	棺1:仰身屈肢葬;棺2、棺3:不详	棺1、棺2、棺3:较差	棺1、棺2、棺3:头向东、面向上	棺1:成年男性;棺2、棺3:成年女性	瓷瓮1件、半釉罐2件、金耳环1件、银簪2件、铜簪1件、铜扣6件、铜腰銙1件、铜顶戴1件、石珠4枚、铜钱2枚	
M43	②层下	80°	2.4×(0.92−1.46)×0.7	2.4×(0.92−1.46)×(1.4−1.58)	0.7−0.88	双棺	北棺:仰身直肢葬	北棺:较差	北棺:头向西北、面向上	北棺:成年男性	瓷瓮1件、半釉罐1件、铜钱2枚	

续　表

墓号	层位	方向	墓口（长×宽×深）	墓底（长×宽×深）	深度	葬具	葬式	人骨保存情况	头向及面向	性别及年龄	随葬品	备注
M44	②层下	343°	2.4×(1.5-1.56)×0.75	2.4×(1.5-1.56)×1.15	0.4	双棺	皆仰身直肢葬	东棺:较好;西棺:较差	皆头向北,面面向上	东棺:成年男性;西棺:成年女性	半釉罐2件	
M45	②层下	330°	2.7×1.8×0.6	2.7×1.8×1.48	0.88	双棺	东棺:仰身直肢葬;西棺:不详	皆较差	皆头向北。东棺:面向下;西棺:面向上	东棺:成年男性;西棺:成年女性	铜钱3枚	
M46	②层下	340°	2.6×(1.08-1.14)×0.6	2.6×(1.08-1.14)×1.24	0.64	单棺	仰身直肢葬	较差	头向北,面向上	成年男性	半釉罐1件、铜钱1枚	
M47	②层下	330°	2.2×(0.8-0.9)×0.7	2.2×(0.8-0.9)×1.1	0.4	单棺	仰身直肢葬	较好	头向北,面向下	成年男性	陶罐1件、铜钱4枚	
M48	②层下	334°	2.48×(0.88-0.98)×0.7	2.48×(0.88-0.98)×1.18	0.48	单棺	仰身直肢葬	较好	头向北,面向上	成年男性	半釉罐1件	
M49	②层下	349°	3.1×1.2×0.7	3.1×1.2×1.5	0.8	单棺	仰身直肢葬	较好	头向北,面向不详	成年男性	半釉罐1件、陶罐1件、铜钱14枚	
M50	②层下	160°	3.24×2.96×0.55	3.24×2.96×1.41	0.86	双棺	皆不详	皆较差	东棺:头向北,面向上;西棺:不详	东棺:成年男性;西棺:成年女性	瓷碗1件、瓷罐1件、陶瓶1件、铜钱20枚	
M51	②层下	341°	(2.56-2.74)×2×0.7	(2.56-2.74)×2×1.4	0.7	双棺	皆仰身直肢葬	皆较好	皆头向北,面向下	东棺:成年女性;西棺:成年男性	铜簪4件、铜耳钉1件、铜钱91枚	
M52	②层下	76°	(2.88-2.92)×(1.72-1.88)×0.7	(2.88-2.92)×(1.72-1.88)×1.4	0.7	双棺	皆仰身直肢葬	皆较差	北棺:不详;南棺:头向东,面向下	北棺:成年女性;南棺:成年男性	铜钱10枚	

续 表

墓号	层位	方向	墓口（长×宽×深）	墓底（长×宽×深）	深度	葬具	葬式	人骨保存情况	头向及面向	性别及年龄	随葬品	备注
M53	②层下	340°	（2.7—2.88）×（1.6—1.98）×0.7	（2.7—2.88）×（1.6—1.98）×1.26	0.56	双棺	东棺：仰身直肢葬；西棺：侧身屈肢葬	东棺：较差；西棺：较好	皆头向北，面向上	东棺：成年女性；西棺：成年男性	无	
M54	②层下	353°	（2.4—3）×（2.1—2.52）×0.7	（2.4—3）×（2.1—2.52）×1.4	0.7	双棺	东棺：不详；西棺：仰身直肢葬	皆较差	皆头向北。面向西不详。东棺：面向上	东棺：成年女性；西棺：成年男性	半釉罐1件、铜钱15枚	
M55	②层下	355°	3.1×（2.2—2.4）×0.7	3.1×（2.2—2.4）×1.2	0.5	双棺	东棺：不详；西棺：仰身直肢葬	东棺：较差；西棺：较好	皆头向北，面向上	东棺：成年男性；西棺：成年女性	瓷罐1件、半釉罐1件、铜钱2枚	
M56	②层下	350°	2.7×（1.83—2.47）×0.7	2.7×（1.83—2.47）×1.1	0.4	双棺	皆不详	皆较差	皆头向北。面向西不详。东棺：面向上	东棺：成年男性；西棺：成年女性	陶罐1件	
M57	②层下	350°	2.7×（2.12—2.2）×0.7	2.7×（2.12—2.2）×1.2	0.5	双棺	皆仰身直肢葬	皆较差	皆头向北，面向上	东棺：成年女性；西棺：成年男性	陶罐1件、铜钱2枚	
M58	②层下	15°	（2.56—2.71）×（1.64—1.86）×0.7	（2.56—2.71）×（1.64—1.86）×（1.7—1.9）	1—1.2	双棺	皆仰身直肢葬	皆较好	皆头向北，面向上	东棺：成年女性；西棺：成年男性	陶罐1件、陶钵1件、铜钱4枚	
M59	②层下	338°	2.66×2.14×0.7	2.66×2.14×（1.9—2）	1.2—1.3	双棺	皆仰身直肢葬	皆较差	皆头向北，面向上	东棺：成年男性；西棺：成年女性	无	
M60	②层下	346°	2.3×（0.66—0.72）×0.6	2.3×（0.66—0.72）×1	0.4	单棺	仰身直肢葬	较好	头向北，面向上	成年男性	无	

续　表

墓号	层位	方向	墓口（长×宽×深）	墓底（长×宽×深）	深度	葬具	葬式	人骨保存情况	头向及面向	性别及年龄	随葬品	备注
M61	②层下	340°	2.9×(2.7-3)×0.8	2.9×(2.7-3)×1.9	1.1	三棺	皆不详	皆较差	皆头向北。东、西棺：面向不详；中棺：面向上	东、西棺：成年女性；中棺：成年男性	陶罐1件、铜钱1枚	
M62	②层下	355°	2.7×(1.55-1.84)×0.7	2.7×(1.55-1.84)×1.34	0.64	双棺	皆不详	皆较差	皆头向北。东棺：面向上；西棺：面向不详	东棺：成年女性；西棺：成年男性	陶罐1件、铜钱1枚	
M63	②层下	340°	2.26×(0.93-1.03)×1.04	2.26×(0.93-1.03)×1.74	0.7	单棺	仰身直肢葬	皆较好	头向北，面向上	成年男性	铜钱5枚	
M64	②层下	343°	2.4×(2.34-2.96)×1.2	2.4×(2.34-2.96)×2	0.8	双棺	皆仰身直肢葬	较差	皆头向北，面向上	东棺：成年男性；西棺：成年女性	瓷罐1件、陶罐1件	
M65	②层下	15°	2.44×(0.9-1.13)×1.04	2.44×(0.9-1.13)×1.54	0.5	单棺	仰身直肢葬	较好	头向北，面向上	成年男性	无	
M66	②层下	357°	2.2×(0.88-1.12)×1	2.2×(0.88-1.12)×1.5	0.5	单棺	仰身直肢葬	较好	头向北，面向上	成年男性	无	
M67	②层下	340°	2.7×1.6×1.2	2.7×1.6×1.8	0.6	双棺	皆仰身直肢葬	东棺：较好；西棺：较差	皆头向北，面向上	东棺：成年女性；西棺：成年男性	铜钱1枚	
M68	②层下	340°	2.36×0.92×1	2.36×0.92×1.6	0.6	单棺	仰身直肢葬	较差	头向北，面向不详	成年男性	无	
M69	②层下	350°	2.28×(1.54-1.74)×0.8	2.28×(1.54-1.74)×1.4	0.6	双棺	皆仰身直肢葬	皆较差	皆头向北，面向上	东棺：成年女性；西棺：成年男性	半釉罐1件、陶罐1件、铜簪1件、铜耳坠1件、铜烟锅1件、骨针1件、铜钱3枚	

续 表

墓号	层位	方向	墓口（长×宽×深）	墓底（长×宽×深）	深度	葬具	葬式	人骨保存情况	头向及面向	性别及年龄	随葬品	备注
M70	②层下	358°	2.12×(0.76−0.88)×1.2	2.12×(0.76−0.88)×1.78	0.58	单棺	仰身直肢葬	较差	头向北，面向上	成年男性	无	
M71	②层下	340°	2.6×(1−1.08)×1	2.6×(1−1.08)×1.5	0.5	单棺	仰身直肢葬	较好	头向北，面向上	成年男性	无	
M72	②层下	345°	2.3×(0.84−0.97)×0.7	2.3×(0.84−0.97)×1.36	0.66	单棺	仰身直肢葬	较好	头向北，面向下	成年男性	半釉罐1件，铜钱3枚	
M73	②层下	342°	2.66×1×0.7	2.66×1×1.3	0.6	单棺	仰身直肢葬	较好	头向北，面向上	成年男性	陶瓦1件	
M74	②层下	342°	2.66×2.55×0.7	2.66×2.55×1.3	0.6	三棺	东棺：仰身直肢；中、西棺：不详	东棺：较好；中、西棺：较差	东棺：头向北，面向上；中棺：不详；西棺：头向北，面向不详	东棺：成年男性；中、西棺：成年女性	陶瓦1件，铜簪1件，铜镜1件，铜钱2枚	
M75	②层下	350°	(2.48−2.62)×(2.3−2.52)×0.8	(2.48−2.62)×(2.3−2.52)×1.6	0.8	三棺	皆仰身直肢葬	东、西棺：较差；中棺：较好	皆头向东，中棺：面向下；西棺：面向上	东棺：成年男性；中、西棺：成年女性	陶罐1件，铜簪3件，铜钱20枚	
M76	②层下	340°	2.4×(1−1.05)×0.7	2.4×(1−1.05)×1.5	0.8	单棺	仰身直肢葬	较好	头向北，面向上	成年男性	铜钱2枚	
M77	②层下	342°	2.7×(1−1.1)×0.7	2.7×(1−1.1)×1.38	0.68	单棺	仰身屈肢葬	不详	头向东，面向上	成年男性	铜钱5枚	
M78	②层下	340°	(2.34−2.5)×(1.85−2)×0.7	(2.34−2.5)×(1.85−2)×1.54	0.84	双棺	皆仰身直肢葬	皆较差	皆头向北，面向上	东棺：成年男性；西棺：成年女性	铜钱8枚	

续　表

墓号	层位	方向	墓口（长×宽×深）	墓底（长×宽×深）	深度	葬具	葬式	人骨保存情况	头向及面向	性别及年龄	随葬品	备注
M79	②层下	355°	2.7×(1.16-1.23)×0.7	2.7×(1.16-1.23)×1.38	0.68	单棺	不详	较差	头向北，面向上	不详	铜钱2枚	
M80	②层下	358°	2.8×(2.1-2.32)×0.7	2.8×(2.1-2.32)×1.1	0.4	双棺	皆仰身直肢葬	皆较差	皆头向北，面向上	东棺：成年女性；西棺：成年男性	瓷罐1件、铜烟锅1件、铜钱7枚	
M81	②层下	340°	2.9×(2-2.6)×0.7	2.9×(2-2.6)×1.36	0.66	双棺	皆仰身直肢葬	皆较差	东棺：头向北，面向上；西棺：不详	东棺：成年女性；西棺：成年男性	银扁方1件、铜耳钉2件、铜簪6件、铜钱30枚	
M82	②层下	356°	2.6×(2.5-2.7)×0.9	2.6×(2.5-2.7)×1.6	0.7	三棺	东棺：不详；中、西棺：仰身直肢葬	东、中棺：较差；西棺：较好	东棺：不详；中、西棺：头向北，面向上	东棺：成年男性；中、西棺：成年女性	铜钱50枚	
M83	②层下	352°	2.5×(1.82-2.06)×0.9	2.5×(1.82-2.06)×1.5	0.6	双棺	东棺：仰身直肢葬；西棺：不详	皆较差	皆头向北，面向上	东棺：成年男性；西棺：成年女性	陶瓦1件、银簪2件、铜耳钉1件、铜钱30枚	
M84	②层下	15°	2.4×1.8×0.9	2.4×1.8×1.5	0.6	双棺	东棺：不详；西棺：仰身直肢葬	皆较差	皆头向北，面向上	东棺：成年男性；西棺：成年女性	铜镜3枚	
M85	②层下	348°	2.7×(1.4-1.6)×0.8	2.7×(1.4-1.6)×1.36	0.56	双棺	皆仰身直肢葬	皆较差	皆头向北，面向上	东棺：成年男性；西棺：成年女性	无	
M86	②层下	348°	2.4×(1.42-1.75)×0.9	2.4×(1.42-1.75)×1.5	0.6	双棺	皆仰身直肢葬	皆较差	皆头向北，面向上	东棺：成年男性；西棺：成年女性	铜钱9枚	

续　表

墓号	层位	方向	墓口（长×宽×深）	墓底（长×宽×深）	深度	葬具	葬式	人骨保存情况	头向及面向	性别及年龄	随葬品	备注
M87	②层下	350°	2.2×(0.76—0.9)×0.8	2.2×(0.76—0.9)×1.4	0.6	单棺	仰身直肢葬	较差	头向北，面向上	成年男性	铜烟锅1件、铜钱2枚	
M88	②层下	335°	2.6×(1.4—1.6)×0.7	2.6×(1.4—1.6)×1.26	0.56	双棺	皆仰身直肢葬	皆较差	皆头向北，面向上	东棺：成年男性；西棺：成年女性	铜簪2件	
M89	②层下	335°	2.25×(1.05—1.12)×0.8	2.25×(1.05—1.12)×1.3	0.5	单棺	仰身直肢葬	较差	头向北，面向上	成年男性	无	
M90	②层下	350°	2.8×(2.1—2.32)×0.8	2.8×(2.1—2.32)×(1.8—2.1)	1—1.3	双棺	皆仰身直肢葬	皆较差	皆头向北，面向上	东棺：成年男性；西棺：成年女性	半釉罐2件、铜钱2枚	
M91	②层下	355°	2.5×(1.68—2.06)×0.8	2.5×(1.68—2.06)×(1.9—2.1)	1.1—1.3	双棺	皆不详	皆较差	皆头向北。东棺：面向；西棺：不详；面向上	东棺：成年男性；西棺：成年女性	瓷罐2件、铜钱5枚	
M92	②层下	350°	(2.6—2.67)×(2.64—2.98)×0.8	(2.6—2.67)×(2.64—2.98)×2.1	1.3	三棺	东、中棺：侧身屈肢葬；西棺：仰身直肢葬	皆较差	皆头向北，面向上	东、中棺：成年女性；西棺：成年男性	半釉罐1件、铜钱1枚	
M93	②层下	348°	2.45×(2.32—2.52)×1.2	2.45×(2.32—2.52)×1.9	0.7	三棺	东棺：不详；西、中棺：仰身直肢葬	皆较差	皆头向北，面向上	东棺：成年女性；中棺：成年男性；西棺：老年女性	半釉罐2件、玻璃珠3枚、铜钱20枚	
M94	②层下	350°	2.24×1.6×0.8	2.24×1.6×2	1.2	双棺	东棺：仰身直肢葬；西棺：侧身屈肢葬	皆较好	皆头向北，面向上	东棺：成年男性；西棺：成年女性	半釉罐1件、铜钱1枚	

续　表

墓号	层位	方向	墓口（长×宽×深）	墓底（长×宽×深）	深度	葬具	葬式	人骨保存情况	头向及面向	性别及年龄	随葬品	备注
M95	②层下	355°	2.4×(1.66-1.74)×0.8	2.4×(1.66-1.74)×1.5	0.7	双棺	皆仰身直肢葬	皆较好	皆头向北，面向上	东棺：成年男性；西棺：成年女性	半釉罐1件、铜钱8枚	
M96	②层下	338°	2.3×(2.96-3)×0.8	2.3×(2.96-3)×(1.4-1.7)	0.6-0.9	三棺	东、中棺：仰身直肢葬；西棺：不详	东、中棺：较好；西棺：较差	东棺：头向北，面向上；中棺：头向北，面向不详；西棺：不详	东棺：成年男性；中棺：中，西棺：成年女性	半釉罐1件、铜钱2枚	
M97	②层下	348°	2.8×1.94×1	2.8×1.94×2	1	双棺	东棺：仰身直肢葬；西棺：不详	皆较差	皆头向北，面向不详	东棺：成年女性；西棺：成年男性	半釉罐1件、铜钱10枚	
M98	②层下	5°	2.5×(1.66-2.04)×1	2.5×(1.66-2.04)×1.8	0.8	双棺	皆仰身直肢葬	皆较好	皆头向北，面向上	东棺：成年男性；西棺：成年女性	瓷罐1件、半釉罐1件	
M99	②层下	350°	2.9×(2.2-2.6)×1.2	2.9×(2.2-2.6)×2.2	1	双棺	皆仰身直肢葬	皆较差	皆头向北，面向上	东棺：成年男性；西棺：成年女性	铜钱1枚	
M100	②层下	18°	(2.4-2.5)×(1.62-1.9)×1.2	(2.4-2.5)×(1.62-1.9)×2	0.8	双棺	皆仰身直肢葬	皆较差	皆头向北，面向上	东棺：成年男性；西棺：成年女性	半釉罐1件、铜钱2枚	
M101	②层下	20°	2.2×(0.76-0.88)×1.1	2.2×(0.76-0.88)×1.3	0.2	单棺	不详	较差	不详	不详	铜钱2枚	
M102	②层下	345°	2.6×(1.5-1.8)×0.7	2.6×(1.5-1.8)×1.32	0.62	单棺	仰身直肢葬	较差	头向北，面向上	成年男性	无	

续　表

墓号	层位	方向	墓口（长×宽×深）	墓底（长×宽×深）	深度	葬具	葬式	人骨保存情况	头向及面向	性别及年龄	随葬品	备注
M103	②层下	355°	2.6×(2.15-2.3)×0.7	2.6×(2.15-2.3)×2.56	1.86	双棺	皆仰身直肢葬	皆较差	皆头向北，面向上	东棺：成年女性；西棺：成年男性	铜钱4枚	
M104	②层下	350°	2.6×(1.5-1.59)×0.7	2.6×(1.5-1.59)×(1.46-1.84)	0.76-1.14	双棺	皆仰身直肢葬	皆较差	皆头向北，面向上	东棺：成年男性；西棺：成年女性	无	
M105	②层下	350°	2.8×(1.72-1.8)×0.7	2.8×(1.72-1.8)×1.72	1.02	双棺	皆仰身直肢葬	皆较差	皆头向北，面向上	东棺：成年女性；西棺：成年男性	半釉罐2件	
M106	②层下	330°	2.8×(2.24-2.4)×0.7	2.8×(2.24-2.4)×1.52	0.82	双棺	东棺：仰身直肢葬；西棺：不详	皆较差	皆头向北，面向上。东棺：面向不详；西棺：面向上	东棺：成年男性；西棺：成年女性	陶罐2件、铜钱15枚	
M107	②层下	340°	2.7×(1.4-1.54)×0.8	2.7×(1.4-1.54)×1.8	1	单棺	仰身直肢葬	较好	头向北，面向上	成年男性	铜钱15枚	
M108	②层下	350°	2.3×1.1×0.8	2.3×1.1×1.5	0.7	单棺	仰身直肢葬	较好	头向北，面向上	成年男性	陶瓦1件、铜钱2枚	
M109	②层下	350°	2.7×(1.66-1.72)×0.8	2.7×(1.66-1.72)×1.6	0.8	双棺	皆仰身直肢葬	皆较好	皆头向北，面向上。东棺：面向上；西棺：面向下	东棺：成年男性；西棺：成年女性	铜簪1件、铜耳钉1件、铜钱10枚	
M110	②层下	340°	2.9×2.6×0.8	2.9×2.6×1.5	0.7	三棺	东、西棺：仰身直肢葬；中棺：不详	东、中棺：较差；西棺：较好	皆头向北，面向上	东、中棺：成年女性；西棺：成年男性	铜簪1件、铜钱10枚	

续表

墓号	层位	方向	墓口（长×宽×深）	墓底（长×宽×深）	深度	葬具	葬式	人骨保存情况	头向及面向	性别及年龄	随葬品	备注
M111	②层下	350°	(2.35−2.7)×(1.85−2.07)×0.8	(2.35−2.7)×(1.85−2.07)×1.6	0.8	双棺	东棺:仰身屈肢葬;西棺:不详	皆较差	皆头向北,面向上	东棺:成年男性;西棺:成年女性	半釉罐1件、铜钱5枚	
M112	②层下	354°	(2.7−2.82)×(2.25−2.7)×0.8	(2.7−2.82)×(2.25−2.7)×1.6	0.8	三棺	东棺:不详;中、西棺:仰身直肢葬	东棺:较好;中、西棺:较差	皆头向北,面向上	东棺:成年女性;中棺:成年男性;西棺:老年女性	半釉罐2件、铜钱7枚	
M113	②层下	340°	2.6×(1.8−2.1)×0.8	2.6×(1.8−2.1)×1.26	0.46	双棺	东棺:仰身直肢葬;西棺:仰身屈肢葬	皆较差	皆头向北,面向上	东棺:成年男性;西棺:成年女性	无	
M114	②层下	345°	(2.28−2.4)×(1.72−2)×1.2	(2.28−2.4)×(1.72−2)×1.9	0.7	双棺	东棺:仰身屈肢葬;西棺:仰身直肢葬	皆较差	皆头向北,面向上	东棺:成年男性;西棺:成年女性	半釉罐2件、铜钱12枚	
M115	②层下	343°	(2.5−2.8)×(1.8−2.2)×0.9	(2.5−2.8)×(1.8−2.2)×1.7	0.8	双棺	皆仰身直肢葬	皆较好	皆头向北,面向上	东棺:成年男性;西棺:成年女性	半釉罐1件、铜钱5枚	
M116	②层下	353°	2.7×(1.8−2.2)×1	2.7×(1.8−2.2)×1.96	0.96	双棺	皆不详	皆较差	皆头向北。东棺:面向上;西棺:面向下	东棺:成年男性;西棺:成年女性	瓷罐1件、半釉罐1件、铜钱20枚	
M117	②层下	340°	(2.6−2.7)×2.1×1.1	(2.6−2.7)×2.1×1.9	0.8	双棺	皆仰身直肢葬	皆较差	皆头向北。东棺:面向上;西棺:面向不详	东棺:成年女性;西棺:成年男性	半釉罐1件	

续 表

墓号	层位	方向	墓口（长×宽×深）	墓底（长×宽×深）	深度	葬具	葬式	人骨保存情况	头向及面向	性别及年龄	随葬品	备注
M118	②层下	340°	2.6×2.1×1.1	2.6×2.1×1.94	0.84	三棺	东棺:不详;中、西棺:仰身直肢葬	皆较好	皆头向北,面向上	东、西棺:成年女性;中棺:成年男性	半釉罐1件、铜钱9枚	
M119	②层下	335°	2.6×(2.8-3.2)×0.7	2.6×(2.8-3.2)×1.36	0.66	三棺	皆仰身直肢葬	皆较差	皆头向北,东、中棺面向上;西棺:面向下	成年女性;中棺:老年男性;西棺:成年女性	铜钱20枚	
M120	②层下	337°	2.5×(1.5-1.59)×0.7	2.5×(1.5-1.59)×1.18	0.48	双棺	皆仰身直肢葬	皆较好	皆头向北,面向上	东棺:成年女性;西棺:成年男性	半釉罐1件、铜钱1枚	
M121	②层下	340°	2.9×(1.66-1.83)×0.7	2.9×(1.66-1.83)×1.65	0.95	双棺	皆不详	皆较差	皆头向北,面向上	东棺:成年女性;西棺:成年男性	半釉罐1件、铜钱2枚	
M122	②层下	340°	(2.55-2.76)×(1.7-2)×0.7	(2.55-2.76)×(1.7-2)×1.2	0.5	双棺	皆仰身直肢葬	皆较差	皆头向北,面向上	东棺:成年男性;西棺:成年女性	铜钱20枚	
M123	②层下	340°	2.6×(1.36-1.45)×0.7	2.6×(1.36-1.45)×1.54	0.84	双棺	皆仰身直肢葬	皆较好	皆头向北。东棺:面向上;西棺:面向不详	东棺:成年女性;西棺:成年男性	半釉罐1件、铜钱4枚	
M124	②层下	345°	2.4×(1.4-1.49)×0.7	2.4×(1.4-1.49)×1.24	0.54	双棺	皆仰身直肢葬	皆较好	皆头向北,面向上	东棺:成年男性;西棺:成年女性	铜钱15枚	
M125	②层下	345°	2.7×(3-3.1)×0.8	2.7×(3-3.1)×2	1.2	三棺	东、中棺:仰身直肢葬;西棺:侧身屈肢葬	皆较好	皆头向北,面向上	东、中、西棺:成年女性	半釉罐1件、铜钱10枚	

续 表

墓号	层位	方向	墓口 （长×宽×深）	墓底 （长×宽×深）	深度	葬具	葬式	人骨保 存情况	头向及面向	性别及年龄	随葬品	备注
M126	②层下	345°	2.8×（2.1—2.19）× 0.8	2.8×（2.1—2.19）× 1.8	1	双棺	皆仰身 直肢葬	皆较好	皆头向北， 面向上	东棺：成年男 性；西棺：成 年女性	铜钱15枚	
M127	②层下	345°	（2.24—2.6）×（2.1— 2.4）×0.8	（2.24—2.6）×（2.1— 2.4）×1.6	0.8	三棺	东、中棺： 侧身屈肢 葬；西棺： 仰身直肢葬	皆较差	皆头向北， 面向上	东棺：老年男 性；中棺：成 年女性；西棺： 成年男性	半釉罐2件、 铜钱15枚	
M128	②层下	345°	（2.6—3.1）×（2.18— 2.6）×0.8	（2.6—3.1）×（2.18— 2.6）×1.2	0.7— 1.2	三棺	皆仰身 直肢葬	皆较差	皆头向北， 面向上	东、西棺：成 年女性；中 棺：成年男性	半釉罐2件、 铜钱10枚	
M129	②层下	345°	（2.1—2.55）×（2.1— 2.9）×0.8	（2.1—2.55）×（2.1— 2.9）×（1.6—2）	0.8— 1.2	三棺	东、西棺： 仰身直肢 葬；中棺： 不详	皆较差	东、西棺：头 向北，面向 上；中棺： 不详	东棺：成年男 性；中、西棺： 成年女性	半釉罐1件、 铜钱4枚	
M130	②层下	345°	2.1×1.16×1	2.1×1.16×1.3	0.3	单棺	仰身 直肢葬	较差	头向北，面 向上	成年男性	无	
M131	②层下	345°	2.7×（1.7—1.81）× 0.9	2.7×（1.7—1.81）× 1.48	0.58	双棺	东棺：不详； 西棺：仰身 直肢葬	皆较差	皆面向上。 东棺：头向 南；西棺： 头向北	东棺：成年女 性；西棺：成 年男性	铜钱15枚	
M132	②层下	350°	2.56×（2.37— 2.84）×0.8	2.56×（2.37— 2.84）×（1.1—1.7）	0.3— 0.9	三棺	东、西棺： 仰身直肢 葬；中棺： 不详	皆较差	皆头向北， 面向上	东、中棺：成年 女性；西棺： 成年男性	半釉罐1件、 铜钱10枚	
M133	②层下	345°	2.2×（0.74—0.92）× 0.8	2.2×（0.74—0.92）× 1.5	0.7	单棺	仰身 直肢葬	较好	头向北，面 向上	成年男性	半釉罐1件	

续　表

墓号	层位	方向	墓口（长 × 宽 × 深）	墓底（长 × 宽 × 深）	深度	葬具	葬式	人骨保存情况	头向及面向	性别及年龄	随葬品	备注
M134	②层下	340°	2.6 ×（1.62—1.71）× 0.8	2.6 ×（1.62—1.71）× 1.4	0.6	双棺	东棺：仰身屈肢葬；西棺：仰身直肢葬	东棺：较差；西棺：较好	皆头向北，面向上	东棺：成年女性；西棺：成年男性	铜钱13枚	
M135	②层下	340°	2.6 ×（1.7—1.76）× 0.8	2.6 ×（1.7—1.76）× 1.3	0.5	双棺	皆仰身直肢葬	皆较好	皆头向北，面向上	东棺：成年女性；西棺：成年男性	陶瓦1件、铜钱12枚	
M136	②层下	340°	2.4 × 1.8 × 0.8	2.4 × 1.8 × 1.4	0.6	双棺	东棺：侧身屈肢葬；西棺：仰身直肢葬	东棺：较好；西棺：较差	皆头向北，面向上	东棺：成年女性；西棺：成年男性	半釉罐1件、铜钱15枚	
M137	②层下	342°	2.3 ×（1.38—1.56）× 0.8	2.3 ×（1.38—1.56）× 1.5	0.7	双棺	皆仰身直肢葬	皆较好	皆头向北，面向上	东棺：成年女性；西棺：成年男性	半釉罐1件、铜钱4枚	
M138	②层下	340°	2.7 ×（1.2—1.4）× 0.7	2.7 ×（1.2—1.4）× 2	1.3	单棺	仰身直肢葬	较差	头向北，面向上	成年男性	铜钱2枚	
M139	②层下	343°	2.2 ×（1.15—1.2）× 0.7	2.2 ×（1.15—1.2）× 1.8	1.1	单棺	仰身直肢葬	较差	头向北，面向上	成年男性	铜钱10枚	
M140	②层下	355°	2.7 ×（1.5—1.56）× 1	2.7 ×（1.5—1.56）× 1.6	0.6	双棺	不详	皆较差	皆头向北，面向上	东棺：成年男性；西棺：成年女性	铜钱16枚	
M141	②层下	340°	2.5 ×（1.8—1.98）× 0.7	2.5 ×（1.8—1.98）× 1.94	1.24	双棺	东棺：仰身直肢葬；西棺：侧身屈肢葬	皆较差	皆头向北，面向上	东棺：成年男性；西棺：成年女性	铜钱6枚、半釉罐1件	

续　表

墓号	层位	方向	墓口（长×宽×深）	墓底（长×宽×深）	深度	葬具	葬式	人骨保存情况	头向及面向	性别及年龄	随葬品	备注
M142	②层下	357°	(2.24—2.5)×(1.5—1.6)×0.7	(2.24—2.5)×(1.5—1.6)×1.7	1	单棺	仰身直肢葬	较差	头向北，面向上	成年男性	半釉罐1件、铜钱6枚	
M143	②层下	355°	2.1×(2.68—2.88)×0.7	2.1×(2.68—2.88)×(1.5—1.96)	0.8—1.26	三棺	皆仰身直肢葬	皆较好	皆头向北，面向上	东棺：成年男性；中、西棺：成年女性	半釉罐2件、紫砂壶1件	
M144	②层下	355°	2.3×(1.56—1.72)×0.7	2.3×(1.56—1.72)×1.8	1.1	双棺	东棺：仰身直肢葬；西棺：侧身屈肢葬	东棺：较好；西棺：较差	皆头向北，面向上	东棺：成年男性；西棺：成年女性	半釉罐1件、铜钱5枚	
M145	②层下	360°	2.6×(1.57—1.9)×0.7	2.6×(1.57—1.9)×2	1.3	双棺	皆不详	皆较差	皆头向北。东棺：面向上；西棺：面向不详	东棺：成年男性；西棺：成年女性	半釉罐2件、铜钱15枚	
M146	②层下	355°	2.1×(1.6—1.84)×0.7	2.1×(1.6—1.84)×1.74	1.04	双棺	皆仰身直肢葬	皆较差	皆头向北，面向上	东棺：成年女性；西棺：成年男性	半釉罐2件、铜钱8枚	
M147	②层下	350°	2.5×(0.79—0.9)×0.7	2.5×(0.79—0.9)×1.44	0.74	单棺	仰身直肢葬	不详	头向北，面向上	成年男性	铜钱2枚	
M148	②层下	335°	2.6×(1.79—1.88)×1	2.6×(1.79—1.88)×1.6	0.6	双棺	皆仰身直肢葬	皆较差	皆头向北。东棺：面向上；西棺：面向不详	东棺：成年男性；西棺：成年女性	铜簪4件、铜扁方1件、铜钱13枚	
M149	②层下	345°	2.7×2×0.8	2.7×2×1.5	0.7	双棺	皆仰身直肢葬	皆较好	皆头向北，面向上	东棺：成年男性；西棺：成年女性	铜簪1件、铜钱10枚	

续　表

墓号	层位	方向	墓口（长×宽×深）	墓底（长×宽×深）	深度	葬具	葬式	人骨保存情况	头向及面向	性别及年龄	随葬品	备注
M150	②层下	345°	2.3×2.2×0.8	2.3×2.2×1.7	0.9	双棺	皆仰身直肢葬	皆较差	皆头向北，面向上	东棺：成年男性；西棺：成年女性	半釉罐1件、铜钱12枚	
M151	②层下	345°	2.5×（1.7-1.79）×1	2.5×（1.7-1.79）×1.6	0.6	双棺	东棺：不详；西棺：仰身直肢葬	皆较差	皆头向北，面向上	东棺：成年女性；西棺：成年男性	铜钱5枚	
M152	②层下	355°	2.5×（1-1.08）×0.7	2.5×（1-1.08）×1.2	0.5	双棺	东棺：仰身直肢葬；西棺：不详	皆较差	皆头向北，面向上	东棺：成年女性；西棺：成年男性	铜扁方1件、铜钱4枚	
M153	②层下	340°	2.7×（1.7-2）×0.8	2.7×（1.7-2）×1.7	0.9	双棺	东棺：仰身直肢葬；西棺：侧身屈肢葬	皆较差	皆头向北，面向上	东棺：成年男性；西棺：成年女性	银簪1件、铜钱5枚	
M154	②层下	355°	2.5×（1-1.1）×0.7	2.5×（1-1.1）×1.2	0.5	单棺	仰身直肢葬	较好	头向北，面向上	成年男性	无	
M155	②层下	335°	2.2×（1.64-1.9）×0.9	2.2×（1.64-1.9）×1.5	0.6	双棺	东棺：仰身直肢葬；西棺：不详	皆较差	皆头向北，面向上	东棺：成年男性；西棺：成年女性	铜钱5枚	
M156	②层下	345°	2.5×（1-1.1）×0.9	2.5×（1-1.1）×1.9	1	单棺	仰身直肢葬	较差	头向北，面向上	成年男性	半釉罐1件、铜钱4枚	
M157	②层下	340°	2.4×2.52×0.8	2.4×2.52×1.8	1	三棺	皆仰身直肢葬	东棺：较好，中、西棺：较差	皆头向北。东、西棺：面向上；中棺：面向下	东棺：中、西棺：成年女性	半釉罐1件、铜簪1件、铜钱20枚	

续表

墓号	层位	方向	墓口（长×宽×深）	墓底（长×宽×深）	深度	葬具	葬式	人骨保存情况	头向及面向	性别及年龄	随葬品	备注
M158	②层下	345°	2.5×(2.5-2.6)×0.8	2.5×(2.5-2.6)×(1.7-2.1)	0.9-1.3	三棺	东、中棺：侧身屈肢葬；西棺：仰身直肢葬	皆较差	皆头向北，面向上	东、中棺：成年女性；西棺：成年男性	半釉罐1件、铜钱5枚	
M159	②层下	330°	(2.25-2.4)×(1.7-1.9)×1.2	(2.25-2.4)×(1.7-1.9)×(1.3-1.9)	0.1-0.7	双棺	皆仰身直肢葬	皆较差	皆头向北。面向东棺：面向上；西棺：面向不详	东棺：成年男性；西棺：成年女性	铜钱20枚	
M160	②层下	345°	2.7×(0.9-1)×0.8	2.7×(0.9-1)×1.9	1.1	单棺	仰身直肢葬	较差	头向北，面向上	成年男性	铜钱5枚	
M161	②层下	350°	2.66×(1.9-1.98)×0.7	2.66×(1.9-1.98)×1.38	0.68	双棺	皆仰身直肢葬	皆较差	皆头向北，面向上	东棺：成年男性；西棺：成年女性	半釉罐1件、铜钱20枚	
M162	②层下	345°	2.7×(1.98-2.3)×0.7	2.7×(1.98-2.3)×1.42	0.72	双棺	皆仰身直肢葬	皆较差	皆头向北，面向上	东棺：成年男性；西棺：成年女性	半釉罐1件、铜饰1件、铜扁方1件、骨簪1件、铜钱30枚	
M163	②层下	345°	(2.9-3.2)×(2.8-3)×0.9	(2.9-3.2)×(2.8-3)×1.5	0.6	三棺	东棺：仰身直肢葬；中、西棺：侧身屈肢葬	皆较差	皆头向北，面向上	东棺：成年男性；中、西棺：成年女性	半釉罐1件、铜钱40枚	
M164	②层下	350°	3.1×(2.94-3.2)×0.7	3.1×(2.94-3.2)×1.85	1.15	三棺	东棺：仰身直肢葬；中、西棺：不详	皆较差	皆头向北，面向上	东、西棺：成年女性；中棺：成年男性	半釉罐1件、铜钱20枚	
M165	②层下	340°	2.4×(0.9-0.96)×0.9	2.4×(0.9-0.96)×1.6	0.7	单棺	不详	较差	头向北，面向上	成年男性	半釉罐1件、铜钱3枚	

续 表

墓号	层位	方向	墓口（长×宽×深）	墓底（长×宽×深）	深度	葬具	葬式	人骨保存情况	头向及面向	性别及年龄	随葬品	备注
M166	②层下	340°	3×（2.04—2.1）×0.7	3×（2.04—2.1）×（1.42—1.86）	0.72—1.16	双棺	东棺：仰身直肢葬；西棺：不详	皆较差	皆头向北。东棺：面向下；西棺：面向不详	东棺：成年男性；西棺：成年女性	铜钱10枚	
M167	②层下	353°	2.6×1.8×0.8	2.6×1.8×2	1.2	双棺	东棺：不详；西棺：仰身直肢葬	东棺：较差；西棺：较好	皆头向北，面向上	东棺：成年女性；西棺：成年男性	铜钱10枚	
M168	②层下	345°	2.46×（1—1.38）×0.7	2.46×（1—1.38）×1.8	1.1	单棺	仰身直肢葬	较差	头向北，面向不详	成年男性	半釉罐1件、铜钱2枚	
M169	②层下	350°	2.55×（1.1—1.18）×0.7	2.55×（1.1—1.18）×1.44	0.74	单棺	仰身直肢葬	较差	头向北，面向上	成年男性	铜钱8枚	
M170	②层下	350°	2.5×1×0.8	2.5×1×2.57	1.77	单棺	仰身直肢葬	较差	头向北，面向上	成年男性	瓷罐1件	
M171	②层下	345°	2.5×（2.77—2.81）×0.69	2.5×（2.77—2.81）×1.54	0.85	三棺	皆仰身直肢葬	皆较差	皆头向北，面向上	东、中棺：成年女性；西棺：成年男性	铜耳钉1件、铜钱20枚	
M172	②层下	340°	2.33×1.01×0.8	2.33×1.01×1.8	1	单棺	仰身直肢葬	较差	头向北，面向下	成年男性	半釉罐1件	
M173	②层下	342°	（2.45—2.5）×（2.5—2.56）×0.7	（2.45—2.5）×（2.5—2.56）×1.2	0.5	三棺	东、西棺：侧身屈肢葬；中棺：仰身直肢葬	皆较差	皆头向北。东棺：面向下；中棺：面向上；西棺：面向上	东、西棺：成年女性；中棺：成年男性	半釉罐1件、陶锅1件、铜钱10枚	
M174	②层下	340°	（2.3—2.46）×2.53×0.8	（2.3—2.46）×2.53×（1.3—1.73）	0.5—0.93	三棺	皆仰身直肢葬	皆较差	东、西棺：头向北,面向上	东、西棺：成年女性	瓷罐1件、铜钱20枚	

续表

墓号	层位	方向	墓口（长×宽×深）	墓底（长×宽×深）	深度	葬具	葬式	人骨保存情况	头向及面向	性别及年龄	随葬品	备注
M175	②层下	340°	2.6×(2.5-2.78)×0.7	2.6×(2.5-2.78)×1.52	0.82	三棺	东棺:侧身屈肢葬;中、西棺:仰身直肢葬	皆较差	皆头向北。东、西棺:面向上	东、中棺:成年女性;西棺:成年男性	半釉罐1件、铜簪3件、铜钱10枚	
M176	②层下	338°	2.77×(1.59-1.79)×0.8	2.77×(1.59-1.79)×1.7	0.9	双棺	东棺:侧身屈肢葬;西棺:仰身直肢葬	皆较差	皆头向北,面面向上	东棺:成年女性;西棺:成年男性	半釉罐1件、铜钱5枚	
M177	②层下	330°	2.4×1.1×0.8	2.4×1.1×1.3	0.5	单棺	侧身屈肢葬	较好	头向北,面向上	成年男性	无	
M178	②层下	345°	2.5×(0.8-1)×0.7	2.5×(0.8-1)×1.22	0.52	单棺	仰身屈肢葬	较差	头向北,面向上	成年男性	无	
M179	②层下	345°	2.55×(1.6-1.65)×0.7	2.55×(1.6-1.65)×1.86	1.16	双棺	皆仰身直肢葬	皆较差	皆头向北,面向不详	东棺:成年女性;西棺:成年男性	铜钱6枚	
M180	②层下	350°	2.85×(2.75-3.2)×0.7	2.85×(2.75-3.2)×1.4	0.7	三棺	东、中棺:仰身直肢葬;西棺:不详	皆较差	皆头向北,面向上	东棺:成年男性;中、西棺:成年女性	铜钱24枚	
M181	②层下	340°	2.5×(1.9-2.1)×0.9	2.5×(1.9-2.1)×1.54	0.64	双棺	东棺:侧身屈肢葬;西棺:仰身直肢葬	皆较差	皆头向北,面向上	东棺:成年女性;西棺:成年男性	半釉罐1件、铜顶针1件、铜钱22枚	
M182	②层下	345°	(2.74-3.1)×(3.74-4.3)×0.8	(2.74-3.1)×(3.74-4.3)×2	1.2	四棺	棺1:仰身屈肢葬;棺2、棺3、棺4:仰身直肢葬	皆较差	皆头向北。棺1、棺2:面向上;棺3:面向下	棺1、棺3、棺4:成年女性;棺2:成年男性	半釉罐1件、铜钱20枚	

续 表

墓号	层位	方向	墓口 （长 × 宽 × 深）	墓底 （长 × 宽 × 深）	深度	葬具	葬式	人骨保 存情况	头向及面向	性别及年龄	随葬品	备注
M183	②层下	340°	2.5 ×（1.08—1.2）× 0.9	2.5 ×（1.08—1.2）× 1.4	0.5	单棺	仰身 直肢葬	较差	头向北，面 向上	成年男性	铜钱3枚	
M184	②层下	350°	2.28 ×（1.44—1.6）× 0.7	2.28 ×（1.44—1.6）× 1.4	0.7	双棺	东棺：侧身 屈肢葬；西 棺：仰身直 肢葬	较差	东棺：头向 北,面向上； 西棺：不详	东棺：成年女 性；西棺：成 年男性	半釉罐1件、 铜钱3枚	
M185	②层下	345°	（2.56—2.84）× （3.32—3.7）× 1	（2.56—2.84）× （3.32—3.7）× 1.7	0.7	四棺	棺1、棺2、 棺4：仰身侧 身屈肢葬； 棺3：仰身 直肢葬	皆较差	皆 头 向 北， 面向上	棺1、棺2、棺 4：成年女性； 棺3：成年男性	半釉罐1件、 骨簪1件、铜 钱11枚	
M186	②层下	345°	（2.7—2.8）×（1.7— 1.96）× 0.7	（2.7—2.8）×（1.7— 1.96）× 1.9	1.2	双棺	皆仰身 直肢葬	皆较差	皆 头 向 北， 面向上	东棺：成年女 性；西棺：成 年男性	半釉罐1件、 铜钱4枚	
M187	②层下	350°	2.6 ×（1.12—1.2）× 0.7	2.6 ×（1.12—1.2）× 1.4	0.7	单棺	仰身 直肢葬	较差	头 向 北，面 向上	成年男性	半釉罐1件	
M188	②层下	338°	2.35 × 0.8 × 0.7	2.35 × 0.8 × 1.6	0.9	单棺	不详	较差	不详	成年男性	半釉罐1件、 铜扣1枚、铜 钱3枚	
M189	②层下	350°	2.8 ×（2.1—2.19）× 0.8	2.8 ×（2.1—2.19）× 1.9	1.1	双棺	东棺：不详； 西棺：仰身 直肢葬	皆较差	东棺：不详； 西 棺：头 向 北,面向不详	东棺：不详；西 棺：成年男性	半釉罐1件、 铜钱20枚	
M190	②层下	343°	2.6 ×（1.25—1.3）× 0.7	2.6 ×（1.25—1.3）× 1.96	1.26	单棺	仰身 直肢葬	较差	头 向 北，面 向上	成年男性	铜钱25枚	

附表二　出土铜钱统计表　　　　　　　　　　　单位：厘米

单位	编号	种　类	钱径	穿径	郭厚	备　注
M3	1	大定通宝	2.42	0.57	0.1	
M4	1	郑和通宝	2.38	0.7	0.09	
M5	3	万历通宝	2.54	0.51	0.13	
M6	1-1	顺治通宝	2.6	0.46	0.14	穿左铸汉字"一厘"；穿右铸汉字"东"
	1-2	顺治通宝	2.48	0.55	0.12	穿右铸汉字"阳"
	1-3	顺治通宝	2.59	0.53	0.1	穿右铸汉字"户"
	1-4	顺治通宝	2.65	0.48	0.13	穿右铸汉字"工"
	1-5	顺治通宝	2.55	0.5	0.12	穿左铸汉字"一厘"；穿右铸汉字"户"
	1-6	顺治通宝	2.54	0.5	0.13	穿左铸汉字"一厘"；穿右铸汉字"工"
M7	2	嘉庆通宝	2.52	0.53	0.14	穿左右铸满文"宝泉"
M8	4-1	嘉庆通宝	2.27	0.57	0.16	穿左右铸满文"宝泉"
	4-2	嘉庆通宝	2.42	0.55	0.14	穿左右铸满文"宝泉"
	4-3	嘉庆通宝	2.3	0.58	0.12	穿左右铸满文"宝泉"
	4-4	道光通宝	2.16	0.56	0.15	穿左右铸满文"宝泉"
	4-5	道光通宝	2.33	0.57	0.11	穿左右铸满文"宝泉"
	4-6	道光通宝	2.4	0.54	0.14	穿左右铸满文"宝泉"
	4-7	道光通宝	2.17	0.57	0.14	穿左右铸满文"宝泉"
M9	1-1	万历通宝	2.55	0.48	0.11	
	1-2	天启通宝	2.54	0.56	0.09	
	1-3	崇祯通宝	2.6	0.55	0.1	
M10	1-1	乾隆通宝	2.47	0.54	0.12	穿左右铸满文"宝泉"
	1-2	乾隆通宝	2.4	0.46	0.14	穿左右铸满文"宝泉"
	1-3	乾隆通宝	2.27	0.54	0.14	穿左右铸满文"宝泉"
	1-4	嘉庆通宝	2.6	0.56	0.12	穿左右铸满文"宝源"
M11	1-1	万历通宝	2.53	0.5	0.11	

单位	编号	种　类	钱径	穿径	郭厚	备　注
M13	1-1	万历通宝	2.6	0.46	0.13	
	1-2	万历通宝	2.6	0.47	0.14	
M14	2-1	万历通宝	2.57	0.52	0.13	
	2-2	乾隆通宝	2.33	0.52	0.15	穿左右铸满文"宝泉"
	3-1	万历通宝	2.49	0.49	0.12	
	3-2	乾隆通宝	2.38	0.47	0.1	穿左右铸满文"宝泉"
M15	1-1	康熙通宝	2.6	0.6	0.1	穿左右铸满文"宝泉"
	1-2	康熙通宝	2.6	0.6	0.12	穿左右铸满文"宝源"
M18	1-1	康熙通宝	2.67	0.55	0.14	穿左右铸满文"宝源"
M25	7-1	顺治通宝	2.75	0.54	0.13	穿左右铸满文"宝泉"
	7-2	顺治通宝	2.77	0.51	0.13	穿左右铸满文"宝源"
	7-3	顺治通宝	2.76	0.54	0.13	穿左右铸满汉文"宣"
	7-4	顺治通宝	2.74	0.56	0.13	穿左右铸满汉文"同"
	7-5	嘉庆通宝	2.28	0.57	0.15	穿左右铸满文"宝源"
M28	1-1	乾隆通宝	2.39	0.5	0.14	穿左右铸满文"宝泉"
	1-2	乾隆通宝	2.31	0.53	0.12	穿左右铸满文"宝源"
	1-3	嘉庆通宝	2.42	0.52	0.13	穿左右铸满文"宝源"
M33	1-1	乾隆通宝	2.87	0.54	0.1	穿左右铸满文"宝源"
M36	1-1	顺治通宝	2.75	0.54	0.13	穿左右铸满汉文"原"
	1-2	康熙通宝	2.59	0.56	0.12	穿左右铸满文"宝泉"
	1-3	康熙通宝	2.62	0.53	0.13	穿左右铸满文"宝源"
	1-4	康熙通宝	2.3	0.56	0.1	穿左右铸满文"宝泉"
	1-5	康熙通宝	2.37	0.5	0.09	穿左右铸满文"宝泉"
	1-6	康熙通宝	2.67	0.58	0.13	穿左右铸满文"宝源"
	1-7	雍正通宝	2.67	0.58	0.13	穿左右铸满文"宝泉"
M39	1-1	康熙通宝	2.65	0.53	0.13	穿左右铸满文"宝泉"
M41	1-1	乾隆通宝	2.34	0.48	0.14	穿左右铸满文"宝泉"
	1-2	嘉庆通宝	2.27	0.57	0.13	穿左右铸满文"宝源"

单位	编号	种　类	钱径	穿径	郭厚	备　注
M43	1-1	康熙通宝	2.4	0.5	0.09	穿左右铸满文"宝泉"
	1-2	雍正通宝	2.4	0.48	0.08	穿左右铸满文"宝泉"
M45	1-1	康熙通宝	2.45	0.55	0.09	穿左右铸满文"宝泉"
	1-2	康熙通宝	2.33	0.5	0.1	穿左右铸满文"宝源"
	1-3	康熙通宝	2.34	0.55	0.1	穿左右铸满文"宝源"
M46	1	乾隆通宝	2.51	0.51	0.11	穿左右铸满文"宝源"
M47	2	乾隆通宝	2.33	0.51	0.12	穿左右铸满文"宝泉"
M49	2-1	康熙通宝	2.31	0.57	0.09	穿左右铸满文"宝泉"
	2-2	康熙通宝	2.35	0.54	0.11	穿左右铸满文"宝泉"
	2-3	康熙通宝	2.74	0.57	0.1	穿左右铸满文"宝泉"
M51	1-1	乾隆通宝	2.34	0.54	0.1	穿左右铸满文"宝泉"
	1-2	道光通宝	2.48	0.55	0.14	穿左右铸满文"宝泉"
	1-3	道光通宝	2.37	0.53	0.18	穿左右铸满文"宝泉"
M52	1	乾隆通宝	2.31	0.52	0.11	穿左右铸满文"宝源"
M54	2-1	开元通宝	2.46	0.54	0.1	
	2-2	咸平元宝	2.46	0.54	0.1	
	2-3	熙宁元宝	2.34	0.62	0.11	
	2-4	元丰通宝	2.42	0.6	0.12	
	2-5	元丰通宝	2.47	0.65	0.09	
	2-6	嘉靖通宝	2.54	0.5	0.08	
M57	2-1	乾隆通宝	2.34	0.6	0.08	
	2-2	嘉靖通宝	2.56	0.54	0.15	
M58	1	万历通宝	2.54	0.51	0.13	
M61	1	万历通宝	2.48	0.52	0.13	
M67	1	康熙通宝	2.43	0.47	0.1	穿左右铸满文"宝泉"
M69	1-1	乾隆通宝	2.33	0.55	0.14	穿左右铸满文"宝源"
	1-2	乾隆通宝	2.44	0.58	0.12	穿左右铸满文"宝南"
	1-3	乾隆通宝	2.32	0.56	0.12	穿左右铸满文"宝泉"

单位	编号	种 类	钱径	穿径	郭厚	备 注
M72	2	乾隆通宝	2.34	0.55	0.15	穿左右铸满文"宝源"
M75	1-1	乾隆通宝	2.12	0.53	0.12	穿左右铸满文"宝泉"
	1-2	嘉庆通宝	2.24	0.52	0.13	穿左右铸满文"宝泉"
M77	1	乾隆通宝	2.27	0.54	0.15	穿左右铸满文"宝泉"
M78	1	咸丰重宝	3.53	0.7	0.28	穿左右铸满文"宝泉"; 穿上下铸汉字"当十"
M79	1-1	康熙通宝	2.72	0.56	0.1	穿左右铸满文"宝源"
	1-2	康熙通宝	2.57	0.52	0.08	穿左右铸满文"宣原"
M80	2-1	道光通宝	2.4	0.6	0.13	穿左右铸满文"宝泉"
	2-2	光绪通宝	2.25	0.55	0.14	穿左右铸满文"宝泉"
M81	8-1	万历通宝	2.51	0.53	0.09	
	8-2	天启通宝	2.62	0.51	0.12	
	8-3	天启通宝	4.83	0.87	0.35	穿上右铸侧铸汉字 "十一两"
	8-4	乾隆通宝	2.26	0.57	0.16	穿左右铸满文"宝泉"
	8-5	乾隆通宝	2.72	0.55	0.14	穿左右铸满文"宝泉"
M82	1-1	乾隆通宝	2.24	0.54	0.15	穿左右铸满文"宝泉"
	1-2	嘉庆通宝	2.31	0.57	0.16	穿左右铸满文"宝源"
	1-3	道光通宝	2.26	0.53	0.13	穿左右铸满文"宝泉"
M83	1-1	道光通宝	2.26	0.55	0.14	穿左右铸满文"宝泉"
	1-2	咸丰重宝	3.3	0.62	0.25	穿左右铸满文"宝泉"; 穿上下铸汉字"当十"
	1-3	同治通宝	2.14	0.63	0.18	
M84	1-1	嘉庆通宝	2.57	0.57	0.14	穿左右铸满文"宝泉"
M87	1-1	嘉庆通宝	2.47	0.52	0.14	
	1-2	道光通宝	2.46	0.54	0.14	穿左右铸满文"宝源"
M90	3-1	顺治通宝	2.63	0.52	0.11	穿右铸汉字"户"
	3-2	康熙通宝	2.82	0.33	0.11	穿左右铸满文"宝泉"
M91	1	顺治通宝	2.52	0.51	0.12	穿右铸汉字"户"

单位	编号	种　类	钱径	穿径	郭厚	备　注
M92	1-1	康熙通宝	2.86	0.6	0.1	穿左右铸满文"宝泉"
M93	1-1	康熙通宝	2.3	0.57	0.09	穿左右铸满文"宝源"
	1-2	雍正通宝	2.62	0.54	0.1	穿左右铸满文"宝源"
	1-3	乾隆通宝	2.56	0.52	0.12	穿左右铸满文"宝泉"
M95	1-1	乾隆通宝	2.52	0.54	0.11	穿左右铸满文"宝源"
	1-2	乾隆通宝	2.36	0.5	0.12	穿左右铸满文"宝泉"
M96	1-1	雍正通宝	2.67	0.54	0.12	穿左右铸满文"宝泉"
	1-2	乾隆通宝	2.51	0.52	0.12	穿左右铸满文"宝源"
M97	1-1	顺治通宝	2.64	0.54	0.1	穿右铸汉字"工"
	1-2	顺治通宝	2.65	0.51	0.13	穿右铸汉字"户"
M100	2	万历通宝	2.56	0.5	0.1	
M101	1	崇祯通宝	2.63	0.54	0.14	
M106	1-1	天启通宝	2.62	0.52	0.13	穿上侧铸汉字"工"
	1-2	雍正通宝	2.62	0.49	0.13	穿左右铸满文"宝泉"
M107	1-1	嘉庆通宝	2.45	0.54	0.13	穿左右铸满文"宝源"
	1-2	道光通宝	2.44	0.56	0.12	穿左右铸满文"宝泉"
M108	1-1	乾隆通宝	2.5	0.58	0.13	穿左右铸满文"宝泉"
M109	1-1	乾隆通宝	2.34	0.5	0.14	穿左右铸满文"宝泉"
	1-2	嘉庆通宝	2.43	0.57	0.14	穿左右铸满文"宝源"
	1-3	道光通宝	2.25	0.57	0.14	穿左右铸满文"宝泉"
M110	1-1	康熙通宝	2.44	0.66	0.07	穿左右铸满文"宝泉"
	1-2	康熙通宝	2.57	0.6	0.1	穿左右铸满文"宝泉"
	1-3	乾隆通宝	2.53	0.52	0.11	穿左右铸满文"宝泉"
	1-4	乾隆通宝	2.41	0.52	0.13	穿左右铸满文"宝泉"
	1-5	嘉庆通宝	2.45	0.55	0.12	穿左右铸满文"宝源"
	1-6	道光通宝	2.24	0.58	0.15	穿左右铸满文"宝泉"
M111	1-1	康熙通宝	2.36	0.57	0.11	穿左右铸满文"宝泉"
	1-2	雍正通宝	2.61	0.57	0.11	穿左右铸满文"宝泉"

单位	编号	种　类	钱径	穿径	郭厚	备　注
M112	1-1	康熙通宝	2.33	0.53	0.09	穿左右铸满文"宝泉"
	1-2	雍正通宝	2.63	0.54	0.12	穿左右铸满文"宝泉"
M114	1	康熙通宝	2.87	0.54	0.12	穿左右铸满文"宝泉"
M116	1-1	万历通宝	2.51	0.5	0.14	
	1-2	顺治通宝	2.7	0.56	0.09	穿左右铸满汉文"东"
	1-3	康熙通宝	2.79	0.54	0.09	穿左右铸满汉文"河"
	1-4	康熙通宝	2.76	0.58	0.1	穿左右铸满文"宝泉"
	1-5	康熙通宝	2.34	0.55	0.09	穿左右铸满文"宝泉"
M118	1-1	顺治通宝	2.7	0.56	0.09	穿左右铸满文"宝泉"
	1-2	康熙通宝	2.29	0.56	0.11	穿左右铸满汉文"宣"
	1-3	康熙通宝	2.77	0.54	0.1	穿左右铸满文"宝泉"
	1-4	康熙通宝	2.74	0.56	0.12	穿左右铸满文"宝源"
M119	1-1	乾隆通宝	2.47	0.48	0.13	穿左右铸满文"宝源"
	1-2	嘉庆通宝	2.38	0.51	0.13	穿左右铸满文"宝泉"
	1-3	嘉庆通宝	2.44	0.56	0.11	穿左右铸满文"宝泉"
M121	3-1	康熙通宝	2.33	0.57	0.11	穿左右铸满文"宝泉"
	3-2	康熙通宝	2.5	0.55	0.1	穿左右铸满文"宝泉"
M122	1-1	康熙通宝	2.67	0.56	0.1	穿左右铸满文"宝源"
	1-2	康熙通宝	2.18	0.5	0.09	穿左右铸满文"宝泉"
	1-3	康熙通宝	2.76	0.56	0.1	穿左右铸满文"宝泉"
	1-4	康熙通宝	2.28	0.53	0.1	穿左右铸满文"宝泉"
	1-5	康熙通宝	2.63	0.54	0.12	穿左右铸满文"宝泉"
	1-6	雍正通宝	2.65	0.54	0.12	穿左右铸满文"宝泉"
	1-7	雍正通宝	2.75	0.56	0.09	穿左右铸满文"宝泉"
	1-8	雍正通宝	2.67	0.5	0.12	穿左右铸满文"宝泉"
M123	2-1	康熙通宝	2.58	0.59	0.12	穿左右铸满文"宝泉"
M124	1-1	康熙通宝	2.67	0.58	0.09	穿左右铸满文"宝泉"
	1-2	康熙通宝	2.33	0.51	0.1	穿左右铸满文"宝泉"

续　表

单位	编号	种　类	钱径	穿径	郭厚	备　注
M124	1—3	康熙通宝	2.68	0.54	0.12	穿左右铸满文"宝泉"
	1—4	康熙通宝	2.36	0.55	0.12	穿左右铸满文"宝泉"
	1—5	康熙通宝	2.38	0.5	0.09	穿左右铸满文"宝泉"
M125	1—1	康熙通宝	2.36	0.56	0.1	穿左右铸满汉文"昌"
M126	1—1	康熙通宝	2.4	0.52	0.1	穿左右铸满文"宝泉"
	1—2	康熙通宝	2.34	0.48	0.1	穿左右铸满文"宝泉"
M127	1—1	顺治通宝	2.76	0.51	0.12	穿左右铸满文"宝泉"
	1—2	康熙通宝	2.81	0.51	0.14	穿左右铸满汉文"原"
	1—3	康熙通宝	2.78	0.54	0.1	穿左右铸满文"宝泉"
	1—4	康熙通宝	2.82	0.53	0.12	穿左右铸满文"宝源"
	1—5	康熙通宝	2.75	0.55	0.13	穿左右铸满汉文"浙"
	1—6	康熙通宝	2.72	0.55	0.14	穿左右铸满汉文"昌"
	1—7	康熙通宝	2.74	0.52	0.12	穿左右铸满汉文"东"
	1—8	康熙通宝	2.77	0.56	0.12	穿左右铸满汉文"同"
	1—9	康熙通宝	2.68	0.54	0.09	穿左右铸满汉文"河"
M128	1—1	万历通宝	2.56	0.55	0.13	
	1—2	天启通宝	2.56	0.47	0.11	
	1—3	天启通宝	2.62	0.47	0.11	穿上侧铸汉字"工"
	1—4	崇祯通宝	2.61	0.54	0.1	
	1—5	乾隆通宝	2.46	0.52	0.09	穿左右铸满文"宝泉"
	1—6	康熙通宝	2.8	0.57	0.12	穿左右铸满文"宝泉"
M129	1—1	万历通宝	2.56	0.51	0.1	
M131	1—1	乾隆通宝	2.68	0.5	0.16	穿左右铸满文"宝泉"
	1—2	乾隆通宝	2.47	0.5	0.14	穿左右铸满文"宝泉"
M132	1—1	康熙通宝	2.67	0.54	0.15	穿左右铸满文"宝泉"
	1—2	康熙通宝	2.57	0.53	0.13	穿左右铸满文"宝泉"
	1—3	康熙通宝	2.54	0.54	0.1	穿左右铸满文"宝泉"
	1—4	乾隆通宝	2.53	0.56	0.08	穿左右铸满文"宝昌"

单位	编号	种 类	钱径	穿径	郭厚	备 注
M134	1-1	乾隆通宝	2.58	0.56	0.15	穿左右铸满文"宝泉"
M135	1-1	康熙通宝	2.68	0.55	0.12	穿左右铸满文"宝泉"
	1-2	雍正通宝	2.55	0.54	0.1	穿左右铸满文"宝泉"
M137	1-1	顺治通宝	2.57	0.53	0.12	穿左铸汉字"一厘"; 穿右铸汉字"户"
	1-2	顺治通宝	2.62	0.47	0.12	穿左铸汉字"一厘"; 穿右铸汉字"东"
	1-3	顺治通宝	2.61	0.47	0.09	穿左铸汉字"一厘"; 穿右铸汉字"宁"
	1-4	顺治通宝	2.61	0.54	0.09	穿左铸汉字"一厘"; 穿右铸汉字"阳"
M138	1-1	康熙通宝	2.4	0.54	0.1	穿左右铸满文"宝源"
M139	1-1	顺治通宝	2.57	0.5	0.14	穿左铸汉字"一厘"; 穿右铸汉字"阳"
	1-2	顺治通宝	2.51	0.53	0.12	穿左铸汉字"一厘"; 穿右铸汉字"工"
	1-3	顺治通宝	2.44	0.48	0.13	穿左铸汉字"一厘"; 穿右铸汉字"浙"
	1-4	顺治通宝	2.59	0.49	0.12	穿左铸汉字"一厘"; 穿右铸汉字"临"
	1-5	顺治通宝	2.59	0.49	0.12	穿左铸汉字"一厘"; 穿右铸汉字"蓟"
	1-6	顺治通宝	2.6	0.49	0.11	穿左铸汉字"一厘"; 穿右铸汉字"户"
	1-7	顺治通宝	2.6	0.47	0.11	穿左铸汉字"一厘"; 穿右铸汉字"东"
M140	1-1	嘉庆通宝	2.4	0.54	0.14	穿左右铸满文"宝源"
M141	1-1	顺治通宝	2.77	0.56	0.13	穿左右铸满文"宝泉"
	1-2	康熙通宝	2.76	0.55	0.11	穿左右铸满汉文"东"
	1-3	康熙通宝	2.72	0.54	0.12	穿左右铸满文"宝源"
	1-4	康熙通宝	2.77	0.57	0.09	穿左右铸满文"宝泉"
	1-5	康熙通宝	2.75	0.58	0.12	穿左右铸满汉文"临"
	1-6	康熙通宝	2.7	0.54	0.12	穿左右铸满汉文"蓟"

单位	编号	种　类	钱径	穿径	郭厚	备　注
M142	1-1	顺治通宝	2.74	0.56	0.12	穿左右铸满文"宝泉"
	1-2	顺治通宝	2.78	0.56	0.13	穿左右铸满文"宝泉"
	1-3	康熙通宝	2.74	0.54	0.13	穿左右铸满汉文"蓟"
	1-4	康熙通宝	2.78	0.57	0.13	穿左右铸满文"宝源"
M144	1-1	顺治通宝	2.75	0.54	0.14	穿左右铸满文"宝源"
	1-2	康熙通宝	2.76	0.52	0.1	穿左右铸满文"宝源"
	1-3	康熙通宝	2.81	0.56	0.1	穿左右铸满文"宝泉"
M145	1-1	万历通宝	2.52	0.56	0.09	
	1-2	崇祯通宝	2.6	0.54	0.13	
	1-3	顺治通宝	2.73	0.57	0.12	穿左右铸满文"宝泉"
	1-4	顺治通宝	2.89	0.54	0.12	穿左右铸满汉文"原"
	1-5	顺治通宝	2.75	0.53	0.14	穿左右铸满汉文"蓟"
	1-6	康熙通宝	2.78	0.57	0.13	穿左右铸满文"宝源"
M146	1-1	万历通宝	2.49	0.54	0.1	
	1-2	泰昌通宝	2.56	0.51	0.12	
	1-3	天启通宝	2.55	0.55	0.11	
	1-4	崇祯通宝	2.42	0.47	0.07	
M147	1-1	康熙通宝	2.49	0.5	0.09	穿左右铸满文"宝泉"
	1-2	康熙通宝	2.22	0.54	0.09	穿左右铸满文"宝泉"
M148	1-1	元丰通宝	2.36	0.62	0.09	
	1-2	乾隆通宝	2.44	0.53	0.12	穿左右铸满文"宝泉"
M149	1	乾隆通宝	2.28	0.52	0.13	穿左右铸满文"宝泉"
M150	1-1	康熙通宝	2.53	0.53	0.12	穿左右铸满文"宝泉"
	1-2	雍正通宝	2.73	0.6	0.13	穿左右铸满文"宝源"
	1-3	乾隆通宝	2.52	0.53	0.11	穿左右铸满文"宝泉"
	1-4	乾隆通宝	2.5	0.58	0.11	穿左右铸满文"宝源"
M151	1-1	乾隆通宝	2.55	0.5	0.1	穿左右铸满文"宝源"
	1-2	乾隆通宝	2.24	0.57	0.16	穿左右铸满文"宝泉"

单位	编号	种 类	钱径	穿径	郭厚	备 注
M153	1-1	雍正通宝	2.56	0.54	0.11	穿左右铸满文"宝泉"
M155	1-1	元丰通宝	2.35	0.6	0.09	
	1-2	雍正通宝	2.74	0.53	0.13	穿左右铸满文"宝泉"
M156	1-1	康熙通宝	2.42	0.61	0.1	穿左右铸满文"宝泉"
M157	1-1	雍正通宝	2.6	0.56	0.11	穿左右铸满文"宝泉"
	1-2	乾隆通宝	2.51	0.5	0.1	穿左右铸满文"宝源"
M158	1-1	顺治通宝	2.58	0.47	0.1	穿左铸汉字"一厘"；穿右铸汉字"东"
	1-2	乾隆通宝	2.63	0.53	0.13	穿左右铸满文"宝源"
M159	1-1	康熙通宝	2.83	0.52	0.1	穿左右铸满文"宝源"
M160	1-1	康熙通宝	2.32	0.52	0.12	穿左右铸满文"宝泉"
M161	1-1	康熙通宝	2.37	0.52	0.12	穿左右铸满文"宝泉"
	1-2	康熙通宝	2.37	0.55	0.12	穿左右铸满文"宝源"
	1-3	乾隆通宝	2.44	0.53	0.13	穿左右铸满文"宝泉"
M162	1-1	雍正通宝	2.36	0.57	0.13	穿左右铸满文"宝泉"
M163	1-1	康熙通宝	2.68	0.47	0.09	穿左右铸满汉文"临"
	1-2	康熙通宝	2.7	0.52	0.13	穿左右铸满文"宝源"
	1-3	康熙通宝	2.63	0.54	0.1	穿左右铸满文"宝源"
	1-4	雍正通宝	2.63	0.51	0.13	穿左右铸满文"宝泉"
	1-5	雍正通宝	2.64	0.52	0.11	穿左右铸满文"宝泉"
M164	1-1	康熙通宝	2.81	0.55	0.1	穿左右铸满文"宝泉"
	1-2	康熙通宝	2.88	0.53	0.13	穿左右铸满文"宝源"
	1-3	康熙通宝	2.85	0.5	0.13	穿左右铸满文"宝泉"
	1-4	康熙通宝	2.55	0.54	0.1	穿左右铸满文"宝泉"
	1-5	康熙通宝	2.51	0.54	0.08	穿左右铸满文"宝源"
	1-6	康熙通宝	2.62	0.57	0.13	穿左右铸满文"宝泉"
M165	1-1	顺治通宝	2.63	0.54	0.13	
M166	1-1	万历通宝	2.57	0.47	0.13	
	1-2	天启通宝	2.6	0.58	0.14	穿上侧铸汉字"户"

单位	编号	种　类	钱径	穿径	郭厚	备　注
M166	1-3	崇祯通宝	2.7	0.52	0.14	
	1-4	崇祯通宝	2.68	0.47	0.15	
	1-5	顺治通宝	2.78	0.56	0.11	穿左右铸满文"宝泉"
	1-6	康熙通宝	2.8	0.53	0.11	穿左右铸满文"宝泉"
	1-7	康熙通宝	2.3	0.5	0.12	穿左右铸满文"宝泉"
M167	1-1	康熙通宝	2.52	0.55	0.13	穿左右铸满文"宝泉"
	1-2	雍正通宝	2.55	0.57	0.12	穿左右铸满文"宝泉"
M169	1-1	顺治通宝	2.55	0.54	0.1	
	1-2	乾隆通宝	2.55	0.53	0.15	穿左右铸满文"宝泉"
M171	1-1	天启通宝	2.58	0.51	0.09	
	1-2	康熙通宝	2.6	0.55	0.15	穿左右铸满文"宝泉"
M173	1-1	雍正通宝	2.48	0.5	0.15	穿左右铸满文"宝泉"
	1-2	乾隆通宝	2.53	0.55	0.11	穿左右铸满文"宝泉"
M175	1-1	乾隆通宝	2.58	0.52	0.13	穿左右铸满文"宝源"
M176	1-1	康熙通宝	2.63	0.52	0.12	穿左右铸满文"宝源"
	1-2	康熙通宝	2.8	0.59	0.11	穿左右铸满文"宝源"
	1-3	雍正通宝	2.73	0.56	0.12	穿左右铸满文"宝泉"
M179	1-1	顺治通宝	2.77	0.55	0.12	穿左右铸满文"宝泉"
	1-2	康熙通宝	2.8	0.63	0.1	穿左右铸满文"宝源"
M180	1-1	康熙通宝	2.34	0.53	0.11	穿左右铸满文"宝泉"
	1-2	乾隆通宝	2.59	0.49	0.14	穿左右铸满文"宝泉"
M181	1-1	康熙通宝	2.34	0.49	0.1	穿左右铸满文"宝源"
	1-2	康熙通宝	2.59	0.56	0.13	穿左右铸满文"宝源"
	1-3	康熙通宝	2.6	0.52	0.11	穿左右铸满文"宝泉"
M182	1-1	顺治通宝	2.76	0.57	0.13	穿左右铸满汉文"同"
	1-2	顺治通宝	2.57	0.53	0.13	穿左铸汉字"一厘"；穿右铸汉字"临"
	1-3	顺治通宝	2.74	0.57	0.14	穿左右铸满文"宝泉"

单位	编号	种　类	钱径	穿径	郭厚	备　注
M182	1-4	顺治通宝	2.66	0.45	0.12	穿左铸汉字"一厘"；穿右铸汉字"临"
	1-5	康熙通宝	2.75	0.57	0.09	穿左右铸满文"宝泉"
	1-6	康熙通宝	2.56	0.56	0.13	穿左右铸满文"宝源"
	1-7	康熙通宝	2.33	0.56	0.08	穿左右铸满文"宝泉"
	1-8	康熙通宝	2.63	0.52	0.11	穿左右铸满文"宝泉"
	1-9	康熙通宝	2.77	0.51	0.11	穿左右铸满文"宝泉"
	1-10	雍正通宝	2.6	0.56	0.11	穿左右铸满文"宝泉"
	1-11	雍正通宝	2.55	0.57	0.12	穿左右铸满文"宝泉"
M183	1	康熙通宝	2.35	0.51	0.11	穿左右铸满文"宝源"
M184	1-1	顺治通宝	2.75	0.58	0.12	穿左右铸满文"宝泉"
	1-2	康熙通宝	2.77	0.63	0.1	穿左右铸满文"宝泉"
	1-3	康熙通宝	2.76	0.63	0.1	穿左右铸满文"宝泉"
M185	1-1	顺治通宝	2.77	0.57	0.12	穿左右铸满汉文"同"
	1-2	顺治通宝	2.78	0.54	0.14	穿左右铸满文"宝泉"
	1-3	顺治通宝	2.73	0.52	0.13	穿左右铸满文"宝泉"
	1-4	康熙通宝	2.8	0.52	0.12	穿左右铸满文"宝泉"
	1-5	康熙通宝	2.75	0.53	0.14	穿左右铸满汉文"福"
	1-6	康熙通宝	2.84	0.53	0.12	穿左右铸满文"宝泉"
	1-7	康熙通宝	2.82	0.53	0.16	穿左右铸满文"宝源"
	1-8	康熙通宝	2.73	0.56	0.1	穿左右铸满汉文"蓟"
	1-9	康熙通宝	2.37	0.51	0.1	穿左右铸满文"宝泉"
	1-10	康熙通宝	2.74	0.49	0.13	穿左右铸满文"宝源"
	1-11	康熙通宝	2.38	0.49	0.12	穿左右铸满文"宝泉"
M186	1-1	崇祯通宝	2.48	0.5	0.11	
	1-2	顺治通宝	2.61	0.48	0.14	穿左右铸满文"宝源"
	1-3	顺治通宝	2.55	0.49	0.13	穿右侧铸汉字"户"

单位	编号	种　类	钱径	穿径	郭厚	备　注
M188	1-1	天启通宝	2.64	0.52	0.12	穿上侧铸汉字"工"
	1-2	崇祯通宝	2.64	0.5	0.15	
	1-3	嘉庆通宝	2.41	0.54	0.12	穿左右铸满文"宝泉"
M189	1-1	天启通宝	4.77	0.95	0.33	穿上右侧铸汉字"十一两"
	1-2	天启通宝	4.77	0.9	0.37	穿上右侧铸汉字"十一两"
	1-3	万历通宝	2.48	0.5	0.14	
	1-4	天启通宝	2.61	0.53	0.11	穿上侧铸汉字"户"
	1-5	天启通宝	2.62	0.54	0.14	穿上侧铸汉字"工"
	1-6	天启通宝	2.55	0.53	0.11	穿上侧铸汉字"工"
M190	1-1	万历通宝	2.57	0.52	0.13	
	1-2	泰昌通宝	2.62	0.48	0.13	
	1-3	天启通宝	2.58	0.56	0.14	

编　后　记

　　这是我的"救火"系列之六。一晃距离发掘已经十三年了。当时的点滴，基本都已忘记。只记得天空很晴朗，希望在生长，梦想在鼓掌，交通也通畅。因为最主要的时间和精力要用于管理及事务工作，所以我要付出比别人多两倍的努力来完成报告。这一路走来有多痛多累多苦，只有自己最清楚。只争朝夕——我做到了，我还在继续。

　　年华流水，如风掠过。这本报告陪伴我度过了2022年下半年在市委党校培训的时光，观园大厦1003房间那几乎每晚都是最晚熄灭的灯光，每次放假时背着书稿骑行于北京大街小巷的场景，现在还历历在目。那段时光，《这世界那么多人》的音乐和情绪流淌在班级中。第63期中青1班4组的兄弟姐妹们，很幸运，我有"我们"，让孤单的我拥有前行的力量，在晨昏中感受命运悠长，凝望远方。

　　感谢刘风亮和通州区文物管理所在发掘期间给予的协助，感谢赵福生先生对报告评审出版的宝贵意见，感谢李永强先生对有关瓷器内容的审核，感谢北京艺术博物馆李赓先生对铜钱内容的审核。

郭京宁

2022 年 12 月

1.C6 地块发掘现场（自东向西）（第 4 页）

2.C2 地块发掘现场（西南向东北）（第 4 页）

发掘现场

1.C6 地块发掘区局部（自东向西）（第 4 页）

2.C6 地块发掘区局部（自西向东）（第 4 页）

1.M1（第 8 页）

2.M1（第 8 页）

3.M1 局部（第 8 页）

单棺 A 型墓葬（一）

1.M13（第 8 页）

2.M15（第 10 页）

3.M16（第 13 页）

4.M22（第 14 页）

单棺 A 型墓葬（二）

1.M27（第 14 页）

2.M34（第 15 页）

3.M35（第 16 页）

4.M46（第 16 页）

单棺 A 型墓葬（三）

1.M49（第 17 页）

2.M60（第 19 页）

3.M68（第 19 页）

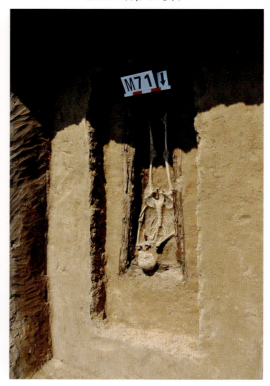

4.M71（第 19 页）

1.M73（第 20 页）

2.M76（第 20 页）

3.M79（第 22 页）

单棺 A 型墓葬（五）

1.M89（第23页）

2.M108（第23页）

3.M130（第24页）

4.M139（第24页）

单棺 A 型墓葬（六）

1.M165（第 26 页）

2.M169（第 27 页）

3.M170（第 29 页）

4.M172（第 30 页）

1.M177（第 31 页）

2.M187（第 31 页）

3.M188（第 31 页）

4.M190（第 32 页）

单棺 A 型墓葬（八）

1.M29（第 34 页）

2.M30（第 35 页）

3.M47（第 36 页）

4.M48（第 37 页）

单棺 B 型墓葬（一）

1.M63（第 39 页）

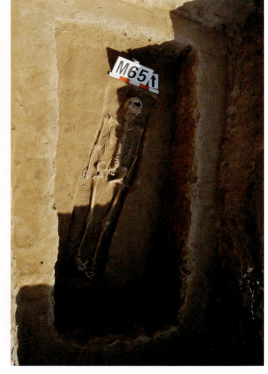

2.M65（第 40 页）

3.M66（第 40 页）

4.M70（第 40 页）

单棺 B 型墓葬（二）

1.M72（第 41 页）

2.M77（第 42 页）

3.M87（第 43 页）

4.M101（第 44 页）

单棺 B 型墓葬（三）

1.M102（第44页）

2.M133（第46页）

3.M138（第47页）

4.M147（第48页）

单棺 B 型墓葬（四）

1.M154（第 49 页）

2.M156（第 50 页）

3.M160（第 52 页）

4.M168（第 53 页）

单棺 B 型墓葬（五）

1.M178（B型）（第54页）

2.M183（B型）（第54页）

3.M183（B型）（第54页）

4.M142（C型）（第55页）

单棺 B、C 型墓葬

1.M4（第 57 页）

2.M5（第 60 页）

双棺 A 型墓葬（一）

1.M10（第 61 页）

2.M10（第 61 页）

双棺 A 型墓葬（二）

1.M11（第 62 页）

2.M14（第 62 页）

双棺 A 型墓葬（三）

1.M23（第64页）

2.M24（第65页）

双棺 A 型墓葬（四）

1.M25（第 66 页）

2.M31（第 69 页）

双棺 A 型墓葬（五）

1.M59（第 75 页）

2.M67（第 75 页）

双棺 A 型墓葬（八）

1.M84（第 78 页）

2.M94（第 79 页）

双棺 A 型墓葬（九）

1.M117（第 85 页）

2.M120（第 86 页）

双棺 A 型墓葬（一二）

1.M123（第 87 页）

2.M124（第 88 页）

双棺 A 型墓葬（一三）

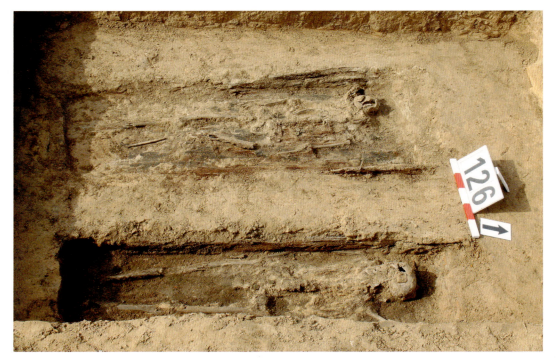

1.M126（第 89 页）

2.M134（第 90 页）

双棺 A 型墓葬（一四）

1.M135（第 91 页）

2.M136（第 94 页）

双棺 A 型墓葬（一五）

1.M140（第 95 页）

2.M148（第 96 页）

双棺 A 型墓葬（一六）

1.M149（第 97 页）

2.M150（第 98 页）

双棺 A 型墓葬（一七）

1.M151（第 99 页）

2.M161（第 99 页）

双棺 A 型墓葬（一八）

1.M166（第 100 页）

2.M167（第 104 页）

双棺 A 型墓葬（一九）

1.M179（第 105 页）

2.M189（第 106 页）

双棺 A 型墓葬（二〇）

1.M6（第 108 页）

2.M7（第 109 页）

双棺 B 型墓葬（一）

1.M8（第 113 页）

2.M9（第 114 页）

双棺 **B** 型墓葬（二）

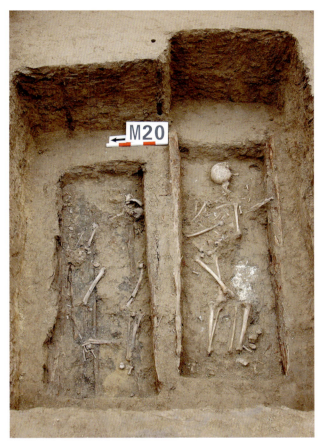

1.M20（第 116 页）

2.M21（第 117 页）

双棺 **B** 型墓葬（三）

1.M33（第 117 页）

2.M52（第 119 页）

双棺 B 型墓葬（四）

1.M55（第 120 页）

2.M56（第 122 页）

双棺 B 型墓葬（五）

1.M58（第 123 页）

2.M62（第 124 页）

双棺 B 型墓葬（六）

1.M69（第 125 页）

2.M80（第 127 页）

双棺 B 型墓葬（七）

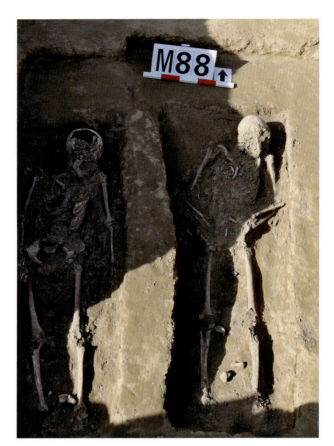

1.M88（第 136 页）

2.M91（第 137 页）

双棺 B 型墓葬（一〇）

1.M98（第 139 页）

2.M99（第 140 页）

双棺 B 型墓葬（一一）

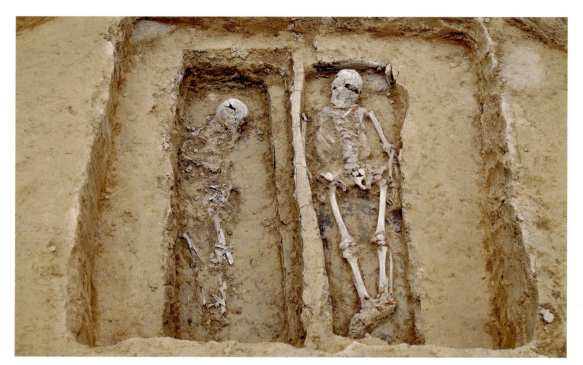

1.M100（第 141 页）

2.M103（第 142 页）

双棺 B 型墓葬（一二）

1.M106（第 143 页）

2.M106（第 143 页）

双棺 B 型墓葬（一三）

1.M109（第 146 页）

2.M113（第 147 页）

双棺 B 型墓葬（一四）

1.M116（第 148 页）

2.M121（第 149 页）

双棺 **B** 型墓葬（一五）

1.M131（第 150 页）

2.M137（第 151 页）

双棺 B 型墓葬（一六）

1.M141（第 154 页）

2.M144（第 155 页）

双棺 B 型墓葬（一七）

1.M145（第 158 页）

2.M146（第 159 页）

双棺 B 型墓葬（一八）

1.M152（第 161 页）

2.M153（第 162 页）

双棺 B 型墓葬（一九）

1.M155（第 163 页）

2.M162（第 164 页）

双棺 B 型墓葬（二〇）

1.M176（第 166 页）

2.M181（第 167 页）

双棺 B 型墓葬（二一）

1.M184（第 169 页）

2.M186（第 170 页）

双棺 B 型墓葬（二二）

1.M2（第 172 页）

2.M3（第 173 页）

双棺 C 型墓葬（一）

1.M18（第 175 页）

2.M26（第 177 页）

双棺 C 型墓葬（二）

1.M40（第178页）

2.M41（第179页）

双棺 C 型墓葬（三）

1.M43（第 180 页）

2.M45（第 181 页）

1.M50（第 181 页）

2.M51（第 184 页）

双棺 C 型墓葬（五）

1.M53（第 186 页）

2.M54（第 187 页）

双棺 C 型墓葬（六）

1.M64（第 189 页）

2.M78（第 190 页）

双棺 C 型墓葬（七）

1.M90（第 191 页）

2.M111（第 192 页）

双棺 C 型墓葬（八）

1.M114（第194页）

2.M115（第195页）

双棺 C 型墓葬（九）

1.M122（第 197 页）

2.M159（第 198 页）

双棺 C 型墓葬（一〇）

1.M74（第 199 页）

2.M96（第 199 页）

三棺 A 型墓葬（一）

1.M110（第 201 页）

2.M157（第 204 页）

三棺 A 型墓葬（二）

1.M171（第206页）

2.M173（第207页）

三棺 A 型墓葬（三）

1.M39（第 208 页）

2.M61（第 210 页）

三棺 B 型墓葬（一）

1.M82（第 212 页）

2.M93（第 214 页）

三棺 B 型墓葬（二）

1.M112（第 215 页）

2.M119（第 217 页）

三棺 B 型墓葬（三）

1.M143（第 218 页）

2.M158（第 220 页）

3.M164（第 221 页）

三棺 B 型墓葬（四）

1.M175（第 222 页）

2.M180（第 226 页）

三棺 B 型墓葬（五）

1.M19（第 227 页）

2.M36（第 231 页）

三棺 C 型墓葬（一）

1.M75（第 233 页）

2.M92（第 236 页）

三棺 C 型墓葬（二）

1.M118（第 237 页）

2.M125（第 239 页）

三棺 C 型墓葬（三）

1.M127（第 240 页）

2.M128（第 241 页）

三棺 C 型墓葬（四）

1.M129（第 244 页）

2.M132（第 244 页）

三棺 C 型墓葬（五）

1.M163（第 247 页）

2.M174（第 249 页）

三棺 C 型墓葬（六）

1.M17（第 250 页）

2.M28（第 253 页）

3.M42（第 256 页）

四棺墓葬（一）

1.M182（第 259 页）

2.M185（第 263 页）

四棺墓葬（二）

1.M12 顶部（第 264 页）

2.M12 底部（第 264 页）

3.M37（第 267 页）

4.M37 室内（第 267 页）

5.M37 壁砌法（第 267 页）

6.M37 室内部分出土器物（第 267 页）

1. 陶瓦 M1：1（第 8 页）

2. 瓷罐 M13：2（第 10 页）

3. 半釉罐 M15：2（第 13 页）

4. 半釉罐 M46：2（第 16 页）

5. 半釉罐 M49：1（第 17 页）

6. 陶罐 M49：3（第 18 页）

单棺 A 型墓葬随葬器物（一）

1. 陶瓦 M73：1（第 20 页）

2. 陶瓦 M108：2（第 24 页）

3. 半釉罐 M165：2（第 27 页）

4. 瓷罐 M170：1（第 30 页）

5. 半釉罐 M172：1（第 31 页）

6. 半釉罐 M187：1（第 31 页）

单棺 A 型墓葬随葬器物（二）

1. 铜扣 M188 ： 2（第 31 页）

2. 半釉罐 M188 ： 3（第 31 页）

3. 石珠 M29 ： 2（第 34 页）

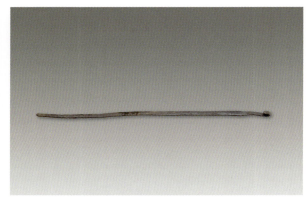

4. 铜簪 M30 ： 2（第 35 页）

5. 铜簪 M30 ： 3（第 35 页）

6. 铜簪 M30 ： 4（第 35 页）

单棺 **A**、**B** 型墓葬随葬器物

1. 陶罐 M47：1（第 37 页）

2. 半釉罐 M48：1（第 39 页）

3. 半釉罐 M72：1（第 41 页）

4. 铜烟锅 M87：2（第 43 页）

单棺 B 型墓葬随葬器物

1. 半釉罐 M133 ：1（第 47 页）

2. 半釉罐 M156 ：2（第 50 页）

3. 半釉罐 M168 ：1（第 53 页）

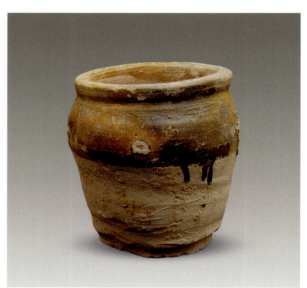

4. 半釉罐 M142 ：2（第 55 页）

单棺 B、C 型墓葬随葬器物

1. 半釉罐 M4 ：2（第 58 页）

2. 陶罐 M5 ：1（第 61 页）

3. 陶罐 M5 ：2（第 61 页）

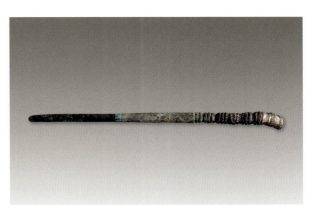

4. 银簪 M10 ：2（第 62 页）

5. 铜簪 M14 ：1（第 63 页）

双棺 A 型墓葬随葬器物（一）

1. 银戒指 M14 ：4–1（第 63 页）

2. 银戒指 M14 ：4–2（第 63 页）

3. 铜顶戴 M23 ：2（第 65 页）

4. 铜簪 M23 ：3（第 65 页）

5. 银扁方 M25 ：1（第 66 页）

双棺 A 型墓葬随葬器物（二）

1. 铜簪 M25 ：2（第 67 页）

2. 铜簪 M25 ：3-1（第 67 页）

3. 铜簪 M25 ：3-2（第 67 页）

4. 铜簪 M25 ：4（第 67 页）

双棺 A 型墓葬随葬器物（三）

1. 玻璃扣 M25：5（第 67 页）

2. 铜戒指 M25：6-1（第 67 页）

3. 铜戒指 M25：6-2（第 67 页）

4. 铜戒指 M25：6-3（第 67 页）

5. 铜镯 M31：2（第 70 页）

6. 铜扁方 M31：3（第 70 页）

双棺 A 型墓葬随葬器物（四）

1. 银耳环 M31 : 4（第 70 页）

2. 银耳环 M38 : 2（第 72 页）

3. 瓷瓮 M38 : 3（第 72 页）

4. 半釉罐 M44 : 1（第 73 页）

5. 半釉罐 M44 : 2（第 73 页）

双棺 A 型墓葬随葬器物（五）

1. 陶罐 M57 ： 1（第 74 页）

2. 半釉罐 M94 ： 2（第 79 页）

3. 半釉罐 M95 ： 2（第 80 页）

4. 半釉罐 M97 ： 2（第 82 页）

5. 半釉罐 M105 ： 1（第 84 页）

6. 半釉罐 M105 ： 2（第 85 页）

双棺 A 型墓葬随葬器物（六）

1. 半釉罐 M117∶1（第 86 页）

2. 半釉罐 M120∶1（第 86 页）

3. 半釉罐 M123∶1（第 87 页）

4. 陶瓦 M135∶2（第 93 页）

5. 半釉罐 M136∶2（第 95 页）

6. 铜簪 M148∶2（第 96 页）

双棺 A 型墓葬随葬器物（七）

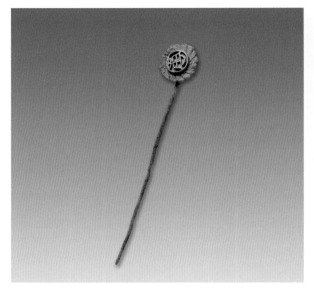

1. 铜簪 M148：3（第 96 页）

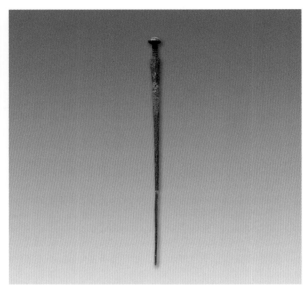

2. 铜簪 M148：4（第 96 页）

3. 铜扁方 M148：5（第 97 页）

4. 铜簪 M148：6（第 97 页）

1. 铜簪 M149：2（第 98 页）

2. 半釉罐 M150：2（第 99 页）

3. 半釉罐 M161：2（第 100 页）

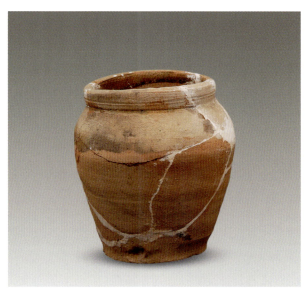

4. 半釉罐 M189：2（第 107 页）

双棺 A 型墓葬随葬器物（九）

1. 半釉罐 M6 : 2（第 108 页）

2. 半釉罐 M6 : 3（第 108 页）

3. 半釉罐 M7 : 1（第 112 页）

4. 铜扣 M8 : 1（第 114 页）

5. 陶瓦 M8 : 2（第 114 页）

6. 陶瓦 M8 : 3（第 114 页）

双棺 B 型墓葬随葬器物（一）

1. 陶罐 M9：2（第 114 页）

2. 陶瓦 M9：4（第 114 页）

3. 铁环 M20：2（第 117 页）

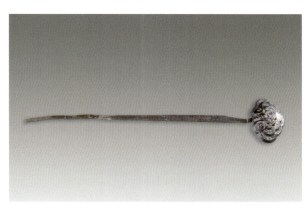

4. 银簪 M20：3（第 116 页）

5. 石烟嘴 M20：4（第 117 页）

6. 瓷罐 M33：2（第 118 页）

双棺 B 型墓葬随葬器物（二）

1. 瓷罐 M55 ：2（第 121 页）

2. 半釉罐 M55 ：3（第 122 页）

3. 陶罐 M56 ：1（第 123 页）

4. 陶罐 M58 ：2（第 123 页）

5. 陶锅 M58 ：3（第 123 页）

6. 陶罐 M62 ：2（第 125 页）

1. 铜簪 M69：2（第 126 页）

2. 骨针 M69：3（第 127 页）

3. 铜耳坠 M69：4（第 126 页）

4. 陶罐 M69：5（第 127 页）

5. 半釉罐 M69：6（第 127 页）

双棺 B 型墓葬随葬器物（四）

1. 铜烟锅 M69 ： 7（第 126 页）

2. 瓷罐 M80 ： 1（第 129 页）

3. 铜烟锅 M80 ： 3（第 129 页）

4. 铜耳钉 M81 ： 1（第 132 页）

5. 铜簪 M81 ： 2（第 132 页）

双棺 B 型墓葬随葬器物（五）

1. 银扁方 M81 : 3（第 132 页）

2. 铜簪 M81 : 4（第 132 页）

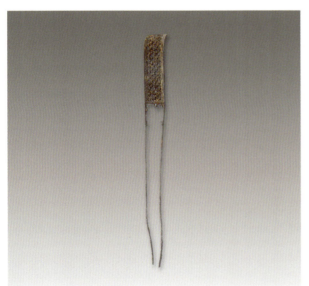

3. 铜簪 M81 : 5（第 132 页）

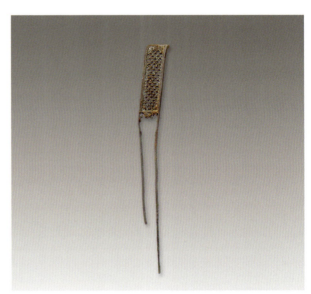

4. 铜簪 M81 : 6（第 132 页）

1. 铜簪 M81：7（第 132 页）

2. 银簪 M83：2（第 133 页）

3. 银簪 M83：3（第 133 页）

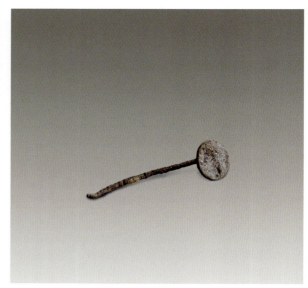

4. 铜耳钉 M83：4（第 133 页）

1. 铜簪 M88：1（第 137 页）

2. 铜簪 M88：2（第 137 页）

3. 瓷罐 M91：2（第 138 页）

4. 瓷罐 M91：3（第 138 页）

1. 瓷罐 M98：1（第 140 页）

2. 半釉罐 M98：2（第 140 页）

3. 半釉罐 M100：1（第 142 页）

4. 陶罐 M106：2（第 144 页）

5. 陶罐 M106：3（第 144 页）

6. 铜簪 M109：2（第 146 页）

双棺 B 型墓葬随葬器物（九）

1. 铜耳钉 M109：3（第 147 页）

2. 瓷罐 M116：2（第 149 页）

3. 半釉罐 M116：3（第 149 页）

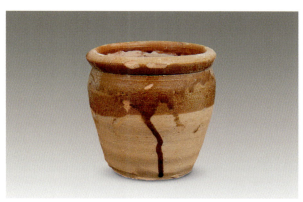

4. 半釉罐 M121：1（第 149 页）

5. 半釉罐 M121：2（第 149 页）

6. 半釉罐 M137：2（第 153 页）

双棺 B 型墓葬随葬器物（一〇）

1. 半釉罐 M141：2（第155页）

2. 半釉罐 M144：2（第156页）

3. 半釉罐 M145：2（第159页）

4. 半釉罐 M145：3（第159页）

5. 半釉罐 M146：2（第159页）

6. 半釉罐 M146：3（第160页）

1. 铜扁方 M152：2（第 161 页）

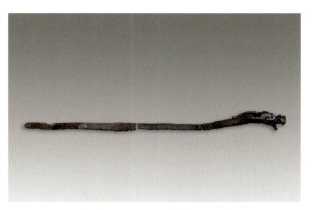

2. 银簪 M153：2（第 163 页）

3. 铜饰 M162：2（第 165 页）

4. 铜扁方 M162：3（第 166 页）

5. 半釉罐 M162：4（第 165 页）

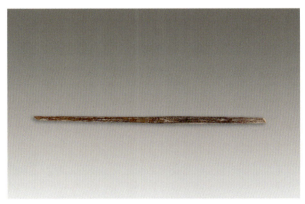

6. 骨簪 M162：5（第 166 页）

双棺 B 型墓葬随葬器物（一二）

1. 半釉罐 M176 ∶ 2（第 167 页）

2. 铜顶针 M181 ∶ 2（第 167 页）

3. 半釉罐 M181 ∶ 3（第 167 页）

4. 半釉罐 M184 ∶ 2（第 169 页）

5. 半釉罐 M186 ∶ 2（第 171 页）

双棺 B 型墓葬随葬器物（一三）

1. 半釉罐 M18 ∶ 2（第 176 页）

2. 银耳环 M18 ∶ 3（第 176 页）

3. 铁环 M18 ∶ 4（第 176 页）

4. 瓷罐 M40 ∶ 1（第 179 页）

5. 铜扁方 M40 ∶ 2（第 179 页）

6. 半釉罐 M43 ∶ 2（第 181 页）

双棺 C 型墓葬随葬器物（一）

1. 瓷瓮 M43：3（第 181 页）

2. 陶瓶 M50：2（第 182 页）

3. 瓷碗 M50：3（第 182 页）

4. 瓷罐 M50：4（第 183 页）

5. 铜簪 M51：2（第 185 页）

6. 铜簪 M51：3（第 185 页）

双棺 C 型墓葬随葬器物（二）

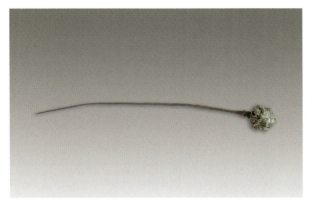

1. 铜簪 M51 ：4（第 185 页）

2. 铜簪 M51 ：5（第 185 页）

3. 铜耳钉 M51 ：6（第 186 页）

4. 半釉罐 M54 ：1（第 188 页）

5. 瓷罐 M64 ：1（第 190 页）

6. 陶罐 M64 ：2（第 190 页）

双棺 C 型墓葬随葬器物（三）

1. 半釉罐 M90 ： 1（第 192 页）

2. 半釉罐 M90 ： 2（第 192 页）

3. 半釉罐 M111 ： 2（第 192 页）

4. 半釉罐 M114 ： 2（第 195 页）

5. 半釉罐 M114 ： 3（第 195 页）

6. 半釉罐 M115 ： 2（第 196 页）

1. 铜簪 M74：2（第 199 页）

2. 铜镜 M74：3（第 199 页）

3. 半釉罐 M96：2（第 201 页）

4. 铜簪 M110：2（第 202 页）

三棺 A 型墓葬随葬器物（一）

1. 铜簪 M157 ：2（第 205 页）

2. 半釉罐 M157 ：3（第 205 页）

3. 半釉罐 M157 ：4（第 205 页）

4. 铜耳钉 M171 ：2（第 207 页）

1. 陶锅 M173：2（第 207 页）

2. 半釉罐 M173：3（第 207 页）

3. 半釉罐 M39：2（第 209 页）

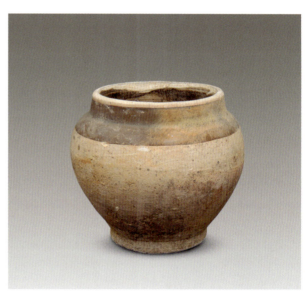

4. 半釉罐 M39：3（第 209 页）

三棺 A、B 型墓葬随葬器物

1. 半釉罐 M39：4（第 209 页）

2. 陶罐 M61：2（第 210 页）

3. 玻璃珠 M93：2（第 215 页）

4. 半釉罐 M93：3（第 215 页）

1. 半釉罐 M93 ：4（第 215 页）

2. 半釉罐 M112 ：2（第 215 页）

3. 半釉罐 M112 ：3（第 216 页）

4. 半釉罐 M143 ：1（第 219 页）

5. 紫砂壶 M143 ：2（第 219 页）

6. 半釉罐 M143 ：3（第 219 页）

三棺 B 型墓葬随葬器物（二）

1. 半釉罐 M158：2（第221页）

2. 半釉罐 M164：2（第221页）

3. 半釉罐 M175：2（第225页）

4. 铜簪 M175：3（第226页）

5. 铜簪 M175：4（第226页）

6. 铜簪 M175：5（第226页）

三椁 B 型墓葬随葬器物（三）

1. 金簪 M19：1（第 227 页）

2. 金簪 M19：2（第 228 页）

3. 金簪 M19：2（第 228 页）

4. 金簪 M19：3（第 228 页）

1. 金簪 M19：3（第 228 页）

2. 金簪 M19：4（第 229 页）

3. 金簪 M19：4（第 229 页）

4. 金簪 M19：5（第 229 页）

1. 金簪 M19：5（第 229 页）

2. 金簪 M19：7（第 227 页）

3. 金簪 M19：6（第 229 页）

4. 金簪 M19：6（第 229 页）

三棺 C 型墓葬随葬器物（三）

1. 金簪 M19 ：8（第 231 页）

2. 金簪 M19 ：8（第 231 页）

3. 金簪 M19 ：9（第 228 页）

4. 金簪 M19 ：9（第 228 页）

1. 金簪 M19 ： 10（第 231 页）

2. 金簪 M19 ： 10（第 231 页）

3. 铜三事 M19 ： 11（第 231 页）

4. 银扁方 M19 ： 12（第 231 页）

三棺 C 型墓葬随葬器物（五）

1.银扁方 M19：13（第 231 页）

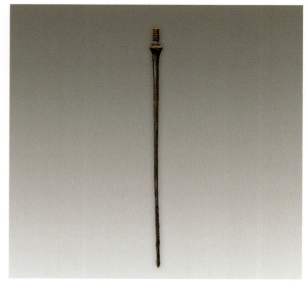

2.银簪 M19：14（第 231 页）

3.银簪 M19：15（第 231 页）

4.瓷罐 M19：17（第 227 页）

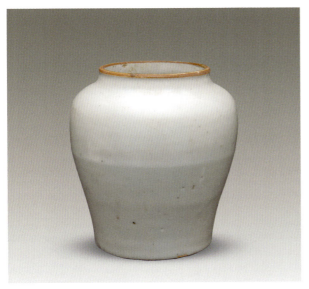

1. 瓷罐 M19：18（第 227 页）

2. 瓷瓮 M19：19（第 227 页）

3. 铁环 M36：2（第 231 页）

4. 半釉罐 M36：3（第 231 页）

1. 半釉罐 M36 ： 4（第 231 页）

2. 铜簪 M75 ： 2（第 235 页）

3. 铜簪 M75 ： 3（第 235 页）

4. 陶罐 M75 ： 4（第 233 页）

1. 半釉罐 M92 ：2（第 237 页）

2. 半釉罐 M118 ：2（第 238 页）

3. 半釉罐 M125 ：2（第 240 页）

4. 半釉罐 M127 ：2（第 241 页）

5. 半釉罐 M127 ：3（第 241 页）

6. 半釉罐 M128 ：2（第 243 页）

三棺 C 型墓葬随葬器物（九）

1.半釉罐 M128：3（第 244 页）

2.半釉罐 M129：2（第 244 页）

3.半釉罐 M132：2（第 246 页）

4.半釉罐 M163：2（第 248 页）

5.瓷罐 M174：2（第 250 页）

三棺 C 型墓葬随葬器物（一〇）

1. 银簪 M17：2（第 250 页）

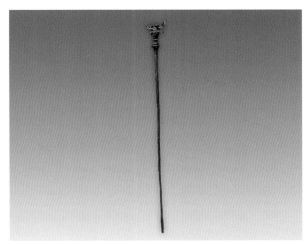

2. 银簪 M17：3（第 250 页）

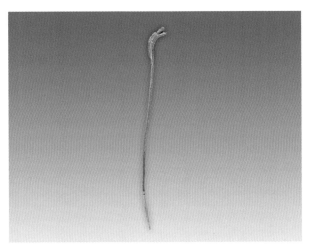

3. 银簪 M17：4（第 250 页）

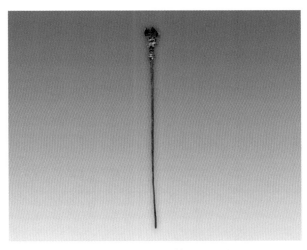

4. 银簪 M17：5（第 250 页）

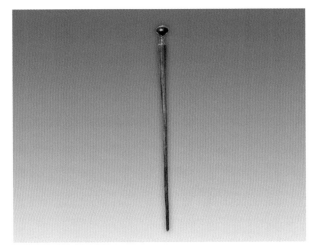

5. 铜簪 M17：6（第 253 页）

6. 铜三事 M17：7（第 253 页）

四棺墓葬随葬器物（一）

1. 铜扁方 M17∶8（第253页）

2. 铜耳环 M17∶9（第253页）

3. 铜簪 M17∶10（第253页）

4. 铜耳环 M17∶11（第253页）

5. 蚌饰 M17∶12（第253页）

6. 石饰 M17∶13（第253页）

1. 银耳环 M28 : 2（第 254 页）

2. 铜簪 M28 : 3（第 256 页）

3. 铜簪 M28 : 4（第 256 页）

4. 铜簪 M28 : 5（第 256 页）

彩版一三六

1. 瓷罐 M28：6（第 254 页）

2. 半釉罐 M28：7（第 254 页）

3. 瓷罐 M28：8（第 253 页）

4. 玻璃珠 M28：9（第 256 页）

5. 玛瑙珠 M28：10（第 256 页）

6. 石珠 M28：11-1（第 256 页）

1. 石珠 M28 ： 11-2（第 256 页）

2. 玻璃珠 M28 ： 12（第 256 页）

3. 石珠 M28 ： 13（第 256 页）

4. 玻璃饰 M28 ： 14（第 256 页）

5. 半釉罐 M42 ： 2（第 258 页）

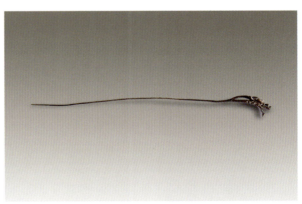

6. 银簪 M42 ： 3（第 259 页）

四棺墓葬随葬器物（五）

1. 银簪 M42 ：3（第 259 页）

2. 银簪 M42 ：3 簪首铭文（第 259 页）

3. 银簪 M42 ：4（第 259 页）

4. 银簪 M42 ：4（第 259 页）

1. 银簪 M42 ：4 簪首铭文（第 259 页）

2. 银扁方 M42 ：5（第 259 页）

3. 银簪 M42 ：5 簪首铭文（第 259 页）

4. 铜簪 M42 ：6（第 259 页）

1. 石珠 M42 ：7–1（第 259 页）

2. 石珠 M42 ：7–2（第 259 页）

3. 石珠 M42 ：7–3（第 259 页）

4. 石珠 M42 ：7–4（第 259 页）

5. 金耳环 M42 ：8（第 259 页）

6. 半釉罐 M42 ：9（第 259 页）

四棺墓葬随葬器物（八）

1. 瓷瓮 M42 ： 10（第 258 页）

2. 铜扣 M42 ： 11（第 259 页）

3. 铜腰銙 M42 ： 12（第 259 页）

4. 铜顶戴 M42 ： 13（第 259 页）

1. 铜扣 M42 ： 14（第 259 页）

2. 半釉罐 M182 ： 2（第 262 页）

3. 骨簪 M185 ： 2（第 264 页）

4. 半釉罐 M185 ： 3（第 264 页）

1. 铜镜 M12 : 3（第 266 页）

2. 石砚 M12 : 4（第 266 页）

3. 陶瓦 M12 : 5（第 266 页）

4. 铜镜 M37 : 2（第 268 页）

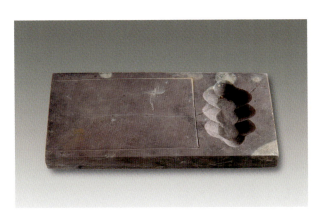

5. 石砚 M37 : 4（第 270 页）

6. 玉饰 M37 : 5（第 268 页）

明堂出土器物（一）

1. 瓷罐 M37：3（第 267 页）

2. 瓷罐 M37：3 背面（第 267 页）

3. 瓷罐 M37：3 侧面（第 267 页）

4. 铜香炉 M37：7（第 268 页）

5. 石球 M37：8（第 270 页）

1. 瓷瓶 M37：6（第 267 页）

2. 瓷瓶 M37：6 侧面（第 267 页）

3. 瓷瓶 M37：6 背面（第 267 页）

4. 铜铃铛 M37：9（第 268 页）

1. 铁犁铧 M37 ： 10（第 270 页）

2. 铁犁铧 M37 ： 11（第 270 页）

3. 铁犁铧 M37 ： 12（第 270 页）

4. 铁犁铧 M37 ： 13（第 270 页）

5. 料石 M37 ： 14（第 270 页）

1. 铜簪 采集 3（第 271 页）

2. 铜簪 采集 4（第 271 页）

3. 铜簪 采集 5（第 271 页）

4. 铜簪 采集 8（第 271 页）

5. 铜顶针 采集 6（第 271 页）

6. 骨扣 采集 7：1-1（第 271 页）

采集遗物